東邦高等学校

〈収録内容〉

便利な DL コンテンツは右の QR コードから

解答用紙　過去年度　非対応 リスニング ⇒

※データのダウンロードは 2025 年 3 月末日まで。
※データへのアクセスには、右記のパスワードの入力が必要となります。 ⇒ 817727

〈合格最低点〉

※学校からの合格最低点の発表はありません。

本書の特長

実戦力がつく入試過去問題集

- ▶ 問題 …………… 実際の入試問題を見やすく再編集。
- ▶ 解答用紙 …… 実戦対応仕様で収録。
- ▶ 解答解説 …… 詳しくわかりやすい解説には、難易度の目安がわかる「基本・重要・やや難」の分類マークつき（下記参照）。各科末尾には合格へと導く「ワンポイントアドバイス」を配置。採点に便利な配点つき。

入試に役立つ分類マーク

基本 確実な得点源！
受験生の 90％以上が正解できるような基礎的、かつ平易な問題。
何度もくり返して学習し、ケアレスミスも防げるようにしておこう。

重要 受験生なら何としても正解したい！
入試では典型的な問題で、長年にわたり、多くの学校でよく出題される問題。
各単元の内容理解を深めるのにも役立てよう。

やや難 これが解ければ合格に近づく！
受験生にとっては、かなり手ごたえのある問題。
合格者の正解率が低い場合もあるので、あきらめずにじっくりと取り組んでみよう。

合格への対策、実力錬成のための内容が充実

- ▶ 各科目の出題傾向の分析、合否を分けた問題の確認で、入試対策を強化！
- ▶ その他、学校紹介、過去問の効果的な使い方など、学習意欲を高める要素が満載！

解答用紙ダウンロード 解答用紙はプリントアウトしてご利用いただけます。弊社ＨＰの商品詳細ページよりダウンロードしてください。トビラのＱＲコードからアクセス可。

UD FONT 見やすく読みまちがえにくいユニバーサルデザインフォントを採用しています。

東邦高等学校

▶交通　地下鉄東山線「一社」駅下車，徒歩15分
市バス「平和が丘」下車，徒歩３分

〒465-8516　名古屋市名東区平和が丘3-11
☎052-782-1171
https://www.toho-h.ed.jp

沿　革

1923年，東邦商業学校として創立。1948年，新学制の発足とともに普通科を設置し，校名を東邦高等学校に改めた。1985年度男女共学を実施，1993年度美術科開設，2008年度文理特進コース・2015年度人間健康コースを開設し，多様な分野への進出を可能にする教育内容と教育体制を充実させてきた。2020年４月には，普通科国際探究コースを新設。

建学の精神

真に信頼して事を任せうる人格の育成

教育課程

●普通科

普通コース

生徒の大多数が進学希望であることを踏まえ，基礎学力の充実に努め，進路に対応できる高い学力の獲得を図る。きめ細かに進路に対応するため，２年生から３コース（進学，文系選抜，理系選抜）に分かれ，一人一人の目標達成に向け科目ごとの確認テストやその結果に基づく授業後補習などが行われている。

文理特進コース

国公立大学や難関私立大学への進学を目指す。普通コースよりも多い週37時間授業を行い，土曜日には進路学習を中心とした総合学習の時間を設定している。２年次から文系・理系に分かれて学習する。少人数での授業と一人一人に対しての手厚い指導が特長である。

国際探究コース

将来，世界規模の課題に取り組む人材育成を目指す。英語力を高めるだけでなく，世界の情勢を理解し，日本から世界に発信できるよう探究学習などを通じてグローバルな視点を身につける。

人間健康コース（硬式野球部，サッカー部に限る）

トップアスリートの育成を目指す。一つの目標に向かって規律ある集団生活の中で仲間と励まし支え合い「心」「技」「体」「知」の伸長を目指す。

●美術科

美術デザインのスペシャリストを目指す。県内私学唯一の美術専門学科。「日本画」「油絵」「彫刻」「デザイン」の４つ

の専攻によるカリキュラムと施設設備は充実しており，修学旅行はヨーロッパに赴き，本物の芸術作品に触れる。

美術科卒業制作展（愛知県美術館にて）

文化祭，交流の広場・感動の広場でのパフォーマンス（写真は2020年のもの）

クラブ活動

硬式野球部は平成最後の選抜高校野球大会（春の甲子園）で優勝。第95回記念選抜高校野球大会ベスト８。サッカー部は，第101回全国高等学校サッカー選手権大会出場。2022年度は，ゴルフ部，バトントワリング部，ダンス部，吹奏楽部が全国大会，マーチングバンド部，写真部が東海大会出場。水泳部，空手道部も全国高等学校総合体育大会（インターハイ）出場実績がある。

●**体育系**　硬式野球（男子），サッカー（男子），空手道，ダンス，水泳，バトントワリング（女子），バスケットボール，ハンドボール（女子），ソフトテニス，アーチェリー，軟式野球（男子），ソフトボール（女子），剣道，卓球，硬式テニス，バレーボール，ゴルフ

同好会／サイクリング，女子サッカー

●**文化系**　吹奏楽，写真，落語研究，アニメ研究，映画研究，ＥＳＳ，ＪＲＣ，文芸，情報処理，美術，科学研究，家庭科，茶華道，演劇，放送，軽音楽，マーチングバンド，経理，新聞

同好会／囲碁将棋，歴史

平成最後の春センバツ甲子園優勝

年間行事

４月／学級合宿（１年），遠足（２・３年）
５月／開校記念行事
７月／競技大会，海外英語研修
９月／学園祭（文化祭・体育祭）
10月／未来の芸術家たち展（卒業制作展）
11月／修学旅行（２年），芸能鑑賞（１年）
２月／予餞会，修学旅行（普通科人間健康コース１年）

進路状況

●**主な進学先（現役のみ）**

名古屋市立大，名古屋工業大，愛知教育大，愛知県立大，静岡大，北見工業大，筑波大，高崎経済大，都留文科大，信州大，長野県立大，富山県立大，公立鳥取環境大，北九州市立大，長崎県立大，東京藝術大，愛知県立芸術大，静岡文化芸術大，立教大，中央大，法政大，日本大，東洋大，駒澤大，専修大，東海大，武蔵野美術大，多摩美術大，関西学院大，同志社大，立命館大，京都産業大，近畿大，龍谷大，南山大，愛知大，名城大，中京大，愛知東邦大，愛知学院大，愛知工業大，愛知淑徳大，金城学院大，椙山女学園大，日本福祉大，名古屋外国語大，名古屋学院大　など

◎2024年度入試状況◎

学科	普通	美術
募集数	583	40
応募者数	3082	129
受験者数	非公表	
合格者数	非公表	

※募集数のうち約60％は推薦による。また，人間健康コースは男子・推薦入試のみ。

過去問の効果的な使い方

① **はじめに**　入学試験対策に的を絞った学習をする場合に効果的に活用したいのが「過去問」です。なぜならば，志望校別の出題傾向や出題構成，出題数などを知ることによって学習計画が立てやすくなるからです。入学試験に合格するという目的を達成するためには，各教科ともに「何を」「いつまでに」やるかを決めて計画的に学習することが必要です。目標を定めて効率よく学習を進めるために過去問を大いに活用してください。また，塾に通われていたり，家庭教師のもとで学習されていたりする場合は，それぞれのカリキュラムによって，どの段階で，どのように過去問を活用するのかが異なるので，その先生方の指示にしたがって「過去問」を活用してください。

② **目的**　過去問学習の目的は，言うまでもなく，志望校に合格することです。どのような分野の問題が出題されているか，どのレベルか，出題の数は多めか，といった概要をまず把握し，それを基に学習計画を立ててください。また，近年の出題傾向を把握することによって，入学試験に対する自分なりの感触をつかむこともできます。

過去問に取り組むことで，実際の試験をイメージすることもできます。制限時間内にどの程度までできるか，今の段階でどのくらいの得点を得られるかということも確かめられます。それによって必要な学習量も見えてきますし，過去問に取り組む体験は試験当日の緊張を和らげることにも役立つでしょう。

③ **開始時期**　過去問への取り組みは，全分野の学習に目安のつく時期，つまり，9月以降に始めるのが一般的です。しかし，全体的な傾向をつかみたい場合や，学習進度が早くて，夏前におおよその学習を終えている場合には，7月，8月頃から始めてもかまいません。もちろん，受験間際に模擬テストのつもりでやってみるのもよいでしょう。ただ，どの時期に行うにせよ，取り組むときには，集中的に徹底して取り組むようにしましょう。

④ **活用法**　各年度の入試問題を全問マスターしようと思う必要はありません。できる限り多くの問題にあたって自信をつけることは必要ですが，重要なのは，志望校に合格するためには，どの問題が解けなければいけないのかを知ることです。問題を制限時間内にやってみる。解答で答え合わせをしてみる。間違えたりできなかったりしたところについては，解説をじっくり読んでみる。そうすることによって，本校の入試問題に取り組むことが今の自分にとって適当かどうかが，はっきりします。出題傾向を研究し，合否のポイントとなる重要な部分を見極めて，入学試験に必要な力を効率よく身につけてください。

数学

各都道府県の公立高校の入学試験問題は，中学数学のすべての分野から幅広く出題されます。内容的にも，基本的・典型的なものから思考力・応用力を必要とするものまでバランスよく構成されています。私立・国立高校では，中学数学のすべての分野から出題されることには変わりはありませんが，出題形式，難易度などに差があり，また，年度によっての出題分野の偏りもあります。公立高校を含め，ほとんどの学校で，前半は広い範囲からの基本的な小問群，後半はあるテーマに沿っての数問の小問を集めた大問という形での出題となっています。

まずは，単年度の問題を制限時間内にやってみてください。その後で，解答の答え合わせ，解説での研究に時間をかけて取り組んでください。前半の小問群，後半の大問の一部を合わせて50%以上の正解が得られそうなら多年度のものにも順次挑戦してみるとよいでしょう。

英語

英語の志望校対策としては，まず志望校の出題形式をしっかり把握しておくことが重要です。英語の問題は，大きく分けて，リスニング，発音・アクセント，文法，読解，英作文の5種類に分けられます。リスニング問題の有無(出題されるならば，どのような形式で出題されるか)，発音・アクセント問題の形式，文法問題の形式(語句補充，語句整序，正誤問題など)，英作文の有無(出題されるならば，和文英訳か，条件作文か，自由作文か) など，細かく具体的につかみましょう。読解問題では，物語文，エッセイ，論理的な文章，会話文などのジャンルのほかに，文章の長さも知っておきましょう。また，読解問題でも，文法を問う問題が多いか，内容を問う問題が多く出題されるか，といった傾向をおさえておくことも重要です。志望校で出題される問題の形式に慣れておけば，本番ですんなり問題に対応することができますし，読解問題で出題される文章の内容や量をつかんでおけば，読解問題対策の勉強として，どのような読解問題を多くこなせばよいかの指針になります。

最後に，英語の入試問題では，なんと言っても読解問題でどれだけ得点できるかが最大のポイントとなります。初めて見る長い文章をすらすらと読み解くのはたいへんなことですが，そのような力を身につけるには，リスニングも含めて，総合的に英語に慣れていくことが必要です。「急がば回れ」ということわざの通り，志望校対策を進める一方で，英語という言語の基本的な学習を地道に続けることも忘れないでください。

国語

国語は，出題文の種類，解答形式をまず確認しましょう。論理的な文章と文学的な文章のどちらが中心となっているか，あるいは，どちらも同じ比重で出題されているか，韻文(和歌・短歌・俳句・詩・漢詩)は出題されているか，独立問題として古文の出題はあるか，といった，文章の種類を確認し，学習の方向性を決めましょう。また，解答形式は，記号選択のみか，記述解答はどの程度あるか，記述は書き抜き程度か，要約や説明はあるか，といった点を確認し，記述力重視の傾向にある場合は，文章力に磨きをかけることを意識するとよいでしょう。さらに，知識問題はどの程度出題されているか，語句(ことわざ・慣用句など)，文法，文学史など，特に出題頻度の高い分野はないか，といったことを確認しましょう。出題頻度の高い分野については，集中的に学習することが必要です。読解問題の出題傾向については，脱語補充問題が多い，書き抜きで解答する言い換えの問題が多い，自分の言葉で説明する問題が多い，選択肢がよく練られている，といった傾向を把握したうえで，これらを意識して取り組むと解答力を高めることができます。「漢字」「語句・文法」「文学史」「現代文の読解問題」「古文」「韻文」と，出題ジャンルを分類して取り組むとよいでしょう。毎年出題されているジャンルがあるとわかった場合は，必ず正解できる力をつけられるよう意識して取り組み，得点力を高めましょう。

数学

出題傾向の分析と 合格への対策

●出題傾向と内容

本年度の出題数は大問数は4題だが，小問数が15題に加えて会話文の穴埋めが10箇所あり，実質的な問題数はかなり多く感じられる。

出題内容は[1]が数式，平方根，連立方程式などの計算を主体とした小問群，[2]は方程式の文章題，資料の整理などの小問群，[3]は台形の頂点と辺上の2つの動点が作る三角形の面積についての問題，[4]は円についての角度の問題，天秤のつりあいの問題，平行線を利用した三角形の辺の比や長さなどの問題であった。

毎年，図形の長さ・面積・体積に関する問題が出されていて，全体としては，標準からやや応用といった問題が中心である。

✔学習のポイント

例題の解法や定理・公式などを一つでも多く身に付けることで，どんな内容であっても対応できるようにしよう。

●2025年度の予想と対策

出題数，難易度，設問形式に多少の変動があるかもしれないが，大きく変化することは無いだろう。したがって，基礎知識を駆使して，標準レベルまでの問題をいかにミス無く解けるかどうかがポイントとなる。

計算，関数とグラフ，図形の計量問題について，難問と思われる内容は出題されていないので，落ち着いて順序良く解いていくことが必要である。特に図形の問題については，手際良く補助線を引いたり，様々な図形の性質を使いこなしたりする練習を積んでおかなければならない。また，回転体の体積など，年度によって出題内容のばらつきもあるので注意しておきたい。

▼年度別出題内容分類表 ……

出題内容			2020年	2021年	2022年	2023年	2024年
数と式		数の性質		○			
		数・式の計算	○	○	○	○	○
		因数分解	○	○	○	○	○
		平方根	○	○	○	○	○
方程式・不等式		一次方程式		○	○	○	○
		二次方程式	○	○	○	○	○
		不等式					
		方程式・不等式の応用	○	○	○	○	○
関数		一次関数	○	○	○	○	○
		二乗に比例する関数	○	○	○	○	○
		比例関数			○		
		関数とグラフ	○	○	○	○	
		グラフの作成					
図形	平面図形	角度	○		○	○	○
		合同・相似	○	○	○	○	○
		三平方の定理					
		円の性質	○		○	○	○
	空間図形	合同・相似	○				
		三平方の定理	○				
		切断	○	○			
	計量	長さ	○	○	○	○	○
		面積	○	○	○	○	○
		体積	○	○		○	
	証明					○	
	作図						
	動点			○	○		○
統計		場合の数		○			
		確率	○	○	○	○	
		統計・標本調査				○	○
融合問題		図形と関数・グラフ	○	○	○	○	○
		図形と確率					
		関数・グラフと確率					
		その他					
その他					○		○

東邦高等学校

英語 出題傾向の分析と合格への対策

●出題傾向と内容

本年度の出題内容は，リスニング問題，長文読解問題2題，語彙問題2題，適語補充問題，言い換え・書き換え問題，会話文における適文選択問題，条件英作文の，大問で8題という構成であった。

長文読解の設問は語形変化，指示語の内容の特定，語句整序，語句選択，内容吟味など，幅広い形式で出題されており，内容の理解と文法知識も問われる問題である。読解問題以外の文法問題は，広い範囲から出題されているが，いずれも基本的な語法や慣用句を覚えていれば答えられる。昨年度に引き続き，会話文の空所に適文を選択する問題も出題された。

✔学習のポイント

記述式の問題が多いため，動詞の変化や単語のつづりをしっかりと覚えておこう。

●2025年度の予想と対策

来年度も，本年度とほぼ同じ傾向の出題が予想される。

長文読解問題の対策としては，多くの英文を読んで内容を把握したり，本文を読みながら設問に答える練習をしておく必要がある。

単語は，意味やつづりはもちろん，発音・アクセントなども含めて総合的に覚えよう。

文法問題の対策としては，すべての文法事項で，重要構文や頻出の書き換えを覚えておけば十分対応できる出題内容である。教科書を中心に学習し，問題集などで演習を積んでおこう。

熟語や会話文でよく使われる表現もしっかり覚えておくこと。

▼年度別出題内容分類表 ……

	出題内容	2020年	2021年	2022年	2023年	2024年
話し方・聞き方	単語の発音	○				
	アクセント					
	くぎり・強勢・抑揚					
	聞き取り・書き取り	○	○	○	○	
語い	単語・熟語・慣用句	○	○	○	○	○
	同意語・反意語	○	○	○	○	○
	同音異義語					
読解	英文和訳(記述・選択)					
	内容吟味	○	○	○	○	○
	要旨把握		○	○	○	○
	語句解釈	○		○		
	語句補充・選択	○	○	○	○	○
	段落・文整序					
	指示語	○		○	○	
	会話文	○	○		○	○
文法・作文	和文英訳					
	語句補充・選択	○	○	○	○	○
	語句整序	○	○	○	○	○
	正誤問題					
	言い換え・書き換え	○	○	○	○	○
	英問英答					
	自由・条件英作文		○	○	○	○
文法事項	間接疑問文					
	進行形					
	助動詞	○	○			○
	付加疑問文	○				
	感嘆文				○	
	不定詞	○	○	○	○	○
	分詞・動名詞	○		○	○	○
	比較	○	○			○
	受動態	○		○	○	○
	現在完了	○	○		○	
	前置詞	○				
	接続詞					○
	関係代名詞	○		○	○	○

東邦高等学校

理科　出題傾向の分析と合格への対策

●出題傾向と内容

問題は大問が4題，小問が40題程度である。試験時間は40分であり，多くが基本的な内容の問題で，4分野から幅広く出題されている。物理分野の計算問題にやや難しいものが含まれることもあるが，全体的には理科全般の基礎的な知識があるかどうかが問われている。

よく出題される分野としては，「物質とその変化」，「運動とエネルギー」などがある。しかし，偏りのない出題なので，苦手分野をつくらないようにしたい。

教科書を中心に基礎を確実におさえる学習を行うことが大切である。標準的な問題を十分演習しておこう。

✔学習のポイント

苦手分野をつくらないよう，理科の4分野の知識を広く身につけるようにしよう。

●2025年度の予想と対策

教科書を中心とした学習を行うこと。学習の過程で，理解不足な分野はしっかりと理解するようにしておこう。物質と変化，力と圧力などの分野からの出題が多い傾向があるが，各分野から偏りなく出題されるので，苦手分野を作らないことが大切である。

計算問題での得点がカギとなるため，計算問題は標準レベルの問題集や過去問を中心に，原理や公式を十分使いこなせるようにしたい。また，実験操作についての問題も出題される。実験器具の扱い方や，操作の目的なども理解しておきたい。

生物分野は比較的基礎的な内容の問題が多いので，この分野で得点することも大切である。

▼年度別出題内容分類表 ……

	出題内容	2020年	2021年	2022年	2023年	2024年
第一分野	物質とその変化	○			○	
	気体の発生とその性質		○		○	
	光と音の性質	○		○	○	
	熱と温度					
	力・圧力	○				
	化学変化と質量					○
	原子と分子	○				
	電流と電圧					
	電力と熱					
	溶液とその性質					
	電気分解とイオン					
	酸とアルカリ・中和			○		
	仕事	○			○	
	磁界とその変化					
	運動とエネルギー		○		○	○
	その他			○		
第二分野	植物の種類とその生活	○		○		
	動物の種類とその生活					
	植物の体のしくみ					
	動物の体のしくみ					
	ヒトの体のしくみ		○	○	○	○
	生殖と遺伝			○		
	生物の類縁関係と進化					
	生物どうしのつながり					
	地球と太陽系			○	○	
	天気の変化	○	○			
	地層と岩石					
	大地の動き・地震					○
	その他					

東邦高等学校

社会

出題傾向の分析と 合格への対策

●出題傾向と内容

本年度は大問が6題であった。

地理的分野は，世界地理からは米，中，仏，ブラジル，日本地理からは中部地方，それぞれを題材に，地形，気候，産業の特徴が出題された。

歴史的分野は，日本史と世界史それぞれの政治・外交史，社会・経済史が出題された。また，日本史と世界史の関連が応用問題として問われている。

公民的分野では，憲法や政治・経済のしくみを中心に憲法や時事問題が出題された。

✔学習のポイント

地理：地図等の資料に精通しよう！

歴史：日本史と世界史の関連を理解しよう！

公民：政治・経済のしくみを理解しよう！

●2025年度の予想と対策

出題数は例年と同様，歴史的分野が多いと思われる。内容も基本的なものが中心となるだろう。

地理的分野では，地形・気候・産業の特徴などを資料をもとにおさえること。また，日本と世界の諸地域の特色はまとめておくこと。

歴史的分野では，古代から現代までの大きな流れをおさえ，各時代の重要事項とそれに伴う人物をまとめておきたい。また，日本史と世界史の関連は，年表で正確に理解しておきたい。

公民的分野では，政治・経済のしくみを中心に学習し，教科書の重要事項を正確に理解しておこう。また，時事的な問題も出題されるので，インターネットの内外の主な報道を考察してまとめ，それと関係する重要語句の意味を正確に理解しておきたい。

▼年度別出題内容分類表……

出題内容			2020年	2021年	2022年	2023年	2024年
地理的分野	(日本)	地形図	○		○	○	○
		地形・気候・人口	○	○	○	○	○
		諸地域の特色	○	○	○	○	○
		産業	○	○	○	○	○
		交通・貿易		○	○	○	
	(世界)	人々の生活と環境					
		地形・気候・人口	○	○	○	○	○
		諸地域の特色	○	○	○	○	○
		産業	○	○	○	○	○
		交通・貿易			○		
	地理総合						
歴史的分野	(日本史)	各時代の特色					
		政治・外交史	○	○	○	○	○
		社会・経済史	○	○	○	○	○
		文化史		○		○	○
		日本史総合					
	(世界史)	政治・社会・経済史	○	○	○	○	
		文化史			○		○
		世界史総合					
	日本史と世界史の関連			○	○	○	○
	歴史総合						
公民的分野	家族と社会生活						
	経済生活		○		○	○	○
	日本経済		○		○		
	憲法（日本）		○	○	○	○	○
	政治のしくみ		○	○	○	○	○
	国際経済						
	国際政治		○				
	その他			○	○	○	○
	公民総合						
各分野総合問題							

東邦高等学校

国語　出題傾向の分析と合格への対策

●出題傾向と内容

本年度は，論説文が1題と小説1題，古文1題という大問構成であった。

現代文は論説文・小説ともに漢字の読み書きを大問に含む。傍線部の内容説明を求める選択問題や脱文・脱語補充問題が中心であるが，小説では傍線部の内容説明を求める記述問題(35字)が出題された。

古文は『日本霊異記』からの出題で，短いものの文章内容はやや難。出題は指示語の指示内容や口語訳が中心。仏教という文化的背景理解を問う，抜き出しではない脱語補充も一問出題された。

✔学習のポイント

論説文・小説ともに幅広いジャンルの文章を読もう。問題集は，脱文・脱語補充が多く出題されているものを選ぼう。古文は，単語帳・問題集を活用し，ある程度は自力で訳せる力を身につけておこう。

●2025年度の予想と対策

例年の傾向から，論理的文章と文学的文章の読解，古文の読解の大問3題という出題が予想される。

論理的文章では，接続語に注目しつつ論旨を読み取る力が重要だ。また脱語補充も多めに出題されると思われるので，部分的でなく文章の全体像をつかむことも求められる。

文学的文章では，心情理解が重視される。記述内容から単純に考えるのではなく，どのような背景・流れがあっての心情なのかということを意識させる問題が課されるだろう。

古文は，教科書程度の文章は読みこなしたい。仮名遣い，文学史といった知識はもちろんのこと，ある程度の語彙力も必要。和歌も出題される可能性があるので，問題集で対策しておくこと。

漢字や慣用句・ことわざ・熟語などは標準的な難易度のものが多いだろう。

▼年度別出題内容分類表 ……

出題内容			2020年	2021年	2022年	2023年	2024年
内容の分類	読解	主題・表題		○	○		
		大意・要旨		○	○	○	
		情景・心情	○	○	○	○	○
		内容吟味	○	○	○	○	
		文脈把握	○	○	○	○	○
		段落・文章構成					○
		指示語の問題					○
		接続語の問題	○			○	○
		脱文・脱語補充	○	○	○	○	○
	漢字・語句	漢字の読み書き	○	○	○	○	○
		筆順・画数・部首					
		語句の意味		○	○		
		同義語・対義語					
		熟語		○			
		ことわざ・慣用句	○			○	○
	表現	短文作成					
		作文(自由・課題)					
		その他					
	文法	文と文節					
		品詞・用法		○			○
		仮名遣い	○		○	○	○
		敬語・その他					
	古文の口語訳		○		○	○	○
	表現技法					○	
	文学史		○		○		○
問題文の種類	散文	論説文・説明文	○	○			○
		記録文・報告文					
		小説・物語・伝記	○	○	○	○	○
		随筆・紀行・日記					
	韻文	詩					
		和歌(短歌)				○	
		俳句・川柳					
	古文		○	○	○	○	○
	漢文・漢詩						

東邦高等学校

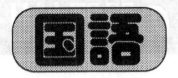

2024年度 合否の鍵はこの問題だ!!

数学 [3]

[3]は，平行四辺形の辺上を一定の速さで移動する2点P，Qと，1つの頂点Aがつくる△PAQの面積についての問題で，会話文形式で作られている。

2つの動点P，Qは同じ頂点Aから異なる方向に進むので，各点がどの辺上にあるかで三角形の形が大きく異なる。そのため，場合分けをして，それぞれの面積の求め方を探さなければならない。その場合分けは3つで，(1)点の移動により三角形の面積が増加していくパターン，(2)点の移動に関わらず三角形の面積が変わらないパターン，(3)点の移動により三角形の面積が減少していくパターンについて，経過時間x秒と三角形の面積$y$cm^{2}の関係式をそれぞれ考える。

(1)での△PAQは直角三角形なので，底辺の長さと高さをそれぞれxの式で表すので，面積yはxについての2次式となる。(2)では底辺AQに平行な線上を点Pが移動するので高さが一定となり，面積yの式はxについての1次式となる。(3)での△PAQは直角三角形ではないので，相似を利用して高さをxの式で表し，底辺もxの式で表すので，面積yの式はxについての2次式となる。

会話文形式では，「前までの結果をヒントにして次問を解く」という流れの把握が重要であり，受験準備としてそのような経験を積み上げることが，スムーズな解答作成につながるだろう。もちろん関数と図形の融合問題だけでなく，図形の証明問題，方程式の文章題，確率，規則性，資料の整理など，会話文形式が活躍できる分野は多岐にわたる。さらにいうと，教科書の発展的内容の解説文を読み，その内容を自分で理解しながら解く出題があってもおかしくない。受験生各位にはぜひ記憶に留めておいて活用して欲しい。

英語 [1]

2つの長文読解問題があるが，[1]の長文は，英語の知識だけではなく，社会問題にも触れた問題であったため，幅広い知識が問われる問題であった。聞き慣れない用語も出ていたため，内容が捉えにくかったかもしれない。長文読解問題は以下の点に注意をして取り組むと，比較的短時間で処理ができるのでぜひ実践したい。

〈長文読解のポイント〉

①(注)に目を通し，どのような内容の文章か見当をつける。

②設問に目を通し，英文は事前に日本語訳しておく。この問題の場合は，7の選択肢を訳しておこう。

③段落ごとに読み進める。

④英文を読むときには，きちんと日本語訳をしながら読む。

⑤その段落に問題となる部分があれば，その場で読んで解く。

使われている英文自体は難しい構文は使われていない。したがって，素早く読める訓練をしておくと，短時間で処理できるようになる。教科書レベルにとどまらず，さまざまな問題集や過去問を用いて読解のスピードを早くする練習を重ねよう。

理科 3

大問が4題で，各分野から1題ずつの出題であった。問題レベルは全般的には標準的であるが，物理分野の問題や，計算問題にやや難しい問題が出題されることがある。教科書の内容を偏りなく広く理解しておくことが大切である。今回合否を分ける鍵となった問題として，3の地震波に関する問題を取り上げる。

地震の際に発生する地震波にはP波とS波があり，P波の方が速度が速い。表からそれぞれの波の速さを求めると，P波は90÷15＝6(km/s)であり，S波は90÷30＝3(km/s)である。

問3　初期微動継続時間が80秒の地点Xの震源からの距離を求める。震源からの距離を$x$kmとすると，S波の方が遅いので時間がかかる。その時間は$\frac{x}{3}$秒であり，P波は$\frac{x}{6}$秒である。この差が80秒なので，$\frac{x}{3}-\frac{x}{6}=80$　$x=480$kmである。

問4　地震の発生場所を震源といい，震源の真上の地表面を震央という。震源の深さを$y$kmとすると，三平方の定理より，$60^2+y^2=100^2$　$y=80$kmである。

この問題は標準的な内容の問題であり，難易度が高いものではなく標準レベルの問題である。このような典型的な計算問題で確実に得点することが大変重要である。

過去問には物理分野の問題にやや難しい内容を含んだり，地学分野で深い知識が求められる問題がある。得点できる問題を見極めて確実に得点することが鍵である。

社会 1 問3

本校では，基本的な知識事項の丸暗記だけでは対応できない「思考力」や「読み取り力」が試される問題が出題される。自分自身で持っている知識を活用したり，まとまった分量のリード文や資料データを読解することが求められている。このような力は一朝一夕では身につかないものなので，日々の継続的なトレーニングの積み重ねが不可欠となってくる。設問が変わってもしっかり対応できるような汎用性の高い力をつけることができるかが大切になってくる。

1 問3の設問は，以上のような出題傾向を象徴している問題であり，過去問演習等で対策してきた受験生とそうでない受験生とではっきり差がつくことが予想される。形式に慣れていないと試験本番で焦ってしまう可能性がある。この設問は，「中部地方の工業」に関する問題であるが，一定時間内に正確にできるかどうかがポイントとなってくる。「スピード」と「慎重さ」がともに求められる設問となる。本校の社会の問題は全体的に設問数が多く，この問題に必要以上に時間を割いてしまうと，制限時間切れになってしまう危険性もある。

この設問の配点自体が他の設問と比べて高いということはないが，合格ラインに到達するためにはこのような問題で確実に得点することが求められ，「合否を左右する設問」といっても過言ではない。

国語 2 問6

時系列の整序では，回想や本文以前の内容が含まれていないかどうかに留意すべきである。

問六は，選択肢を見るとアが一番目のように思える。これは本文で描かれているのが北斎と広重が出会う場面から始まっているためであるが，実際の経緯としてはエが一番目である。なぜなら，北斎が広重と嵩山房に来る前に，すでに弟子たちから東海道五十三次の評判を聞いて憧れていないとおかしいからである。広重と出会ってから弟子たちに評判を聞き，憧れたという順序ではない。これに気付かなかった受験生もいるだろう。前もって憧れていて，広重と出会い，絵を見て一旦その憧れが的外れだったように感じて狼狽するも，見るうちに絵の素晴らしさに気付く……という流れである。

アとエの順序は今回正答には影響しなかったが，今後こうした細かいところも正答に影響する可能性はある。場面の順序だけにとらわれず，人物がどのような背景をもってその場面に存在するのかも見落とさないようにしよう。

2024年度

★★★★★★★★★★★★★★★★★★★★★★★

入　試　問　題

2024年度

東邦高等学校入試問題

【数　学】（40分）　＜満点：100点＞

【注意】　答えに根号や円周率πが含まれている場合は，根号やπのままで答え，分数は約分し，比はできる限り簡単な整数の比にしなさい。なお，筆答の際に定規は使ってもよろしい。

1　次の問いに答えよ。

(1)　$12+8\left(\frac{1}{3}-\frac{3}{4}\right)-(-2)^3$ を計算せよ。

(2)　$y(x-2)-2x+4$ を因数分解せよ。

(3)　$(5+\sqrt{6})(5-\sqrt{6})-(3\sqrt{3}-2\sqrt{2})^2$ を計算せよ。

(4)　連立方程式 $\begin{cases} \dfrac{2x+y}{6}=2 \\ 3x-5y=5 \end{cases}$ を解け。

(5)　方程式 $x^2-ax-2=0$ の解の１つが $1-\sqrt{3}$ のとき，次の問いに答えよ。

①　aの値を求めよ。

②　この方程式のもう１つの解を求めよ。

2　次の問いに答えよ。割り切れない場合は分数で答えよ。

(1)　１次関数 $y=ax+\frac{1}{2}$ のグラフが点（３，１）を通るとき，aの値を求めよ。

(2)　連続する２つの正の整数がある。それぞれを２乗した数の和が313になるとき，この２つの整数を求めよ。

(3)　Ａの容器に牛乳が300mL，Ｂの容器にコーヒーが何mLか入っている。

Ｂの容器からコーヒーを200mL取り出して，Ａの容器に入れたところ，Ａの容器のコーヒー牛乳とＢの容器のコーヒーの量の比が３：２になった。

はじめに，Ｂの容器には何mLのコーヒーが入っていたのか求めよ。

(4)　Ｔ君は家から学校までの道のりを，行きは平均時速10kmで走り，帰りは平均時速４kmで歩いて帰った。行きと帰りを合わせた平均時速を求めよ。ただし，行きと帰りの道のりは同じとする。

(5)　右の表はある年の名古屋市の２月の最低気温をヒストグラムで表したものである。

この表から，最低気温の平均値を求めよ。

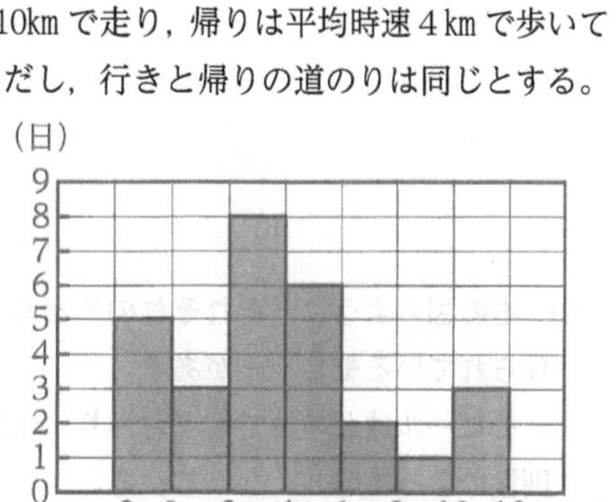

[3] 右の図のようなDC∥ABである台形ABCDがある。
動点Pはつねに一定の速さでA→D→C→Bの順に進み，
動点Qは秒速3cmの速さでA→Bに動く。
動点P，Qは同時に点Aを出発して，動点Pが点Dにたどり着いたとき，AQ＝12cmで∠AQP＝90°であった。点Aを出発して，x秒後の△PAQの面積を$y$cm²とする。

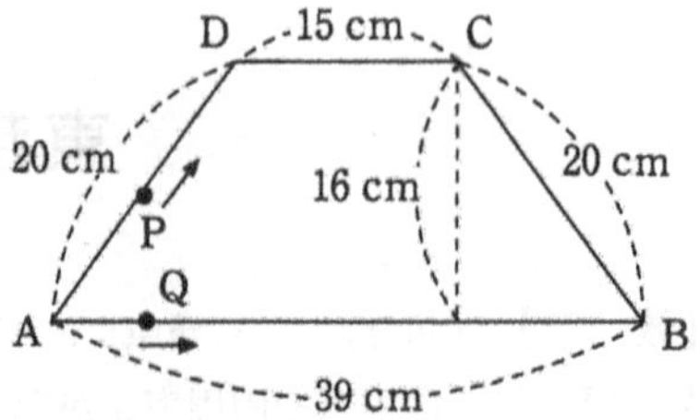

東くんと邦子さんの会話文をよく読み，次の [ア] ～ [コ] にあてはまる数を答えよ。
ただし [ケ] ，[コ] の順番は問わない。

東　：△PAQの面積はどのように変化するのか考えてみよう。
邦子：動点Pの速さを求めると秒速 [ア] cmだから，動点Pが点Bにたどり着くときは x＝ [イ] となるね。
東　：面積は動点Pがどの辺にあるかによって変わるから，
$0<x\leqq$ [ウ] ， [ウ] $\leqq x\leqq$ [エ] ， [エ] $\leqq x<$ [イ] で場合分けをして考えてみようか。
邦子：了解。まず，$0<x\leqq$ [ウ] のとき，△PAQの底辺をAQとすると，高さPQはxを用いて [オ] xと表せるね。
東　：これを利用して，xとyの関係式を表すと，y＝ [カ] x^2とかけるよ。
邦子：では， [ウ] $\leqq x\leqq$ [エ] のときなら，xとyの関係式はy＝ [キ] xになるね。
東　：最後に [エ] $\leqq x<$ [イ] のときは，
xとyの関係式は$y=-6x^2+$ [ク] xだと言えるね。
邦子：わかった。では，△PAQの面積が144cm²になるのはx＝ [ケ] ， [コ] のときだね。ありがとう。やっと理解できたよ。

[4] 次の問いに答えよ。

(1) 右の図のように，円周を8等分する点を，A，B，C，D，E，F，G，Hとする。
このとき，∠xの大きさを求めよ。

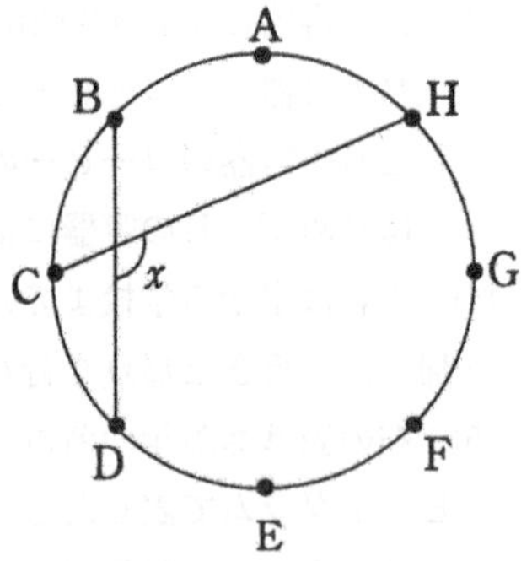

(2) 右の図のように，それぞれの棒とおもりで左右が釣り合うように作られているモビールがある。
　モビールはどの棒でも（おもり）×（支点からの距離）が，この規則性によって等しくなっている。
　このことを利用し次のページの図のモビールを作ったが，計算を

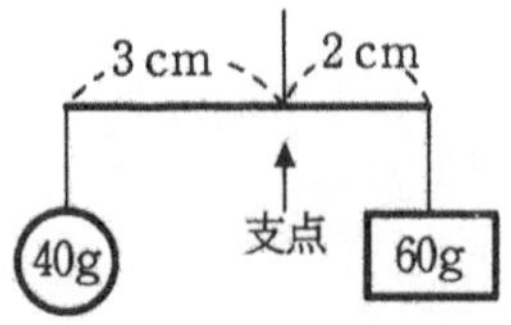

間違えてうまくバランスが取れなくなってしまった。

同じ重さのおもりＡをつけてバランスをとるためには，おもりＡは何ｇにすればよいか答えよ。

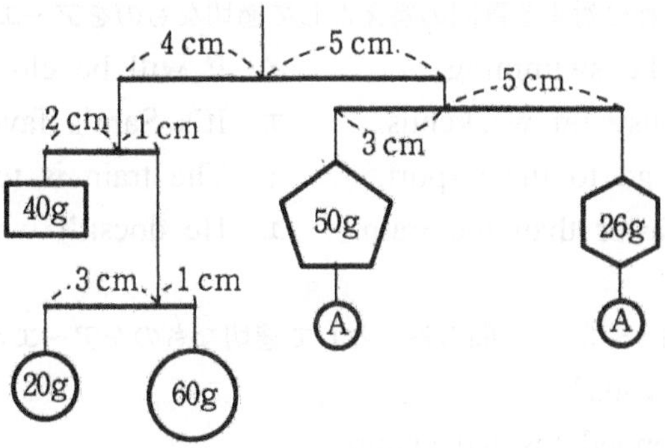

(3)　右の三角形ABCを辺BCと平行な直線 ℓ で上と下の２つの部分に分ける。

三角形ABCと直線 ℓ の交点を図のようにD，Ｅとし AD＝１とする。上と下の図形の面積を等しくするとき，BDの長さを求めよ。

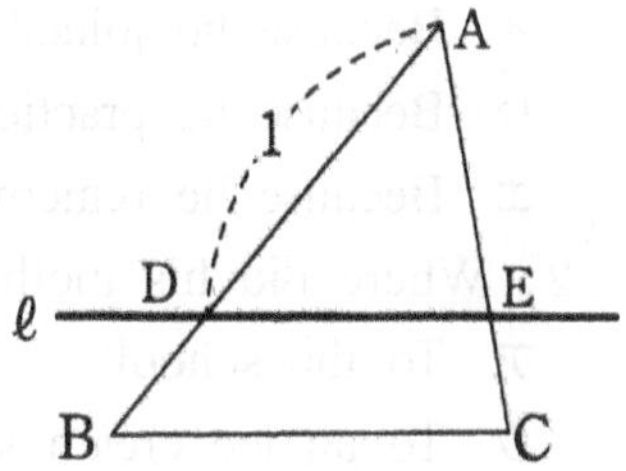

(4)　図のように，AD∥BCの台形ABCDがある。BD∥EFとなるように辺BC，CD上にそれぞれ点Ｅ，Ｆをとり，線分ＢＦと線分ＥＤの交点を点Ｇとする。BG：GF＝３：２のとき，△ABEと△GEFの面積比を，もっとも簡単な整数の比で表せ。

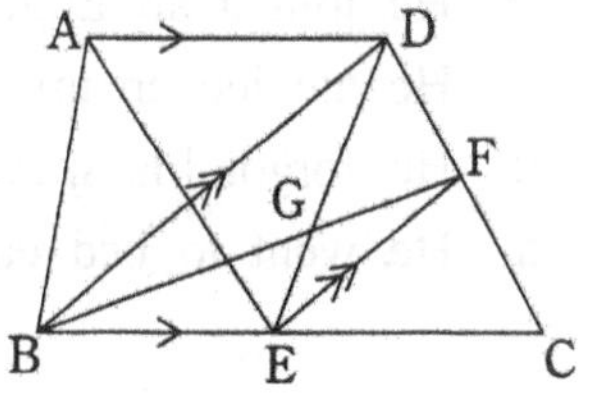

【英　語】（45分）　＜満点：100点＞

リスニング問題　**※放送は５分後に開始されます。それまでに問題をよく読みなさい。**

第１問　対話を聞き，それに対する質問の答えとして適切なものを**ア**～**エ**から選び，記号で答えよ。

１．**ア**　He doesn't like swimming.　　**イ**　It will be cloudy this weekend.
　　ウ　It's always busy on weekends.　　**エ**　It's Sara's favorite place.

２．**ア**　He wants to go to the airport.　　**イ**　The train is too slow.
　　ウ　The bus is faster than the train.　　**エ**　He doesn't want to lose his way.

第２問　英文を聞き，１．～３．の質問の答えとして適切なものを**ア**～**エ**から選び，記号で答えよ。

１．Why was he nervous?
　ア　Because he dropped his ice cream.
　イ　Because he joined a speech contest for the first time.
　ウ　Because he practiced a lot at his home and with his teacher.
　エ　Because he remembered his speech perfectly at the contest.

２．Where did his mother take him?
　ア　To the school　　**イ**　To speech practice
　ウ　To an ice cream shop　　**エ**　To his favorite restaurant

３．Which didn't happen in the story?
　ア　He joined an English speech contest.
　イ　He ate ice cream.
　ウ　He forgot his speech.
　エ　He went to bed early.

※リスニングテストの放送台本は非公表です。

筆記問題

1　次の英文を読んで，あとの問いに答えよ。

Today, a lot of people walking or riding trains and buses are looking down. It is not because they are feeling down – they are using smartphones.

People use digital devices such as smartphones and tablets. With these devices, you can get the (①) you need right away, anywhere, anytime. You can also communicate with your family and friends with a message app. It is also possible to study, take (②) and enjoy music and games. The main point is that we can communicate ③easy with someone at all times. Smartphones and tablets have become especially important tools in our modern society.

However, smartphones have negative sides, too. (④), if you are checking for new messages all the time, you may lose the chances to talk to people face to face. Because of this situation, the new word *phubbing* has appeared – a combination of phone and snubbing. Many people snub others because they are busy with their smartphones. Also, some users get worried if they can't use smartphones. *The New York Times* introduced this and named it. It is called ⑤FOMO, Fear Of Missing Out. FOMO is the worried feeling that you may miss exciting events that other people are going to. It is especially caused by things you see on social media. Also, when people use smartphones for a long time, it is not good for their (⑥). They may not be able to go to sleep ③easy. Children with access to smartphones and tablets at night don't get enough sleep and are very sleepy during the day. Also, their vision and posture may become bad. Finally, some people have bad manners. They sometimes make people ⑦comfortable.

Do you know what ⑧"digital detox" is? Digital devices have come to control our ⑨life. They are ⑩{ ア useful イ that ウ overuse エ them オ many people カ so }. In the UK, for example, National Unplugging Day is held once a year. On this day participants try not to use any digital devices and try to spend a relaxing time with their families or friends. In many places throughout the world, digital detox camps are becoming popular. By reducing digital device use, we can improve relationships, our sleep and (⑥), and so on.

Smartphones have changed our ⑨life greatly. It may be difficult for us to completely give them up. However, let's sometimes take a break for our physical and mental (⑥).

（注） anytime いつでも　app アプリ　tool 道具，ツール　modern 近代の
negative 否定的な　face to face 面と向かって　appear 現れる
combination 組み合わせ　snub 鼻であしらう，冷たい態度を取る　fear 恐れ
miss out ［チャンスなどを］逃す　cause 引き起こす　social media ソーシャルメディア
access アクセス，接近　posture 姿勢　manners マナー　overuse 使い過ぎる
unplug プラグを抜く　participant 参加者　reduce 減らす　completely 完全に

1．(①) (②) (⑥) に入るのに最も適するものを次から一つ選び，記号で答えよ。

ア health　イ photos　ウ information　エ rest　オ memory

2．下線部③⑦⑨の語を適する形に直せ。ただし下線部⑦については反意語を答えよ。

3．(④) に入るのに最も適するものを次から一つ選び，記号で答えよ。

ア So　イ For example　ウ Besides　エ However

4．下線部⑤について，FOMO の説明として最も該当すると思われる人物を一人選び，記号で答えよ。

ア Jane and her friends always talk about SNS. She often worries about what they are doing on SNS. She wants to know everything new on SNS. She can't live without smartphones.

イ Kelly doesn't study or play sports. She loves playing online games and never goes out of her room until midnight. Sometimes she doesn't sleep at all and goes to school. Recently she feels so sleepy.

ウ Mary's classmates often write messages about her again and again. Their messages attack her and make her so sad. she doesn't want to go to school again.

5．下線部⑧の意味を表す語句を英文中から４語で抜き出して答えよ。

6．下線部⑩の｛ ｝内の語句を正しく並べかえ，｛ ｝内で３番目と５番目に来る語句を記号で答えよ。

7．本文の内容と一致するものを次のア～エから一つ選び，記号で答えよ。

ア The number of people doing a digital detox is decreasing in the U.S.

イ The word *phubbing* is made of phone and snubbing.

ウ The writer says that we have to continue to use SNS to live happily.

エ Digital detox camps are hard for children so they are not so popular.

2 次の英文を読んで，あとの問いに答えよ。

Ken couldn't wake up in the morning and felt terrible. His throat was sore. He had a headache, a fever, and a bad cough. Although he slept for a long time, he still felt tired. He decided to go to the（ ① ）and visit his doctor.

The doctor asked Ken what his symptoms were and how long he had ②them. Ken told the doctor that he first started feeling ill a week ago. The doctor took Ken's temperature, listened to his breathing, and examined his throat. The doctor asked Ken if he was allergic to anything, and Ken said that he wasn't.

The doctor told Ken that he had the flu. The treatment the doctor ③｛ア was イ Ken ウ to エ to take オ suggested｝some medicine, get enough（ ④ ）, and drink lots of water. He also advised to come back to the clinic if the symptoms did not get better after a few days.

Ken asked the doctor to give him（ ⑤ ）about how to keep his health in the future. The doctor said that Ken should eat healthy meals, sleep well, wash his hands more often, and avoid（ ⑥ ）. Doing these things may not stop Ken from getting sick, but having a healthy（ ⑦ ）will help fight the flu. Also, the symptoms may not be so bad. Ken has decided to be careful with his health.

Ken thanked the doctor, got his medicine, and went back home to bed.

（注） throat のど sore 痛い cough 咳，咳をする although～ ～だが symptom 症状
temperature 温度，体温 breathing 呼吸 examine 調べる if～ ～かどうか
allergic アレルギーの flu インフルエンザ treatment 処置 suggest 提案する
medicine 薬 advise アドバイスする avoid 避ける

1．（①）（④）（⑤）（⑥）（⑦）に入る語を次から一つ選び，記号で答えよ。

ア rest イ stress ウ body エ advice オ hospital

2．下線部②について，具体的に表わす英文中の単語を抜き出して答えよ。

3．下線部③の｛ ｝内の語を正しく並べ替え，｛ ｝内で３番目と５番目に来る語を記号で答えよ。

4．英文の内容に合わせ，あ，い，うの質問の答えとして最もふさわしいものを一つ選び，記号で答えよ。

あ　What are Ken's symptoms?

ア　He doesn't sleep well because he plays online games until late at night, so he has a headache and feels tired. He sometimes sleeps in the morning and wakes up in the evening.

イ　He is allergic to dogs and some animals. Also, he is allergic to some food and coughs badly.

ウ　He felt bad in the morning. He could sleep well last night but he was tired in the morning. The symptoms are similar to a cold.

い　How many days has Ken been ill?

ア　For a few days.　イ　For a week.　ウ　For ten days.

う　What advice did the doctor give Ken about staying healthy?

ア　The doctor advised that he should keep clean, sleep well and eat healthy meals.

イ　The doctor advised that he should keep meals balanced and not eat food he is allergic to.

ウ　The doctor advised that he should go to another clinic soon.

3　次のＡとＢの関係がＣとＤの関係と同じになるように，（　）内に適語を入れよ。

	A	B	C	D
1．	speak	speaking	swim	(　　)
2．	remember	forget	cheap	(　　)
3．	translate	translation	grow	(　　)
4．	September	ninth	May	(　　)

4　次の各組の英文の（　）内に共通して入る英語を１語ずつ答えよ。

1．He came to my house to (　　) the book I promised to lend him.
There are many kanji we had to (　　) from China to use in the Japanese language.

2．Take the Meijo Line to Sakae and (　　) trains.
I'd like to (　　) it for a larger size, please.

3．We must (　　) water and take our showers quickly.
We must (　　) endangered animals for the environment.

4．(　　) to your help, I finished my homework early.
(　　) for the chocolate. It was delicious.

5 次の日本文と同じ意味になるように，ア～クの（ ）内に適語を入れよ。

1．私はあなたに会えるのを楽しみにしていました。
I've（ ア ）looking（ イ ）to seeing you.

2．彼女はあまりに興奮していたので昨晩眠れなかった。
She was too（ ウ ）（ エ ）sleep last night.

3．ドイツ語とフランス語が私たちの学校で教えられている。
German and French（ オ ）（ カ ）at our school.

4．私には2か国語を上手に話す友人がいます。
I have a friend（ キ ）（ ク ）two languages very well.

6 次の各組の文がほぼ同じ意味になるように，ア～クの（ ）内に適語を入れよ。

1．Do you want me to read the letter to you?
（ ア ）（ イ ）read the letter to you?

2．This is a photograph taken by her last Christmas.
This is a photograph（ ウ ）（ エ ）last Christmas.

3．Ken was the worst of all the singers.
Ken was（ オ ）（ カ ）any other singer.

4．It is not necessary for you to work on Sundays.
You（ キ ）（ ク ）to work on Sundays.

7 次のアメリカ，フロリダ州に留学中の久美子（Kumiko）と友人のマリー（Marie）の会話が成り立つように，（1）～（6）に入る最も適当な表現をア～クから一つ選び，記号で答えよ。ただし，それぞれの選択肢は1度しか使用しないものとする。また，【A】に適する数字を算用数字で答えよ。

Marie : It's been three weeks since you came here. How's your life, Kumiko?
Kumiko : （ 1 ）Everything is new to me.
Marie : Are there any places you want to see?
Kumiko : I want to visit the Florida Museum of Natural History. Look, Marie, I've got a pamphlet.
Marie : That's a really interesting museum. （ 2 ）
Kumiko : Did you go with your family?
Marie : Yes. We bought a family ticket. If a family goes together, it's cheaper.
Kumiko : Well … If you went with your parents and two brothers … Steve is twelve and Chris is ten. You are three years older than Steve and the same age as me, right? If everyone bought a ticket separately, it would be【 A 】dollars in total. Wow, you could save a lot with a family ticket!
Marie : If you go there next week, I want to go with you. （ 3 ）
Kumiko : Of course! （ 4 ）

Marie　: But my parents can't go then, so we can't buy a family ticket. This time we'll pay the ordinary fee.　(　5　)

Kumiko : I see, but I'm going to become a member of the museum.

Marie　: Why do you want to be a member?

Kumiko : The pamphlet says I don't need to pay if I become a member.　(　6　)

Marie　: It says members get a monthly letter with news about nature and science, too.

Kumiko : Yes.　The museum will teach me a lot of things I want to know.　It's great!

The Florida Museum of Natural History

Adult… \$10　　Child (12 ～ 16)… \$5　　Child (6 ～ 11)… \$3

Child (under 6)…Free　Family (parents and their children under 17)…\$20

（注）　pamphlet　パンフレット　　separately　別々に　　ordinary　普通の　　fee　入場料
　　　　monthly　毎月の

ア　I went there six weeks ago.　　イ　I'm enjoying it very much.

ウ　I will buy a ticket soon.　　エ　It will be 10 dollars.

オ　Is that all right, Kumiko?　　カ　That's too bad.

キ　Also, they have special classes and camps only for members.

ク　We're getting 23 dollars off.

8　次の英語の質問に対するあなたの答えを（　）内の語のいずれかを○《まる》で囲み，理由を二つ，それぞれ（First, Second を含めず）５語以上の英語で答えよ。

（問い）　　　　Which do you like better, hot weather or cold weather?

（あなたの答え）　I like　(hot weather / cold weather) better.

I have two reasons.

First, ________.　Second, ________.

【理　科】（40分）　＜満点：100点＞

1　物質の変化やその量的関係を調べる実験Ⅰについて，次の各問いに答えよ。

［実験Ⅰ］

(i)　乾いた試験管Aに炭酸水素ナトリウム2.0ｇを入れ，図の装置で加熱したところ，気体が発生した。

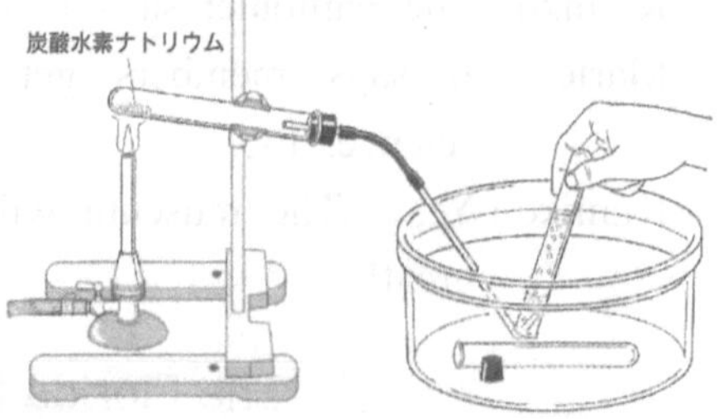

(ii)　試験管１本分くらいの気体が出てから，試験管Bに気体を集め，ゴム栓をした。その後，気体が発生しなくなるまで加熱を続け，気体が発生しなくなったことを確認し，ガラス管を水槽の水の中から取り出した後，試験管Aの加熱をやめ，試験管Aが十分に冷めてから試験管Aの内側に付着した液体に青色の塩化コバルト紙を付けたところ赤色に変化した。

(iii)　試験管Bに石灰水を入れてよく振ったところ，石灰水は白く濁った。

(iv)　加熱後の試験管Aの中に残った固体の物質を取り出した。

(v)　20℃の水10.0ｇずつを入れた試験管C，Dを用意し，試験管Cには炭酸水素ナトリウムを，試験管Dには(iv)で取り出した物質を同じ質量入れ，水への溶け方を観察した。それぞれの試験管をよく振ったところ試験管Cは溶け残りがあったが，試験管Dに入れた物質はすべて溶けた。

問１　１種類以上の物質が２種類以上の物質に分かれる化学変化を何というか答えよ。

問２　(ii)の下線部のように操作する理由として適切なものを次の**ア**～**エ**より１つ選び，記号で答えよ。

ア　試験管A内の気圧が下がるので，試験管Aのゴム栓が飛び出すことを防ぐため。

イ　試験管A内の気圧が上がるので，試験管Aのゴム栓が飛び出すことを防ぐため。

ウ　試験管A内の気圧が下がるので，水槽の水が試験管Aに流れ込むことを防ぐため。

エ　試験管A内の気圧が上がるので，水槽の水が試験管Aに流れ込むことを防ぐため。

問３　(ii)の塩化コバルト紙の色の変化から，試験管Aの内側に付着した液体は何か。化学式で答えよ。

問４　(iii)の結果から試験管Bに集まった気体をペットボトルに集め，水を少し入れた状態でキャップを閉め，ペットボトルを振った。ペットボトルはどのように変化するか。最も適切なものを次の**ア**～**ウ**より１つ選び，記号で答えよ。

ア　つぶれる　　**イ**　ふくらむ　　**ウ**　変化しない

問５　問４のペットボトルの中にある液体をビーカーに入れ，BTB溶液を加えると何色に変化するか。最も適切なものを次の**ア**～**オ**より１つ選び，記号で答えよ。

ア　赤色　　**イ**　緑色　　**ウ**　黄色　　**エ**　青色　　**オ**　無色

問６　(v)の炭酸水素ナトリウム水溶液と加熱後の物質の水溶液のpHの値について述べたものとして適切なものを次の**ア**～**ウ**より１つ選び，記号で答えよ。

ア　炭酸水素ナトリウム水溶液よりも加熱後の物質の水溶液のほうがpHの値が大きい。

イ　炭酸水素ナトリウム水溶液よりも加熱後の物質の水溶液のほうがpHの値が小さい。

ウ　炭酸水素ナトリウム水溶液と加熱後の物質の水溶液のpHの値は同じである。

問７　試験管Ａ内で起きている化学変化を次のようにモデルで表した。ナトリウム原子１個を表したものとして最も適切なものを次のア～エより１つ選び，記号で答えよ。

○，◎，●，●，●，□	→ ◎，●，●，●，□，□ ＋ ◎，●，● ＋ ○，○，●
○，◎，●，●，●，□	

ア ○　　イ ◎　　ウ ●　　エ □

次の実験Ⅱについて，各問いに答えよ。

［実験Ⅱ］

(i)　図のように，うすい塩酸20.0cm^{3}と炭酸水素ナトリウム0.5ｇの全体の質量を測定した後，炭酸水素ナトリウムを塩酸に加え十分に反応させ，再度全体の質量を測定した。

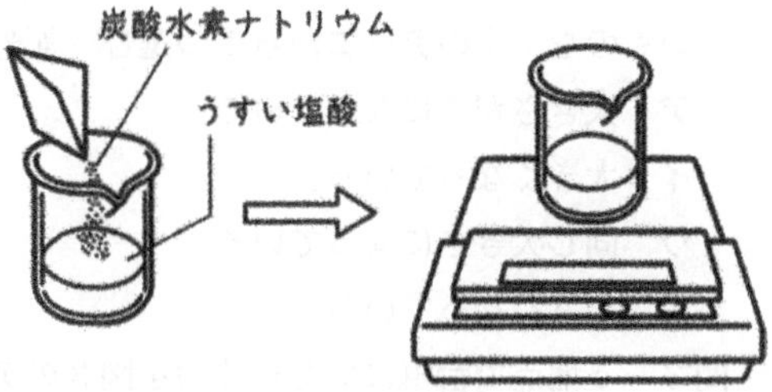

(ii)　うすい塩酸20.0cm^{3}を入れたビーカーを５個用意し，それぞれに加える炭酸水素ナトリウムの質量を1.0ｇ，1.5ｇ，2.0ｇ，2.5ｇ，3.0ｇ，3.5ｇと変えて，(i)と同じ操作を行った。

(iii)　(i)，(ii)の測定結果を表１にまとめた。

表１　実験Ⅱ（ｉ），（ⅱ）の測定結果

	（ｉ）	（ⅱ）					
炭酸水素ナトリウムの質量〔ｇ〕	0.5	1.0	1.5	2.0	2.5	3.0	3.5
反応前の質量〔ｇ〕	71.3	71.8	72.3	72.8	73.3	73.8	74.3
反応後の質量〔ｇ〕	71.1	71.4	71.7	72.0	72.5	73.0	73.5

問８　炭酸水素ナトリウム3.0ｇを用いた実験の後，残った炭酸水素ナトリウムをすべて反応させるには，塩酸をさらに少なくとも何cm^{3}加えればよいか答えよ。

問９　実験Ⅱで用いたうすい塩酸と同じ濃度の塩酸20.0cm^{3}に，炭酸水素ナトリウムが含まれているベーキングパウダー4.0ｇを入れたところ，0.50ｇの気体が発生した。ベーキングパウダーに含まれている炭酸水素ナトリウムは何％か答えよ。ただし，解答は少数第一位を四捨五入して整数で答えよ。

2　斜面上の物体が受ける力や運動について調べるために，図１のような記録タイマー，台車，斜面および斜面になめらかにつながった水平面を用いて実験を行った。以下の問いに答えよ。ただし，空気抵抗や摩擦はないものとし，記録タイマーの紙テープからは力を受けないものとする。

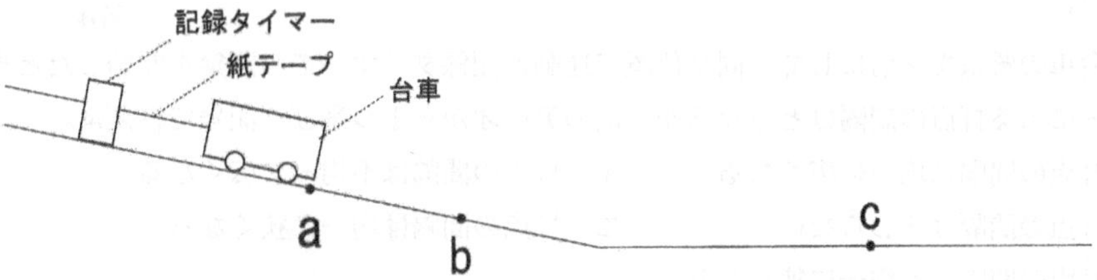

図１

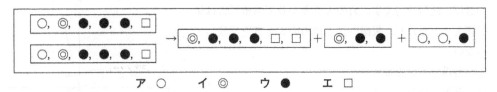

問１　台車が運動し，ａ地点にあるとき，台車が受ける次の①～③の力の向きを図２の**ア**～**ク**からそれぞれ１つずつ選び，記号で答えよ。力の大きさが０である場合は**ケ**と答えよ。ただし，矢印の長さは力の大きさを反映していない。

①　台車が受ける重力

②　台車が斜面から受ける力

③　台車が受ける重力と台車が斜面から受ける力の合力

ケ　力の大きさは0である

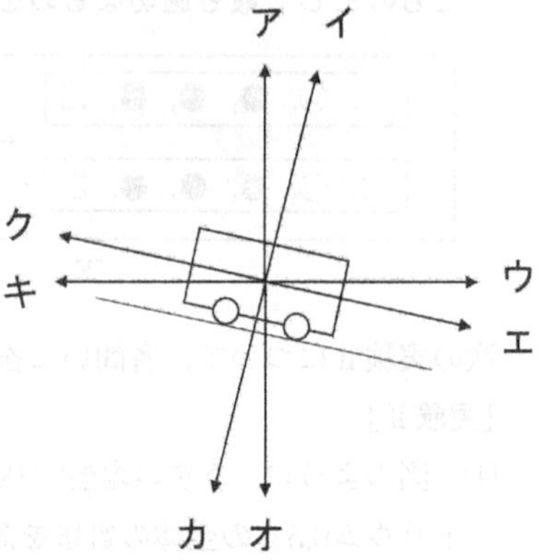

図2

問２　問１の③の力はｂ地点ではどうなっているか。正しいものを，次の**ア**～**エ**から１つ選び，記号で答えよ。

ア　大きさが０になっている。

イ　大きくなっている。

ウ　同じ大きさになっている。

エ　小さくなっている。

問３　ｃ地点で台車にはたらく力を図３の**ア**～**ク**からすべて選び，記号で答えよ。力がはたらいていない場合は**ケ**と答えよ。

ケ　力ははたらいていない

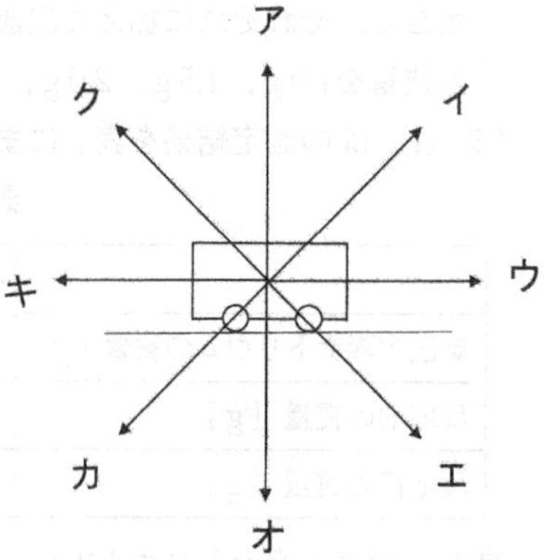

図3

問４　１秒間に50回打点する記録タイマーを使って，台車が斜面を下っている間の運動を記録し，図４のように紙テープを５打点ごとに貼り付けた。

①　５打点分の紙テープの長さは，何秒間の移動距離を表すか。

②　台車の平均の速さは１秒あたり何cm/sずつ大きくなっているか。

③　図４で記録されている間の台車の平均の速さは何cm/sか。

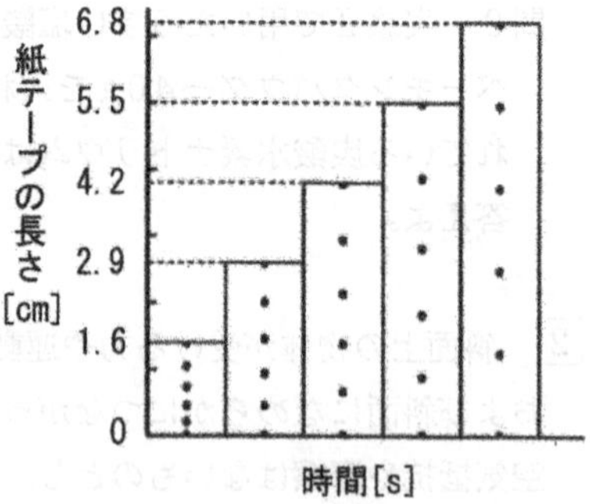

図4

問５　台車の質量を２倍にして，同じ位置で運動と記録タイマーでの記録を開始したとき，記録タイマーによる打点の間隔はどうなるか。次の**ア**～**オ**から１つ選び，記号で答えよ。

ア　打点の間隔は均一に広くなる　　**イ**　打点の間隔は不均一に広くなる

ウ　打点の間隔は変わらない　　**エ**　打点の間隔は均一に狭くなる

オ　打点の間隔は不均一に狭くなる

問６　運動を始めてからＣ地点を通過するまでの台車の運動について次の①～③を表すグラフを**ア**～**コ**からそれぞれ１つずつ選び，記号で答えよ。

①　台車の速さ（縦軸）と時間（横軸）の関係

②　台車の力学的エネルギーの総和（縦軸）と時間（横軸）の関係

③　台車の移動距離（縦軸）と時間（横軸）の関係

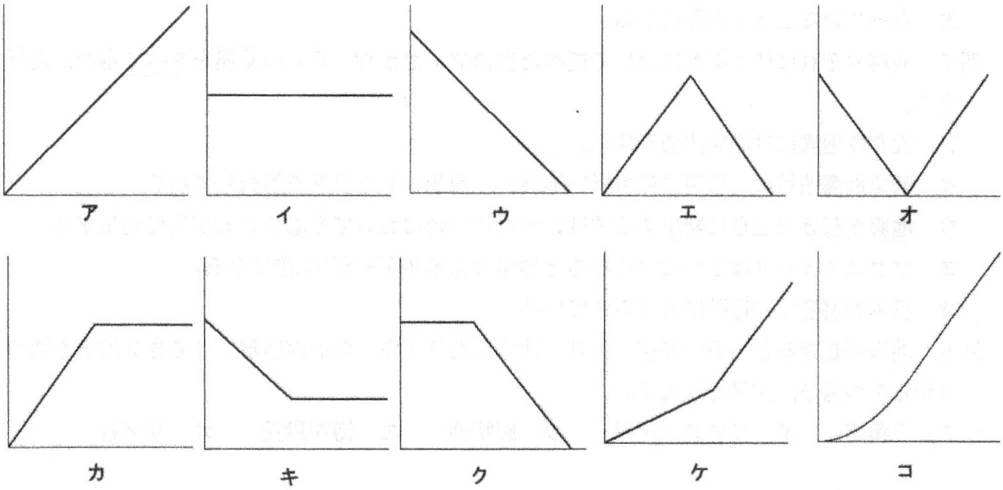

３　下の表はある地震において，地震が発生してからＰ波およびＳ波の２種類の地震波が届くまでの時間を各地点で記録したものである。各地点の海抜に差はなく，地質は一様であるものとして，以下の問いに答えよ。

場所	震源からの距離	Ｐ波が届くまでの時間	Ｓ波が届くまでの時間
A	90km	15秒	30秒
B	180km	30秒	60秒
C	270km	45秒	90秒
D	360km	60秒	120秒
E	450km	75秒	150秒

問１　Ｐ波の速さを答えよ。

問２　Ｐ波が届くまでの時間と，Ｓ波が届くまでの時間の差を何というか，答えよ。

問３　表の地震において，問２の時間の差が80秒間続いた地点Ｘは，震源から何km 離れていたか距離を求め，次の**ア**～**オ**から１つ選び，記号で答えよ。

ア　480km　**イ**　510km　**ウ**　540km　**エ**　570km　**オ**　600km

問４　ある地点Ｙから震央の距離が60km，震源からの距離が100km 離れていた，このときの震源の深さを求め，次の**ア**～**オ**から１つ選び，記号で答えよ。

ア　40km　**イ**　80km　**ウ**　120km　**エ**　160km　**オ**　200km

問５　次の**ア**～**オ**の速さを速い順番に左から並べ，すべて記号で答えよ。

ア　空気中を伝わる光　**イ**　地面の揺れ　**ウ**　新幹線

エ　旅客機　**オ**　空気中を伝わる音

問6　ある地点で地震が起き，震度は3であった。この値が示すゆれの程度として，最も適切なものを次の**ア**～**エ**から選び，記号で答えよ。

ア　大半の人が恐怖を覚え，ものにつかまりたいと感じる。

イ　屋内にいる人のほとんどが，揺れを感じる。歩いている人の中には揺れを感じる人もいる。

ウ　屋内で静かにしている人の大半が，揺れを感じる。

エ　立っていることが困難になる。

問7　地震やそれに伴う災害について述べた次の**ア**～**オ**から，正しい記述をすべて選び，記号で答えよ。

ア　大きな地震には必ず津波が伴う。

イ　緊急地震速報は，震源に最も近い地震計で観測されたP波を解析している。

ウ　地震が起きたときに発生する波はいかなる場合においても必ずP波が先に発生する。

エ　マグニチュードは2つ大きくなると地震のエネルギーが100倍になる。

オ　日本の震度は10段階に分けられている。

問8　地震が起きると地面が隆起したり，沈降したりする。地面が隆起してできる地形を次の**ア**～**オ**から1つ選び，記号で答えよ。

ア　三角州　　**イ**　リアス式海岸　　**ウ**　扇状地　　**エ**　海岸段丘　　**オ**　V字谷

4　次の文章を読んで，以下の問いに答えよ。

食物にはいろいろな養分が含まれている。主なものは五大栄養素と呼ばれ，炭水化物・脂肪・タンパク質の他に無機質・(　①　)があげられる。その中でも，炭水化物・脂肪・タンパク質は有機物である。これらは大きな分子からなる物質で，吸収されやすい物質に変化させる消化の過程を経る必要がある。食物の養分を分解するはたらきをもつ物質を消化酵素といい，さまざまな種類の消化酵素が体内に含まれている。それらのはたらきで，炭水化物は最終的にブドウ糖にまで分解される。脂肪は脂肪酸と（　②　）に分解され，タンパク質は（　③　）に分解され，小腸や大腸で吸収される。吸収された養分のいくらかは（　④　）を通り肝臓に運ばれる。そこでブドウ糖は（　⑤　）という物質に変えられて貯蔵される。これはすい臓でつくられる（　⑥　）という物質のはたらきによるものである。

問1　文章中の①～⑥の空欄に当てはまる最も適当な語句を答えよ。

問2　五大栄養素のうち主に体をつくる材料として使われる栄養素名を答えよ。

問3　食物中にブドウ糖が含まれるかどうかを調べる実験として，ある液体に調べたい食物を加えて加熱すると，反応して赤褐色の沈殿が生じるというものがある。この実験で使う液体の名称を答えよ。

問4　炭水化物・タンパク質を分解する消化酵素が含まれている場所を以下の**ア**～**カ**からそれぞれ選び，記号で答えよ。また，含まれている消化酵素の名称も答えよ。

ア　血液　　**イ**　組織液　　**ウ**　リンパ液　　**エ**　胆汁　　**オ**　だ液　　**カ**　胃

【社　会】（40分）　＜満点：100点＞

【注意】　漢字で答えるべき語句は全て漢字を使用すること。

1　中部地方に関する，次の問いに答えよ。

問１　【地図１】の県庁所在地のうち，成り立ちが門前町の県名を答えよ。

問２　【地図１】のａの山脈名を答えよ。

問３　【表１】は中部地方各県の「喫茶店」，「電子部品・デバイス・電子回路製造業」，「製糸業，紡績業，化学繊維・ねん糸等製造業」の事業所数を表している。そのうち，Ａ～Ｅは愛知県，石川県，静岡県，富山県，長野県を表している。石川県と富山県に当てはまるものをＡ～Ｅからそれぞれ答えよ。

【地図１】● は県庁所在地を示す

【表１】各県の事業所数（2021年）

事業所数	A	B	C	D	E	新潟県	福井県	山梨県	岐阜県
喫茶店	490	636	845	1,355	6,171	649	549	304	2,393
電子部品・デバイス・電子回路製造業	98	69	529	238	264	213	82	188	100
製糸業、紡績業、化学繊維・ねん糸等製造業	10	324	5	31	308	32	136	32	130

総務省統計局『令和３年経済センサス‐活動調査』より作成

問４　【図１】は日本の漁業・養殖業の生産量の推移を表している。次の文中の空欄（１）・（２）に当てはまる語句の組み合せとして正しいものを下のア～エから一つ選べ。また，文中の空欄（Ｘ）・（Ｙ）に当てはまる語句をそれぞれ漢字７字と４字で答えよ。

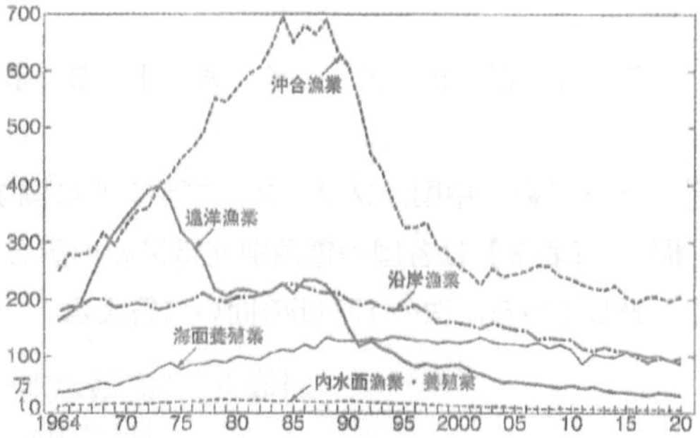

【図１】日本の漁業・養殖業の生産量の推移

『日本国勢図会2022/23』より引用

> 1974年に漁獲量のピークであった（　１　）漁業の生産量は減少を続けている。その理由は，各国で海岸線から200海里までを（　Ｘ　）に設定したことや，中東戦争の勃発で（　Ｙ　）が発生し，燃料費が高騰したことが挙げられる。また，1990年代～2000年代にかけて（　２　）漁業が急激に減少している。その原因は，マイワシ乱獲の反動でマイワシ漁獲量が減少したことが挙げられる。

ア　１　遠洋　２　沖合　　イ　１　沖合　２　遠洋

ウ　１　遠洋　２　沿岸　　エ　１　沖合　２　沿岸

問５　**【地図２】**・**【地図３】**はそれぞれ大正３年と令和５年の新潟県信濃川下流域の地図である。二つの地図から読み取れることについて述べたＡ・Ｂの文の正誤の組み合せを次の**ア**～**エ**のうちから一つ選べ。

【地図２】大正３年発行「今昔マップ」より引用

【地図３】令和５年閲覧「今昔マップ」より引用

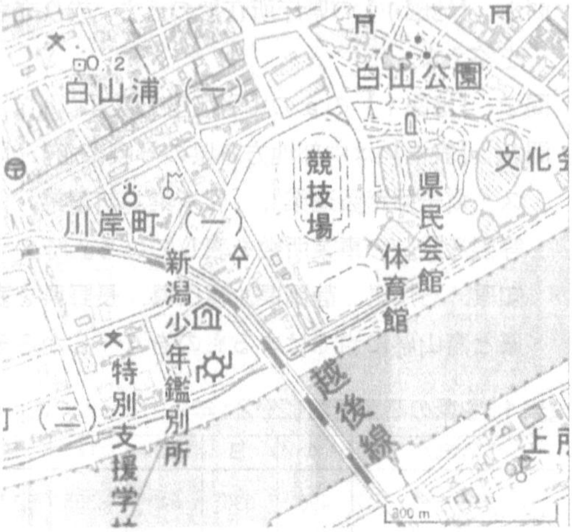

Ａ　大正３年の地図に比べて令和５年の地図の方が信濃川の川幅が小さくなり，新たに生まれた土地は県民会館や競技場などに活用されている。

Ｂ　大正３年の地図にある議事堂は，火事で焼失し，令和５年の地図では建造物すら確認できない。

ア　Ａ：正　Ｂ：正　　**イ**　Ａ：正　Ｂ：誤　　**ウ**　Ａ：誤　Ｂ：正　　**エ**　Ａ：誤　Ｂ：誤

2　アメリカ，中国，フランス，ブラジルに関する，次の問いに答えよ。

問１　**【表２】**は各国の電源別発電量の内訳を，Ｗ～Ｚはアメリカ，中国，フランス，ブラジルを表している。次の(i)・(ii)の問いに答えよ。

【表２】各国電源別発電量内訳（2019年）

『世界国勢図会 2022/23』より作成

	火力	水力	原子力	その他
日本	81.7%	8.9%	6.3%	3.1%
W	23.8%	63.5%	2.6%	10.1%
X	69.6%	17.4%	4.6%	8.4%
Y	10.9%	10.8%	69.9%	8.4%
Z	64.2%	7.1%	19.2%	9.5%

(i)　中国に当てはまるものをＷ～Ｚから一つ選べ。

(ii)　**【表２】**の項目「その他」に含まれる温室効果ガスを排出せず永続的に利用できるエネルギーを何というか答えよ。

問２　フランスは「ヨーロッパの穀倉」とよばれるほど小麦の生産が盛んな農業大国である。フランスをはじめとするヨーロッパ諸国で盛んな畑作と家畜の飼育を組み合せた農業を何というか答えよ。

問３　下の雨温図Ａ～Ｄはシアトル，北京，パリ，ブラジリアを表している。次の(i)・(ii)の問いに答えよ。

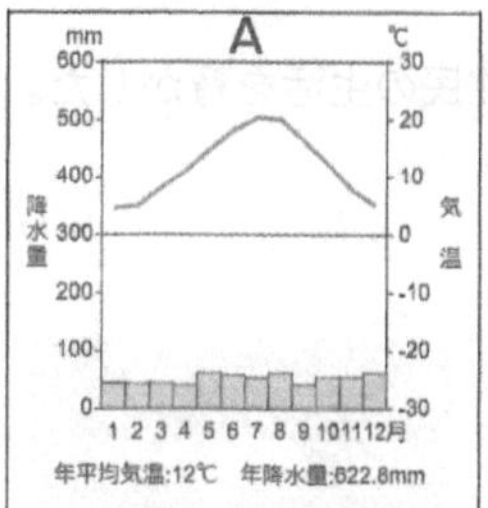

(理科年表2023より作成)

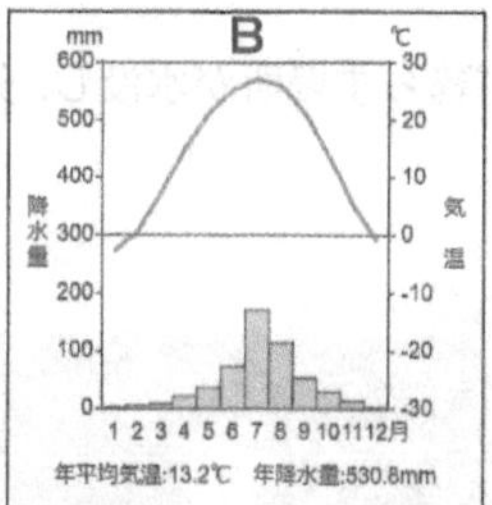

(理科年表2023より作成)

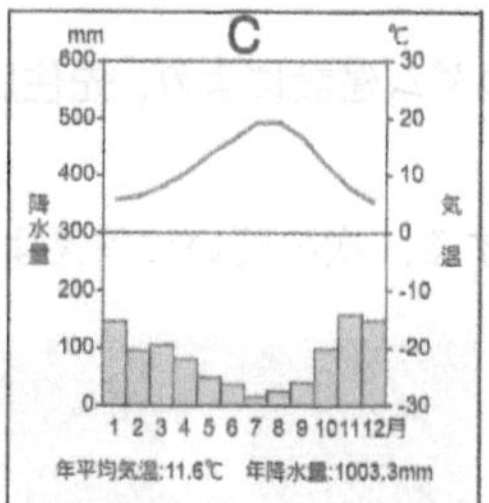

(理科年表2023より作成)

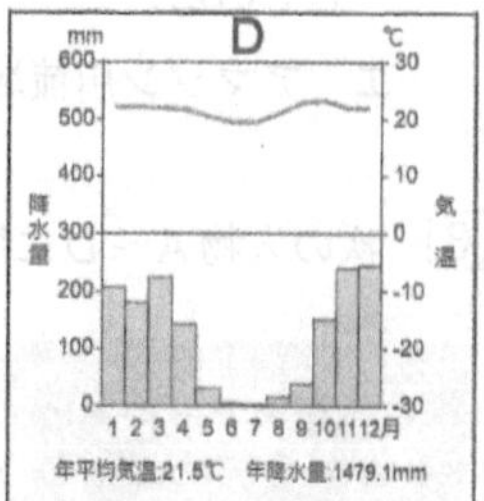

(理科年表2023より作成)

(i)　シアトルに該当する雨温図を上のＡ～Ｄから一つ選べ。

(ii)　四つの都市でほぼ同緯度に位置する都市の組み合せとして正しいものを次の**ア**～**エ**から一つ選べ。

ア　シアトル・北京　　**イ**　北京・パリ　　**ウ**　パリ・ブラジリア　　**エ**　シアトル・パリ

問４　**【図２】**は1950年～2021年における中国の年少人口・生産年齢人口・老年人口の推移を示している。中国の人口推移について述べた文として**誤っているもの**を次の**ア**～**エ**から一つ選べ。

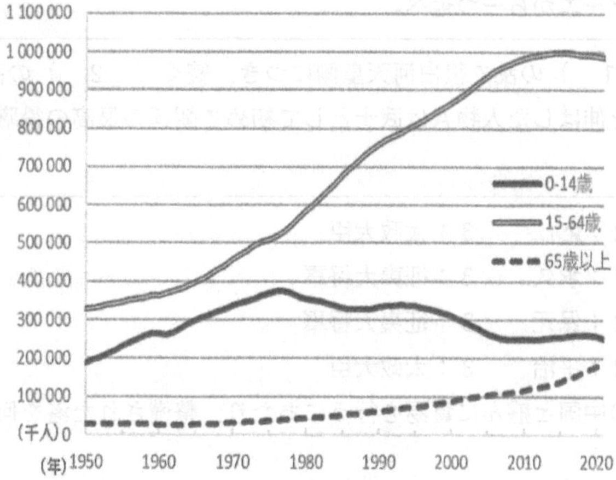

【図２】中国の人口推移（推計）
World Population Prospects 2022より作成

ア　2021年時点で中国は老年人口が７％以上であるため，中国は高齢化社会といえる。

イ　1979年に一人っ子政策を実施してから2020年までに１億人以上の年少人口が減少した。

ウ　2016年に一人っ子政策を転換したが，以来2021年までに年少人口はほぼ変化がない。

エ　2015年ごろに生産年齢人口が最大になり，その後も年少人口が増加していることから生産年齢人口も増加すると予想される。

問５　ブラジルについて述べた文として**誤っているもの**を次の**ア**～**エ**から一つ選べ。

ア　大西洋岸と内陸部との経済格差が大きくなっており，内陸部から大都市へ移住する人々が増加している。

イ　リオデジャネイロでは，人口の急激な増加に対してインフラの整備が追い付かずスラムが形成された。

ウ　アマゾン川流域では道路付近の農地を開発するために，温帯林が伐採され環境破壊が深刻化している。

エ　アマゾン川流域のダム建設により，先住民が暮らす場所が水没し，先住民の生活を脅かした。

3　次の人物Ａ～Ｄに関する，次の問いに答えよ。

Ａ

Ｂ

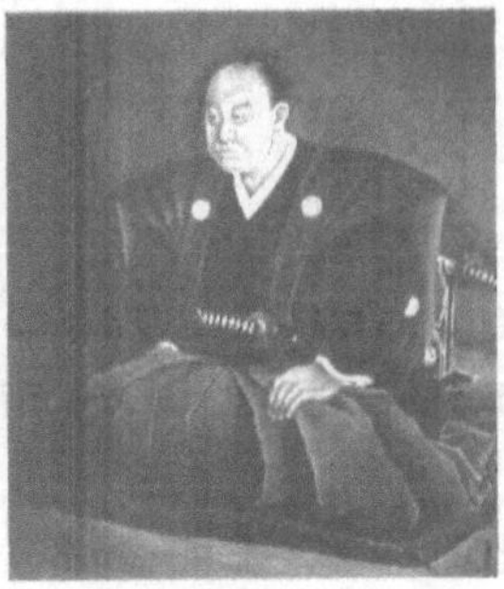
Ｃ

Ｄ

問１　人物Ａについて述べた，次の文中の空欄（１）～（３）に当てはまる語句の組み合せとして正しいものを下のア～エから一つ選べ。

> 人物Ａは，（　１　）の乱で後白河天皇側につき，続く（　２　）の乱で源義朝を破った。これにより勢力を伸ばした人物Ａは武士として初めて朝廷の最高の役職である（　３　）に就いた。

ア　１：承久　２：応仁　３：太政大臣

イ　１：応仁　２：承久　３：征夷大将軍

ウ　１：平治　２：保元　３：征夷大将軍

エ　１：保元　２：平治　３：太政大臣

問２　人物Ａが当時の中国と盛んに貿易を行うにあたり，整備された港を何というか，漢字４字で答えよ。

問３　人物Ｂが行ったこととして正しいものを次のア～エから一つ選べ。

ア　御家人に関わる裁判を公平に行うための基準として，御成敗式目を制定した。

イ　二つの朝廷が並び立つ状態を終わらせ，約60年間続いた内乱を終わらせた。

ウ　国司と対立していた豪族と結んで関東地方で反乱を起こした。

エ　後醍醐天皇による天皇中心の政治に対して反対し，兵を挙げた。

問４　人物Ｂが貿易を行っていたころの海外の動きとして最も適切なものを次のア～エから一つ選べ。

ア　バスコ＝ダ＝ガマがインド航路を発見した。

イ　ルターが当時腐敗していたカトリック教会を批判した。

ウ　李成桂が朝鮮を建国した。

エ　チンギス＝ハンが遊牧民の諸部族を統一した。

問５　人物Ａと人物Ｂが貿易を行った当時の中国の王朝を次のア～オからそれぞれ一つずつ選べ。

ア　明　　**イ**　清　　**ウ**　元　　**エ**　唐　　**オ**　南宋

問６　次のア～エは，人物Ｂと人物Ｃが活躍した時期の間に，日本と外国の関係に影響を及ぼした出来事である。ア～エを時期の古い順に並び替えよ。

ア　島原・天草一揆　　　　**イ**　バテレンの国外追放

ウ　異国船打払令の発令　　**エ**　レザノフ来航

問７　人物Ｃが関係する通商条約による日本国内への影響について述べた文として**誤っているもの**を次のア～エから一つ選べ。

ア　日本の銀貨が外国に流出したため，小判の質を落とした。

イ　外国の安価な商品が国内に入ってきたため，国内産業は打撃を受けた。

ウ　日本から生糸が多く輸出されたが，生産が追いつかない状況となった。

エ　物価が不安定になったため，民衆や下級武士の不満が高まった。

問８　人物Ｄが外務大臣の時，当時の中国との戦争における講和会議が開かれた。この講和会議とその条約に関する，次の(i)・(ii)の問いに答えよ。

(i)　講和会議が開かれた場所は現在の何県にあたるか答えよ。

(ii)　この条約で日本が獲得したが，その後，ロシアなどによって返還を要求された場所を示すものとして最も適切なものを右の地図中Ｅ～Ｉから一つ選べ。

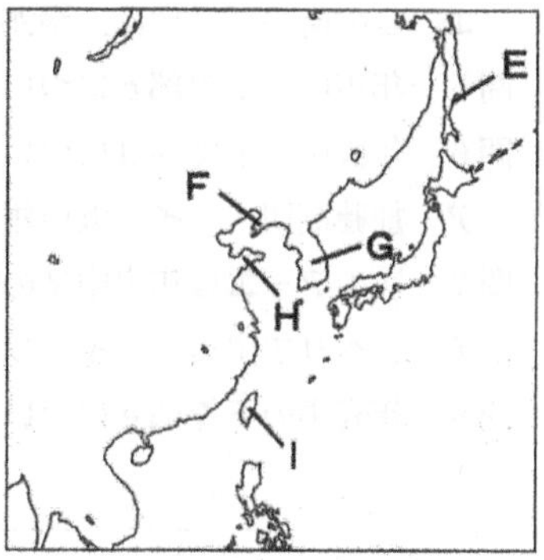

4　次の年表を見て，次の問いに答えよ。

時期	事項	
1870年代	a板垣退助が民撰議院設立建白書を政府に提出	
		X
1880年代	b大日本帝国憲法発布	
	国内初の衆議院議員総選挙実施　…A	
1890年代	国内初の政党内閣誕生	
1900年代	国内初の社会主義政党結成	
1910年代	c第一次護憲運動	
	d本格的な政党内閣が発足	Y
1920年代	第二次護憲運動	
	普通選挙法成立　…B	
1930年代	e政党内閣の時代が終わる	

問１　年表中の下線部ａについて，この人物を説明した文として正しいものを次のア～オからすべて選べ。

ア　岩倉使節団の一員として欧米に渡った。

イ　朝鮮に対し，武力を用いてでも国交を認めさせようとする主張をした。

ウ　高知で立志社を設立し，自由民権の思想を広めた。

エ　政府の改革に不満をもち，鹿児島の士族を率いて挙兵した。

オ　政府の中心として，地租改正や殖産興業の推進に努めた。

問２　年表中Ｘの時期につくられた大隈重信を党首とする政党を何というか答えよ。

問３　年表中の下線部ｂについて，この憲法では議会を二院制とした。衆議院と，もう一つは何か答えよ。

問４　年表中Ａ・Ｂについて，衆議院議員の選挙権が与えられる条件として正しいものを次のア～エから一つ選べ。

ア　Ａの時の選挙権は，満25歳以上のすべての男性に与えられた。

イ　Ａの時の選挙権は，直接国税３円以上を納めた満25歳以上の男性に与えられた。

ウ　Ｂの時の選挙権には，直接国税を納めた者という条件がなくなった。

エ　Ｂの時の選挙権は，満25歳以上のすべての男女に与えられた。

問５　年表中の下線部ｃについて，このころに民本主義を唱えた人物名を答えよ。

問６　年表中の下線部ｄについて，この当時の首相として正しいものを次のア～エから一つ選べ。

ア　加藤高明　　イ　浜口雄幸　　ウ　桂太郎　　エ　原敬

問７　次のア～エは年表中Ｙの時期に起きた出来事である。ア～エを時期の古い順に並び替えよ。

ア　シベリア出兵　　イ　ワシントン会議開催　　ウ　国際連盟発足　　エ　二十一か条の要求

問８　年表中の下線部ｅについて，次の文中の空欄（１）・（２）に当てはまる語句をそれぞれ答えよ。

> 1932年，当時の首相であった（　１　）は海軍の青年将校らによって暗殺された。この出来事の前には，世界恐慌に加えて，（　２　）事件を発端とした満州事変が起きており，日本社会にも混乱が生じていた。

問９　次の一節が書かれている雑誌を発刊した人物として正しいものを次のア～エから一つ選べ。

> 元始，女性は実に太陽であった。真正の人であった。今，女性は月である。他によって生き，他の光によって輝く，病人のようなあお白い顔の月である。…
>
> （作成者が文章を一部改変）

ア　与謝野晶子　　イ　平塚らいてう　　ウ　樋口一葉　　エ　津田梅子

5　次の３人の会話文を読み，次の問いに答えよ。

太郎：コロナが２類から５類に移行して，学校行事も，コロナ前の状態に戻ってきてよかったね。体育祭や文化祭もとっても盛り上がって楽しかったね。

花子：この数年間は，私たち学生は我慢の連続だったからね。でも，私たち以上に，飲食店を経営している人たちは，営業時間の制限を受けて収入が減って，もっと大変だったんじゃないかな。ニュースなどの報道でもそういってた気がする。

先生：たしかに，緊急事態宣言やまん延防止重点措置期間中は，飲食店などをはじめ，様々な制限が課されましたね。

太郎：コロナ感染が拡がっている以上，仕方ないことですけどね。こういう時期は，国民皆で様々な制限を受け入れて，我慢するしかないですよね。

花子：でも，a日本国憲法では，国民に営業の自由が保障されているはずでしょ。緊急事態だからという理由で，何でもかんでも人権を制限することを許してしまう世の中って，どうなんだろう。なんか怖い感じがするけど。

先生：たしかに，日本国憲法では，b基本的人権は「侵すことのできない永久の権利」として，全国民に保障されています。コロナ禍を理由に，政府が国民の人権を安易に制限していくことに問題があるという議論は，実際にあがってきています。一方で，日本国憲法第22条では，「（　1　）に反しない限り，居住，移転及び職業選択の自由を有する」とされており，社会全体の利益のためには，ある程度の制約は，憲法上，認められているとも言われています。他にも，コロナ感染者の行動制限をかけたり，行動履歴などの情報を開示させることで，言われなきc差別を生み出したりしないかとの問題もありますね。

花子：なるほど，そうなんですね。なんか「基本的人権の尊重」と「社会全体の利益」との兼ね合いって，難しいですね。あと，コロナ禍による生活困窮者に対して，国の救済制度が整っていないという問題もありましたね。

太郎：これって，d生存権の保障ってものですよね。日本国憲法第（　2　）条では，「すべて国民は，（　X　）の生活を営む権利を有する」とされているんですよね。

花子：コロナ禍って，人権のあり方について，いろいろな課題を浮き彫りにしたのね。

先生：これからの社会を生きていくうえで解決しないといけない問題は多くあります。そのために，皆で考えて行動し，社会をよくするために，政治に積極的に参加していく必要がありますね。

問１　文中の空欄（１）・（２）に当てはまる語句をそれぞれ答えよ。

問２　下線部ａについて，次の(i)・(ii)の問いに答えよ。

(i)　日本国憲法の内容について述べたＡ・Ｂの文の正誤の組み合せを次のア～エのうちから一つ選べ。

Ａ　天皇は，日本国や日本国民統合の象徴とされ，国会の助言と承認に基づいて国事行為を行うとされている。

Ｂ　日本国憲法改正の発議には，各議院の出席議員の３分の２以上の賛成が必要である。

ア　Ａ：正　Ｂ：正　　イ　Ａ：正　Ｂ：誤　　ウ　Ａ：誤　Ｂ：正　　エ　Ａ：誤　Ｂ：誤

(ii)　日本国憲法が公布されたのは，1946年の何月何日か答えよ。

問３　下線部ｂについて，次の(i)・(ii)の問いに答えよ。

(i)　基本的人権について述べた文として正しいものを次のア～エのうちから一つ選べ。

ア　日本国憲法の下では，基本的人権が保障されているのは日本国民のみであり，外国人に基本的人権は一切認められていないとされている。

イ　戦前の大日本帝国憲法の下では，国民には一切の人権が認められていなかった。

ウ　基本的人権が保障されるようになってきた歴史的過程を見ていくと，自由権よりも社会権の方が早い段階で認められるようになってきた。

エ　日本国憲法の下では，基本的人権の保障は，一人一人の個性を尊重し，かけがえのない個人として扱うという「個人の尊重」の考え方に基づくものとされている。

(ii) 社会の変化にともない，日本国憲法には直接的に規定されていないが，その保障が主張されるようになった人権のことを「新しい人権」という。「新しい人権」といわれるものを次のア～オのうちからすべて選べ。

ア 請求権　**イ** 自己決定権　**ウ** 違憲審査権　**エ** 知る権利　**オ** 環境権

問４　下線部ｃについて，日本国内において，差別をなくしていくための対策について述べた文として正しいものを次のア～エのうちから一つ選べ。

ア　1999年に制定された男女雇用機会均等法によって，男女が対等な立場で活躍できる社会をつくることが，法的にも求められるようになった。

イ　1965年に全国水平社が出した答申を受けて，政府は部落差別をなくすことは国の責務であり，国民的な課題であると宣言した。

ウ　1970年に制定された障害者基本法は，障害のある人の自立と社会参画の支援を目的とした法律である。

エ　2019年に制定されたアイヌ文化振興法によって，アイヌ民族が北海道の先住民族として初めて法的に位置づけられるようになり，民族の誇りが尊重されるようになった。

問５　下線部ｄについて，生存権について述べた文として**誤っているもの**を次の**ア**～**エ**のうちから一つ選べ。

ア　生存権は，資本主義社会の発達によって生まれ，ドイツのワイマール憲法で初めて確立した権利である。

イ　国民の生存権を保障する上で必要な生活保護費は，バブルが崩壊した1990年代前半をピークに減少傾向となっている。

ウ　生存権をめぐる裁判として朝日訴訟がある。この裁判では，最終的に原告の朝日さんの主張は認められなかったが，その後の生活保護の基準が改善されるきっかけとはなった。

エ　生存権を保障するための制度として，生活保護以外にも年金保険や医療保険，介護保険などの社会保険制度が，日本では整備されている。

問６　文中の空欄（Ｘ）に当てはまる語句を答えよ。

6　次の文章を読み，次の問いに答えよ。

新たに$_{a}$会社を起こそうと思った時に必要となってくるものが資金である。$_{b}$株式会社は，必要な資金を，小さな額面を単位とする株式に分けて発行して出資者を募り，多くの人から資金を集めている。株式の所有者は$_{c}$株主と呼ばれ，会社が利益を上げた時は，所有する株式数に応じて，利潤の一部として配当を受け取る権利が保障されている。株式が（　１　）で売買されるようになることを上場といい，上場した企業のことを上場企業という。株式上場することによって，会社の知名度と信用力が高まるとともに，$_{d}$資金を調達しやすくなるというメリットがある。一方で，上場することで情報公開を求められるなど，多くの$_{e}$社会的責任や義務を負うことにもなる。

問１　文中の空欄（１）に当てはまる語句を答えよ。

問２　下線部ａについて，会社は中小企業基本法での定めによって，大企業と中小企業に分けられている。現在の日本における大企業の数は全企業数の約何％を占めているか，次の**ア**～**オ**のうちから一つ選べ。

ア　約１％　**イ**　約10％　**ウ**　約55％　**エ**　約80％　**オ**　約99％

問3　下線部bについて，株式会社における最高議決機関のことを何というか答えよ。

問4　下線部cについて，株主について述べたA・Bの文の正誤の組み合せを次のア～エのうちから一つ選べ。

A　会社が倒産しても，株主には，投資した金額以上を負担しなくてよいという無限責任が認められている。

B　大企業では，一般的に株主はその企業の経営をせず，専門的な知識や経験をもつ経営者に任せる場合が多く見られる。

ア　A：正　B：正　　イ　A：正　B：誤　　ウ　A：誤　B：正　　エ　A：誤　B：誤

問5　下線部dについて，企業が資金を調達する方法には，銀行などの金融機関からお金を借りるというものがある。金融機関からの借り入れで資金を調達することを何金融というか答えよ。

問6　下線部eについて，企業の社会的責任のことをアルファベット3字で何というか答えよ。

ウ　禅師に再三にわたってしつこく

エ　禅師に親しげな調子で繰り返し

問６　――部⑤「信心」とあるが、何を信じる心か。次の□にあてはまる一字の語句を考えて答えよ。

□を信じる心。

問７　本文の出典は『日本霊異記』で、平安時代に書かれた書物である。平安時代に書かれた書物でないものを次の中から選び、記号で答えよ。

ア　枕草子　　イ　方丈記　　ウ　源氏物語　　エ　土佐日記

崩れる心象風景と、広重の描いた蒲原の風景が重なり共鳴したから。

エ　作者が意識的にあるがままに風景を描くからこそ、見る側にも純粋に寄り添おうとする鑑賞態度が求められるということがわかったから。

問9　——部⑦「北斎は思わず眼をつむった」とあるが、なぜか。三十五字以内で答えよ。

3　次の文章を読み、後の問いに答えよ。

昔、もとの京の時に、一人のをのこ有りき。因果をまこととせず。僧Aの乞食するを見て、怒りて撃《う》たむと思ふ。時に僧、田Bの水に走り入る。追ひて、①これをとらふ。僧、②忍ぶること得ずして、以て③これを呪縛《じゅばく》せり。愚人倒れ、東西に狂ひ走る。僧すなはち遠く去れり。かへりみること得ず。その人に二人の子有り。父Cのa縛を解かむことを願ひ、すなはち僧房に至りて、禅師をb勧請す。師、そのさまを問ひ知りて、行き肯《かへ》にす。二人の子④ねもころに重ねて拝み敬い、父Dの厄を救はむことを請ふ。その師、すなはちやや行き、観音品の初めの段を誦《ずん》じ終はれば、すなはち解脱すること得つ。然《しか》る後にすなはち⑤信心をおこし、邪をめぐらし正に入りき。

（『日本霊異記』）

語注　をのこ…男。

因果…仏教の教えで、全ての出来事は偶然に起こるのではなく、原因があって結果が生じるのであるとする考え方。

呪縛…呪文を唱えて、相手を束縛する。

僧房…僧の住む部屋。

禅師…高僧。徳の高い僧。

勧請す…来てくださいとお願いする。

行き肯《かへ》にす…行くことを断る。

ねもころに…丁寧に。丁重に。

ややく…しぶしぶ。

観音品の初めの段…法華経の一節。

解脱…呪縛から解かれる。

邪…邪悪な心。

問1　〰部a、bはそれぞれ歴史的仮名遣いで「ゆはひ」「くわんじやう」と読む。それぞれ現代仮名遣いでの読みを答えよ。

問2　＝部A～Dの「の」の中で一つだけ用法の異なるものがある。それを記号で答えよ。

問3　——部①、③「これ」の指し示すものをそれぞれ一単語で本文中より抜き出して答えよ。

問4　——部②「忍ぶること得ずして」の意味として最も適切なものを次の中から選び、記号で答えよ。

ア　がまんができずに

イ　隠しきれずに

ウ　許す気持ちがなくなって

エ　仏に祈ることもできず

問5　——部④「ねもころに重ねて」の意味として最も適切なものを次の中から選び、記号で答えよ。

ア　禅師に取り入っておもねるように

イ　禅師に丁重に、何度も何度も

雁来紅…ハゲイトウのこと。渡り鳥の雁《がん》が飛来する秋に葉が赤く色づくことからこの呼称を持つ植物。
菊川英泉…妖艶な美人画で有名な浮世絵師。
狼狽…うろたえ騒ぐこと。
北渓・辰斎・北雲…北斎の弟子。
東都名所…東海道五十三次の二年ほど前に広重が出した連作。
峻別…はっきり区別すること。

問1 〰〰部a～cのカタカナは漢字に直し、漢字は読みを答えよ。

問2 ――部①「微笑」を比喩的に言い表した箇所を、本文中から十字程度で抜き出して答えよ。

問3 ――部②「黒子」が暗示するものを、東海道五十三次に置きかえて言い表した箇所を、本文中から五字程度で抜き出して答えよ。

問4 ――部③「かなわんな」とあるが、なぜか。最も適切なものを次の中から選び、記号で答えよ。

ア 広重という人物が、まさに脂がのって勢い盛んな様子であったから。
イ 東海道五十三次という、一目で素晴らしさがわかる絵を描いたから。
ウ 東海道五十三次という絵を発表して、世間の評判を集めていたから。
エ 広重は繁昌している大店の旦那で、環境もたいへん恵まれていたから。

問5 ――部④「描く前に、北斎が練ったり截り捨てたりする苦渋」とは何のことか。最も適切なものを次の中から選び、記号で答えよ。

ア 人生の一部をもぎ取ること　**イ** 息をつめること
ウ 風景を截り取ること　**エ** 風景との格闘
オ 画材との格闘

問6 ――部⑤「結局広重は、そこにある風景を、素直に描いたにすぎないのだと思った」に至る経緯を順番に並べたとき、三番目にくるものとして最も適切なものを次の中から選び、記号で答えよ。

ア 新兵衛が営む嵩山房で広重に初めて出会った。
イ 東海道五十三次が、まさに弟子たちの言う通りの絵なので多少うろたえた。
ウ 東海道五十三次は、ありふれた平凡な絵で、さらりと描きあげてあるがゆえに人気が出たように見えた。
エ 東海道五十三次は、気がついて目をみはるような新しさを隠している絵なのではないかとひそかに懼れた。
オ 広重が描いた東海道五十三次という作品を、自分の眼で初めて見た。

問7 [Ｉ] に入る語句として最も適切なものを、本文中から漢字一字で抜き出して答えよ。

問8 ――部⑥「その雪の音を聞いた、と北斎は思った」とあるが、なぜか。最も適切なものを次の中から選び、記号で答えよ。

ア 平凡に見えていたものの特別さに気付き、絵を通して風景に息づいた人間の悲しみや喜びの感情にふれることができたから。
イ 数ある風景の中からあえて人々の平凡な日常を選び取り、共感しやすいような絵を描いているという仕掛けを理解できたから。
ウ 風景画の巨匠としてそびえ立っていると自負していた絵師北斎が

ふれた人物が描かれていて、解らないところはひとつもない。細密な描写、人物の把《と》え方などでは、やはり東都名所を上まわって安定感がある。だが、それだけのことだった。構図も、手法も、北斎がみる前にひそかに慴《おそ》れたような、気がついて眼をみはるような新しさを、隠しているようには見えなかった。

このために、絵をめぐる北斎の手の動きは次第に緩慢になり、表情は険しくなった。

新兵衛は、そういう北斎を、黙ってみていた。茶をのみ、手焙《てあぶ》りに手をかざし、北斎の表情と、彼がとりあげる絵を見くらべる。そして老絵師が何かを言い出すのを、辛抱強く待っているのだった。

結局辰斎も、北渓も、北雲ですらも、見方を間違えたわけでないようだ、と北斎は思った。

④描く前に、北斎が練ったり截《き》り捨てたりする苦渋を、この絵は持たないようにみえる。その意味で、北斎の好みとは違うが、悪い絵ではない。むしろさらりと描きあげたところが俗受けした、そう思うことも出来た。

だが、北斎の中に、執拗にこだわるものがある。絵をみているうちに、その背後に太太しい自信のようなものがあることが、見えてきたのである。それが気持にひっかかった。さらりと描きあげる——それだけのものを、広重は、こんなに自信たっぷりに描いたのか。

構図、手法、材料、色の平凡さは、疑い得ないのだ。極端に言えば、東都名所とそう大きな距《へだ》りがあるわけでない。この平凡さの中に、広重は何かを隠していないか。大店の主人のような風貌が、目立たないところに、ほとんど獰猛《どうもう》な感じさえする黒子を隠していたように、だ。

一枚の絵の前で、北斎はふと手を休めた。隠されている何も見えないことに、疲れたのである。⑤結局広重は、そこにある風景を、素直に描いたにすぎないのだと思った。

そう思ったとき、北斎の [I] から、突然鱗《うろこ》が落ちた。まるで霧が退いて行くようだった。霧が退いて、その跡に、東海道がもつ平凡さの、ただならない全貌が浮び上ってきたのである。

広重は、むしろつとめて、あるがままの風景を描いているのだった。描いたというより、あるいは切りとったというべきかも知れない、と北斎は息をつめながら思った。北斎も風景を切りとる。ただしそれはあくまで画材としてだ。それが画材と北斎との格闘の末に絵になることもあれば、材料のまま捨てられることもある。

広重と風景との格闘は、多分切りとる時に演じられるのだ。そこで広重は、無数にある風景の中から、人間の哀歓が息づく風景を、つまり人生の一部をもぎとる。あとはそれをつとめて平明に、あるがままに描いたと北斎は思った。

恐ろしいものをみるように、北斎は「東海道五十三次のうち蒲原《かんばら》」とある、その絵を見つめた。

闇と、闇がもつ静けさが、その絵の背景だった。画面に雪が降っている。寝しずまった家にも、人が来、やがて人が歩み去ったあとにも、ひそひそと雪が降り続いて、やむ気色もない。

⑥その雪の音を聞いた、と北斎は思った。そう思ったとき、そのひそかな音に重なって、巨峰北斎が崩れて行く音が、地鳴りのように耳の奥にひびき、⑦北斎は思わず眼をつむった。

（藤沢周平『溟い海』）

語注　書肆…本や錦絵の企画、宣伝、販売を担った江戸時代の出版業者。

道の初摺《しょず》りが手元にあるから見にこいという使いを受けた。心をたかぶらせ急いで向かうと、先客がおり、その人物こそが安藤（歌川）広重であったのだ。次の場面は、両者が挨拶を交わしたあと、会話をしているところである。文章を読み、後の問いに答えよ。

「しかし、ま。これから後がんばることだな。評判がよすぎると、後が辛いものさ」

「は」

広重は、眼をあげて①微笑した。北斎の言葉が包んでいる毒を、aビンカンに感じ取ったようだったが、微笑は柔かかった。その微笑に、北斎はふと気圧《けお》されるものを感じた。意外に強靭《きょうじん》なものが、商人のような顔の下に隠されているようだった。「おっしゃるとおり駆け出しで、先生にも、今後いろいろ教えて頂きたいものです」

「なーに教えてもらうのは、案外こっちかも知れないよ」

北斎は、その厚い肉の下にbヒソんでいるしたたかなものに爪を立てるように、えげつない言葉を続けた。

「嵩山さん。この人は、今が駆け出しで、これからもっとうまくなるつもりだ。若い人は羨ましいや」

広重は、また微笑を頬に刻んだ。北斎には、その微笑が傷つくことのない軟質の壁のように見えた。

広重は、その微笑のまま、二人のやりとりを興味深そうに眺めている新兵衛に向かうと、「それでは、私はこれで……」と言った。

挨拶している広重の横顔に、北斎は妙なものを見た。それは、普通見かけないほど大きい②黒子《ほくろ》だった。北斎にむけた右頬の、耳の下に近いところにあって、正面から見えなかったのだ。それは、広重の柔かい物腰を裏切って、ひどく傲岸《ごうがん》なものに見えた。

店まで、広重を見送ってくると、新兵衛は、立ったままc障子を開けた。

「家が近いので、ちょいちょい来る。そこの大鋸《おが》町にいるのですよ」

新兵衛が、何となく弁解がましく言ったのは、さっき北斎のうろたえた様子をみたからだろう。北斎は、それに答えず、

「雁来紅《かまつか》が、いい色だ」

と言った。

窓の外に、色鮮かな雁来紅の一塊りがある。日の光が淡いために、その赤と黄が、空間を截《き》り取ったように、生生しい。

北斎は、血色がよく、肌が照りかがやくようだった広重の顔を思い出していた。③かなわんな、とふと思った。絵描きだからといって、たとえば菊川英泉のように、いつも痩《や》せて、蒼白く殺《そ》げた頬をしている必要はないだろう。だが、あれではまるで、繁昌《はんじょう》している大店《おおだな》の旦那だ。

「これが、東海道ですよ」

新兵衛が、膝の前においた絵を、北斎は黙って一枚とりあげた。すぐに、また一枚とってみた。

しばらくして、軽い狼狽《ろうばい》が心の中にあった。北渓や辰斎の東海道評を、大体肯定しながら、北斎はその上に、それだけではあるまいという気持を重ねていた。たとえばそこに、東都名所と東海道を峻別《しゅんべつ》する、何かがあるだろう。それは、じかに絵をみれば解ることだと思っていた。

狼狽は、その絵が、北斎の確信を裏切って、一見して弟子たちの批評以上のものでないように見えたことで、起った。

それは、ごく平明《へいめい》な絵だった。一度みたことがあるような風景、あり

タダ乗りする奴を許してはならない、（　Ｂ　）許せば社会の損失となるからだ――そうした内的な動機づけが行われて、自分が損をしてでも他人の足を引っ張ろうとするのです。（　Ｃ　）、この傾向は世界のほかの国の人々には見られなかったというのです。

（中野信子・ヤマザキマリ『生贄探し　暴走する脳』）

問１　～～～部ａ～ｄのカタカナを漢字に直し、漢字は読みを答えよ。

問２　（Ａ）～（Ｃ）に入る語句として最も適切なものをそれぞれ選び、記号で答えよ。ただし、同じ記号を何度も用いることはできない。

ア　そして　イ　つまり　ウ　でも　エ　なぜなら

問３　Ⅰ　に入る語句として最も適切なものを選び、記号で答えよ。

ア　無関係だ　イ　関係する　ウ　比例する　エ　反比例する

問４　――部①「『日本人は親切だ』『日本人は礼儀正しい』『日本人は真面目だ』『日本人は協調性がある』」の理由として、本文の内容とは合致しないものを次の中から一つ選び、記号で答えよ。

ア　日本人が親切なのは日本人が元来持ち合わせている美しい心を大切にしているためであるから。

イ　日本人が礼儀正しいのは自分の無礼を相手から非難されないようにするためであるから。

ウ　日本人が真面目なのは周囲から陰口を言われたり仲間はずれにされないようにするためであるから。

エ　日本人に協調性があるのは、困ったときには誰かに助けてもらおうという下心を持っているためであるから。

問５　――部②「そんなきれいごとで説明できるような国民性であったら、あっという間に悪意を持った他者／他国の餌食にされてしまうのでは？」の説明として最も適切なものを次の中から選び、記号で答えよ。

ア　読者に対して疑問を投げかけ、実際に日本が善良さゆえに戦争で負けて戦勝国の思うままにされた理不尽な状況を憂えている。

イ　読者に対して疑問を投げかけ、実際に日本人が理想論を語るがゆえに悪人に利用されがちである嘆かわしい状況を指摘している。

ウ　読者に対して疑問を投げかけているが、実際には日本人は意地悪な国民性がゆえに他者や他国の餌食にはされなかったことを訴えている。

エ　読者に対して疑問を投げかけているが、実際には日本人は意地悪な国民性がゆえに安泰で、真実を見抜けない愚かな読者を嘲笑している。

問６　――部③「村【　】分」の【　】に適切な漢数字を入れて熟語を完成させよ。

問７　Ⅱ　～　Ⅴ　に入る語句として最も適切なものをそれぞれ選び、記号で答えよ。ただし、同じ記号を何度も用いることはできない。

ア　逆説的　イ　経験的　ウ　独立性　エ　協調性

問８　――部④「日本は他国よりも顕著に『スパイト行動』をしてしまうという結果が報告された」とあるが、その理由を

日本人は　二十二字　から。

という形に合うよう本文中から二十二字で抜き出せ。

２　絵師の葛飾北斎は、世間で評判になっている「東海道五十三次」をまだ見たことがなかった。ある日、北斎は、書肆《しょし》の嵩山房《すうざんぼう》から、東海

【国　語】（四〇分）〈満点：一〇〇点〉

【注意】　文字数が制限されている設問は、すべて句読点なども文字数に含めて解答しなさい。

1　次の文章を読み、後の問いに答えよ。

①「日本人は親切だ」「日本人は礼儀正しい」「日本人は真面目だ」「日本人は協調性がある」というお決まりの a褒め言葉があります。

確かにそのとおりでしょう。（　A　）、日本人として日本に長く暮らしていると、手放しで喜んでよいものなのかどうか、bイチマツの不安もよぎります。これは一面的な見方であって、本当に美しい心からそういう振る舞いがなされているのだろうか。②そんなきれいごとで説明できるような国民性であったら、あっという間に悪意を持った他者/他国の餌食にされてしまうのでは？

コーネル大学のベス・A・リビングストン、ノートルダム大学のティモシー・A・ジャッジ、ウェスタンオンタリオ大学のチャーリス・ハーストが行った研究によれば、協調性の高さと収入のレベルは　I　といいます。誤解を恐れずに言えば、いい人は搾取されてしまうということです。

冷静に考えれば、親切で礼儀正しいのは、相手に対して無礼に振る舞ったことが広まって誹謗《ひぼう》されることによる不利益を cコウムるリスクを抑えるためであったり、真面目なのは誰かから後ろ指をさされて③村【　】分にならないための自衛行為であったりもします。　II　があるというのも、そうしなければ本当に困ったときに誰も助けてくれないかもしれないからという理由が隠されていたりもします。

表向き、整った姿が見えているだけで、その裏には見なかったことにしなければならない闇の部分が口を開けている……。そんな闇があるからこそ、地理条件が偶然に助けているばかりではなく、日本人は自身の力で　III　を保っていられるのだとも言えます。きれいに整った穏やかな笑顔の下に、適切な量だけ毒々しさを隠し持っている日本の共同体の姿を、多くの人は、私などよりもずっと、　IV　に知っているはずだと思います。

そんな日本社会の中で、生きづらさや息苦しさを感じたり、なぜ合理的な仕組みを築くことが出来ないのかと dフンガイしたりする人も多いでしょうが、根本的には日本人のこうした　V　な良い意味での「悪い」性格が原因となっているとも言えます。

残念ながら（？）、④日本は他国よりも顕著に「スパイト行動」をしてしまうという結果が報告されたわけですが、このスパイト行動とは、相手の得を許さないという振る舞いのことです。もっと言えば、「自分が損してでも他人をおとしめたいという嫌がらせ行動」とでも言えばよいでしょうか。

大阪大学社会経済研究所の実験をご紹介します。

実験としては、おたがいにお金を出資して公共財（道路）を造ろうというゲームをしてもらいます。プレイヤー同士がおたがいにどんな行動をとるかによって自分の損得が決まるというルールで、心理的な駆け引きが見えてくるようになっています。

この実験によれば日本人は「スパイト行動」が顕著であったというのです。日本人は他人が利益を得ようとして自分を出し抜くことを嫌います。いわゆる「フリーライダー」を許さないのです。

2024年度

解　答　と　解　説

《2024年度の配点は解答欄に掲載してあります。》

＜数学解答＞

1　(1)　$\frac{50}{3}$　(2)　$(x-2)(y-2)$　(3)　$-16+12\sqrt{6}$　(4)　$x=5$，$y=2$
(5)　①　$a=2$　②　$x=1+\sqrt{3}$

2　(1)　$a=\frac{1}{6}$　(2)　12と13　(3)　$\frac{1600}{3}$(mL)　(4)　時速$\frac{40}{7}$km　(5)　$\frac{27}{7}$℃

3　ア　5　イ　11　ウ　4　エ　7　オ　4　カ　6　キ　24　ク　66　ケ　6
コ　8

4　(1)　112.5°　(2)　10(g)　(3)　BD＝$-1+\sqrt{2}$　(4)　△ABE：△GEF＝15：4

○推定配点○

1　(1)～(4)　各4点×4　(5)　各5点×2　2　各5点×5　3　ア～オ　各2点×5
カ～コ　各3点×5　4　各6点×4　計100点

＜数学解説＞

基本　1　(正負の数の計算，因数分解，平方根の計算，連立方程式，2次方程式)

(1)　$12+8\left(\frac{1}{3}-\frac{3}{4}\right)-(-2)^3=12+8\times\frac{1}{3}-8\times\frac{3}{4}-(-8)=12+\frac{8}{3}-6+8=14+\frac{8}{3}=\frac{42}{3}+\frac{8}{3}=\frac{50}{3}$

(2)　$y(x-2)-2x+4=y(x-2)-2(x-2)=(x-2)(y-2)$

(3)　$(5+\sqrt{6})(5-\sqrt{6})-(3\sqrt{3}-2\sqrt{2})^2=5^2-(\sqrt{6})^2-\{(3\sqrt{3})^2-2\times3\sqrt{3}\times2\sqrt{2}+(2\sqrt{2})^2\}=25-6-(27-12\sqrt{6}+8)=25-6-27+12\sqrt{6}-8=-16+12\sqrt{6}$

(4)　$\frac{2x+y}{6}=2$の両辺を6倍して$2x+y=12$より，$y=12-2x$…①　ここで，①を$3x-5y=5$に代入して$3x-5(12-2x)=5$　$3x-60+10x=5$　$13x=65$　$x=5$　さらに，$x=5$を①に代入して$y=12-2\times5=12-10=2$　よって，$x=5$，$y=2$

(5)　①　$x=1-\sqrt{3}$は方程式$x^2-ax-2=0$の解なので，$x^2-ax-2=0$に$x=1-\sqrt{3}$を代入して，$(1-\sqrt{3})^2-a(1-\sqrt{3})-2=0$　$(1-2\sqrt{3}+3)-a(1-\sqrt{3})-2=0$　$1-2\sqrt{3}+3-a(1-\sqrt{3})-2=0$　$2-2\sqrt{3}-a(1-\sqrt{3})=0$　$2(1-\sqrt{3})-a(1-\sqrt{3})=0$　両辺を$1-\sqrt{3}$でわって$2-a=0$　よって，$a=2$

②　$x^2-ax-2=0$に$a=2$を代入して，$x^2-2x-2=0$　解の公式より，$x=\frac{-(-2)\pm\sqrt{(-2)^2-4\times1\times(-2)}}{2\times1}=\frac{2\pm\sqrt{4+8}}{2}=\frac{2\pm\sqrt{12}}{2}=\frac{2\pm2\sqrt{3}}{2}=1\pm\sqrt{3}$　よって，この方程式のもう1つの解は$x=1+\sqrt{3}$

基本　2　(2次関数の変域，方程式の利用，比の利用，資料の整理)

(1)　関数$y=ax+\frac{1}{2}$のグラフが点(3，1)を通るので，$y=ax+\frac{1}{2}$に$x=3$，$y=1$を代入して，1＝

$3a+\frac{1}{2}$　両辺を2倍して，$2=6a+1$　$6a=1$　$a=\frac{1}{6}$

(2)　連続する2つの正の整数のうち，小さい方の正の整数をxとすると，大きい方の正の整数は$x+1$と表せる。このとき，それぞれを2乗した数の和が313になるので，$x^2+(x+1)^2=313$　$x^2+(x^2+2x+1)=313$　$2x^2+2x+1-313=0$　$2x^2+2x-312=0$　両辺を2でわって$x^2+x-156=0$　$(x-12)(x+13)=0$　$x=12,\ -13$　ここで，xは正の整数なので$x=12$　よって，2つの整数は12と13

(3)　はじめにBの容器に入っていたコーヒーの量をx(mL)$(x>0)$とする。Bの容器からコーヒーを200mL取り出して，300mLの牛乳が入ったAの容器に入れたので，Aの容器のコーヒー牛乳の量は$300+200=500$(mL)となる。さらに，Bの容器のコーヒーの量は$x-200$(mL)となる。このとき，$500:(x-200)=3:2$　$3(x-200)=2\times500$　$3x-600=1000$　$3x=1600$　$x=\frac{1600}{3}$

よって，はじめにBの容器に入っていたコーヒーの量は$\frac{1600}{3}$mL

(4)　T君の家から学校までの道のりをx(km)とする。行きは平均時速10kmで走ったので，行きにかかった時間は$\frac{x}{10}$(時間)と表せる。また，帰りは平均時速4kmで歩いたので，帰りにかかった時間は$\frac{x}{4}$(時間)と表せる。このとき，行きと帰りを合わせた道のりは$2x$(km)，行きと帰りを合わせた移動時間は$\frac{x}{10}+\frac{x}{4}=\frac{2x}{20}+\frac{5x}{20}=\frac{7x}{20}$(時間)と表せる。よって，行きと帰りを合わせた平均時速は$2x\div\frac{7x}{20}=2x\times\frac{20}{7x}=\frac{40}{7}$より，平均時速$\frac{40}{7}$km

(5)　$(-1\times5+1\times3+3\times8+5\times6+7\times2+9\times1+11\times3)\div(5+3+8+6+2+1+3)=(-5+3+24+30+14+9+33)\div28=108\div28=\frac{108}{28}=\frac{27}{7}$　よって，最低気温の平均値は$\frac{27}{7}$℃

3　(2次関数・1次関数と図形の融合問題)

基本　ア　動点Qは秒速3cmの速さで動くので，AQ＝12cmとなるのは$12\div3=4$より，点Qが点Aを出発してから4秒後のこととなる。このとき，同時に点Aを出発した動点PがAD＝20cmの位置の点Dにたどり着いているので，$20\div4=5$より，動点Pの速さは秒速5cm

イ　動点PはA→D→C→Bの順に$20+15+20=55$(cm)の距離を秒速5cmの速さで動くので，$55\div5=11$より，動点Pが点Bにたどり着く時間は$x=11$(秒後)

ウ　動点Pが点Dにたどり着く時間は$x=4$(秒後)　よって，動点Pが辺AD上にあるのは$0<x\leqq4$のとき。

エ　動点Pは点Aから点Cまでの$20+15=35$(cm)を秒速5cmの速さで動くので，$(20+15)\div5=7$より，動点Pが点Cにたどり着く時間は$x=7$(秒後)　よって，動点Pが辺DC上にあるのは$4\leqq x\leqq7$のとき。さらに，動点Pが辺CB上にあるのは$7\leqq x<11$のとき。

重要　オ　$0<x\leqq4$のとき，動点Pは秒速5cm，動点Qは秒速3cmで動くので，点Aを出発してからx秒後の動点P，Qの移動距離はそれぞれ$AP=5x$，$AQ=3x$と表せる。このとき，$AP:AQ=5x:3x=5:3$…①　また，AQ＝12cmとなる点Qの位置を点Eとすると，AD＝20，AE＝12より，$AD:AE=20:12=5:3$…②　ここで△PAQと△DAEにおいて，①，②より$AP:AQ=AD:AE=5:3$　共通な角なので∠PAQ＝∠DAE　よって，2組の辺の比とその間の角がそれぞれ等しいので△PAQ∽△DAEとなり，∠AED＝90°より∠AQP＝90°　このとき，△DAEの底辺をAEとみると，∠AED＝90°より，DEは△DAEの高さとなる。同様に，△PAQの底辺をAQとみると，∠AQP＝

90°より，PQは△PAQの高さとなる。さらに，AP：PQ＝AD：DE＝20：16＝5：4なので，AP＝$5x$ならばPQ＝$4x$と表せる。よって，高さPQは$4x$と表せる。

重要 カ　$0<x\leqq 4$のとき，動点PはAD上にあり，△PAQの底辺をAQとすると，底辺の長さはAQ＝$3x$，高さはPQ＝$4x$と表せるので，△PAQの面積yは$y=3x\times 4x\div 2=6x^2$となる。よって，$0<x\leqq 4$のときのxとyの関係式は$y=6x^2$

重要 キ　$4\leqq x\leqq 7$のとき，動点PはDC上にあり，△PAQの底辺をAQとみると，底辺の長さはAQ＝$3x$，高さは台形ABCDの高さと同じ16cmとなるので，△PAQの面積yは$y=3x\times 16\div 2=24x$となる。よって，$4\leqq x\leqq 7$のときのxとyの関係式は$y=24x$

やや難 ク　$7\leqq x<11$のとき，動点PはCB上にあり，△PAQの底辺をAQとみると，底辺の長さは$3x$　ここで，点CからABにおろした垂線とABとの交点を点Fとすると，△BCFは∠BFC＝90°の直角三角形となる。また，点PからABにおろした垂線とABとの交点を点Gとすると，△BPGは∠BGP＝90°の直角三角形となる。このとき，△BCFと△BPGにおいて，∠BFC＝∠BGP＝90°，∠CBF＝∠PBGより，2組の角がそれぞれ等しいので，△BCF∽△BPG　さらに，CB：PB＝CF：PGとなり，CB＝20，CF＝16より，20：PB＝16：PG　20PG＝16PB　$\mathrm{PG}=\frac{16}{20}\mathrm{PB}=\frac{4}{5}\mathrm{PB}$…①　また，点Aを出発してから$x$秒後の動点Pの移動距離は$5x$と表せるので，PB＝(AD＋DC＋CB)−(AD＋DC＋CP)＝(20＋15＋20)−$5x$＝$55-5x$…②　①に②を代入して$\mathrm{PG}=\frac{4}{5}\times(55-5x)=44-4x$　このとき，PGはAQが底辺である△PAQの高さにあたるので，△PAQの面積yは$y=3x\times(44-4x)\div 2=3x(22-2x)=66x-6x^2=-6x^2+66x$となる。よって，$7\leqq x<11$のときの$x$と$y$の関係式は$y=-6x^2+66x$

重要 ケ・コ　$0<x\leqq 4$のとき，$y=6x^2$に$y=144$を代入して$6x^2=144$　$x^2=24$　$x=\pm\sqrt{24}$　このとき$-\sqrt{24}<0$，$4=\sqrt{16}<\sqrt{24}$となり，$0<x\leqq 4$を満たすxの値は存在しない。次に$4\leqq x\leqq 7$のとき，$y=24x$に$y=144$を代入して$24x=144$　$x=6$　このとき，$x=6$は$4\leqq x\leqq 7$を満たす。さらに$7\leqq x<11$のとき，$y=-6x^2+66x$に$y=144$を代入して$144=-6x^2+66x$　$6x^2-66x+144=0$　$x^2-11x+24=0$　$(x-3)(x-8)=0$　$x=3$，8　このとき，$7\leqq x<11$より$x=8$　よって，△PAQの面積が144cm^{2}になるのは$x=6$，8のとき。

4　**（円と角，モビールとつりあい，相似の利用）**

重要 (1)　円周を8等分したときにできる弧1つ分に対する中心角は360°÷8＝45°なので，弧1つ分に対する円周角は45°÷2＝22.5°となる。このとき，弧1つ分の$\overset{\frown}{\mathrm{CD}}$に対する円周角である∠CHDの大きさは∠CHD＝22.5°　弧2つ分の$\overset{\frown}{\mathrm{BH}}$に対する円周角である∠BDHの大きさは∠BDH＝22.5°×2＝45°　ここで弦BDと弦CHの交点を点Pとすると，△PDHの内角の和は180°なので，∠x＝∠DPH＝180°−∠CHD−∠BDH＝180°−22.5°−45°＝112.5°

やや難 (2)　一番高い位置の棒について，左端には40＋20＋60＝120(g)の重さがかかっているので，バランスをとるためには，右端に120×4÷5＝96(g)の重さがかからなければならない。このとき，右端にはすでに50＋26＝76(g)の重さがかかっているので，あと20gの重さが必要となり，同じ重さのおもりAを2個使ってバランスを取るので，おもりAの1個の重さは10gとなる。

重要 (3)　△ABCと△ADEにおいて，BC//DEより，平行線の同位角は等しいので，∠ABC＝∠ADE，∠ACB＝∠AEDとなることから，2組の角がそれぞれ等しいので，△ABC∽△ADE　ここで，△ADEと台形DBCEの面積が等しければ，△ADEの面積は△ABCの面積の$\frac{1}{2}$の大きさとなるので，△ABCと△ADEの面積比は2：1となる。このとき，△ABCと△ADEの相似比は$\sqrt{2}$：1となるので，AB：AD＝$\sqrt{2}$：1　AD＝1を代入してAB：1＝$\sqrt{2}$：1より，AB＝$\sqrt{2}$　よって，BD＝

$AB-AD=\sqrt{2}-1$

重要 (4) AD//BEより，△ABEと△EDBを同じ底辺BEを持ち，同じ高さの三角形どうしとみると，△ABEと△EDBの面積は等しく，△ABE＝△EDB…① また，△GDBと△GEFにおいて，BD//EFより，平行線の錯角は等しいので，∠GBD＝∠GFE，∠GDB＝∠GEFとなることから，2組の角がそれぞれ等しいので，△GDB∽△GEF このとき，GD：GE＝GB：GF＝3：2となり，ED：GD＝EG＋GD：GD＝(2＋3)：3＝5：3…② さらに，△EDBと△GDBを底辺EDと底辺GDが同じ線分DE上にあり，同じ頂点Bを持つ三角形どうしとみると，△EDBと△GDBの面積比は底辺EDと底辺GDの長さの比に等しく，②より△EDB：△GDB＝ED：GD＝5：3 $\triangle EDB=\frac{5}{3}\triangle GDB$…③ このとき，△GDB∽△GEFより，△GDBと△GEFの面積比は$\triangle GDB:\triangle GEF=BG^2:FG^2=3^2:2^2=9:4$となり，$\triangle GDB=\frac{9}{4}\triangle GEF$…④ よって，①，③，④より，$\triangle ABE=\frac{5}{3}\triangle GDB=\frac{5}{3}\times\frac{9}{4}\triangle GEF=\frac{15}{4}\triangle GEF$となり，△ABEと△GEFの面積比は，△ABE：△GEF＝15：4

★ワンポイントアドバイス★

文章題の小問集合が増えているので，1次方程式・連立方程式・2次方程式などの利用の問題を，教科書よりもやや高いレベルまで掲載された問題集を活用して十分に練習しておこう。自信をつけておくことが最も必要なこと。

＜英語解答＞

リスニング問題

リスニング問題解答省略

筆記問題

1 1 ① ウ ② イ ⑥ ア 2 ③ easily ⑦ uncomfortable ⑨ lives
3 ④ イ 4 ⑤ ア 5 reducing digital device use 6 (3番目) イ
(5番目) ウ 7 イ

2 1 ① オ ④ ア ⑤ エ ⑥ イ ⑦ ウ 2 symptoms
3 (3番目) イ (5番目) エ 4 あ ウ い イ う ア

3 1 swimming 2 expensive 3 growth 4 fifth

4 1 borrow 2 change 3 save 4 Thanks

5 1 ア been イ forward 2 ウ excited エ to
3 オ are カ taught 4 キ who[that] ク speaks

6 1 ア Shall イ I 2 ウ she エ took
3 オ worse カ than 4 キ don't ク have[need]

7 1 イ 2 ア 3 オ 4 ウ 5 エ 6 キ A 33

8 I like (cold weather) better.
(I have two reasons.)
(First,) it is fun for me to play with snow.
(Second,) I enjoy skiing every winter.

○推定配点○
各2点×50　　計100点

＜英語解説＞

リスニング問題　リスニング問題解説省略。

重要 1 **（長文読解・説明文：語句補充，語形変化，語句整序[接続詞]，要旨把握，内容吟味）**

（全訳）今日，多くの人々が歩いたり，電車やバスに乗っているとき，下を向いている。それは彼らが落ち込んでいるからではなく，スマートフォンを使用しているからだ。

人々はスマートフォンやタブレットのようなデジタルデバイスを使用する。これらのデバイスを使えば，必要な①情報をいつでも，どこでもすぐに得ることができる。また，メッセージアプリで家族や友人とコミュニケーションを取ることもできる。勉強したり，②写真を撮ったり，音楽やゲームを楽しんだりすることも可能だ。主なポイントは，いつでも誰かと③簡単にコミュニケーションが取れることである。スマートフォンやタブレットは，現代社会において特に重要なツールになっている。

しかし，スマートフォンにはネガティブな面もある。④たとえば，新しいメッセージを常にチェックしていると，人と直接話す機会を失うかもしれない。この状況のために，新しい言葉 phubbing が現れた - phone(電話)と snubbing(無視)の組み合わせだ。多くの人が，スマートフォンに忙しいために他人を無視する。また，スマートフォンを使えないときに心配になるユーザーもいる。ニューヨーク・タイムズはこれを紹介し名前をつけた。それは Fear Of Missing Out で⑤FOMOと呼ばれる。FOMOは，他の人が参加しているワクワクする出来事を逃すかもしれないという心配する感情だ。特にソーシャルメディアで見ることによって引き起こされる。また，長時間スマートフォンを使用すると，⑥健康にとって良くない。③簡単に寝ることができなくなるかもしれない。夜にスマートフォンやタブレットを使う子供たちは十分な睡眠を取れず，日中とても眠くなる。また，視力や姿勢が悪くなる可能性もある。最後に，一部の人々はマナーが悪い。彼らは時々，人々を⑦不快にする。

⑧デジタルデトックスとは何か知っているだろうか？デジタルデバイスが私たちの⑨生活を支配するようになった。それらは⑩とても有用なので，多くの人が過剰に使用する。例えばイギリスでは，年に1回「ナショナル・アンプラギング・デイ」が開催される。この日，参加者はデジタルデバイスを一切使用せず，家族や友人とリラックスした時間を過ごすようにしている。世界中の多くの場所で，デジタルデトックスキャンプが人気を博している。デジタルデバイスの使用を減らすことで，私たちは人間関係や睡眠，そして⑥健康などを改善することができる。

スマートフォンは私たちの⑨生活を大きく変えた。完全に手放すのは難しいかもしれない。しかし，時には私たちの身体的および精神的な⑥健康のために休憩を取ろう。

1　①　デジタルデバイスを使って得ることができるので「情報」が適切。　②　take photos「写真を撮る」　⑥　スマートフォンを使うことは「健康」にとって悪く，デジタルデバイスの使用を減らすと「健康」を改善することができると判断できる。

2　③　easy を副詞 easily「簡単に」に変える。　⑦　comfortable の反意語は uncomfortable「不快な」となる。　⑨　life の複数形は lives となる。

3　空欄の後で，具体例を挙げて説明をしていることがわかるので for example「たとえば」が適切である。

4　SNSに関することを常に知りたがり，スマートフォンなしでは生きられないと感じている Jane

の状況がFOMOを表している。

5　digital detox はデジタルデバイスの使用を避けることを意味しているので，reducing digital device use が適切である。

6　(They are) so useful that many people overuse them(.)　so ~ that …「とても~ので…」

7　第3段落第3文参照。phubbing が phone と snubbing の組み合わせであることを説明している。

2　(長文読解・説明文：語句補充，語句整序[関係代名詞]，要旨把握，内容吟味)

(全訳) ケンは朝起きられず，ひどく感じた。彼の喉は痛かった。彼は頭痛があり，熱があり，ひどい咳があった。長時間寝たにもかかわらず，彼はまだ疲れている感じがした。彼は①病院に行き，医者に診てもらうことにした。

医者はケンに彼の症状が何であり，どのくらいの期間②それらがあったかを尋ねた。ケンは最初に体調が悪くなったのは1週間前だと医者に伝えた。医者はケンの体温を測り，呼吸を聞き，喉を検査した。医者はケンに何かにアレルギーがあるかどうか尋ね，ケンはないと答えた。

医者はケンがインフルエンザであると伝えた。③医者がケンに提案した治療は，薬を飲み，十分な④休息を取り，たくさんの水を飲むことだった。また，数日後に症状が良くならなければクリニックに戻ってくるよう助言した。

ケンは将来的に健康を保つ方法について医者に⑤助言を求めた。医者はケンに，健康的な食事を食べ，よく眠り，もっと頻繁に手を洗い，⑥ストレスを避けるべきだと言った。これらのことを行ってもケンが病気になるのを防ぐわけではないが，健康な⑦体を持つことはインフルエンザと戦うのに役立ち，また症状がそれほどひどくならないかもしれない。ケンは自分の健康に気を付けることに決めた。

ケンは医者に感謝し，薬をもらって家に帰り，ベッドに戻った。

1　①「医者を訪れる」とあるので「病院」が適切である。　④　治療法について述べているので，「休息」をとることが適切である。　⑤　医者に健康を保つことについて求めているので「助言」が適切である。　⑥　健康を保つために「ストレス」を避けることが適切である。　⑦　インフルエンザと戦うことを助けるのは健康な「体」である。

2　指示語は，直前の名詞 symptoms を指している。

3　(The treatment the doctor) suggested to Ken was to take (some medicine, ~)　the doctor suggested to Ken は前の名詞を修飾する目的格の関係代名詞が省略された形である。

4　あ「ケンの症状は何か」 第1段落参照。朝体調が悪く，喉の痛みや頭痛，熱など風邪のような症状があった。　い「ケンは何日間病気か」 第2段落第2文参照。ケンは医者に1週間前から体調が悪く感じ始めたと答えている。　う「健康でいることについて医者がケンに何の助言を与えたか」 第4段落第2文参照。健康的な食事を食べ，よく眠り，頻繁に手を洗い，ストレスを避けるよう助言した。

3　(単語・反意語)

基本　1　swim-swimming

2　cheap「安い」の反意語は expensive「高い」

やや難　3　translate から translation への変化は，動詞からその名詞形への変化なので，grow の名詞形は growth となる。

基本　4　September は9月を意味し，ninth は9番目という意味なので，May は fifth となる。

基本　4　(単語)

1　borrow は「借りる」という意味の動詞で，一つ目の文では友人が約束された本を借りに来たこと，二つ目の文では中国から日本語に漢字を「借りた」(導入した)ことを示している。

2　change は「変える」または「乗り換える」という意味があり，一つ目の文では地下鉄の乗り換えを指し，二つ目の文では商品のサイズを変更したいという意味で使われる。

3　save は「保存する」や「節約する」という意味の動詞で，一つ目の文では水を節約すること，二つ目の文では絶滅危惧種の動物を保護するという意味で使われる。

4　一つ目の文では「～のおかげで」を表す thanks to ～ という形で使われ，二つ目の文で「～をありがとう」を表す thanks for ～ という形で使われる。

5 （語句補充問題：熟語，不定詞，受動態，関係代名詞）

1　look forward to ～ing「～するのを楽しみに待つ」

2　too ～ to …「～すぎて…できない」

3　受動態の文は〈be動詞＋過去分詞〉の形になる。

4　who は主格の関係代名詞で，前の先行詞 a friend を修飾している。

6 （書きかえ問題：助動詞，分詞，比較）

1　Do you want me to ～?「あなたは私に～してほしいですか」と相手の意向や許可を求める際に使われるので，Shall I ～? で書き換えられる。

2　taken by her は過去分詞の形容詞的用法で「彼女によって撮られた」という意味で，能動態に変えると she took になる。

3　〈比較級＋ than any other ＋単数名詞〉「他のどの～よりも…だ」

4　don't have to ～「～する必要はない」

7 （会話文）

（全訳）マリー：ここに来てからもう3週間になるね。久美子，生活はどう？

久美子：(1)すごく楽しんでいるよ。すべてが新しいわ。

マリー：見たい場所はある？

久美子：フロリダ自然史博物館に行きたいの。見て，マリー，パンフレットをもらったの。

マリー：それは本当に興味深い博物館よ。(2)6週間前に行ったよ。

久美子：家族と行ったの？

マリー：うん。家族用のチケットを買ったの。家族で行くと，安くなるのよ。

久美子：ええと，両親と弟二人と行ったとしたら…スティーブは12歳で，クリスは10歳。あなたはスティーブより3歳年上で，私と同じ年だよね？もし全員が別々にチケットを買っていたら，合計で[A]33ドルになるんだ。家族用チケットでかなり節約できるね！

マリー：来週行くなら，私も一緒に行きたいわ。(3)それで大丈夫？久美子。

久美子：もちろん！(4)すぐにチケット買うね。

マリー：でも，その時は両親が行けないから，家族用チケットは買えないわ。今回は普通の料金を払うことにしよう。(5)10ドルだね。

久美子：わかった，でも私は博物館のメンバーになるつもりよ。

マリー：なぜメンバーになりたいの？

久美子：パンフレットによると，メンバーになれば入場料を払う必要がないって。(6)また，メンバーだけの特別なクラスやキャンプがあるんだって。

マリー：メンバーには自然や科学に関するニュースを含む月刊レターも届くって書いてあるね。

久美子：ええ。博物館から，知りたかったたくさんのことを学べるわ。素晴らしいな！

(1)　「全てが新しい」と答えているので，生活を楽しんでいると判断できる。

(2)　この後で，「家族と行ったの？」と尋ねられているので，以前に博物館に行ったと判断できる。

(3)　この後で「もちろん」と答えていることから，マリーが一緒に行くことにしてもいいか尋ねているとわかる。

(4)　この後でチケットに関する話題になっていることから判断できる。

(5)　直前で，普通の料金を支払うとあるので10ドルかかると言っているとわかる。

(6)　空欄の前後で，博物館のメンバーについて述べられていることから判断する。

重要　[A]　両親(大人2人)＋マリー(15歳)＋スティーブ(12歳)＋クリス(10歳)から10ドル×2名＋5ドル×2名＋3ドル＝33ドルであるとわかる。

8　(条件英作文)

「暑い気候」がいいか「寒い気候」がいいか，理由を書きやすい方を選択する。また，以下の点に注意をして英文を作るようにしたい。

〈英作文を書く時の注意点〉

①　スペルミスはないか。

②　時制があっているか。

③　名詞の形は正しいか(単数形か複数形か)。

④　主語と動詞が入っているか。

⑤　正しく冠詞(a，an，the など)を使っているか。

★ワンポイントアドバイス★

英文法の割合が比較的高くなっている。数多くの問題に触れるようにしたい。傾向に大きな変化はないため，過去問を繰り返して解くようにしよう。

＜理科解答＞

1　問1　分解　問2　ウ　問3　H_2O　問4　ア　問5　ウ　問6　ア　問7　エ
問8　$10cm^3$　問9　31％

2　問1　①　オ　②　イ　③　エ　問2　ウ　問3　ア，オ　問4　①　0.1秒間
②　13cm/s　③　42m/s　問5　ウ　問6　①　カ　②　イ　③　コ

3　問1　6km/s　問2　初期微動継続時間　問3　ア　問4　イ
問5　ア，イ，オ，エ，ウ　問6　イ　問7　イ，オ　問8　エ

4　問1　①　ビタミン　②　モノグリセリド　③　アミノ酸　④　門脈
⑤　グリコーゲン　⑥　インスリン　問2　タンパク質　問3　ベネジクト液
問4　(炭水化物)　オ，アミラーゼ　(タンパク質)　カ，ペプシン

○推定配点○

1　問6～問9　各3点×4　他　各2点×5　2　問4，問6　各3点×6　他　各2点×6
3　各3点×8　4　各2点×12　計100点

＜理科解説＞

1　(化学変化と質量―炭酸水素ナトリウムの熱分解)

基本　問1　1種類の物質が2種類以上の物質に分かれる化学変化を分解という。

基本　問2　加熱をやめると試験管A内の圧力が低下し，ガラス管を水に入れたままだと水が試験管に逆流するので，先にガラス管を水から出しておく。

問3　炭酸水素ナトリウムは熱分解すると，炭酸ナトリウムと二酸化炭素，水を生じる。液体は水で，青色の塩化コバルト紙が赤く変化する。

問4　発生する気体は二酸化炭素で，いくらか水に溶ける。そのため，ペットボトルの中の圧力が減少しペットボトルがへこむ。

重要　問5　二酸化炭素の水溶液は炭酸水と呼ばれ，酸性を示すためBTB溶液を黄色にする。

問6　炭酸水素ナトリウムの熱分解で生じる炭酸ナトリウムは，炭酸水素ナトリウムより強いアルカリ性である。そのため，pHの値は炭酸水素ナトリウムの水溶液より大きくなる。

問7　生じる変化を化学反応式で示すと，$2NaHCO_3 \rightarrow Na_2CO_3 + CO_2 + H_2O$となる。□がNaを表す。

重要　問8　炭酸水素ナトリウムの質量が2.0g以上では，発生する二酸化炭素の質量は一定になる。これは2.0g以上では炭酸水素ナトリウムの一部が反応せずに残ることを意味する。塩酸20.0cm^{3}とちょうど反応する炭酸水素ナトリウムの質量が2.0gである。よって，3.0gの炭酸水素ナトリウムのうち1.0gは反応せずに残り，これをすべて反応させるのに必要な塩酸は10.0cm^{3}である。

やや難　問9　表より，炭酸水素ナトリウムの質量が1.0gのとき二酸化炭素の発生量が0.40gであり，1.5gの時は0.6gなので，0.5gの二酸化炭素が発生したとき炭酸水素ナトリウムは1.25g反応した。ベーキングパウダーに含まれる炭酸水素ナトリウムの質量%は，$(1.25 \div 4.0) \times 100 = 31.25 \fallingdotseq 31$%である。

2　（運動とエネルギー―物体の運動と力学的エネルギー）

重要　問1　①　重力は真下に向かう。よってオである。　②　台車は斜面から垂直な方向に抗力を受ける。イの方向に力を受ける。　③　合力がエであり，台車は斜面に沿って下りる。

問2　斜面の角度がaと同じなので，斜面から受ける力の大きさは変わらない。重力も変化しないので，合力も同じ大きさになる。

問3　c地点で台車に働く力は，オの重力とアの垂直抗力である。水平に移動する台車は等速直線運動をしており，地面と水平な方向には力は働いていない。

重要　問4　①　1秒間に50回打点するので，5打点分の長さは$\frac{1}{50} \times 5 = 0.1$(秒)である。

②　紙テープの長さの差は1.3cmである。0.1秒間に1.3cm分長くなるので1秒あたり13cm/sずつ大きくなっている。

③　平均の速度は$\left(\frac{1.6}{0.1} + \frac{2.9}{0.1} + \frac{4.2}{0.1} + \frac{5.5}{0.1} + \frac{6.8}{0.1}\right) \div 5 = 42$(cm/s)である。

問5　質量を2倍にすると，重力も2倍になる。それで加速度は同じになるので，打点の間隔は変わらない。

重要　問6　①　斜面を下っているときは速度は一定の割合で増加するが，水平方向の運動になると速度は一定になる。グラフはカになる。　②　力学的エネルギーは保存されるので，時間が変化しても一定に保たれる。　③　等加速度運動では，物体の移動距離は時間の2乗に比例する。そのためグラフは放物線になる。

3　（大地の動き・地震―地震）

基本　問1　P波は90kmを15秒で伝わるので，その速度は$90 \div 15 = 6$(km/s)である。

基本　問2　P波は到達してからS波が到達するまでの時間を，初期微動継続時間という。

重要　問3　S波は90kmを30秒で伝わるので，$90 \div 30 = 3$(km/s)の速度である。震源からの距離を$x$kmとすると，S波がX地点に到達するまでの時間は$\frac{x}{3}$秒であり，P波は$\frac{x}{6}$秒である。この差が80秒なので，$\frac{x}{3} - \frac{x}{6} = 80$　$x = 480$kmである。

問4　三平方の定理を使って，震源の深さをy(km)とすると$y = \sqrt{100^2 - 60^2}$　$y = 80$kmである。

問5　新幹線は秒速で約80m，旅客機は新幹線の3倍程度の速さ，空気中の音の速さは秒速約340m。よって，速いもの順に，光＞地震波＞音＞旅客機＞新幹線である。

問6　アの揺れは震度5弱，イは震度3，ウは震度2，エは震度6弱である。

問7　大きな地震でも，震源が海底でなければ津波が起きないことがある。震源に近い場所では，P波とS波が同時に到達することもある。マグニチュードが1大きくなると地震のエネルギーは約32倍になる，2大きくなると約1000倍になる。イとオが正しい。

問8　川の両側が階段状になっている地形を河岸段丘という。河川の浸食作用で川底が削られた後に土地が隆起し，再び浸食が繰り返されることで形成される。

4　(人体ー消化酵素)

基本　問1　①　五大栄養素は，炭水化物，脂肪，タンパク質，ビタミン，無機塩類である。　②　脂肪は脂肪酸とモノグリセリドに分解される。　③　タンパク質はアミノ酸に分解される。　④　小腸で吸収された栄養素は，門脈を通って肝臓へ運ばれる。　⑤　肝臓ではブドウ糖がグリコーゲンに変えられて貯蔵される。　⑥　ホルモンの一種であるインスリンは，グリコーゲンの合成を促す。

基本　問2　体をつくる材料になるのはタンパク質である。

重要　問3　ブドウ糖の検出に用いられる試薬はベネジクト液である。ブドウ糖があるときに加熱すると，赤褐色になる。

重要　問4　炭水化物　だ液に含まれるアミラーゼによって分解される。
タンパク質　胃の中のペプシンやすい液のトリプシンによって分解される。

★ワンポイントアドバイス★

大半が標準レベルの問題なので，教科書の内容をしっかりと理解することが大切である。物理・化学分野で，難易度の高い問題も出題されることがある。

＜社会解答＞

1　1　長野県　問2　飛驒(山脈)　問3　(石川県)　B　(富山県)　A
問4　(記号)　ア　X　排他的経済水域　Y　石油危機　問5　イ

2　問1　(ⅰ)　X　(ⅱ)　再生可能(エネルギー)　問2　混合(農業)
問3　(ⅰ)　C　(ⅱ)　エ　問4　エ　問5　ウ

3　問1　エ　問2　大輪田泊　問3　イ　問4　ウ　問5　(人物A)　オ　(人物B)　ア
問6　イ⇒ア⇒エ⇒ウ　問7　ア　問8　(ⅰ)　山口(県)　(ⅱ)　F

4　問1　イ・ウ　問2　立憲改進党　問3　貴族院　問4　ウ　問5　吉野作造
問6　エ　問7　エ⇒ア⇒ウ⇒イ　問8　1　犬養毅　2　柳条湖　問9　イ

5　問1　1　公共の福祉　2　25　問2　(ⅰ)　エ　(ⅱ)　11月3日
問3　(ⅰ)　エ　(ⅱ)　イ・エ・オ　問4　ウ　問5　イ
問6　健康で文化的な最低限度

6　問1　証券取引所　問2　ア　問3　株主総会　問4　ウ　問5　間接(金融)
問6　CSR

○推定配点○
各2点×50(4問1，5問3(ⅱ)各完答)　計100点

＜社会解説＞

1 （日本の地理－中部地方）

問1　長野市は元々，善光寺の門前町である。

基本　問2　飛驒山脈は北アルプスともいわれている。

重要　問3　Cが長野県，Dが静岡県，Eが愛知県である。

問4　近年は「とる漁業」から「育てる漁業」への移行がクローズアップされている。排他的経済水域の略称はEEZ，石油危機の別名はオイルショックである。

問5　B 「確認できない」が不適。

2 （地理－世界地理）

問1 （ⅰ） Wがブラジル，Yがフランス，Zがアメリカである。 （ⅱ） 再生可能エネルギーの代表例は太陽光，風力，バイオマスである。

重要　問2　混合農業には自給的混合農業と商業的混合農業とがある。

問3 （ⅰ） Aはパリ，Bは北京，Dはブラジリアである。 （ⅱ） シアトル・パリの緯度は北緯49度，北京は北緯40度，ブラジリアは南緯16度である。

基本　問4　エ 「年少人口が増加」が不適。

問5　ウ 「温帯林」ではなく熱帯林である。

3 （日本の歴史－人物史）

基本　問1　保元の乱は1156年，平治の乱は1159年に起こった。人物Aは平清盛である。

問2　大輪田泊は現在の神戸港である。

重要　問3　人物Bは足利義満である。アは北条泰時，ウは平将門，エは足利尊氏の説明となる。

問4　ア・イは戦国時代，エは鎌倉時代とそれぞれ同時期となる。

基本　問5　平清盛は日宋貿易を，足利義満は日明貿易を始めた。

問6　アは1637年，イは1587年，ウは1825年，エは1804年の出来事である。人物Cは井伊直弼である。

問7　ア 「銀貨」ではなく金貨である。

問8 （ⅰ） この条約は下関条約で，下関は山口県の西部に位置している。 （ⅱ） Fは遼東半島である。

4 （日本の歴史－明治から昭和戦前）

重要　問1　ア　板垣退助は岩倉使節団に随行していない。　エ　西郷隆盛の説明となる。
オ　この時期板垣退助は在野であった。

問2　立憲改進党は1882年に結成された。

基本　問3　貴族院は皇族・華族・勅選議員によって構成されていた。

問4　ア 「A」ではなくBである。　イ 「3円」ではなく「15円」である。
エ 「男女」ではなく男子である。

問5　吉野作造は大正デモクラシーの代表的思想家である。

基本　問6　原敬は立憲政友会を率いていた。

問7　アは1918年，イは1921年，ウは1920年，エは1915年の出来事である。

問8　犬養毅首相が暗殺された事件を5・15事件という。柳条湖事件は1931年に起こった。

問9　平塚雷鳥は青鞜者の代表であった。

5 （公民－「基本的人権」を起点とした問題）

基本　問1　1　公共の福祉とはそれによって人権を制約されるその個人の利益にも還元される全体の利益と認識される。　2　日本国憲法25条はプログラム規定ととらえられている。

重要　問2 （ⅰ） A 「国会」ではなく内閣である。 B 「出席議員」ではなく総議員である。

（ⅱ） 日本国憲法が施行されたのは，1947年5月3日である。

問3 （ⅰ） ア 「一切認められていない」が不適。 イ 「一切の」が不適。 ウ 「自由権」と「社会権」が逆である。 （ⅱ） アは憲法17条，ウは憲法81条に明記されている。

基本 問4 ア 「1999年」ではなく1985年である。 イ 「全国水平社」が不適。
エ 「2019年」ではなく1997年である。

問5 イ 「減少傾向」が不適。

問6 「最低限度の生活」の定義の曖昧さから朝日訴訟などの裁判が起こされた。

6 （公民―「会社」を起点とした問題）

問1 証券取引所は証券取引法にもとづいて存立している。

基本 問2 従業員総数に関しては大企業は約30％である。

問3 株主総会では1株1票が原則となる。

重要 問4 A 「無限責任」ではなく有限責任である。

問5 日本は他の先進国に比べて間接金融の比率が高い傾向にある。

問6 CSRはSDGsとの兼ね合いでもますます重要になってくる。

★ワンポイントアドバイス★

本校の問題は制限時間に対して分量が多いので，過去問演習を通してしっかり慣れておこう。

＜国語解答＞

1 問1 a ほ b 一抹 c 被 d 憤慨 問2 A ウ B エ C ア
問3 エ 問4 ア 問5 ウ 問6 八 問7 Ⅱ エ Ⅲ ウ Ⅳ イ
Ⅴ ア 問8 自分が損をしてでも他人の足を引っ張ろうとする

2 問1 a 敏感 b 潜 c しょうじ 問2 傷つくことのない軟質の壁 問3 太太しい自信 問4 ア 問5 オ 問6 オ 問7 眼 問8 ア 問9 自分が広重に負けたことを自覚せざるをえない辛い気持ちをやり過ごすため。

3 問1 a ゆわい b かんじょう 問2 A 問3 ① 僧 ③ をのこ 問4 ア
問5 イ 問6 仏 問7 イ

○推定配点○

1 問3～問5・問7 各3点×7 問8 5点 他 各2点×8 2 問1・問7 各2点×4
問2・問3 各4点×2 問9 6点 他 各3点×4 3 問3・問6 各4点×3
他 各2点×6 計100点

＜国語解説＞

1 （論説文―漢字の読み書き，接続語の問題，脱文・脱語補充，文脈把握，慣用句）

問1 a 「褒め」は一番下の部分が「衣」ではないという点に注意が必要。 b 「一抹の」とは，「ほんの少し」。 c 「被る」とは，「身にふりかかるものとして受ける」。一般に，悪いものを受けるという意味を表す。 d 「憤慨」とは，「ひどく腹を立てること」。

問2 A 第一段落の「褒め言葉」について，空欄直前では「確かにそのとおり」と肯定しつつ，空欄直後では「手放しで喜んでよいものかどうか，一抹の不安もよぎります」と，褒め言葉に対して手放しで喜んではいけないのではないかという考えを示唆している。空欄の前後で逆の意味を表しているので，逆接「でも」が適当。　B　空欄の後には「からだ」と理由を表す言葉があるので，呼応する「なぜなら」が適当。　C　ア・イが残っているが，「つまり」はその前で述べた内容を言い換えたり，まとめたりする際に用いるため空欄前後がほぼ同じ意味内容となる。しかし空欄Cの前後では意味内容が異なるので，「つまり」は不適当。空欄Cの前までに述べた内容に更に付け加えて後の内容を述べているので，ここは「そして」が適当。

基本　問3　空欄直後に「いい人は搾取されてしまう」とあるが，「搾取」とは「しぼり取ること」で，特に資本家などが労働者に充分な賃金を払わずに利益を多くせしめることを指す。つまり，協調性が高い「いい人」であるほど収入が低くなるということが考えられるので，エの「反比例する」が適当。反比例とは，一方の数値が上がればもう一方の数値が下がるという関係のこと。

問4　傍線部①の理由は第四段落で述べられているが，第五段落ではそれらをまとめて「表向き，……そんな闇がある」，「きれいに整った……隠し持っている」と表現しているため，闇の部分に一切言及していないアは本文と合致していないと言える。

問5　筆者は第五段落で，日本人の傍線部①のような国民性は「表向き」のものにすぎず，「毒々しさを隠し持っ」ていると主張している。また第六段落でも「日本人のこうした……『悪い』性格」と述べているので，実際には「きれいごとで説明」できない国民性がゆえに，「他者／他国の餌食」にはされにくいということを示唆している。よってウが適当。　ア「戦争で負けて」以後誤り。傍線部の「他者」に言及できていない。また，餌食にされにくいという示唆にも言及できていない。　イ「悪人に利用されがち」が誤り。傍線部の「他国」に言及できていない。また，餌食にされにくいという示唆にも言及できていない。　エ「真実を見抜けない愚かな読者」が誤り。筆者は第五段落で「多くの人は，……知っているはずだと思います」と述べているので，読者は真実を知っていると考えているはずである。

問6　「村八分」とは，「村のおきてを破った村人を，他の村人が申し合わせて，のけものにすること。転じて，一般に仲間はずれにすること」。

問7　Ⅱ　第四段落は，傍線部①のように言われる真の理由についての説明である。「親切」「礼儀正しい」「真面目」は既に説明されているので，ここは「協調性」についての説明と考えられる。また，協調していれば，つまり他の人を助けていれば恩返し的に自分も助けられるかもしれないと考えるのはある程度自然なことである。　Ⅲ　ここはやや高難度なので飛ばし，Ⅳ・Ⅴを優先して考えて消去法で埋めていくのが効率的。ただ，空欄直前「地理条件が偶然に助けているばかりでなく」から日本が島国であることをイメージし，そこからの連想として「独立性」をあてはめられるとよい。　Ⅳ「～性に知っている」という言い方は不自然なので，ここは「～的」の「経験的」もしくは「逆説的」が考えられるが，ここでは何も「逆説」要素がないため「経験的」が適当。また，「きれいに整った……隠し持っている」ことは，日本で生きていれば多かれ少なかれ経験することである，と想像できることも重要である。　Ⅴ「逆説」とは，「真理と反対なことを言っているようで，よく考えると一種の真理を言い表している説」のこと。「急がば回れ」などがそれにあたる。すると，「良い意味での『悪い』性格」と，一見矛盾するようだが，傍線部①は素直に考えれば良いものであり，しかしそれは第四段落・第五段落のような「闇」「毒々しさ」，つまり「悪い」背景を持つものだという点で逆説と言えるので，「逆説的」が適当。

重要　問8　「スパイト行動」の説明として，傍線部④の後に「相手の徳を……言えばよいでしょうか」とある。この内容に合致するのは，第十段落「他人が利益を……嫌います」，最終段落「自分が損を……引っ張ろうとする」であるが，前者は指定字数に合わず，抜き出しても「から。」という文末に合わないため不適当。

2 (小説―漢字の読み書き，文脈把握，情景・心情，文章構成，脱語補充，慣用句)

問1 a 「敏感」とは「わずかの変化でもすぐ感じとること」。 b 「潜む」とは「隠れていて，姿をみせないこと」。 c 「障子」とは「大きな木の枠に，縦横に多くの細い桟をつけ，紙をはった建具」。

問2 「比喩的に」とあるので，「微笑」そのものが含まれていてはいけない。比喩とは，あるものを他のものを用いてたとえることである。すると，「また微笑を頬に刻んだ。北斎には，その微笑が」の後にある「傷つくことのない軟質の壁のように見えた」の部分に，「ように」と直喩を用いて「微笑」が「傷つくことのない軟質の壁」と表現されているので，この部分が適当。

問3 北斎が東海道五十三次を見ている場面で「黒子」が登場するのは，「目立たないところに，……隠していたように，だ」の部分である。つまり「黒子」は，東海道五十三次でいうと何か「隠して」いるようなものである。すると，「その背後に太太しい自信のようなものがある」と，「背後」という言葉を使って「太太しい自信」は表にあらわれてこない，隠れているということが説明されているので，この部分の「太太しい自信」が適当。

問4 「かなわん」は「かなわない」のくだけた言い方である。「かなわない」とは，ここでは「相手と対等の力が自分にない」という意味。傍線部の後の「あれではまるで，……大店の旦那だ」という箇所が解答根拠になる。つまり，絵描きのわりに「血色がよく，肌が照りかがやくよう」な様子が，自分あるいは他の絵描きとは異なるということを北斎は感じたのである。よってアが適当。 イ 「一目で素晴らしさがわかる」が誤り。北斎は当初「その絵が，北斎の確信を裏切って，……ものでないように見えた」と，期待以上のものではない絵に感じ「表情は険しくなった」のだから，東海道五十三次の素晴らしさを一目で理解していない。 ウ 選択肢の内容は事実だが，このことについて北斎は「かなわんな」と感じたわけではなく，広重の肌つやが健康的であることを見て「かなわんな」と感じたのだから不適当。 エ 「大店の旦那で」が誤り。「あれではまるで」と比喩としての表現が「大店の旦那」なのだから，実際に広重が大店の旦那というわけではない。「まるで」とするときは，事実とは異なることを言う。

問5 「練ったり截り捨てたり」とあることから，何らかの取捨選択であるということはまず想像しておきたい。すると，風景の切り取りについて「ただしそれが……捨てられることもある」と取捨選択について述べられている。中でも取捨選択については「画材と北斎との格闘」と表現されているので，この部分を反映したオが適当。ウと迷うが，「練ったり」に言及できておらず，かつ風景を切り取るだけでは「苦渋」につながらない。北斎は，あくまで画材として風景を切り取ったのち，格闘してそれを絵にしたり，捨てたりするのであって，この絵にするか，捨てるかというところに格闘があるのである。

重要 問6 エ→ア→オ→イ→ウ。まず北斎は，広重に会う以前に「北渓や辰斎の東海道評」を耳にしており，「それだけではあるまい」と，「みる前にひそかに懼れた」のである。したがって，まずは時系列としてはエが一番目。次にアがあり，この後実際に東海道五十三次を目にすることになるのだからオが三番目。その後は，初めて見た感想として「軽い狼狽」をおぼえているのだからイ。「懼れ」が裏切られるような，新しさのない絵であったことが原因である。その後に「さらりと描き上げたところが俗受けした」という見方も浮上しているので最後はウ。

問7 「眼から鱗が落ちる」とは，「何かがきっかけになって，急に物事を理解できるようになること」。新発見などに驚く，という意味と誤解している人も多いので，この機に正しい意味を覚えておこう。ここでは，「まるで霧が退いていくようだった」と，何かが晴れてはっきりしたというイメージとともに登場することからも，北斎が東海道五十三次について「ただならない全貌」

を理解したということである。

問8　雪の音は実際に聞いたのではなく，東海道五十三次が「人間の哀歓が……あるがままに描いた」ものだからこそ，その「あるがまま」さゆえに，現実感をもって身に迫って来た，ありありと想像できたということである。よってアが適当。「哀歓」とは「悲しみと喜び」。イ　「あえて」が誤り。広重は「あえて」ではなく「むしろつとめて，あるがままの風景を描いている」のである。「あえて」には「そうしなくともよいのに，わざわざ」というニュアンスがある。そうではなく，すすんで，あるがままの風景を描いているのが広重である。また「共感しやすい」も誤り。共感ではなく，絵がありのままを描いていることで想像がしやすいのである。　ウ「崩れる心象風景と」が誤り。広重の絵は雪と闇と静けさを描いており，「崩れる」要素がない。エ　「寄り添おうとする鑑賞態度が求められる」が誤り。広重の絵がどのような鑑賞態度を求めているかということは本文中で言及されていない。北斎が広重の絵を見て感じたこと，気付いたことが述べられているのみである。

やや難　問9　「巨峰北斎が崩れて行く音」とあるが，これは大物画家である北斎というものが崩れる，形を保てなくなるということで，要は東海道五十三次を見て北斎が自身の負けを自覚したということである。まずこの「負けを自覚」という要素は必須。加えて「地鳴りのように耳の奥にひびき」という表現から，少なくとも心地良さは感じていないことがわかる。したがって，負けたことに対する「辛さ」など，何かしらネガティブな感情に言及できるとよい。さらに「思わず」とあることから，眼をつむるという行為は北斎の意図ではなく，「つい」出た行動であると考えられる。すると，自身が負けた辛さに対する一種の防御反応として眼をつむったと解釈できる。模範解答は「やり過ごす」であるが，何かしら防御反応だということが説明できている内容であれば「やり過ごす」に限らず得点はできるだろう。

3　**(古文一仮名遣い，品詞・用法，指示語の問題，口語訳，文脈把握，文学史)**

〈口語訳〉　昔，もとの都(＝平城京)の時に，一人の男がいた。因果の理を本当のことと思っていなかった。(男は)僧が乞食をするのを見て，怒って殴ろうと思った。その時に僧は，田の水に走って入った。(男は僧を)追って，これをとらえた。僧は，我慢できずに，これ(＝男)を呪って束縛した。愚かな人(＝男)は倒れて，東に西に狂ったように走り回った。僧はすぐに遠くに去った。(誰もが)男の面倒を見れなかった。その人(＝男)には，二人の子がいた。父の呪いを解くことを願い，すぐに僧坊に来て，禅師に来てくださいとお願いした。禅師は，事のあらましを聞き知って，行くのを断った。二人の子は丁重に何度も(禅師を)拝んで敬い，父の厄を救うことをお願いした。その禅師は，しぶしぶ行き，観音品のはじめの段を誦し終わると，すぐに(男は)呪縛から逃れることができた。その後に(男は)信心をおこし，邪悪な心を捨てて正しい道に入った。

問1　a　古典的仮名遣いでは，語頭を除く「はひふへほ」は「わいうえお」と読む。　b　古典的仮名遣いでは，「くわん」は「かん」，「ーやう」は「ーょう」と読む。

問2　Aは，「乞食する」の主体が「僧」なので，「の」ではなく「が」と理解できる。その他はすべて「の」，英語でいう’sと理解できる。

問3　①　「追ひて」なので，田の水に走って入った僧を，怒って殴ろうと思って男が追いかけたと理解できるため，追いかけたけっかとらえた対象は「僧」である。　③　「呪縛せり」の主語は「僧」と明記されている。僧が，呪文を唱えて「相手を」束縛するのだから，自分を追いかけてきた男を呪縛したと考えられる。

問4　「忍ぶ」は「我慢する，秘密にする，人目を避ける」という意味がある。また，「～を得ず」は「～できない」という意味である。するとア・イに絞られるが，追われてとらえられたことに対して「隠しきれずに」とするのは文脈上不自然なので，アが適当。

基本 問5 「ねもころに」は語注の通り「丁寧に，丁重に」である。「ねもころに」の意味の正誤だけでもイを選べる。「重ねて」は現代語と同じく，「何回も」。アの「取り入っておもねるように」は意味を知らない受験生もいただろうが，「取り入って」は「自分が有利になるように，力のある人に働きかけること」，「おもねる」は「機嫌をとって，その人の気に入るようにすること」。

やや難 問6 「信心」とは「信仰心」のこと。僧を殴ろとして呪縛され，禅師の力でそれが解かれた後に信仰心を起こしたということなので，反省してその後は仏を信仰したということと考えられる。「禅師」とは，特に禅に通じた徳の高い僧を指し，仏教徒である。「僧」も基本的には仏教徒を指す。

問7 『方丈記』は鴨長明による鎌倉時代の随筆。　ア 『枕草子』は，清少納言による平安時代の随筆。　ウ 『源氏物語』は，紫式部による平安時代の物語。　エ 『土佐日記』は，紀貫之による平安時代の日記文学。

★ワンポイントアドバイス★

論説文は，接続語や反語表現から，筆者の意見や主張を読み取れることがあるので注目しよう。小説は，回想の可能性にも注意しながら話の流れと人物の心情変化を追っていこう。古文は，主語の省略に惑わされず，全体文脈から出来事を整理しよう。

2023年度

入試問題

2023年度

東邦高等学校入試問題

【数　学】（40分）　＜満点：100点＞

【注意】 答えに根号や円周率πが含まれている場合は，根号やπのままで答え，分数は約分し，比はできる限り簡単な整数の比にしなさい。なお，筆答の際に定規は使ってもよろしい。

1　次の問いに答えよ。

⑴　49^2+51^2 を計算せよ。

⑵　$(2x-y)^2-5(2x-y)-36$ を因数分解せよ。

⑶　$(1+\sqrt{2}+\sqrt{3})(1+\sqrt{2}-\sqrt{3})$ を計算せよ。

⑷　方程式 $2x+6y=6x+3y-1=3$ を解け。

⑸　２次方程式 $x^2-x+\frac{1}{4}=2$ を解け。

2　次の問いに答えよ。

⑴　関数$y=ax^2$について，xの変域が $-3\leqq x\leqq 2$ のときのyの変域は $b\leqq y\leqq 3$ である。このとき，a，bの値を求めよ。

⑵　ある正の数xに３を加えて２乗するところを，間違えて２を加えて３倍したため，正しい答えよりも，計算結果は13だけ小さくなった。この正の数xを求めよ。

⑶　17㎞離れたＡ地点とＢ地点があります。ある人がＡ地点からＢ地点へ行くのに途中のＣ地点までは徒歩で行き，Ｃ地点からＢ地点まで自動車に乗ったところ全体で45分かかった。自動車の速さを時速60㎞，歩く速さを時速４㎞としてＣ地点からＢ地点までの道のりを求めよ。

⑷　50円２枚，100円１枚，500円１枚の硬貨があります。この４枚を同時に投げるとき，表が出た硬貨の合計金額が，550円以上になる確率を求めよ。

⑸　あるクラスの出席番号１番～６番までの６人の数学のテストを採点したところ，点数が右のようになった。

出席番号	1	2	3	4	5	6
点数(点)	51	61	46	72	x	53

もう一度採点を確認したところ，５番の生徒以外の１人だけの点数が２点誤っていた。正しい点数で計算した６人の平均点は55.5点，中央値は53点だった。このとき，xの値を求めよ。

3　関数$y=ax^2\ (a>0)$ のグラフ上に，２点Ａ，Ｂがある。点Ａ，Ｂのx座標がそれぞれ－１，２であり，２点Ａ，Ｂを通る直線とy軸との交点の座標はＰ(0, 2) である。また点Ａを通り直線OBに平行な直線lとy軸との交点をＱとする。

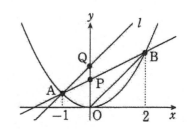

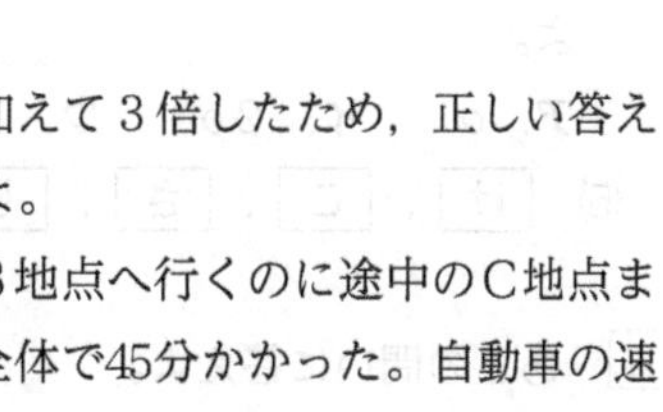

東くんと邦子さんの会話文をよく読み，次のページの問いに

答えよ。

東　：△APQを y 軸の周りに一回転してできる立体をV_1，△BPOを y 軸の周りに一回転してできる立体をV_2とするとき，V_1とV_2の体積を調べてみよう。
邦子：[あ] は等しいから∠APQ＝∠BPO, [い] は等しいから∠AQP＝∠BOP
東　：[う] が等しいから△APQ∽△BPOで，△APQと△BPOの相似比は [え]
邦子：だから△APQと△BPOの面積比は [お] ですね。回転してできる立体も相似ならV_1とV_2の体積比は [か] のはずよ。
東　：$y=ax^2$上の点A，Bの座標はA(－1，[き])，B(2，[く]) と表せる。
邦子：直線ABの傾きを m として，この直線は点A，Bを通ることを利用すると a と m の連立方程式を解くと，a ＝ [け] ，m ＝ [こ]
東　：これで点A，Bの座標が分かるから体積が求められるね。
邦子：V_1の体積を求めると [さ]
東　：V_2の体積は [し] だから体積比は [か] で正しいことが確認できたね。

⑴ [あ]，[い] にあてはまる最も適切なものを次のア～エからそれぞれ１つ選び記号で答えよ。
ア．平行線の同位角　　イ．平行線の錯角　　ウ．内角と外角　　エ．対頂角

⑵ [う] にあてはまる最も適切なものを次のア～ウから１つ選び記号で答えよ。
ア．３組の辺の比　　イ．２組の辺の比とその間の角　　ウ．２組の角

⑶ [え]，[お]，[か] にあてはまる比を最も簡単な整数比でそれぞれ表せ。

⑷ [き]，[く] にあてはまるもっとも適切なものを次のア～カからそれぞれ１つ選び記号で答えよ。
ア．a　　イ．$2a$　　ウ．$3a$　　エ．$4a$　　オ．$5a$　　カ．$6a$

⑸ [け]，[こ]，[さ]，[し] にあてはまる値をそれぞれ答えよ。

[4] あとの問いに答えよ。

⑴ 右の図のような正十二角形において，x，y の値をそれぞれ求めよ。

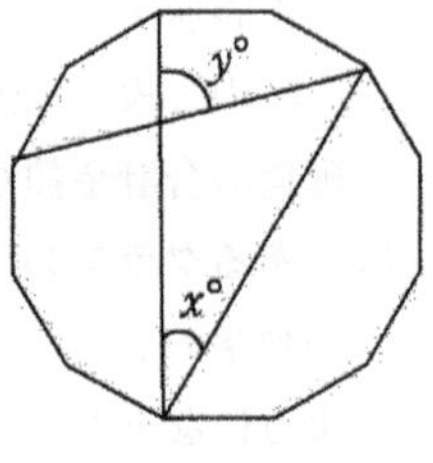

⑵ 真正面から見た立面図が正三角形である円すいがある。円すいの側面の展開図はおうぎ形である。このおうぎ形の中心角を求めよ。

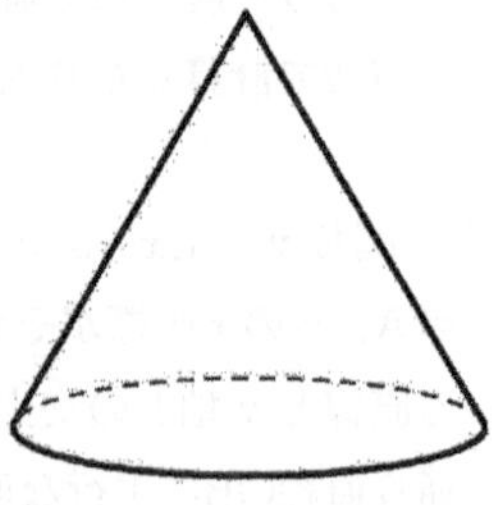

⑶　右の図のように△ABCは，AB＝4，AC＝3であり，∠Aの二等分線と辺BCの交点をDとする。また，AE：EB＝2：1となる点Eを辺AB上にとり，ADとCEの交点をFとする。このとき，次の問いに答えよ。

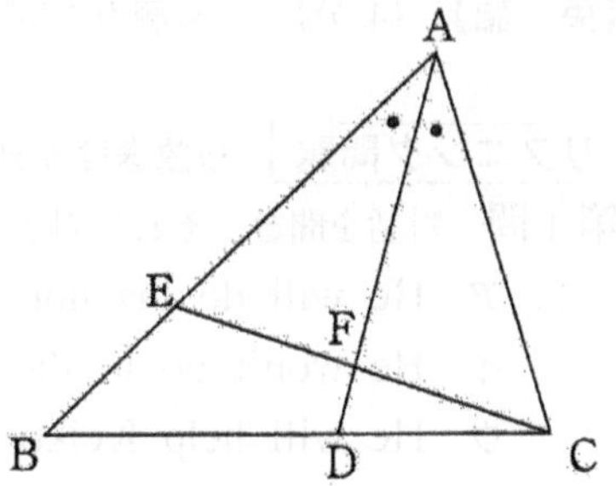

①　BD：DC，EF：FCを最も簡単な整数比でそれぞれ表せ。

②　△ACFと△ABCの面積比を最も簡単な整数比で表せ。

⑷　右の図のような平行四辺形ABCDがある。AE＝BF＝$\frac{1}{4}$AB，CG＝$\frac{1}{3}$CD，AH＝$\frac{2}{3}$ADとなる点E，F，G，Hをとる。FHとCDをそれぞれ延長した直線の交点をP，EGとFHの交点をQとする。このとき次の問いに答えよ。

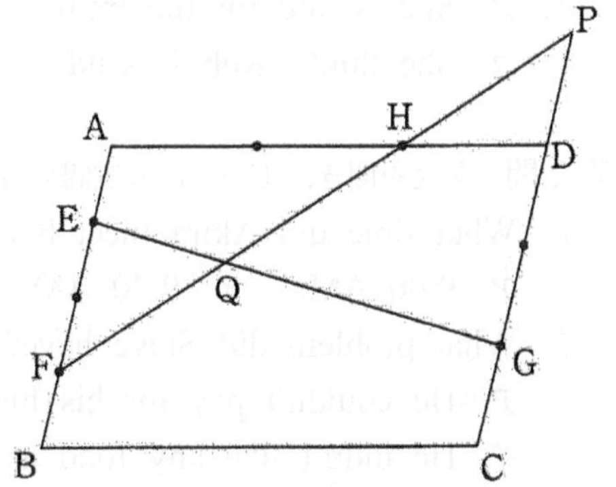

①　EF：PDをもっとも簡単な整数比で表せ。

②　△PHDは平行四辺形ABCDの何倍か答えよ。

③　EQ：QGをもっとも簡単な整数比で表せ。

【英　語】（45分）　＜満点：100点＞

リスニング問題　**※放送は５分後に開始されます。それまでに問題をよく読みなさい。**

第１問　対話を聞き，それに対する質問の答えとして適切なものをア～エから選び，記号で答えよ。

1．ア　He will do his homework.
　　イ　He won't go to the party tonight.
　　ウ　He will help Keiko with her homework.
　　エ　He will go on a date with Keiko.

2．ア　She is late for the train.　　イ　She has lost her ticket.
　　ウ　She thinks Rob is kind.　　エ　She can't find her train.

第２問　英文を聞き，１．～３．の質問の答えとして適切なものをア～エから選び，記号で答えよ。

1．What time did Akira meet his friends?
　　ア　9:00 AM　　イ　9:30 AM　　ウ　10:00 AM　　エ　10:30 AM

2．What problem did Steve have?
　　ア　He couldn't pay for his lunch.
　　イ　He didn't like any food at the restaurant.
　　ウ　He couldn't find the restaurant.
　　エ　He was late to meet his friends.

3．Where did they watch the fireworks?
　　ア　At the beach.　　イ　After they went to the restaurant.
　　ウ　At a local park.　　エ　From the train station.

※リスニングテストの放送台本は非公表です。

筆記問題

1　次の英文を読んで，あとの問いに答えよ。

These days, many employees and companies are attracted to remote working. Here is an example of the company ①(choose) this way of working. But it is a little different from the common type of remote working. Actually, ②the way they work is not called "remote working".

Matt Mullenweg is a CEO of Automattic. In his company, there are 800 employees, and they live in 67 different countries, such as U.S.A, Canada, Mexico, India, New Zealand and so on. Some people don't have a home base, so they are in new places every day, week or month. The only thing they need is good Wi-Fi.

Matt thinks distributed working is the most effective way to build a company. He doesn't use the word "remote" because the word reminds us of the image that some people are important, and others aren't. He believes that talent and intelligence are equally spread everywhere. But the business opportunities are not.

"Silicon Valley is home to many of the world's largest high-tech companies. But they fish from the same small pond. A distributed company can fish from the sea all over the world. That means a distributed company can increase the number of business opportunities. Employees who come from different countries can bring different understanding of their cultures and different experiences," Matt says.

When Matt decided to build the company, ③he（ア be イ wanted ウ independent エ to オ people）in their way of working. People in a distributed company can make their own working plans. Everyone can have a corner office, their windows, the food they want to eat. They can save time coming to work and put it into things that are important to them.

Today, there are just a few distributed companies. Because many people think that it is（ ④ ）to build a successful distributed company. Matt says, "It is still important to make face-to-face time in a distributed company. Even if it is short, ⑤(create) face-to-face time can make people have a deeper connection with other employees. In（ ⑥ ）office, you are in the same place for about 48 weeks in a year, and they are away from 3 or 4 weeks. In our company, it is the opposite. We come together in the office for a short time and share our ideas and feelings."

Matt thinks that 90 percent of influential companies will choose ⑦this way of working in ten or twenty years.

(注) remote working 遠隔勤務　CEO of Automattic オートマティック社の CEO
a home base 定住先　distributed working 分散形態型勤務　talent 才能　intelligence 知性
equally 平等に　business opportunities ビジネスチャンス　high-tech ハイテクノロジーの
Silicon Valley シリコンバレー　fish 魚釣りをする　independent 自立した
face-to-face 対面の　connection つながり　opposite 正反対の事柄
influential 影響力のある

1．下線部①⑤の動詞を適切な形に直せ。

2．下線部②の理由として正しいものを次のア～エから一つ選び，記号で答えよ。

ア アメリカ本部とインドやニュージーランドの従業員が会う機会を定期的に設けているため。
イ 従業員同士が Wi-Fi を通じて，頻繁に連絡を取り合い，つながっているため。
ウ シリコンバレーのような大企業の働き方の形態とは大きく異なるため。
エ「遠隔勤務」という言葉は，有力な人物とそうでない人を区別している印象を与えるため。

3．下線部③が次の日本語の意味になるように（ ）内の語を並べ換えたとき，２番目と５番目に来る語（句）の記号をそれぞれ答えよ。ただし，文頭に来る語も小文字で示してある。

「彼は人々に自分たちの仕事のやり方において自立してほしいと思っていた。」

4．(④) にあてはまる形容詞を英語で答えよ。

5．(⑥) にあてはまるものとしてふさわしいものをア～ウから一つ選び，記号で答えよ。

ア an international　イ a traditional　ウ an old

6．下線部⑦は何を指しているか，本文中から２語で抜き出せ。

7．本文の内容と一致するものを次のページのア～エから一つ選び，記号で答えよ。

ア In Matt's company, some employees don,t have Wi-Fi but they can work in the office.

イ A distributed company can give employees chances to go fishing with people all over the world.

ウ In a distributed company, employees don't have to use their time coming to the office.

エ In a distributed company, an employee only works for 3 or 4 weeks in a year.

2 次の英文を読んで，あとの問いに答えよ。

Thanks to fridges, today we are able to store more food, longer. We can't even imagine life without it. So before the fridges were invented, (①)

Many years ago, before electricity and fridges, a lot of people had a box in the kitchen. They put a large piece of ice in it. In this way they kept their food cold. But didn't the ice melt? It sure did. So every week an iceman came to town to sell more ice. We all think the icebox isn't as convenient as the fridge. But it doesn't need electricity. So it saves Earth's resources.

Do you think you can tell your parents to stop using your fridge and get an icebox instead? Never. But here are some things which you can do with your fridge. When you open the fridge, the cold air goes away and hot air goes in. That means its inside gets warm and has to use more electricity to cool down. When a fridge is full of food, it does not need so much electricity, because the food keeps the cold air inside. Some fridges have a dial inside for changing its temperature. But many people don't know it, so fridges sometimes become too cold inside. Other fridges have "coils" on the back or bottom. They help to keep your fridge cold by taking the heat out from the inside. But they don't work well when they are not clean.

<u>Don't open your fridge if you don't have to.</u> Once you have opened it, quickly get the thing that you want and close the door. You should think about the food or drink that you want before you open it. You should sometimes check the temperature of the fridge inside. If it is too cold, you should change the temperature with a dial. Even if you raise the temperature a little, you can still keep the food cold, and you'll save electricity.

（注） fridge 冷蔵庫　melt 溶ける　iceman 氷屋
icebox アイスボックス（氷で食品を冷やす冷蔵庫）　cool 冷やす　dial ダイヤル
temperature 温度　coil コイル（らせん状のパイプ配管）　back or bottom 背面及び底面
once いったん　raise 上げる

1．Choose the best sentence for (①)

ア why did people keep their food cold?

イ how did people store the food ?

ウ when did people start to use fridges?

エ how did people save electricity?

2．What is a good point of the ice box?

ア We don't have to use any electricity so it is good for the environment.

イ It is convenient because the ice doesn't melt.

ウ We can get a large piece of ice easily at the store.

エ It saves Earth's resources and also saves our time to carry the ice.

3．In paragraph 3, one of the things which you can do is

ア Keep the coils clean to remove the heat inside the fridge.

イ Ask your parents not to use the fridge.

ウ Don't put too much food in the fridge.

エ Use the dial and make the inside of the fridge very cold.

4．4段落目の下線部の 'Don't open your fridge if you don't have to' の後に続く1語を本文中から抜き出しなさい。

5．How can we control the temperature inside the fridge?

ア By using more electricity.

イ By asking an iceman to help you to raise the temperature.

ウ By using a dial inside the fridge.

エ By opening the fridge for a long time.

6．Which of the sentences is NOT true about the passage?　（注） passage 本文

ア A lot of people put an ice box in the kitchen before the fridge was invented.

イ Fridges are more convenient than ice boxes.

ウ Before the invention of fridges, people could buy ice from an iceman.

エ It is easy for us to imagine life without the fridge.

3 次のAとBの関係がCとDの関係と同じになるように，（ ）内に適語を入れよ。

	A	B	C	D
1．	easy	difficult	cheap	（　　）
2．	bad	worst	little	（　　）
3．	play	player	visit	（　　）
4．	grandfather	grandmother	uncle	（　　）

4 次の1．2．の数字や記号を英語で読むとき，（ ）に入る適語を英語1語で答えよ。また，3．と4．の英文の意味が通るように，（ ）内に適語を入れよ。

1．7／2／2022　⇒ seventh of （　　） twenty twenty-two

2．1000　⇒ one （　　）

3．A person who lives next to you is a （　　）.

4．Your uncle's child is your （　　）.

5　次の日本文と同じ意味になるように，ア～クの（　）内に適語を入れよ。

1．私は，どこに行くべきか分からなかった。
I didn't know where（　ア　）（　イ　）.

2．新居に満足していますか。
Are you（　ウ　）（　エ　）your new home?

3．あなたの助けのおかげで，仕事を終わらせることができました。
（　オ　）（　カ　）your help, I was able to finish the work.

4．家に戻ったら，私に知らせてください。
（　キ　）me（　ク　）when you get back home.

6　次の各組の文がほぼ同じ意味になるように，ア～クの（　）内に適語を入れよ。

1．What a beautiful name this is!
（　ア　）beautiful this（　イ　）is!

2．Meg began writing a letter to Tom this morning. She is still writing the letter to him.
Meg（　ウ　）been writing a letter（　エ　）this morning.

3．It wasn't easy for them to win the game
（　オ　）the game was（　カ　）for them.

4．This is a gift wrapped by my grandmother with *furoshiki*.
This is a gift（　キ　）（　ク　）wrapped by my grandmother with *furoshiki*.

7　次の携帯電話のショップでの会話が成り立つように，（１）～（５）に入る最も適当な表現を次のページのア～クから一つ選び，記号で答えよ。ただし，それぞれの選択肢は１度しか使用しないものとする。

Thomas :（　1　）You look sad.
David　: Hi, Thomas. My phone is broken. I brought it here for a check. What about you?
Thomas : I have bought a new smartphone for my daughter. Today is her birthday.
David　: It is not easy to choose a gift for daughters. We don't know what they like.
Thomas : I understand.（　2　）
David　: Well, I left my phone in the washing machine. When I took it out, it was broken.
Thomas : Did you reset it?
David　:（　3　）
Thomas : You should be more careful.
David　: I think so, too.
Thomas : Oh, it is 4:30! I'm sorry, but I have to go soon.（　4　）
David　: That sounds nice.

Thomas : Yeah. Birthdays only happen once a year, so it should be really awesome.
David : That's true. Are you going to prepare a character cake?
Thomas : Yes, because my daughter loves it. (5)
David : Then you should leave right now. I hope you will have a great time.
Thomas : Thank you. Bye, David.

(注) washing machine 洗濯機 reset 初期化する

ア Hey, David what are you doing here?
イ I have to pick it up at 5:00.
ウ What's wrong with your washing machine?
エ Yes, but it didn't work.
オ When should I pick it up?
カ What is the problem with your smartphone?
キ No, I haven't done that.
ク We will hold a birthday party for my daughter tonight.

8 次の英語の質問に対するあなたの答えを（ ）内の語句のいずれかを○《まる》で囲み，理由を二つ，それぞれ（First, Second を含めず）５語以上の英語で答えよ。

(問い) Which do you like better, studying in the library or studying at home?
(あなたの答え) I like studying (in the library / at home) better.
I have two reasons.
First, ________. Second, ________.

【理　科】（40分）　＜満点：100点＞

1　Ⅰ，Ⅱの問いに答えよ。

Ⅰ　右の表は，いろいろな固体・液体について密度（g/cm³）を示したものである。次の各問いに答えよ。

固体の密度〔g/cm³〕		液体の密度〔g/cm³〕	
金	19.30	水	1.00
銀	10.49	水銀	13.53
銅	8.96		
アルミニウム	2.70		
ガラス	2.4～2.6		
マグネシウム	1.74		

問1　体積50cm³の金属Xの質量を測定したところ，135gであった。表をもとに金属Xの名称を答えよ。

問2　次の**ア**～**エ**のなかで最も密度の大きい金属を選び，記号で答えよ。

ア　1cm³の質量が15gの金属　　**イ**　1m³の質量が5000kgの金属

ウ　100mLの質量が600gの金属　　**エ**　5cm³の質量が4000mgの金属

問3　水銀に沈む固体を表から選び，名称を答えよ。

問4　水50cm³入った100mL用のメスシリンダーに，銅4gを入れると，体積は何cm³増加するか。小数第2位を四捨五入し，小数第1位まで答えよ。

問5　金属に共通した性質ではないものを，次の**ア**～**カ**の中からすべて選び，記号で答えよ。

ア　水に入れると必ず沈む。　**イ**　みがくと光る。　**ウ**　磁石に引き寄せられる。

エ　電気をよく通す。　**オ**　熱をよく伝える。　**カ**　30℃で固体である。

Ⅱ　次の各問いに答えよ。

問1　次の**ア**～**オ**の性質に適する気体を化学式で答えよ。

ア　都市ガスの原料や火力発電の燃料に使われる。

イ　食品に封入し，変質を防ぐために使われる。

ウ　虫刺されの薬や肥料の原料として使われる。

エ　燃料電池や，ロケットの燃料として使われる。

オ　黄緑色の気体で，衣類などの日用品の漂白剤やプールの殺菌などに使う。

問2　問1の**ウ**の気体の製法として最も適する2つの物質を次の①～⑦から選び，記号で答えよ。

①　オキシドール　②　塩化アンモニウム　③　二酸化マンガン　④　塩酸

⑤　炭酸カルシウム　⑥　石灰水　⑦　水酸化ナトリウム

問3　問1の**オ**の気体の集め方を答えよ。

2　Ⅰ，Ⅱの問いに答えよ。

Ⅰ　図1のように水平面から30°傾いたなめらかな斜面上に，糸がつけられた質量2Mの小物体Aが置かれ，糸は定滑車と動滑車を通って，他端が天井についている。また，質量Mの小物体Bは動滑車と糸でつながっている。ただし，糸および滑車の質量は無視でき，滑車はなめらかに回転するものとする。小物体Aと小物体Bを支える手を静かに離したあとの運動について，次のページの問いに答えよ。

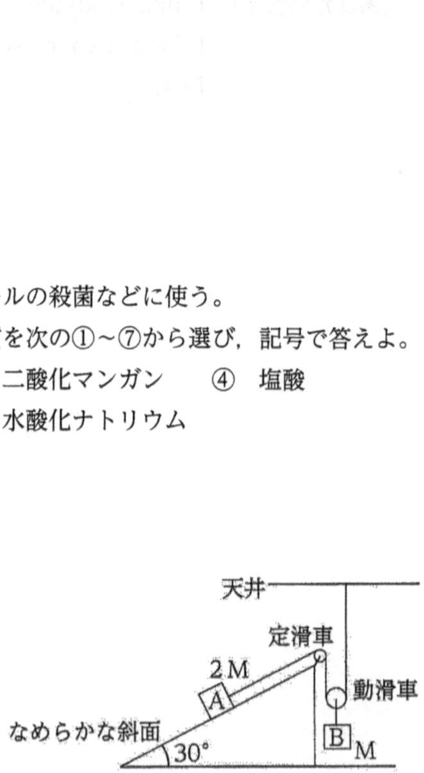

図1

問1　静かに手を離したあと，小物体Aは斜面上をどのように運動するか。次のア～ウから1つ選び，記号で答えよ。

ア　上昇する　　**イ**　静止　　**ウ**　下降する

問2　小物体Aの移動距離がLのとき，小物体Bの移動距離を求めよ。

問3　小物体Bの速さがVのとき，小物体Aの速さを求めよ。

問4　小物体Aの移動距離とともに，次の小物体Aの各エネルギーはどのように変化するか。図2の**ア**～**キ**のグラフのうちから1つずつ選び，記号で答えよ。

①　運動エネルギー

②　重力による位置エネルギー

③　力学的エネルギー

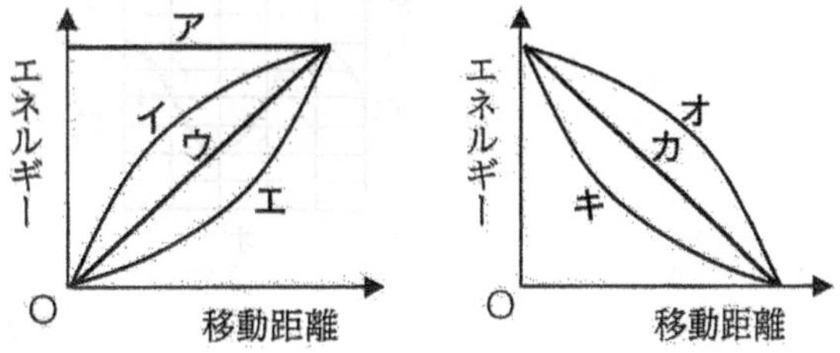

図2

問5　小物体Bが運動し始めてから経過時間とともに，次の小物体Bの各エネルギーはどのように変化するか。図3の**ア**～**キ**のグラフのうちから1つずつ選び，記号で答えよ。

①　運動エネルギー

②　重力による位置エネルギー

③　力学的エネルギー

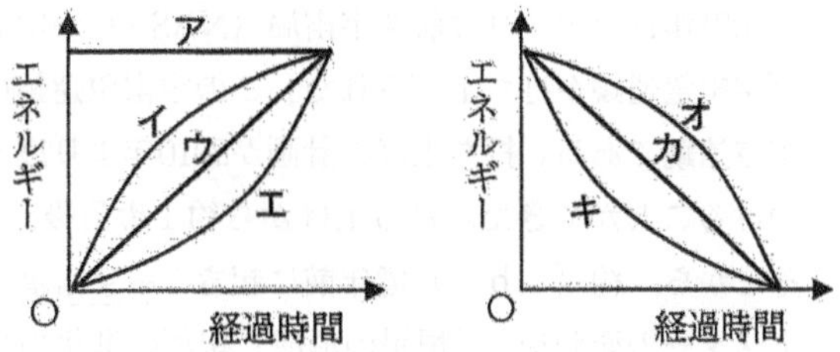

図3

Ⅱ　ギターの弦が発する音の波形をマイクロホンとオシロスコープを使って観察したものが図1に示してある。あとの問いに答えよ。

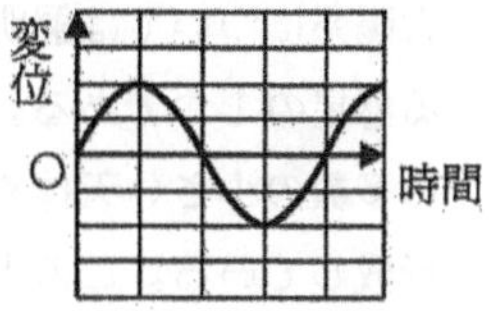

図1

問1　図1の弦よりも太い弦が発する音の波形を図2の**ア**～**オ**のうちから1つ選び，記号で答えよ。

問2　図1の弦に次の操作をしたときに発する音の波形を図2の**ア**～**オ**のうちから1つずつ選び，記号で答えよ。

①　指で押さえて弦を短くしたとき

②　より強く張ったとき

③　より弱く弾いたとき

問3　図1の弦の発した音を水中で観察したときの波形をあとの図2の**ア**～**オ**のうちから1つ選び，記号で答えよ。ただし，水中で受け取る音の大きさは変化しないものとする。

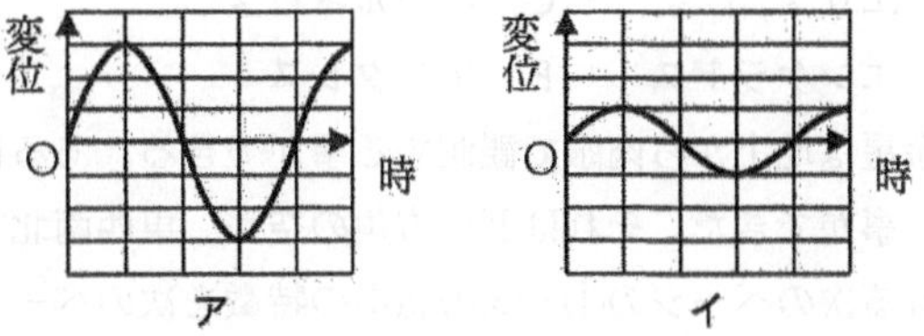

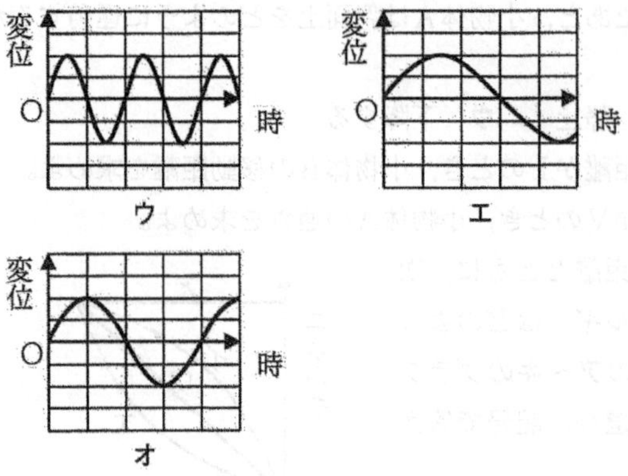

図2

3 次の文章を読んで以下の問いに答えよ。

2021年12月アメリカ航空宇宙局（NASA）が中心となって開発を進めていたジェイムズ・ウエッブ宇宙望遠鏡が打ち上げられた。この宇宙望遠鏡は，（　a　）宇宙望遠鏡の後継機となる最新の宇宙望遠鏡である。打ち上げの計画が2010年より度々延長されたが，やっとの思いで打ち上げに漕ぎつけることができた。打ち上げから約１カ月後，地球から150万㎞程離れた観測地点に到達した。そこから，約（　b　）億年前に起きたア宇宙誕生の２億年後以降に輝き始めたとされるファーストスターの観測や，イ恒星の形成と銀河の進化の観測，存在する可能性のある生命体の探査などのミッションに10年の期間をかけて挑む事になっている。この打ち上げについてNASAのビル・ネルソン長官は「人類は宇宙の謎の解明に一歩近づいた。」と述べた。

上記のように，宇宙の謎を解明するために人類は研究を重ねている。我々の住む地球を取り巻く太陽系については解明されている事が多くなってきている。地球は，恒星である太陽のまわりを回る惑星の１つである。太陽は地球以外にもウ７つの惑星を持ち，惑星の他にも（　c　）と呼ばれる多数の小さい天体や，海王星よりも遠方にある（　d　）とよばれる天体などを含めた太陽系を形成している。この太陽系は，約2000億個の恒星の大集団である銀河系に属しており，その中心から約（　e　）光年はなれた位置にある。銀河系の恒星の集まりは，地球からは（　f　）として見える。

問１　文章中の（a）～（f）に入る適当な語句または数字を答えよ。ただし，（a）には，宇宙膨張論を発表した人物名が入る。

問２　下線部アについて，何もない所で突然生まれた非常に高い密度と高い温度のものが，爆発的に膨張してできたと考えられている。この事を何と言うか名称を答えよ。

問３　下線部イについて，以下のA～Fより，恒星であるものをすべて選び，記号で答えよ。

A　ケレス　　B　エリス　　C　ベテルギウス

D　シリウス　　E　エンケラドス　　F　アンタレス

問４　下線部ウの中の金星は地上から肉眼で観測する事ができる。ある日の夕方，空を眺めていたところ金星を観測する事ができた。それはどの方角の空か。東西南北で答えよ。

問５　下線部ウに含まれる次のページの①～③の惑星の特徴を次のページの文章のあ～けから２つずつ選び，記号で答えよ。

①水星　　②木星　　③火星

あ　平均表面温度が地球より高い
い　平均表面温度が地球とほぼ同じである
う　エウロパという衛星を持つ
え　大赤斑とよばれるうずが見られる
お　大気を持たない
か　主な大気は二酸化炭素と窒素である
き　主な大気は窒素と酸素である
く　赤道半径が地球とほぼ同じである
け　赤道半径が地球の半分程度である

4　図は，ヒトの心臓の構造と心臓に出入りする血管を模式的に示したものである。図中の太矢印は血管を，破線矢印は血液の流れを示している。これについて，次の問いに答えよ。

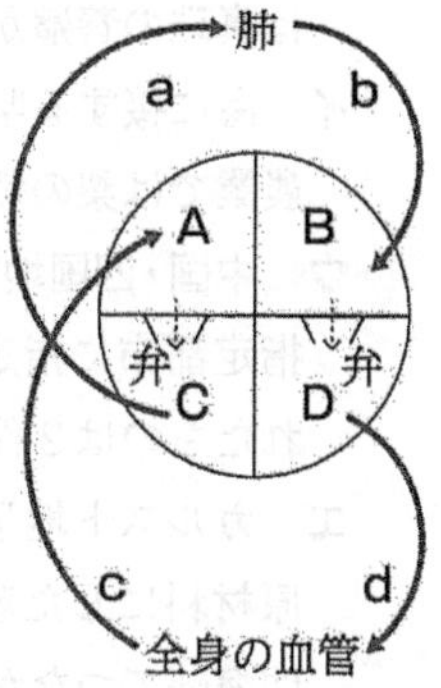

問１　全身に血液が送られる循環を何と呼ぶか答えよ。

問２　図中のAの部分を何と呼ぶか答えよ。

問３　図中の血管a～dのうち，次の①，②に当てはまる血管をそれぞれすべて選び，記号で答えよ。

①　動脈血が流れている血管

②　弁がある血管

問４　次の文章の①～⑤の空欄に当てはまる最も適当な語句を答えよ。

心臓を出た血液は，全身の毛細血管に運ばれる。その血液の液体成分は血管からしみ出て細胞をひたす（　①　）となる。（　①　）には，血管を通して運ばれてきた栄養分や（　②　）を細胞に供給する一方で，細胞から不要な物質や（　③　）を受け取り，血管に戻すはたらきがある。また，（　①　）の一部は血管とは異なる管に入り（　④　）となる。（　④　）は体内の水分を調節したり，栄養分や不要な物質を運んだりしている。また，この管は，首の下で（　⑤　）と合流し，血液と混じり合う。

問５　肝臓は，心臓から直接流れ込む血液の他に，小腸から流れ込む血液で満たされている。後者の血液が流れ込む血管を何というか。

問６　肝臓に流れ込む血液の量は，心臓から送られた血液の約1/5に相当するが，そのうち心臓から直接流れ込む血液量は，肝臓に流れ込む血液量のわずか1/4である。今，ある人の心臓から全身に送り出される血液量を測定したところ，１回の拍動で約65cm^3であった。また，安静時の１分間の拍動は75回であった。この人が安静にしていた時，心臓から肝臓に直接流れ込む血液の１日の総量は何Ｌか。

【社　会】（40分）　＜満点：100点＞

【注意】 漢字で答えるべき語句は全て漢字を使用すること。

1　中国・四国地方に関する，次の問いに答えよ。

問１　次の文のうち，【地図１】のAの県の説明として正しいものを，次のア～エのうちから一つ選べ。

ア　北部ではタオルや紙製品の生産がさかんで，南部では真珠の養殖がみられる。

イ　海に接する県の北部には日本最大級の砂丘が見られ，農業では梨の栽培が特に有名である。

ウ　中国・四国地方で最も人口が多く，県庁所在地は政令指定都市に指定されている。県内で世界遺産に登録されたものは２件ある。

エ　カルスト地形がみられ，そこから産出する石灰石を原材料にした産業が行われている。九州地方とは，関門海峡でつながっている。

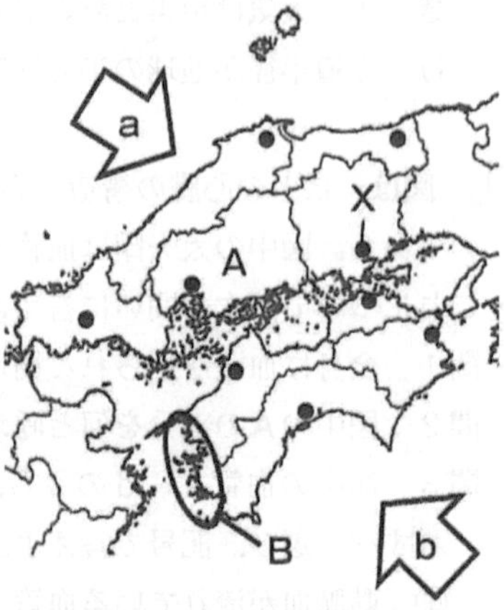

【地図１】●は県庁所在地を示す

問２　【地図１】のBの海岸に見られる地形の名称を答えよ。

問３　【地図１】の県庁所在地Xの雨温図を，次のア～エのうちから一つ選べ。

ア

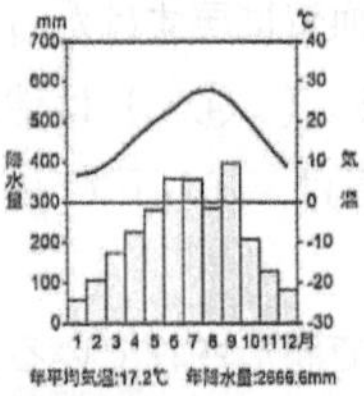

（理科年表2022より作成）

イ

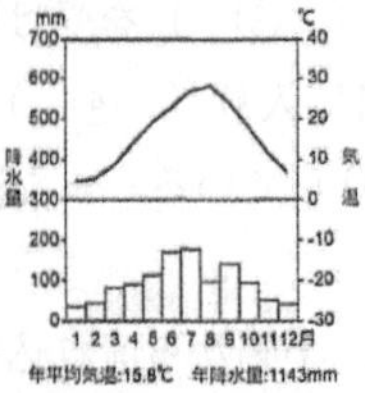

（理科年表2022より作成）

ウ

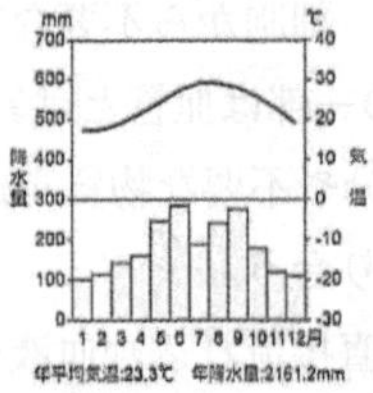

（理科年表2022より作成）

エ

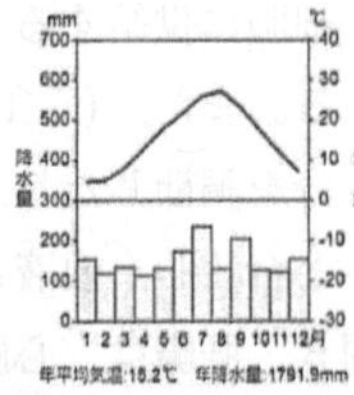

（理科年表2022より作成）

問４　【地図１】の矢印a・bのうち，冬に吹く季節風の向きとして適切なものはどちらか，記号で答えよ。

問５　中国・四国地方は人口分布にかたよりがある。人口の減少が進み，集落の人口の50％以上が65歳以上の高齢者となることで，近い将来存続が危ぶまれる集落を何と呼ぶか答えよ。

問６　中国・四国地方の交通に関わる次の文中の空欄（　あ　）・（　い　）に当てはまる語句の組合せとして正しいものを，次のア～エのうちから一つ選べ。

> 長く中国地方と四国地方を結んでいたのは（　あ　）であるが，（　い　）の開通により鉄道での移動も可能となった。その後，近畿地方と四国地方をつなぐ橋が開通したことで，大都市への移動がさかんになった。

ア　（あ）：自動車　（い）：大鳴門橋　　イ　（あ）：フェリー　（い）：大鳴門橋

ウ　（あ）：自動車　（い）：瀬戸大橋　　エ　（あ）：フェリー　（い）：瀬戸大橋

問７　中国・四国地方の地域おこしとして，中国地方の都市と四国地方の都市を結ぶルートをサイクリングするという取り組みが知られている。この二つの都市とはどこか，正しい組み合わせを，次のア～エのうちから一つ選べ。

ア　尾道－今治　　**イ**　尾道－坂出　　**ウ**　児島－今治　　**エ**　児島－坂出

問８　次の**【地図２】**および**【地図３】**は1965年と2022年の岡山県倉敷市の地形図である。この地形図から読み取れることとして最も適切なものを，次の**ア～エ**のうちから一つ選べ。

ア　高梁川の東にみられる傾斜地は，南西の方向で特に傾斜が急である。

イ　1965年の時点で高梁川の付近には鉄道は見られない。

ウ　1965年より2022年の方が高梁川付近に人が多く住んでいる。

エ　1965年から2022年の間に，高梁川を渡るための新たなインフラ整備は行われていない。

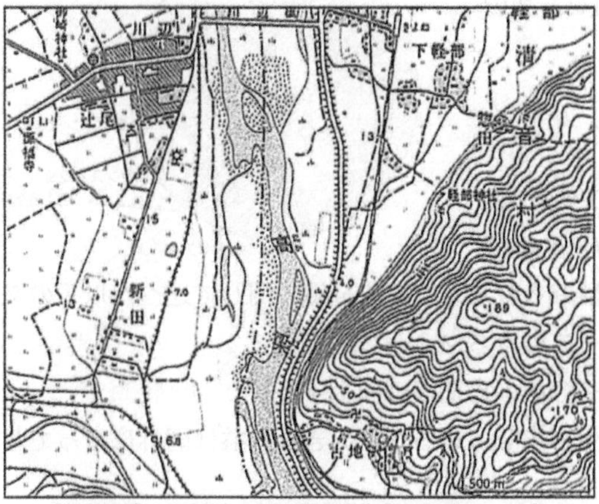

【地図２】1965年の地形図（出典：今昔マップ）

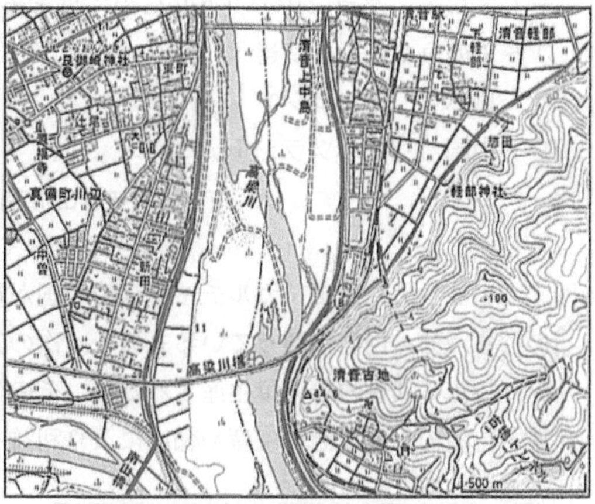

【地図３】2022年の地形図（出典：今昔マップ）

2　アフリカに関する，次の問いに答えよ。

問１　右の地図中の**あ**の河川の名称を答えよ。

問２　右の地図中の**い**の島の名称を答えよ。

問３　右の地図上において赤道を示す線として，最も適当なものを，**ア～エ**のうちから一つ選べ。

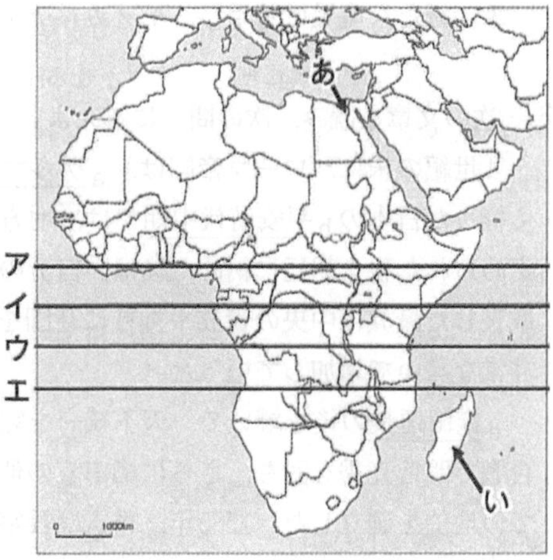

問４　アフリカの農業について述べた次の**ア～エ**の文うち，**誤っているもの**を一つ選べ。

ア　アフリカ北部では地中海性気候が見られ，乾燥に強い植物が栽培されている。

イ　サヘル一帯では人口減少による砂漠化が進み，農業を行うための水の確保に向けて動いている。

ウ　アフリカの熱帯地域では，カカオや茶などを輸出するためにプランテーション農業が展開されている。

エ　砂漠の周辺ではこれまで遊牧生活が行われてきたが，近年，定住化の動きがみられる。

問５　次のページの**【表１】**はある国の産業別人口構成を表している。表中の**a～d**には，ナイジェリア・南アフリカ・アメリカ・インドのいずれかが当てはまる。南アフリカに当てはまるものはどれか，**a～d**のうちから一つ選べ。

【表１】国の産業別人口構成（2018）

国名	総数（万人）	第１次（%）	第２次（%）	第３次（%）
a	48,764	43.3	24.9	31.7
b	5,840	35.6	12.2	52.2
c	2,295	5.2	23.1	71.7
d	16,569	1.4	19.9	78.8

（『データブック　オブ・ザ・ワールド　2021年版』より作成）

問６　右のグラフは，アフリカの輸出相手国上位７カ国を表している。グラフ中の【A】に当てはまる国を，次の**ア**～**エ**のうちから一つ選べ。

ア　日本　　**イ**　ロシア

ウ　中国　　**エ**　ブラジル

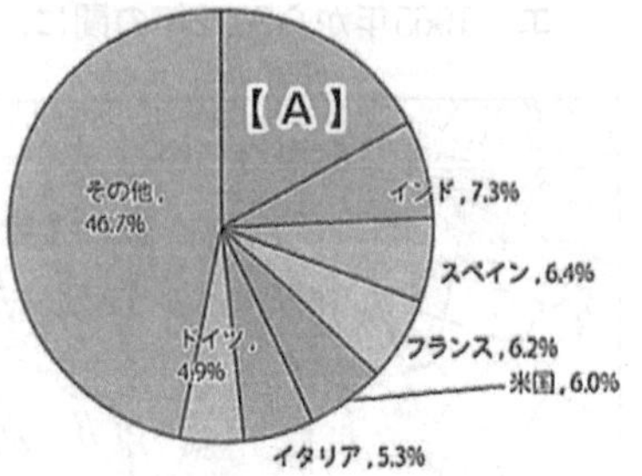

アフリカの輸出相手国上位７カ国

（出典：　経済産業省）

問７　アフリカにはモノカルチャー経済の国が複数みられるが，この経済に関して述べた以下の文のうち，その内容が**誤っているもの**を，次の**ア**～**エ**のうちから一つ選べ。

ア　特定の農産物を大量生産するため，その分その国の自給率は向上する。

イ　特定の鉱産資源の生産や輸出により利益を生み出しているが，大きな利益は国外に行ってしまう。

ウ　特定の農産物の生産や輸出に頼るため，干ばつなどの影響で不作になったとき収入が減ってしまう。

エ　新たな産業に着手し，モノカルチャー経済からの脱出に成功した事例がある。

3　次の文章を読み，次の問いに答えよ。

４世紀の末に，ローマ帝国は，a ゲルマン民族の侵入により東西に分裂した。そこから６世紀近く経った日本のb 平安時代中期では，地方の政治は国司に任せきりになっていた。国司の中には，定められた税を朝廷に納めた後は，自分の富を蓄える貪欲なものも現れた。一方，有力な農民から成長した豪族は中央の貴族や神社に荘園を寄進して，勢力を伸ばしていった。荘園はc 院政の頃，非常な勢いで増加していった。

d 織田信長の後を継いで，天下統一を完成させたのはe 豊臣秀吉である。秀吉は1582年，山崎の合戦で明智光秀を討ち，さらに織田家の他の有力な家臣たちとの争いに勝利し，信長の後継者としての地位を確立した。1585年，秀吉は長宗我部氏を降伏させるとともに，朝廷から（　X　）の地位を得ることに成功した。

f 関ヶ原の戦いで勝利した徳川家康は，g 1603年に征夷大将軍に任じられ，江戸に幕府を開き，その後，h 豊臣氏を大坂の陣で滅ぼした。i 江戸時代は260年余りも続くことになる。

問１　空欄（X）に入る適当な語句を漢字２文字で答えよ。

問２　下線部aに関して，この頃に日本ではどのような出来事があったか。最も年代的に近いものを，あとの**ア**～**カ**のうちから一つ選べ。

ア　平城京に都を移す　　**イ**　前九年合戦が起こる　　**ウ**　壬申の乱が起こる

エ　小野妹子を隋に遣わす　**オ**　倭王が宋に使いを送る　**カ**　三世一身法を定める

問3　下線部**b**に関して，この頃に行われていた十字軍の遠征に関する説明として適当なものを，次の**ア**～**エ**のうちから一つ選べ。

ア　十字軍の遠征によって，ビザンツ帝国はイスラム勢力に敗れて滅亡した。

イ　イタリアのヴェネツィア・リスボン・ジェノヴァなどの都市が，地中海貿易で繁栄した。

ウ　イスラムの文化はキリスト教世界に伝えられて，ヨーロッパに大きな影響を与えた。

エ　ローマ教皇は十字軍の遠征を成功させ，国王を凌ぐ権力を獲得した。

問4　下線部**c**について，その説明として**誤っているもの**を，次の**ア**～**エ**のうちから一つ選べ。

ア　上皇は，藤原氏を抑えて，下級貴族や国司を重く用いた。

イ　荘園は，上皇が厚く信仰した寺社にも寄進されたので，寺社は大きな勢力を築いた。

ウ　上皇は，悪党と呼ばれた武士を使って朝廷に対して院の要求を通そうとした。

エ　朝廷の政治の実権を巡って上皇と天皇の間に対立が起こると，源氏と平氏はその争いに動員され戦った。

問5　下線部**d**について，この人物の統一事業の過程である次の**ア**～**エ**を，年代が古い方から順番に並び変えよ。

ア　比叡山延暦寺の焼討ち　　**イ**　桶狭間の戦い

ウ　安土城下に楽市・楽座を布く　**エ**　長篠の戦い

問6　下線部**e**に関して，豊臣秀吉が築いた大坂城は華やかな障壁画が飾られていたと言われており，この頃に活躍した狩野永徳の作品などもあげられる。狩野永徳の作品を，次の絵画**ア**～**エ**のうちから一つ選べ。また，絵画**ア**～**エ**を，その製作し始められた年代が古い方から順番に並び変えよ。

ア

イ

ウ

エ

問7　下線部**f**は，現在の何県にあたるかを，右の地図中の**ア**～**コ**のうちから一つ選べ。

問8　下線部**g**に関して，この頃に外国で起こった出来事を，次の**ア**～**エ**のうちから一つ選べ。

ア　オランダが東インド会社を設立する

イ　イギリスで名誉革命が起こる

ウ　ポルトガルがインドのゴアを占領する

エ　アメリカ独立戦争が起こる

問9　下線部**h**に関して，この戦いにおける正しい組み合わせを，次の**ア**～**エ**のうちから一つ選べ。

ア　大坂夏の陣・1605年：大坂冬の陣・1606年

イ　大坂冬の陣・1605年：大坂夏の陣・1606年

ウ　大坂夏の陣・1614年：大坂冬の陣・1615年

エ　大坂冬の陣・1614年：大坂夏の陣・1615年

問10　下線部ｉに関して，右の図は，蝦夷錦と呼ばれ高価な外国製の衣服を着た江戸時代のアイヌの首長である。図の説明や江戸時代の交易について述べた文として正しいものを，次のア～エのうちから一つ選べ。

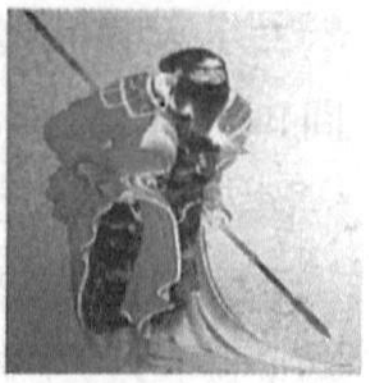

ア　図はアイヌ民族が松前藩の他，中国東北部とも交易を行っている事を示している。

イ　図は幕府の支配に反抗して敗れたアイヌ民族の首長阿弖流為を描いたものである。

ウ　江戸時代は清国及び琉球王国と通信の関係を持ち，薩摩藩を外交の窓口とした。

エ　アイヌ民族や琉球王国・中国や朝鮮との交易の拠点として津軽の十三湊が栄えた。

4　次の文章を読み，次の問いに答えよ。

1871年の廃藩置県の断行と同時に，中央政府の集権体制も整備され，a太政官を３院制とし，その下に，各省を設置する制度へ改めた。

吉田茂は，b1878年に東京に生まれた。吉田出生の前年には（　X　）。そして，吉田が生まれてから41年の間にc日本の領土は急激に膨張し，日本は帝国になっていった。

第二次世界大戦後の中国では，国共内戦を再開した。1949年10月には（　A　）率いる共産党が勝利し，中華人民共和国の成立を宣言した。1979年末に，ソ連は軍事力を増強してアフガニスタンに軍事侵攻した。このため，アメリカはソ連への警戒心を強め，（　B　）の下で，ソ連に対する大規模な軍事拡張競争に乗り出した。1985年，ソ連に（　C　）政権が誕生し，国の再建に取り組んだ。

問１　文中の空欄（X）に入る文として適当なものを，次のア～エのうちから一つ選べ。

ア　教育勅語が出された　　イ　西南戦争が起きた

ウ　秩父事件が起きた　　　エ　徴兵令が出された

問２　空欄（A）～（C）には人物名が入る。下の写真ア～カからそれぞれ選び，人物名も答えよ。

ア

イ

ウ

エ

オ

カ

問３　下線部aに関して，太政大臣に就任した人物を，下の写真のア～カから一つ選び，その人物名も答えよ。

ア

イ

ウ

エ

オ

カ

問４　下線部bについて，この９年後に次のページの絵は描かれた。この絵に関する次のページの(i)～(iii)の問いに答えよ。

(i) 次の**ア**～**エ**は，この絵が描かれた頃の出来事について述べた文である。**ア**～**エ**を年代の古い方から順番に並び変えよ。

ア 征韓論を巡る対立から西郷隆盛などが政府を去った。

イ 朝鮮で甲午農民戦争（東学党の乱）が起こった。

ウ 朝鮮国が国名を大韓帝国に改めた。

エ 日朝修好条規が結ばれた。

(ii) 次の**ア**～**エ**は日本の政治情勢について述べた文である。この絵に描かれた釣りをしている手前の２人を表す国が戦争を始めた年に，最も近い時期の政治状況を述べたものを，次の**ア**～**エ**のうちから一つ選べ。

ア 自由党や立憲改進党などの政党が作られた。

イ 最初の社会主義政党である社会民主党が作られた。

ウ 民選議院設立白書が提出された。

エ 第一回衆議院総選挙で民党が多数の議席を獲得した。

(iii) この絵が描かれた17年後に，釣りをしている手前左の人物が表す国と，奥の人物が表す国が戦争を起こす。その戦争後に起こった**出来事ではないもの**を，次の**ア**～**エ**のうちから一つ選べ。

ア 日本がアメリカ合衆国と条約を結び，関税自主権を回復した。

イ 満州を巡って日本とアメリカ合衆国が対立するようになった。

ウ 列強諸国による中国からの利権獲得の動きや，中国に勢力範囲を設定する動きが本格化した。

エ イギリスとロシアが協商を結んで関係を強化した。

問５ 下線部**c**に関して，次の**ア**～**エ**を年代の古い方から順に並び変えよ。

ア 南洋諸島を委任統治領として獲得した

イ 台湾・澎湖諸島が日本の領土となった

ウ 琉球藩を廃止して，沖縄県を置いた

エ 樺太の南半分が日本の領土になった

問６ 第一次世界大戦は日本の経済に大きな影響を与えた。次のページの二つのグラフを見て，次の**ア**～**エ**のうち，正しい内容のものを一つ選べ。

ア 第一次世界大戦が始まるとともに貿易額は急増したが，大戦中も日本の貿易赤字は依然として続いた。

イ 第一次世界大戦を経て，生産額が10倍近く増加した。

ウ 第一次世界大戦の時期に工業分野で著しい発展が見られ，工業生産額は急増したが，農業生産額は減少した。

エ 第一次世界大戦の時期に，鉱工業労働者一人あたりの生産額は，大きく増加した。

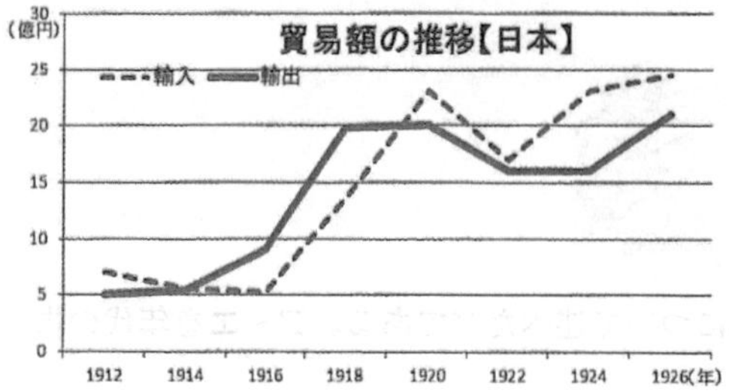

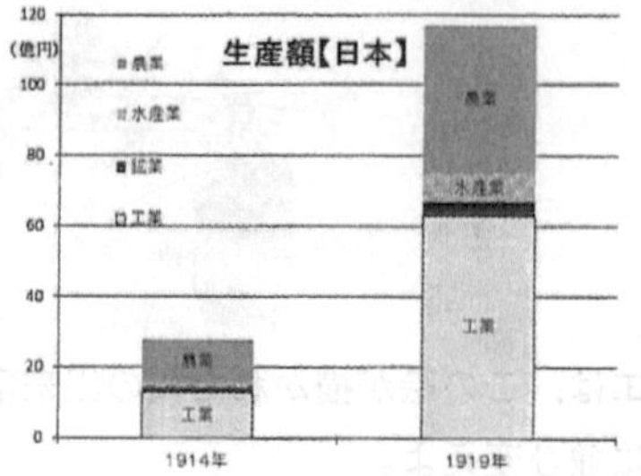

出典：
『明治大正国政総覧』
『日本主義発達史年表』
より作成

5　次の文書は，生徒が人権について調べて作成したレポートである。これを読んで，あとの問いに答えよ。

> a人権とは人間が人間らしく生きる権利で，生まれながらに持つ権利のことを言います。b人々は長い年月をかけてこの権利を少しずつ獲得しました。第二次世界大戦後にはc世界中の国で保障されるようになりました。d権力者から人権を守るためには法が重要な役割を果たします。
>
> また，e新たに作られた日本国憲法では，主権は国民にあるとして人権の保障と政治の仕組みについて書かれています。日本国憲法で保障されている人権には，f自由権，平等権，社会権，人権を保障するための権利など様々なものがあります。また，時代の流れの中で憲法には書かれていなくても，g新たに主張される権利もあります。

問1　下線部aについて，社会契約説を唱えた（A）ロック，（B）ルソーについて書かれた文章を，次の**ア**～**エ**のうちから，それぞれ一つずつ選べ。

ア　イギリスの思想家で，著書『統治二論（市民政府二論）』の中で，統治者が自然権を侵害した場合，人民は抵抗権（革命権）を行使できるとし，アメリカの独立にも影響を与えた。

イ　イギリスの思想家で，著書『リヴァイアサン』の中で，自然状態は万人の万人に対する闘争状態なので人々は自然権を国家に譲渡し，その強大な権力に従うことを主張した。結果的に絶対王政を擁護した。

ウ　フランスの思想家で，著書『社会契約論』の中で，国家は人々の一般意志に従って運営され，人民主権に基づく直接民主制を理想とするとし，フランス革命にも影響を与えた。

エ　フランスの思想家で，著書『法の精神』の中で，政治権力を立法・行政・司法に分類する三権分立を主張した。

問2　下線部bについて，歴史上はじめて社会権が明示された憲法は何か。制定された西暦とともに答えよ。

問3　下線部cについて，1948年に国際連合の総会で採択された，下記の条文が書かれている宣言は何か答えよ。

「第1条：すべての人間は生まれながらにして自由であり，かつ，尊厳と権利とについて平等である。人間は，理性と良心とを授けられており，お互いに同胞の精神をもって行動しなければならない。」

問4　下線部dについて，次のページの文章を読み，下線部に誤りがあるものは訂正せよ。正しければ○と答えよ。

(i) 定められた憲法の枠内で法がつくられ，政治が行われなければならないということを民主主義という。

(ii) 権力を法で拘束する「法の支配」と違い，「法治主義」は国の政治が，国家が定めた法律に則って行われる。

(iii) 1215年の『権利請願』で，貴族達はジョン王に対して，国王の逮捕拘禁権・課税権の制限を承認させた。

(iv) 1789年の『アメリカ独立宣言』によって，「人は生まれながらに，自由で平等な権利を持つ」と明記し，近代市民社会の原理が確立されていった。

問5 下線部eについて，日本国憲法施行前後に起こった次のア～エを，年代が古い方から順番に並び変えよ。

ア ポツダム宣言受諾　　イ 朝鮮戦争

ウ 女性参政権が認められた初の衆議院総選挙　　エ 労働組合法の公布

問6 下線部fについて，それぞれの権利について書かれた次の文章を読み，次のア～エのうちから，正しいものを一つ選べ。

ア 1985年に男女共同参画基本法が制定され，雇用面での女性差別が禁止された。

イ 近くに薬局があると新たに薬局が開設できないとする薬事法の規定は，職業選択の自由に違反すると訴訟となった。しかし，薬局は公共性が高く，他の自由に比べ制約があるとし，最高裁は合憲であるとした。

ウ 請求権の中に，裁判を受ける権利があるが，日本には高等裁判所が10カ所ある。

エ 自由権の中で，経済活動の自由は精神の自由と比べて，公共の福祉による制限を受けやすい。

問7 下線部gについて，医療における患者の自己決定権を尊重するために，医師が患者に病気・治療について十分な説明をし，患者が同意をしたうえで治療法を決定することを何というか，カタカナで答えよ。

6 次の会話を読み，次の問いに答えよ。

花子： 叔母さん，コロナが落ち着いたら海外留学をしたいと考えているんだ。叔母さん海外留学していたよね。費用とか生活とかいろいろ教えてほしいんだけど。

叔母： いいよ。でも，私が留学していたのはa2008年だから参考になるかな。b物価も時代によって変わるからね。それに，c為替相場はそれぞれの国の経済状況によっても変わるのだよ。

花子： そうなんだ，叔母さんが留学していた時は1ドルどれくらいだったの。

叔母： 1ドル110円くらいだったかな。でも，もっと以前は1ドル360円の時代もあったんだよ。

花子： そんな時代もあったんだね。留学するときって色々考えなきゃいけないね。

叔母： そうだね。でも，海外での経験はいろいろ役に立つと思うよ。d日本で働くにしてもe少子高齢化と人口減少が進む中で外国人労働者も増えたりしているからね。

花子： そっか，自分でももう一度調べてみる。ありがとう。

問1 下線部aについて，当時の出来事として正しいものを，次のア～エのうちから一つ選べ。

ア 消費税8％に引き上げ　　イ 世界金融危機　　ウ 東日本大震災　　エ 平成不況

問2 下線部bについて，景気変動に関する事柄について述べた文として正しいものを，次のア～

エのうちから一つ選べ。

ア　物価が上がり続けることをインフレーションというが，物価が上がると貨幣価値も上がる。

イ　物価の高騰と企業利益の減少が，連続して起こる状況をデフレスパイラルという。

ウ　不景気の時に政府は，公共投資を増やし，民間企業の仕事を増やすようにうながす。

エ　好景気の時に日本銀行が行う政策の一つに，資金の流通量を増やす量的緩和政策がある。

問３　下線部ｃについて，1ドルが110円から120円になることを「外貨に対して円の価値が（　Ｘ　）。」という。（Ｘ）に当てはまる語句を，次のア～ウのうちから一つ選べ。

ア　高くなる　　イ　変わらない　　ウ　低くなる

問４　下線部ｄついて，現在の日本の労働環境について述べた次のア～エのうちから，正しいものを一つ選べ。

ア　１日８時間労働させることは，労使の間で協定を結んでいない限り労働基準法に違反する。

イ　長時間労働による過労死などが問題となっているが，働き方改革関連の条例が制定されている都市は一部あるものの，国レベルでの法律は，まだ制定されていない。

ウ　仕事と個人の生活を両立できる「ワーク・ライフ・バランス」とは割合を50：50にすることをいう。

エ　労働組合法では，労働者が使用者と対等な立場で，団体交渉が行えるとされている。

問５　下線部ｅについて，次の日本の少子高齢化について述べた文において，空欄（Ｙ）（Ｚ）に入る適当な語句を答えよ。ただし，（Ｙ）は漢字７文字で，（Ｚ）は漢字３文字で答えるものとする。

「少子高齢化とは，一人の女性が産む子どもの数である（　Ｙ　）の低下により人口を維持するのに必要な水準を下回る少子化と，医療の進歩や食生活の充実などで高齢化が進んだ社会をいう。現在では，日本の総人口に占める高齢者の割合が21％を超えた（　Ｚ　）社会に踏み込んでいる。」

心はのどかだったでしょうに。

B　散るからこそ、いっそう桜はすばらしいのです。この無常の世に何が久しくとどまっているでしょうか。いや、久しくとどまるものなどありません。

〈歌の解釈〉

ア「桜などなければいいのに」と桜への疎《うと》ましさを詠むAの歌に対して、Bの歌は桜をたたえている。

イ　桜のはかなさを惜しむAの歌に対して、Bの歌は永久不変の桜の美しさを賞賛している。

ウ　Aの歌は人の心を落ちつかなくさせる桜の魅力を詠み、Bの歌は散るからこその桜の美しさを詠んでいる。

エ　ABいずれの歌も、桜を題材にして人の心の移ろいやすさやこの世のつらさを嘆いている。

問6　本文中には作者（語り手）が登場人物をぼかし、語り手の時代が物語の時代と離れていることを印象づける一文がある。その一文の最初の三字を抜き出して答えよ。

気持ち

エ　周囲に甘やかされることでアキラが他人にも甘える人間に育つことを恐れる気持ち

問5　（A）に入る表現として最も適切なものを次の中から選び、記号で答えよ。

ア　大寒　イ　立春　ウ　春分　エ　穀雨

問6　（B）にあてはまる漢字一字を答えよ。

問7　――部④「これは賭けになるど」とあるが、ここでの「賭け」に失敗するとどのようなことが起きると考えられるか。次の文章に合うように十五字以内で答えよ。

アキラが（　　　）かもしれないということ。

問8　――部⑤「煙草を庭に放り捨てたきり黙り込むヤスさん」とあるが、この時のヤスさんの心情を本文から十字以内で抜き出して答えよ。

3　次の文章を読み、後の問いに答えよ。

昔、惟高親王《これたかのみこ》と申す親王《みこ》おはしましけり。山崎のあなたに、水無瀬《みなせ》といふ所に、宮ありけり。年ごとの桜の花盛りには、その宮へなむおはしましける。その時、右馬頭《みぎのうまのかみ》なりける人を、常に①ゐておはしましけり。時世経て久しくなりにければ、その人の名忘れにけり。狩りはねむごろにもせで、酒を飲みつつ、②やまと歌にかかれりけり。今狩りする交野《かたの》の渚《なぎさ》の家、その院の桜、③ことにおもしろし。その木のもとに下りゐて、枝を折りてかざしに挿《さ》して、上中下、皆歌詠みけり。④馬頭なりける人の詠める、

A世の中にたえて桜のなかりせば春の心はのどけからまし

となむ詠みたりける。また人の歌、

B散ればこそいとど桜はめでたけれ憂き世に何か久しかるべき

とて、その木のもとは立ちて帰るに、日暮れになりぬ。（『伊勢物語』）

語注　おはしましけり…いらっしゃった。
あなた…かなた。
ねむごろにもせで…熱心にしないで。
かざしに挿《さ》して…かんざしのように頭に挿して。

問1　――部①「ゐておはしましけり」について次の問いに答えよ。

⑴　読みを現代仮名遣いで答えよ。

⑵　「ゐて」は「連れて」という意味である。主語を本文中から抜き出して答えよ。

問2　――部②「やまと歌」とは和歌のことである。これに対して「からうた」と言われる当時の必須の教養は何か。漢字二字で答えよ。

問3　――部③「ことにおもしろし」の現代語訳として最も適切なものを次の中から選び、記号で答えよ。

ア　とりわけ美しい　イ　たいそうめずらしい

ウ　とても興味深い　エ　たいそうほほえましい

問4　――部④「馬頭なりける人の詠める」の後に省略されている語句を本文中から抜き出して答えよ。

問5　次に示すのはABの歌の現代語訳である。これを参考にABの歌の解釈として最も適切なものを後から選び、記号で答えよ。

〈現代語訳〉

A　この世の中に全く桜というものがなかったとしたら、春の人の

ような気もするけどのう」
「アホ、アキラをそこいらの一年生と一緒にするな。アキラはcシンドウなんど、こら」
　相談をしているときにも、親バカの息子dジマンは忘れない。照雲は、やれやれ、と苦笑して「ヤス、④これは賭けになるど」と言った。
「要するに、美佐子さんはアキラを助けるために死んだんじゃ、アキラは、美佐子さんが身代わりになってくれたけん、いま元気に生きとるんよ。そうじゃろう?」
「おまえ、なにをもったいつけとるんな」
「ええけん聞けや。その話を聞いたら、アキラはどげん思うか、いうことなんよ」
「感動するわい。さすがお母さんじゃ、ボクの命を救ってくれたんじゃ、ニッポン一のお母さんじゃ、いうて……」
「それだけじゃったら、ええけどの」
「うん?」
「アキラは、こげんふうに考えるかもしれんど。ボクのせいでお母さんが死んでしもうた、いうて……自分を責めるかもしれん。そうなったらかわいそうじゃろうが、アキラが」
　わかっとるわい、と⑤煙草を庭に放り捨てたきり黙り込むヤスさんをよそに、照雲は広縁から庭に下りた。「いまはまだ早いと思うがのう」とヤスさんを振り向かずに言って、吸い殻を拾い、庭の掃除のつづきに取りかかる。
　ヤスさんは広縁にごろんと体を倒し、天井板の節穴をにらみつけて、煙草を吹かす。照雲の言うことは確かにわかる。海雲和尚や『夕なぎ』のたえ子さんに相談しても、たぶん同じことを言われるだろう。頭では納得している。それでも、胸の奥に、なにか釈然としないものが残ってしまうのだ。

（重松清『とんび』）

問1　〰部a～dのカタカナを漢字に直せ。

問2　――部①「目を輝かせてヤスさんを見上げた」とあるが、この時のアキラの心情として適当なものを次の中から選び、記号で答えよ。

ア　照雲の誘いに対して、強い好奇心を抱いている。
イ　照雲の誘いに対して、喜びを父親と共有しようとしている。
ウ　照雲の誘いに対して、父親の同意を得ようとしている。
エ　照雲の誘いに対して、父親に怒られないか不安に思っている。

問3　――部②「笑う」とあるが、この照雲の笑いの説明として適当なものを次の中から選び、記号で答えよ。

ア　息子の気持ちを読み取ることができないヤスさんを馬鹿にした笑い
イ　子どもじみた母と妻に対するあきれた笑い
ウ　アキラの年相応の幼さに対して癒された笑い
エ　アキラを「甘ったれ」と断じるヤスさんをなだめる笑い

問4　――部③「苦いもの」を抱くヤスさんの心情として最も適切なものを後の中から選び、記号で答えよ。

ア　周囲の人間の子育てに関するさまざまな支援に対し、申し訳なく思う気持ち
イ　美佐子とアキラの成長をともに見守ることができないことを寂しく思う気持ち
ウ　ヤスさんの子育てにあれこれと口を出してくる周囲に対して怒る

ある。文章を読み、後の問いに答えよ。

「ヤス、お茶でも飲んでいかんか」

墓参りの帰りに、aケイダイを掃除していた照雲《しょううん》に声をかけられた。

「寒かったじゃろう、お菓子やジュースもあるけん、コタツにあたって一服していきんさいや」―これは、ヤスさんと手をつないだアキラへ。

アキラは、うわっ、と①目を輝かせてヤスさんを見上げた。しょうがないのう、とヤスさんも苦笑してうなずく。

手を離すと、アキラは庫裏《くり》に向かって、玉砂利を蹴って駆けていった。お目当ては、お菓子でもジュースでもない。まいてやコタツにあたりたくてしかたないほど寒かったわけでもない。

庫裏には、照雲の奥さんの幸恵《ゆきえ》おばあちゃんがいる。照雲の母親、海雲《かいうん》和尚の奥さんの頼子ばあちゃんもいる。二人に遊んでもらうのが、墓参りのいちばんの楽しみなのだ。

「ほんま、甘ったれなんじゃけぇ……」

ヤスさんは本堂の広縁《ひろえん》にbコシかけ、煙草をくわえた。照雲は竹ぼうきを手にしたまま隣に座り、「おふくろや女房に付き合うてくれとるんよ、アキラは」と②笑う。照雲と幸恵さんの夫婦には子どもがいない。アキラの寂しさと幸恵さんの寂しさは、同じ形をしているのだ。

「ほいでも……早いもんじゃのう、ヤス。このまえ三回忌やった思うのに、年が明けたら、もうアキラも小学生じゃもんのう……」

昭和四十四年の、浅い春―暦は（　A　）を過ぎたが、寒い日がつづく。

「ランドセル、買うたど」ヤスさんはぽつりと言った。「まだ押し入れにしもうてあるけどの、今度墓参りするときは、ランドセル背負うて来させるけん」

「美佐子さん、喜ぶわい……」

ヤスさんは黙ってうなずいて、煙草の煙に目をしばたたいた。

来週には学習机も届く。会社の連中と『夕なぎ』の常連が金を出し合って、勝手にデパートで注文した。カナエ水産の尾藤社長は入学祝いにお古のカメラをプレゼントすると言ってアキラを喜ばせているし、海雲和尚と照雲は入学式に着るブレザーをプレゼントするつもりらしく、このまえ墓参りに来たときに幸恵さんがアキラの背丈の寸法を採っていた。みんなに世話になっている。いつも感謝している。だから―いつも、胸の奥に③苦いものが、ある。

「のう、ナマグサ。アキラに、どげん言えばええんかのう……」

吐き出す煙草の煙と一緒にぽつりと言った、その一言だけで、照雲には伝わった。美佐子さんの三回忌を終えた去年の秋から、それは何度となくヤスさんが口にしていたことでもあった。

アキラはまだ、美佐子さんが亡くなった理由を知らない。あの日の事故のことは幼なすぎて記憶に残っていないのだ。

「事故で死んでしもうたんよ、お母さんは」―訊かれたら、ヤスさんはいつもそう答えていた。まわりの連中にも、よけいなことはなにも言わないでくれ、と命じている。

だが、いつまでも黙っているわけにはいかないだろう。

「小学校に入学するときが、ひとつのケジメになるんと違うかのう。ナマグサ、どげん思う」

照雲は「うーん……」と腕組みして、（　B　）をひねる。「まだ早い無援へとぎりぎりと追い上げてゆくていの潔癖な、強い、しかし細いものではない。カオスを蔵した、猥雑《わいざつ》な、人間はそんなに強いものではないという自覚に基盤を置いたそれである。私の見方が正しいなら、「白鳥」が一羽では一首のイメージがdタンテキにすぎる。カオスが無さすぎる。そう感じられるからだ。

飛ばないで海に浮かんでいる鳥たち、染め残された白い鳥たち――、牧水の目には、④居心地の悪い時代社会の日常を生きている自分と魂同士で呼び合っているようにうつったのだ。

（佐佐木幸綱『底より歌え　近代歌人論』）

語注　牧水…歌人の若山牧水。
　　　人口に膾炙した…世間の人によく知れわたった。

問1　～～～部a～dのカタカナは漢字に直し、漢字は読みを答えよ。

問2　（Ⅰ）～（Ⅲ）に入る語句の組み合わせとして最も適切なものを次の中から選び、記号で答えよ。

ア　Ⅰ　つまり　Ⅱ　だから　Ⅲ　そのうえ
イ　Ⅰ　むしろ　Ⅱ　だから　Ⅲ　たしかに
ウ　Ⅰ　つまり　Ⅱ　だが　Ⅲ　たしかに
エ　Ⅰ　むしろ　Ⅱ　だが　Ⅲ　そのうえ

問3　――部A～Dの歌の中で、三句切れになっているものを選び、記号で答えよ。

問4　①に入る語句として最も適切なものを次の中から選び、記号で答えよ。

ア　はさむ　イ　こぼす　ウ　かける　エ　ただす

問5　――部②「そういう存在の仕方」とは、どのような存在の仕方か。「白鳥は……」の歌の内容に即して、二十字以内で具体的に説明せよ。

問6　③に入る語句として最も適切なものを次の中から選び、漢字に直して答えよ。

［　ちゅうしょう　ちょっかん　ろんり　らっかん　］

問7　――部④「居心地の悪い時代社会」とあるが、「居心地」が「悪い」のは社会のどのような点か。「……点。」につながる表現を本文中から十五字以内で抜き出して答えよ。

問8　「白鳥は……」の歌について、次の問いに答えよ。

(1)　この歌は、一般的にはどこが優れているとされているか。本文中から六字で抜き出して答えよ。

(2)　筆者はこの歌をどのように理解しているか。その説明として最も適切なものを次の中から選び、記号で答えよ。

ア　日本的色彩になじまない牧水と同様、斬新な色彩世界である海を孤独に漂う白鳥への共感が詠まれている。
イ　社会に属することを恥じる牧水と同様、海の深い静寂に慣れることができない白鳥への共感が詠まれている。
ウ　社会を拒否する牧水と同様、海の上で飛ぶのをやめ、特異な存在となっている白鳥への共感が詠まれている。
エ　社会になじまない牧水と同様、周囲に同化せず、孤立した存在となっている白鳥への共感が詠まれている。

2　ヤスさんの妻美佐子は事故の際息子アキラをかばい亡くなった。ヤスさんは周囲の協力を得ながら息子アキラを育てている。次の場面はヤスさんがアキラとともに美佐子の墓参りに行った際のやりとりで

【国　語】（四〇分）〈満点：一〇〇点〉

【注意】文字数が制限されている設問は、すべて句読点なども文字数に含めて解答しなさい。

1　次の文章を読み、後の問いに答えよ。

弱さも臆病さも、それ自体悪でも何でもない。人間の弱さや臆病さを許さない a包括力のない時代社会の方が、（　Ⅰ　）どこかまちがっているのではないか。しかし現に、そういう時代社会が厳としてあり、私はそこに生れ合わせてしまっているのだ。牧水はべつに bキオって弱さや臆病さを正当化しようとしているわけではなく、恥じつつその現実を受け入れている。（　Ⅱ　）、居心地の悪さ、いま生きていることそのことのちぐはぐな感じ、牧水の目は自然にこうした方向へ向きがちであった。ここに歌人牧水への契機があったのだ、と私は思う。そして、その折の含羞が人をなつかしい気持ちにさせるのである。

白鳥《しらとり》は哀しからずや空の青海のあをにも染まずただよふ

この有名な一首も、私は以上の文脈の中で読む。牧水には、後に記すように、生きることのちぐはぐさをうたった歌は多い。この歌もそうした一首なのではないか。ふつうこの歌は、鮮明な色彩感によって秀《すぐ》れているとされているが、私にはそれだけとは思えない。（　Ⅲ　）この歌に人気が集った理由の一つにはそれがあったろう。一首は明治四十年作であるが、三十年代終りから大正初めにかけて、与謝野晶子の〈A金色《こんじき》のちひさき鳥のかたちして銀杏《いてふ》ちるなり夕日の岡に〉、前田夕暮の〈B向日葵《ひまはり》は金の油を身にあびてゆらりと高し日のちひささよ〉、北原白秋の〈Cどくだみの花のにほひを思ふとき青みて迫る君がまなざし〉、斎藤茂吉の〈Dあかあかと一本の道とほりたりたまきはる我が命なりけり〉等カラフルな歌が高い評価を受けている。後期 cインショウ派の移入とこれは関係があるので、それまでの日本的色彩とは異質な、バタ臭い油絵的色彩がこの時期の青年歌人層の歌にいっせいに表われ、人気を集めたのだった。牧水の一首も発表後間もなく人口に膾炙《かいしゃ》したらしく、その理由にこの歌の色彩の鮮明さを挙げるのに異議を　①　つもりはない。カラフルで明るい淋しさ、これは斬新で魅惑的な世界であっただろう。が、しかしそれはこの歌の一面をしか言い当てていない。

「白鳥」は染まれないでここにいるのだ。もっと突っ込んで言えば、染め残されてしまったのである。「白鳥」は、下に海があるから鷗《かもめ》だろうとするのが通説である。鷗でも、あるいは幻想の鳥でもこの場合さしつかえない。とにかく、青一色の中の染め残された部分としての「白鳥」、それへの共感が一首の核心をなしている、と読むべきである。一首には深い静寂がある。その静寂は「白鳥」の②そういう存在の仕方へ目を向けた、存在論的視点がもたらすところの質的な静寂にほかならない。海の音が聞こえないのは、作者が海を単なる背景として見ていない証左となろう。

ところで、これは余談だが、私は長くこの歌中の「白鳥」はかならず一羽だ、と思い込んで来た。　③　的にそう思ったし、理屈をつければ、一羽とした方が染め残された孤独感の輪郭は際立つからである。しかし、本稿を記すに当って大悟法利雄編『若山牧水全歌集』を読み通したところ、べつに一羽でなくてもいいのではないか、むしろ二、三羽、数羽いた方が牧水らしいのではないか、と思いはじめた。簡単に言えば、私はこの一首を孤独を言った歌と読むわけだが、牧水の孤独は孤立

2023年度

解　答　と　解　説

《2023年度の配点は解答欄に掲載してあります。》

＜数学解答＞

1 (1) 5002　(2) $(2x-y-9)(2x-y+4)$　(3) $2\sqrt{2}$　(4) $x=\frac{1}{2}$, $y=\frac{1}{3}$

(5) $x=\frac{1\pm2\sqrt{2}}{2}\left[\frac{1}{2}\pm\sqrt{2}\right]$

2 (1) $a=\frac{1}{3}$, $b=0$　(2) $x=2$　(3) 15(km)　(4) $\frac{7}{16}$　(5) $x=48$

3 (1) あ　エ　い　イ　(2) う　ウ　(3) え　△APQ：△BPO＝1：2

お　△APQ：△BPO＝1：4　か　V_1：V_2＝1：8　(4) き　ア　く　エ

(5) け　1　こ　1　さ　$\frac{1}{3}\pi$　し　$\frac{8}{3}\pi$

4 (1) $x=30$, $y=75$　(2) 180度　(3) ①　BD：DC＝4：3　EF：FC＝8：9

②　△ACF：△ABC＝6：17　(4) ①　EF：PD＝4：3　②　$\frac{1}{16}$倍

③　EQ：QG＝12：25

○推定配点○

1　各4点×5　2　各4点×5　3　(2)　3点　(3)　9点　(5)　12点　他　各6点×2

4　(1)・(2)　各3点×2　他　各9点×2　計100点

＜数学解説＞

基本 1 (正負の数の計算，因数分解，平方根の計算，連立方程式，2次方程式)

(1) A＝50とすると，$49^2+51^2=(50-1)^2+(50+1)^2=(A-1)^2+(A+1)^2=(A^2-2A+1)+(A^2+2A+1)=2A^2+2=2\times50^2+2=2\times2500+2=5000+2=5002$

(2) $A=2x-y$とすると，$(2x-y)^2-5(2x-y)-36=A^2-5A-36=(A-9)(A+4)$　おきもどして，$(A-9)(A+4)=(2x-y-9)(2x-y+4)$

(3) $A=1+\sqrt{2}$とすると，$(1+\sqrt{2}+\sqrt{3})(1+\sqrt{2}-\sqrt{3})=(A+\sqrt{3})(A-\sqrt{3})=A^2-(\sqrt{3})^2=A^2-3$　おきもどして，$(1+\sqrt{2})^2-3=1+2\sqrt{2}+2-3=2\sqrt{2}$

(4) $2x+6y=3$…①，$6x+3y-1=3$…②とする。②より$6x+3y=4$となり，両辺を2倍して$12x+6y=8$…③　ここで，③の両辺から①の両辺をひくと$10x=5$となり，$x=\frac{1}{2}$　さらに$x=\frac{1}{2}$を①に代入して$2\times\frac{1}{2}+6y=3$　$1+6y=3$　$6y=2$　$y=\frac{1}{3}$　よって，$x=\frac{1}{2}$, $y=\frac{1}{3}$

(5) $x^2-x+\frac{1}{4}=x^2-2\times\frac{1}{2}\times x+\left(\frac{1}{2}\right)^2=\left(x-\frac{1}{2}\right)^2$　このとき，$x^2-x+\frac{1}{4}=2$より，$\left(x-\frac{1}{2}\right)^2=2$　$x-\frac{1}{2}=\pm\sqrt{2}$　$x=\frac{1}{2}\pm\sqrt{2}=\frac{1\pm2\sqrt{2}}{2}$

2 (2次関数の変域，方程式の利用，確率，資料の整理)

基本 (1) 関数$y=ax^2$のyの変域$b\leqq y\leqq3$は正の値を含むので，$a>0$となる。また，xの変域$-3\leqq x\leqq2$は

$x=0$を含むので，関数$y=ax^2$のグラフは2点$(-3,\ 3)$と$(0,\ 0)$を通る。このとき，$y=ax^2$に$x=-3$，$y=3$を代入して$3=a\times(-3)^2$　$3=9a$　$a=\frac{3}{9}=\frac{1}{3}$　さらに，$y=\frac{1}{3}x^2$の$-3\leqq x\leqq 2$におけるyの値の最小値は0なので，$b=0$

基本 (2)　ある正の数をxとすると，正しい答えは$(x+3)^2$，間違えた答えは$3(x+2)$と表せ，正しい答えよりも間違えた答えの方が13小さいので，$(x+3)^2-3(x+2)=13$　$x^2+6x+9-3x-6=13$　$x^2+3x-10=0$　$(x-2)(x+5)=0$　$x=2,\ -5$　このとき，xは正の数なので$x=2$

重要 (3)　C地点からB地点までの道のりを$x$kmとすると，A地点からB地点までの道のりは$17-x$(km)と表せる。このとき，$\frac{17-x}{4}+\frac{x}{60}=\frac{45}{60}$となり，両辺を60倍して$15(17-x)+x=45$　$255-15x+x=45$　$-14x=-210$　$x=15$　よって，C地点からB地点までの道のりは15(km)

(4)　50円硬貨2枚をそれぞれ50円A，50円Bと区別すると，4枚を投げて表が出た硬貨の合計金額が550円以上となる組み合わせは，(500円，50円A)，(500円，50円B)，(500円，50円A，50円B)，(500円，100円)，(500円，100円，50円A)，(500円，100円，50円B)，(500円，100円，50円A，50円B)の7通り。また，4枚の硬貨の表裏の出方は全部で$2\times2\times2\times2=16$(通り)　よって，表が出た硬貨の合計金額が550円以上になる確率は$\frac{7}{16}$

(5)　正しい点数で計算した6人の平均点が55.5点なので，正しい点数で計算した6人の合計点は$55.5\times6=333$(点)となる。さらに，2点誤った点数を含む表の合計点は$51+61+46+72+x+53=x+283$(点)となる。ここで，2点多い誤りならば，$x+283-2=333$より$x=52$となるので，2点多い誤りを含んだまま，点数を少ない方から順に並べると[46，51，52，53，61，72]となる。このとき，52点以外の点数の53点を51点に直したり，61点を59点に直したりしても，中央値は53点にならないので，$x=52$は不適当。また，2点少ない誤りならば，$x+283+2=333$より$x=48$となるので，2点少ない誤りを含んだまま，点数を少ない方から順に並べると[46，48，51，53，61，72]となる。このとき，48点以外の点数の51点を53点に直すと，中央値は$(53+53)\div2=53$(点)とすることができるので，$x=48$は適当。よって，$x=48$

3　(2次関数・1次関数と図形の融合問題)

基本 (1)　∠APQと∠BPOは，直線ABとy軸が交わってできた対頂角なので等しい。また，∠AQPと∠BOPは，平行な2直線である直線lと直線OBに直線ABが交わってできた錯角なので等しい。

基本 (2)　△APQと△BPOにおいて，対頂角は等しいので，∠APQ＝∠BPO…①　平行線の錯角は等しいので，∠AQP＝∠BOP…②　①，②より，2組の角がそれぞれ等しいので，△APQ∽△BPO

重要 (3)　△APQを底辺がPQの三角形とみると，高さは点Aのx座標の絶対値の1となる。同様に，△BPOを底辺がPOの三角形とみると，高さは点Bのx座標の2となる。ここで，(2)より△APQ∽△BPOなので，△APQと△BPOの相似比は高さの比に等しく1：2　このとき，△APQと△BPOの面積比は$1^2:2^2=1:4$　さらに，△APQをy軸の周りに一回転してできる立体V_1と，△BPOをy軸の周りに一回転してできる立体V_2も相似なので，V_1とV_2の体積比は$1^3:2^3=1:8$

重要 (4)　関数$y=ax^2$のグラフ上に点Aがあるので，$y=ax^2$に$x=-1$を代入して$y=a\times(-1)^2=a$より，点Aの座標はA$(-1,\ a)$と表せる。また，関数$y=ax^2$のグラフ上に点Bがあるので，$y=ax^2$に$x=2$を代入して$y=a\times2^2=4a$より，点Bの座標はB$(2,\ 4a)$と表せる。

やや難 (5)　直線ABの傾きをm(mは定数)とすると，直線ABとy軸との交点Pの座標がP$(0,\ 2)$なので，直線ABの方程式は$y=mx+2$(mは定数)と表せる。点Aの座標より$x=-1$，$y=a$を代入して$a=-m+2$…①　点Bの座標より$x=2$，$y=4a$を代入して$4a=2m+2$…②　②に①を代入して$4(-m+$

$2)=2m+2$　$-4m+8=2m+2$　$6m=6$　$m=1$　このとき，$m=1$を①に代入して，$a=-1+2=1$　よって，$a=1$，$m=1$　よって，点Aの座標はA$(-1,\ 1)$，点Bの座標はB$(2,\ 4)$とわかる。さらに，原点を通る直線OBの傾きは$\frac{4}{2}=2$となるので，直線OBの方程式は$y=2x$となる。ここで，点Aを通り直線OBに平行な直線lの方程式を$y=2x+k$(kは定数)と表すと，$y=2x+k$に点Aの座標より$x=-1$，$y=1$を代入して，$1=2\times(-1)+k$　$k=3$　よって，直線lの方程式は$y=2x+3$となり，直線lとy軸との交点Qの座標はQ$(0,\ 3)$　このとき，OP$=2$，PQ$=$OQ$-$OP$=3-2=1$　次に，点Aからy軸におろした垂線とy軸の交点を点Cとすると，点Cの座標は$(0,\ 1)$となる。V_1の体積は，△ACQをy軸の周りに一回転してできる円すいから，△ACPをy軸の周りに一回転してできる円すいを除いた図形の体積に等しいので，CQ$=$OQ$-$OC$=3-1=2$，CP$=$OP$-$OC$=2-1=1$より，$V_1=1\times1\times\pi\times2\times\frac{1}{3}-1\times1\times\pi\times1\times\frac{1}{3}=\frac{2}{3}\pi-\frac{1}{3}\pi=\frac{1}{3}\pi$　さらに，点Bからy軸におろした垂線とy軸の交点を点Dとすると，点Dの座標は$(0,\ 4)$となる。V_2の体積は，△BDOをy軸の周りに一回転してできる円すいから，△BDPをy軸の周りに一回転してできる円すいを除いた図形の体積に等しいので，OD$=4$，DP$=$OD$-$OP$=4-2=2$より，$V_2=2\times2\times\pi\times4\times\frac{1}{3}-2\times2\times\pi\times2\times\frac{1}{3}=\frac{16}{3}\pi-\frac{8}{3}\pi=\frac{8}{3}\pi$　よって，V_1とV_2の体積比は，$\frac{1}{3}\pi:\frac{8}{3}\pi=1:8$

[4]　(正十二角形と角，円すい，平行線と角，相似の利用)

基本　(1)　正十二角形に外接する円を考えると，円周を十二等分した1つの弧が作る円周角の大きさは$180°\div12=15°$　このとき，$x°$は弧2つ分の円周角の大きさなので，$x°=15°\times2=30°$　また，$y°$は弧2つ分の円周角と弧3つ分の円周角を2つの内角に持つ三角形において，残りの1つの内角に対する外角の大きさにあたるので，$y°=15°\times2+15°\times3=30°+45°=75°$　よって，$x°=30°$，$y°=75°$

(2)　真正面から見た円すいの立面図が正三角形なので，円すいの母線の長さを$2a(a>0)$とすると，底面の円の半径はaと表せる。このとき，円すいの側面の展開図のおうぎ形の中心角は，$360°\times\frac{a}{2a}=360°\times\frac{1}{2}=180°$

重要　(3)　①　線分ADに平行で点Cを通る直線と直線ABの交点を点Gとする。AD//GCより，平行線の同位角は等しいので，∠BAD＝∠AGC…[1]　平行線の錯角は等しいので，∠CAD＝∠ACG…[2]　さらに∠BAD＝∠CAD…[3]なので，[1]，[2]，[3]より∠AGC＝∠ACG　このとき，△CAGはAG＝AC＝3の二等辺三角形となる。よって，平行線で区切られた線分の比は等しいので，BD：DC＝BA：AG＝AB：AC＝4：3　次に，辺BCに平行で点Eを通る直線と線分ADの交点を点Hとする。ここで，△AEHと△ABDにおいて，共通な角なので∠EAH＝∠BAD…[4]　EH//BCより，平行線の同位角は等しいので，∠AEH＝∠ABD…[5]　[4]，[5]より2組の角がそれぞれ等しいので，△AEH∽△ABD　このとき，EH：BD＝AE：AB＝AE：AE＋EB＝2：(2＋1)＝2：3＝8：12…[6]　さらに，BD：DC＝4：3＝12：9…[7]　[6]，[7]より，EH：BD：DC＝8：12：9　よって，EH：DC＝8：9　さらに，△EFHと△CFDにおいて，対頂角は等しいので，∠EFH＝∠CFD…[8]　BC//EHより，平行線の錯角は等しいので，∠FEH＝∠FCD…[9]　[8]，[9]より2組の角がそれぞれ等しいので，△EFH∽△CFD　このとき，EF：CF＝EH：CD＝EH：DC＝8：9　よって，EF：CF＝8：9　②　△EFH∽△CFDより，HF：DF＝EF：CF＝8：9　このとき，点Fは線分HDを8：9に分ける点となる。さらに，EH//BCより，平行線で区切られた線分の比は等しいので，AH：HD＝AE：EB＝2：1＝34：17　このとき，AH：HF：DF＝34：8：9となるので，AF：DF＝

(AH＋HF)：DF＝(34＋8)：9＝42：9＝14：3　△ACFと△DCFは同じ頂点Cを持ち，底辺が同じ線分AD上にある三角形どうしなので，△ACFと△DCFの面積比は底辺AFと底辺DFの長さの比に等しく，14：3　このとき，△ACFと△ADCの面積比は14：(14＋3)＝14：17＝42：51　同様に，△ABDと△ADCは同じ頂点Aを持ち，底辺が同じ線分BC上にある三角形どうしなので，△ABDと△ADCの面積比は底辺BDと底辺DCの長さの比に等しく，4：3　このとき，△ABCと△ADCの面積比は(4＋3)：3＝7：3＝119：51　よって，△ACFと△ADCと△ABCの面積比は42：51：119となるので，△ACFと△ABCの面積比は42：119＝6：17

やや難　(4)　①　△FHAと△PHDにおいて，AF//PDより平行線の錯角は等しいので，∠HFA＝∠HPD，∠HAF＝∠HDPとなり，2組の角がそれぞれ等しいので，△FHA∽△PHD　このとき，AH：DH＝2：1より，FA：PD＝AH：DH＝2：1となり，AF＝2PD…$\boxed{1}$　また，AF：EF＝3：2より $\mathrm{EF}=\frac{2}{3}\mathrm{AF}$…$\boxed{2}$　このとき，$\boxed{1}$，$\boxed{2}$より $\mathrm{EF}=\frac{2}{3}\times 2\mathrm{PD}=\frac{4}{3}\mathrm{PD}$　よって，EF：PD＝4：3

②　①より，△FHA∽△PHDかつAH：DH＝2：1なので，△FHAと△PHDの面積比は$2^2：1^2$＝4：1となり，△FHA＝4△PHD…$\boxed{1}$　また，△BHAと△FHAは同じ頂点Hを持ち，底辺が同じ辺AB上にある三角形どうしなので，△BHAと△FHAの面積比は底辺ABと底辺AFの長さの比に等しく4：3となり，$\triangle\mathrm{BHA}=\frac{4}{3}\triangle\mathrm{FHA}$…$\boxed{2}$　さらに，△BDAと△BHAは同じ頂点Bを持ち，底辺が同じ辺AD上にある三角形どうしなので，△BDAと△BHAの面積比は底辺ADと底辺AHの長さの比に等しく3：2となり，$\triangle\mathrm{BDA}=\frac{3}{2}\triangle\mathrm{BHA}$…$\boxed{3}$　$\boxed{1}$，$\boxed{2}$，$\boxed{3}$より，$\triangle\mathrm{BDA}=\frac{3}{2}\times\frac{4}{3}\times 4\triangle\mathrm{PHD}=8\triangle\mathrm{PHD}$　このとき，平行四辺形ABCDの面積は△BDAの面積の2倍なので，平行四辺形ABCDの面積は△PHDの面積の16倍となる。よって，△PHDの面積は平行四辺形ABCDの面積の$\frac{1}{16}$倍

③　AB＝k(k＞0)とすると，$\mathrm{AF}=\frac{3}{4}\mathrm{AB}=\frac{3}{4}k$　$\mathrm{EF}=\frac{1}{2}\mathrm{AB}=\frac{1}{2}k$　①よりEF：PD＝4：3なので，$\mathrm{PD}=\frac{3}{4}\mathrm{EF}=\frac{3}{4}\times\frac{1}{2}\mathrm{AB}=\frac{3}{8}\mathrm{AB}=\frac{3}{8}k$　さらに，$\mathrm{DG}=\frac{2}{3}\mathrm{DC}=\frac{2}{3}\mathrm{AB}=\frac{2}{3}k$　このとき，$\mathrm{GP}=\mathrm{PD}+\mathrm{DG}=\frac{3}{8}k+\frac{2}{3}k=\frac{9}{24}k+\frac{16}{24}k=\frac{25}{24}k$　ここで，△EFQと△GPQにおいて，EF//GPより平行線の錯角は等しいので，∠QFE＝∠QPG，∠QEF＝∠QGPとなり，2組の角がそれぞれ等しいので，△EFQ∽△GPQ　よって，$\mathrm{EQ}:\mathrm{QG}=\mathrm{EF}:\mathrm{GP}=\frac{1}{2}k:\frac{25}{24}k=12:25$

★ワンポイントアドバイス★

計算に関しては過去問を吟味して，高めのレベルの問題まで解けるように意識して取り組もう。計算に関する文章題も含め，他の分野の問題も，計算に見合ったレベルの問題が出題される。過去問の分析は必ず必要となるので頼りにしよう。

＜英語解答＞

リスニング問題

リスニング問題解答省略

筆記問題

1　1 ① choosing　⑤ creating　2 ② エ　3 (2番目) オ　(5番目) ウ
4 ④ difficult[hard]　5 ⑥ イ　6 ⑦ distributed working　7 ウ

2　1 イ　2 ア　3 ア　4 open[use]　5 ウ　6 エ

3　1 expensive　2 least　3 visitor　4 aunt

4　1 February　2 thousand　3 neighbor　4 cousin

5　1 ア to　イ go[visit]　2 ウ satisfied　エ with
3 オ Thanks[Because]　カ to[of]　4 キ Let　ク know

6　1 ア How　イ name　2 ウ has　エ since
3 オ Winning　カ difficult[hard]　4 キ which[that]　ク was

7　1 ア　2 カ　3 エ　4 ク　5 イ

8　I like studying (in the library) better.
(I have two reasons.)
(First,) I can study with my friends.
(Second,) I can find an answer by using books.

○推定配点○

リスニング問題　各2点×5　1・2　各3点×14(1 3完答)　8　6点
他　各2点×21(5・6各完答)　計100点

＜英語解説＞

リスニング問題　リスニング問題解説省略。

重要　1　(長文読解・説明文：語句補充，語句整序[不定詞]，指示語，内容吟味)

(全訳)　最近，多くの従業員や企業がリモートワークにひきつけられている。これは，会社がこの働き方を①選択した例だ。しかし，それは一般的なタイプのリモートワークとは少し異なる。実際②彼らの働き方は「リモートワーク」とは呼ばれていない。

マット・マレンウェッグはオートマティック社のCEOだ。彼の会社には800人の従業員がおり，アメリカ，カナダ，メキシコ，インド，ニュージーランドなど67の異なる国々に住んでいる。一部の人々は本拠地がないので，彼らは毎日，毎週，または毎月新たな場所にいる。彼らが必要とする唯一のものは良いWi-Fiだ。

マットは，分散作業が会社を構築する最も効果的な方法だと考えている。彼が「リモート」という言葉を使わないのは，この言葉が，重要な人もいればそうでない人もいるというイメージを思い出させるからだ。彼は才能と知性がどこにでも等しく広がっていると信じている。しかし，ビジネスチャンスはそうではない。

「シリコンバレーには，世界最大級のハイテク企業が数多くある。しかし，彼らは同じ小さな池から釣りをする。分散型企業は，世界中の海から釣りをすることができる。つまり，分散した企業はビジネスチャンスの数を増やすことができる。さまざまな国から来た従業員は，文化や経験についてさまざまな理解をもたらすことができる」とマット氏は言う。

マットが会社を設立することを決心したとき，③彼は人々が彼らの働き方において独立していることを望んでいた。分散型企業の人々は，独自の作業計画を立てることができる。誰もが一角のオフィス，窓，食べたい食べ物を持つことができる。彼らは仕事に来る時間を節約し，それを彼らにとって重要なことにあてることができる。

今日，分散型企業はほんのわずかだ。多くの人が成功する分散型企業を構築するのは④難しいと考えているからだ。マットは「分散した会社で対面の時間を⑤作ることは依然として重要だ。たとえ短くても，対面の時間を作ることで，他の社員とのつながりが深まる。⑥従来のオフィスでは，年間約48週間同じ場所にいて，3～4週間離れている。当社では，それは反対だ。私たちはオフィスに短時間集まり，アイデアや気持ちを共有する」と言う。

マットは，影響力のある企業の90％が10年または20年以内に⑦この働き方を選択すると考えている。

1 ① company を修飾する現在分詞の形容詞的用法が適切である。 ⑤ 主語になるので，動名詞が適切である。

2 「リモート」という言葉を使わない理由は第3段落第2文に書かれている。

3 （～ , he) wanted people to be independent (in their way of working.) 〈want ＋人＋ to ～〉「人に～してもらいたい」

4 分散型企業の数が少ない理由を述べた文である。成功した分散型企業を作ることが「難しい」と考える人が多いからだと考えられる。

5 新たな企業は短時間オフィスに集まるとあるので，長時間オフィスに集まる企業は，従来からある企業であると考えられる。

6 今後広がっていくのは「分散して働く方法」である。

7 ア 「マットの会社では，Wi-Fiのない従業員もいるが，彼らはオフィスで働くことができる」第2段落最終文参照。唯一必要なものが良いWi-Fiなので不適切。 イ 「分散型企業は，従業員に世界中の人々と釣りをする機会を与えることができる」 第4段落の「釣り」はたとえとしてあげられているので不適切。 ウ 「分散型企業では，従業員はオフィスに行くことに時間を使う必要がない」 第5段落最終文参照。仕事に行く時間を大切なことにあてるとあるので適切。
エ 「分散型企業では，従業員は1年間に3，4週間しか働かない」第6段落参照。3，4週間はオフィスで集まる時間なので不適切。

2 **（長文読解・説明文：語句補充，要旨把握，内容吟味）**

（全訳） 冷蔵庫のおかげで，今日，私たちはより多くの食品をより長く保存することができる。それなしでは人生を想像することさえできない。冷蔵庫が発明される前は，①人々はどのように食品を保管していたか？

何年も前，電気冷蔵庫の以前に，多くの人が台所に箱を持っていた。彼らはその中に大きな氷を入れた。このようにして，彼らは食べ物を冷たく保った。しかし，氷は溶けなかったか？ 確かに溶けた。そのため，毎週氷屋が町に来て，多くの氷を売った。私たちは皆，アイスボックスは冷蔵庫ほど便利ではないと考えている。しかし，電気を必要としない。したがって，それは地球の資源を節約する。

両親に冷蔵庫の使用をやめて，代わりにアイスボックスを手に入れるように言うことができると思うか？ 決してできない。しかし，ここにあなたがあなたの冷蔵庫でできることがいくつかある。冷蔵庫を開けると，冷たい空気が消えて暖かい空気が入る。つまり，内部は暖かくなり，冷却するためにより多くの電力を使用する必要がある。冷蔵庫が食べ物でいっぱいのとき，食べ物は冷たい空気を内部に保つので，それほど多くの電気を必要としない。一部の冷蔵庫には，温度を変更するためのダイヤルが内部にある。しかし，多くの人はそれを知らないので，冷蔵庫は時々中が冷たくなりすぎる。他の冷蔵庫には，背面または底面に「コイル」がある。それらは内側から熱を取り除くことによって冷蔵庫を冷たく保つのに役立つ。しかし，それらがきれいでないとき，それらはうまく機能しない。

必要がなければ，冷蔵庫を開けないでほしい。開けたら，欲しいものをすばやく手に入れてドアを閉める。あなたは開く前にあなたが望む食べ物や飲み物について考えるべきだ。時々内部の冷蔵庫の温度をチェックするべきだ。冷たすぎる場合は，ダイヤルで温度を変える必要がある。少し温度を上げても，食べ物を冷たく保つことができ，電気を節約できる。

1　第2段落では，冷蔵庫を使わずに食べ物を保存する方法について書かれている。
2　アイスボックスは，電気を使わないので，環境に良いという利点がある。
3　第3段落には「冷蔵庫の扉を開けたらすぐに閉める」「温度が冷たくなりすぎないように調整する」「コイルをきれいにする」があげられている。
4　冷蔵庫を開けてはいけないのは「開ける(使う)必要のない」ときである。
5　冷蔵庫の中の温度は，冷蔵庫の中のダイヤルを使って調節する。
6　第1段落第2文参照。私たちは冷蔵庫なしの生活を想像することができないとある。

基本 **3**　(単語・反意語)

1　cheap の反意語は expensive「高価な」である。
2　little の最上級は least となる。
3　「訪問者」は visitor となる。
4　uncle の反意語は aunt「おば」である。

基本 **4**　(単語)

1　「2月」 February
2　「1000」 thousand
3　「隣に住む人」=「隣人」 neighbor
4　「おじの子ども」=「いとこ」 cousin

5　(語句補充問題：不定詞，受動態，熟語)

1　「どこに～するべきか」〈where to ＋動詞の原形〉
2　「～に満足する」 be satisfied with ～
3　「～のおかげで」 thanks to ～ (because of ～)
4　「私に～させる」〈let me ＋動詞の原形〉

重要 **6**　(書きかえ問題：感嘆文，現在完了，動名詞，関係代名詞)

1　〈what a(an)＋形容詞＋名詞～！〉=〈How ＋形容詞／副詞～！〉
2　〈have been ～ing since …〉「…からずっと～している」という現在完了進行形の文になる。
3　不定詞の名詞的用法は動名詞を用いて書き換えることができる。
4　過去分詞の形容詞的用法=〈who / which ＋be動詞＋過去分詞〉

基本 **7**　(会話文)

(全訳) トーマス　：(1)ねえ，デイビッド，ここで何をしているの？　あなたは悲しそうに見えるよ。
デイビッド：やぁ，トーマス。電話が壊れているんだ。確認のためにここに持ってきたんだよ。あなたはどうしたの？
トーマス　：娘のために新しいスマートフォンを購入したよ。今日は彼女の誕生日なんだ。
デイビッド：娘への贈り物を選ぶのは簡単ではないよね。何を好むのかわからないよ。
トーマス　：わかるよ。(2)スマートフォンの問題は何？

デイビッド：ええと，私は携帯電話を洗濯機に入れてしまったんだ。取り出すと壊れていたよ。
トーマス　：リセットした？
デイビッド：(3)うん，でもうまくいかなかったんだ。
トーマス　：もっと気をつけた方がいいね。
デイビッド：そう思うよ。
トーマス　：ああ，4：30だ！　申し訳ないけれど，すぐに行かなきゃ。(4)今夜は娘の誕生日パーティーを開くんだ。
デイビッド：いいね。
トーマス　：うん。誕生日は年に一度しかないので，本当に素晴らしいよ。
デイビッド：そうだね。キャラクターケーキを用意するの？
トーマス　：うん，娘が大好きだからね。(5)5：00に受け取らなければならないんだ。
デイビッド：それなら，すぐ出発して。楽しい時間を過ごしていただければ幸いだよ。
トーマス　：ありがとう。じゃあね，デイビッド。

(1)　電話を確認のために持ってきたと答えているので，何をしているのかを尋ねているとわかる。
(2)　この後，デイビッドがスマートフォンの状態を答えていることから判断する。
(3)　「スマートフォンをリセットした？」の問いに対応した答えを選ぶ。
(4)　この後，トーマスの娘の誕生日の話になっていることから判断する。
(5)　「今すぐに出発するべきだよ」と答えているので，時間が迫っていると判断できる。

重要 8 （条件英作文）

・自分が選んだ答えに合う理由を書くようにする。その場合に，まずは日本語で理由を考える。そして，考えた理由を英文に直す。英語で表現することが難しい場合には，英語で表現できそうな日本語に置き換えてから英文に直す。
・a や the，名詞の複数形など細かい点に注意をして英文を作る。

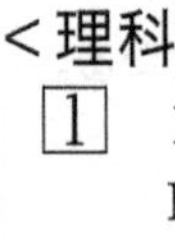

★ワンポイントアドバイス★
単語に関する問題や，文法問題が多く出題されている。教科書に載っている英単語や代表的な例文は暗唱できるようになるまで繰り返し練習したい。

＜理科解答＞

1　Ⅰ　問1　アルミニウム　問2　ア　問3　金　問4　$0.4cm^3$　問5　ア，ウ，カ
Ⅱ　問1　ア　CH_4　イ　N_2　ウ　NH_3　エ　H_2　オ　Cl_2　問2　②，⑦
問3　下方置換法

2　Ⅰ　問1　ウ　問2　$\frac{L}{2}$　問3　2V　問4　①　ウ　②　カ　③　カ
問5　①　エ　②　エ　③　エ
Ⅱ　問1　エ　問2　①　ウ　②　ウ　③　イ　問3　オ

3　問1　a　ハッブル　b　138　c　小惑星　d　太陽系外縁天体　e　3万　f　天の川
問2　ビッグバン　問3　C，D，F　問4　西　問5　①　あ，お　②　う，え
③　か，け

4 問1　体循環　問2　右心房　問3　①　b，d　②　b，c　問4　①　組織液
②　酸素　③　二酸化炭素　④　リンパ液　⑤　静脈　問5　門脈　問6　351L

○推定配点○
1　Ⅰ問4　3点　他　各2点×11　2　Ⅱ問2　各1点×3　他　各2点×11
3　問3　3点　他　各2点×11　4　問3，問6　各3点×3　他　各2点×8　計100点

＜理科解説＞

1　（物質とその変化・気体の発生とその性質―金属と気体）

基本　Ⅰ　問1　金属Xの密度は，$135 \div 50 = 2.7$(g/cm^3)であり，アルミニウムである。

基本　問2　それぞれの密度は，ア　15g/cm^3，イ　5g/cm^3，ウ　6g/cm^3，エ　0.8g/cm^{3}であり，最大のものはアである。

問3　水銀の密度は13.53g/cm^{3}であり，これより密度の大きい金属は水に沈む。これより大きいものは金だけである。

重要　問4　体積＝質量÷密度より，銅4gの体積は$4 \div 8.96 \fallingdotseq 0.44$(cm^3)であり，体積は0.4cm^{3}増加する。

問5　ナトリウムなどの金属は，密度が1.0g/cm^{3}より小さいので水に浮く。磁石に引き寄せられる金属は鉄や，コバルト，ニッケルなどがあるが，すべての金属が磁石にくっつくわけではない。水銀は30℃でも液体である。

重要　Ⅱ　問1　ア　都市ガスの原料はメタンである。　イ　窒素は反応性が低いので，食品の酸化防止に使われる。　ウ　アンモニアは窒素を含むので，肥料の原料に使われる。　エ　燃料電池の燃料として，水素が主に使われている。　オ　塩素は黄緑色の気体で，酸化力があり殺菌や漂白に利用される。

重要　問2　アンモニアは塩化アンモニウムと水酸化ナトリウムの混合物を加熱して発生させる。

基本　問3　塩素は水に溶け空気より重いので，下方置換法で捕集する。

2　（運動とエネルギー―物体の運動と力学的エネルギー）

基本　Ⅰ　問1　小物体Aの斜面下方向にかかる力の大きさはMであり，動滑車の糸にかかる力の大きさが$\frac{1}{2}$Mより大きいので，小物体Aは手を放すと下降する。

重要　問2　動滑車を使うと，持ち上げるのに必要な力は半分になるが，引っ張る距離は2倍になる。Aの移動距離がLなので，Bはその半分の$\frac{L}{2}$だけ持ち上がる。

問3　同じ時間でAはBの2倍の距離を移動するので，速度は2倍の2Vになる。

やや難　問4　①　運動エネルギーは物体の質量m(kg)，速度v(m/s)とすると，$\frac{1}{2}mv^2$で表される。さらに等加速度運動では，移動距離は速度の2乗に比例するので，運動エネルギーは移動距離に比例する。グラフはウになる。

②　重力による位置エネルギーは，物体の質量m(kg)，重力加速度g(m/s^2)，高さh(m)とすると，mghで表せる。Aの高さが減少するので重力による位置エネルギーの変化は，カのグラフになる。

③　Aの力学的エネルギーが減少する分，Bに仕事が行われる。Bに行われる仕事は移動距離に比例するので，Aの力学的エネルギーの変化を示すグラフはカになる。

やや難　問5　①　等加速度運動では速度と経過時間は比例するので，Bの運動エネルギーは経過時間の2乗に比例する。グラフはエになる。

②　等加速度運動では移動距離は経過時間の2乗に比例するので，Bの重力による位置エネルギー

も経過時間の2乗に比例する。グラフはエになる。

③　力学的エネルギーは，運動エネルギー＋重力による位置エネルギーとなるので，経過時間の2乗に比例し，グラフはエになる。

基本　Ⅱ　問1　弦の太さを太くすると，音の高さは低くなる。低い音は周波数が少ないので，波形はエになる。

基本　問2　①　弦が短くなると音の高さは高くなる。このとき周波数は大きくなるので，グラフはウになる。　②　弦を強く張った時も音の高さは高くなるので，グラフは①と同じウになる。

③　音の大きさが小さくなり，高さは変化しないので，振幅が小さくなる。グラフはイになる。

問3　水中では音の伝わる速さが速くなるが，周波数や，音の強さは変化しないので，元のグラフと同じ波形になる。

3　（地球と太陽系―太陽系の惑星）

問1　a　ハッブル宇宙望遠鏡は，1990年に打ち上げられた。　b　宇宙の誕生は，約138億年まえのビックバンによるとされる。　c　太陽の周りをまわる天体のうち，惑星や準惑星とそれらの衛星を除いたものを太陽系小天体とよび，そのうち木星の軌道周辺より内側にあるものを小惑星という。　d　海王星より遠くにある天体を太陽系外縁天体という。　e　太陽系は銀河系の中心から約3万光年はなれた位置にある。　f　銀河系の恒星の集まりを天の川と呼ぶ。

基本　問2　宇宙はビッグバンと呼ばれる大爆発によって始まったと考えられている。

やや難　問3　ケレスは小惑星，エリスは準惑星，エンケドラスは土星の第2衛星である。その他が恒星である。

基本　問4　夕方に金星が見えるのは，金星が西の空にあるとき。

問5　①　水星の表面温度は，昼間は約430℃，夜は－170℃になる。平均気温は地球より高い。大気はほとんどない。

②　木星の主な衛星はイオ，エウロパ，ガニメデ，カリストで，ガリレオが発見したのでガリレオ衛星と呼ばれる。木星の表面には，赤色の巨大な渦が見られる。これを大赤班という。

③　火星の大気は主に二酸化炭素でできている。半径は地球の半分ほどで約3400kmである。

4　（人体―血液の循環）

基本　問1　血液が全身に送られる循環を体循環，肺に送られ再び心臓に戻る循環を肺循環という。

基本　問2　Aは全身から心臓に血液が戻ってくる部分で，右心房である。

重要　問3　①　酸素を多く含む鮮やかな赤色の血液を動脈血という。動脈血は肺静脈(b)，大動脈(d)を流れる。　②　弁のある血管は静脈で，bとcが静脈である。

重要　問4　毛細血管を流れる血液のうち，血しょうの一部はすき間からしみ出して細胞をひたす。この液体は組織液と呼ばれる。組織液は栄養素や酸素を細胞に供給し，老廃物や二酸化炭素を受け取って体外に排出できるように運搬する。細胞液の一部はリンパ液となる。リンパ液は感染に対する防御を補助する役割がある。リンパ液は静脈と合流する。

基本　問5　小腸から肝臓へつながる血管を門脈という。小腸で吸収された栄養分を多く含む。

問6　24時間の拍動で全身に送り出される血液量は，65×75×60×24÷1000＝7020(L)である。そのうち心臓から直接肝臓に流れ込む血液量は$7020\times\frac{1}{5}\times\frac{1}{4}=351$(L)である。

★ワンポイントアドバイス★

大半が標準レベルの問題なので，教科書の内容をしっかりと理解することが大切である。生物・地学分野では，具体例や時事的な内容が取り上げられることもある。

＜社会解答＞

1 問1 ウ　問2 リアス(式)　問3 イ　問4 a　問5 限界集落　問6 エ
問7 ア　問8 ウ

2 問1 ナイル(川)　問2 マダガスカル(島)　問3 イ　問4 イ　問5 c
問6 ウ　問7 ア

3 問1 関白　問2 オ　問3 ウ　問4 ウ　問5 イ⇒ア⇒エ⇒ウ
問6 作品 ア　年代順 ウ⇒イ⇒ア⇒エ　問7 オ　問8 ア　問9 エ
問10 ア

4 問1 イ　問2 A 記号 ア　人物名 毛沢東　B 記号 オ　人物名 レーガン
C 記号 エ　人物名 ゴルバチョフ　問3 記号 ア　人物名 三条実美
問4 (ⅰ) ア⇒エ⇒イ⇒ウ　(ⅱ) エ　(ⅲ) ウ　問5 ウ⇒イ⇒エ⇒ア
問6 エ

5 問1 (A) ア　(B) ウ　問2 憲法名 ワイマール憲法　西暦 1919年
問3 世界人権宣言　問4 (ⅰ) 立憲主義[デュー・プロセス]　(ⅱ) ○
(ⅲ) マグナ・カルタ[大憲章]　(ⅳ) フランス人権宣言[人権宣言]
問5 ア⇒ウ[エ]⇒エ[ウ]⇒イ　問6 エ　問7 インフォームド・コンセント

6 問1 イ　問2 ウ　問3 ウ　問4 エ　問5 (Y) 合計特殊出生率
(Z) 超高齢

○推定配点○
1 問3・問4・問6 各1点×3　他 各2点×5　2 問5・問6 各1点×2　他 各2点×5
3 問6(作品)・問7～問10 各1点×5　他 各2点×6
4 問ｉ・問4(ⅱ)・(ⅲ)・問6 各1点×4　他 各2点×10　5 問1 各1点×2
他 各2点×10　6 各2点×6　計100点

＜社会解説＞

1 (地理—中国・四国地方)

基本 問1 ア 愛媛県の説明となる。 イ 鳥取県の説明となる。 エ 山口県の説明となる。
問2 Bの海岸は，宇和海である。
問3 瀬戸内の気候は，年間通して降水量が少なく，冬でも比較的温暖である。
問4 冬は北西からの季節風が吹き，夏は南東からの季節風が吹く。
問5 限界集落では，現役世代の移住を促すなど，地域活性化や町おこしに取り組んでいたりする。
問6 瀬戸大橋は岡山県の児島と香川県の坂出を結んでおり，1988年に開通した。
問7 尾道は広島県，今治は愛媛県に位置する。
問8 ア 「南西～」が不適。 イ 1965年時点で鉄道は見られる。 エ 新たに橋ができている。

2 (地理—アフリカの地形・産業)

基本 問1 ナイル川は世界最長の河川である。
問2 マダガスカルは元々フランスの植民地であった。
問3 アフリカ大陸と南米大陸に関して，赤道が通る場所はおさえておきたい。
問4 イ サヘル一帯では人口が増加しているので不適である。
重要 問5 aがインド，bがナイジェリア，dがアメリカである。
問6 中国は近年アフリカへの経済進出を加速させている。

問7　ア 「その国の自給率が向上する」が誤りである。

3　(日本と世界の歴史―古代から江戸時代)

問1　豊臣秀吉は本能寺の変後，太閤検地や刀狩を断行して，1590年に天下統一を達成した。

基本　問2　アは8世紀，イは11世紀，ウは7世紀，エは7世紀，カは8世紀の出来事である。

問3　十字軍の遠征は11世紀から15世紀中ごろにかけて行われた。

問4　ウ　悪党は鎌倉時代末期以降に現れた集団である。

問5　アは1571年，イは1560年，ウは1577年，エは1575年の出来事である。

問6　狩野永徳は織田信長・豊臣秀吉の庇護下で活躍した。

問7　関が原は岐阜県に位置する。

重要　問8　アは1602年，イは1688年，ウは1510年，エは1776年の出来事である。

問9　大坂の陣の契機となったのが，方広寺鐘銘事件である。

問10　イ　阿弖流為は奈良時代末から平安時代初頭の蝦夷の族長である。

4　(日本と世界の歴史―明治時代以降)

重要　問1　アは1890年，ウは1884年，エは1873年の出来事である。

問2　A　この内戦で敗れた蔣介石率いる国民党は台湾に逃れた。　B　レーガンはアメリカを「小さな政府」にするためにレーガノミックスを断行した。　C　ゴルバチョフはペレストロイカやグラスノスチを断行した。

問3　三条実美は幕末期に尊王攘夷派の中心人物であった。

問4　(ⅰ)　アは1873年，イは1894年，ウは1897年，エは1876年の出来事である。

(ⅱ)　アは　1881～82年，イは1901年，ウは1874年，エは1890年の出来事である

(ⅲ)　ウ　日露戦争前に既に本格化していた。

問5　アは1914年，イは1895年，ウは1879年，エは1905年の出来事である。

重要　問6　ア 「大戦中も～」が不適。　イ　10倍近くではなく4倍近くである。　ウ　農業生産額も増加している。

5　(公民―人権を起点とした問題)

問1　イはホッブズで，エはモンテスキューの説明となる。

問2　ワイマール憲法は1918年のドイツ革命によるドイツ帝国の崩壊を経て制定された。

問3　世界人権宣言は条約とは異なり加盟国に対する法的拘束力がなかった。

重要　問4　(ⅰ)　立憲主義は国民の一定程度の国政参加を前提としている。　(ⅲ)　権利請願は1628年に出された。　(ⅳ)　アメリカ独立宣言は1776年に公布された。

問5　アは1945年8月，イは1950年，ウは1946年，エは1945年12月の出来事である。

問6　アの1985年に制定されたのは男女雇用機会均等法である。

問7　インフォームド・コンセントは「知られた上での同意」と直訳されるが，米英が発祥とされている。

6　(公民―経済と国民生活)

問1　世界金融危機はアメリカでのリーマンショックに端を発する。

基本　問2　ア　物価が上がると貨幣価値は下がる。　イ 「物価の高騰」ではなく「物価の下落」である。　エ 「好景気」ではなく「不景気」である。

問3　円安の説明となる。

問4　いわゆる「働き方改革」と関連する内容となる。

問5　合計特殊出生率が約2.1のときに人口は増加も減少もしない。

★ワンポイントアドバイス★

世界の歴史についても出題されているので，日本の歴史と比較しながら重要事項をおさえていくようにしよう。

＜国語解答＞

1 問1 a ほうかつりょく b 気負(って) c 印象 d 端的 問2 イ
問3 D 問4 ア 問5 (例) 空や海の青に染め残された存在の仕方。(18字)
問6 直感 問7 人間の弱さや臆病さを許さない(14字)
問8 (1) 鮮明な色彩感[色彩の鮮明さ] (2) エ

2 問1 a 境内 b 腰 c 神童 d 自慢 問2 ウ 問3 エ 問4 ア
問5 イ 問6 首 問7 (例) 母の死について自分を責める(13字)
問8 なにか釈然としない(9字)

3 問1 (1) いておわしましけり (2) 惟高親王[惟高親王と申す親王] 問2 漢詩
問3 ア 問4 歌 問5 ウ 問6 時世経

○推定配点○

1 問1 各2点×4 問4・問6 各3点×2 問5 8点 他 各4点×5
2 問1 各2点×4 問5・問6 各3点×2 問7 8点 他 各4点×4
3 問1(1) 2点 他 各3点×6 計100点

＜国語解説＞

1 (短歌・鑑賞文−大意・要旨，内容吟味，文脈把握，接続語，脱語補充，漢字の読み書き，表現技法)

基本 問1 ～～～部aは違いにかかわらず全てを取りまとめる力。bは自分こそはと意気ごむこと。cの「印象派」は19世紀後半のフランスで起こった芸術運動。dははっきりとしているさま。

問2 Ⅰは「弱さや臆病さ」よりそれを「許さない時代社会」のほうが，という意味で「むしろ」，Ⅱは直前の内容を根拠とした内容が続いているので「だから」，Ⅲは直後の内容を認めつつ，「が，しかし……」直後の内容を主張している形なので「たしかに」がそれぞれ入る。

問3 Dは「とほりたり」で意味が切れている三句切れ。他はいずれも四句切れ。

問4 ①は割り込んで話す，という意味でアが適切。

やや難 問5 ――部②は直前で述べているように，「青一色の中の染め残された部分としての『白鳥』」の存在の仕方のことで，「青一色」が歌の内容の「空の青海のあを」であることをふまえて，指定字数以内で具体的に説明する。

問6 ③は感覚によって物事をとらえる，という意味の「直感」が入る。

問7 ――部④は冒頭で述べているように「人間の弱さや臆病さを許さない(14字)」点が，「居心地の悪い」社会ということである。

重要 問8 (1) 「この有名な……」で始まる段落で，「白鳥は……」の歌は「鮮明な色彩感(6字)」または「色彩の鮮明さ(6字)」が秀れているとされ，人気を集めたことを述べている。

(2) 冒頭で，牧水が感じた「居心地の悪さ，いま生きていることそのことのちぐはぐな感じ」が読み取れる一首として「白鳥の……」の歌を挙げ，最後の段落で，「白鳥」が「牧水の目には，居心地の悪い時代社会の日常を生きている自分と魂同士で呼び合っているようにうつった」と述べていることからエが適切。「色彩」を説明しているアは不適切。イの「恥じる」「海の深い静寂に慣れることができない」，ウの「拒否する」「飛ぶのをやめ」も不適切。

2 **（小説一心情・情景，脱語補充，漢字の書き取り，慣用句）**

基本 問1　～～～部aは神社や寺院の敷地の内。bの「腰かけ(る)」は台などに座ること。cは非常にすぐれた才能をもつ子どものこと。dの「慢」の部首は「忄(りっしんべん)」であることに注意。

問2　アキラに――部①のようにされたヤスさんが「しょうがないのう」と「苦笑してうなず」いていることからウが適当。父親であるヤスさんに同意を得ようとしている表情であることを説明していない他の選択肢は不適当。

問3　――部②は「『(アキラは)甘ったれなんじゃけぇ……』」と言うヤスさんに，アキラをかばうようなことを言っている照雲の表情なのでエが適当。ヤスさんをなだめようとしていることを説明していない他の選択肢は不適当。

重要 問4　――部③は「みんなに世話になっている。いつも感謝している。」ことで感じているヤスさんの心情なのでアが適切。③直前の心情をふまえていない他の選択肢は不適切。

問5　Aは「浅い春」で「寒い日がつづく」とあるので，2月4日ごろを表すイが入る。アは1月20日ごろ，ウは3月21日ごろ，エは4月20日ごろ。

問6　「首をひねる」は，不賛成などを感じて考え込んでいるさまを表す。

やや難 問7　――部④後で④について，美佐子さんがアキラの身代わりになってくれたという話をアキラが聞いたら「『ボクのせいでお母さんが死んでしもうた，いうて……自分を責めるかもしれん……』」と照雲が話しているので，この内容をふまえて，「賭け」に失敗した場合に起きることを設問の文章に合わせて説明する。

問8　――部⑤のヤスさんについて最後の段落で，胸の奥に「なにか釈然としない(9字)」ものが残ってしまう，ということが描かれている。

3 **（古文・和歌一内容吟味，文脈把握，仮名遣い，口語訳）**

〈口語訳〉　昔，惟喬親王と申し上げる親王がいらっしゃった。山崎のかなたの，水無瀬という所に，お屋敷があった。毎年の桜の花盛りには，その屋敷にお出かけになった。その時，右馬頭であった人を，いつも連れておいでになった。時代を経て長く経ってしまったので，その人の名を忘れてしまった。鷹狩りは熱心にしないで，酒を飲んでは，和歌に熱中していた。

今，狩りをしている交野の渚の家，その院の桜が，とりわけ美しい。その木の下に(馬から)下りて腰をおろして，(桜の)枝を折ってかんざしのように頭に挿して，上中下(の身分を問わず)，皆が歌を詠んだ。馬頭であった人が詠んだ(歌)，

A　この世の中に全く桜というものがなかったとしたら，春の人の心はのどかだったでしょうに。

と詠んだ。また(別の)人の歌，

B　散るからこそ，いっそう桜はすばらしいのです。この無常の世に何が久しくとどまっているでしょうか。いや，久しくとどまるものなどありません。

と詠んで，その木の下を立ち離れて帰るうちに，日暮れになってしまった。

基本 問1　(1)　歴史的仮名遣いの「ゐ」は現代仮名遣いでは「い」，語頭以外の「は行」は「わ行」になるので「ゐておはしましけり」→「いておわしましけり」となる。

(2)　――部①は「惟高親王(または「惟高親王と申す親王」でも可)」が，右馬頭であった人を連れて，ということ。

問2　「からうた」は「漢詩」のことである。「から」は「唐」とも書き，昔の中国のこと。

問3　――部③の「ことに」は「とりわけ，特に」，「おもしろし」は「美しい，趣がある」という

意味。

問4　――部④最後に「詠める」とあるので，「歌」が省略されている。

重要 問5　Aの歌は，咲くのを待ち望み，散るのが気になる桜が人の心を落ちつかなくさせることを，Bの歌は，桜は散るからこそ美しいということをそれぞれ詠んでいるのでウが適切。アはAの歌の解釈，イはBの歌，エの「人の心の移ろいやすさやこの世のつらさ」はいずれも不適切。

やや難 問6　Aの歌を詠んだ「馬頭なりける人」のことを，「時世経て久しくなりにければ，その人の名忘れにけり」の一文で，時代が長く経ったことでその人の名前を忘れてしまったことを述べている。

★ワンポイントアドバイス★

小説では，表情や動作から心情を読み取っていくことが重要だ。

MEMO

大切なことはメモしておこうネ！

2022年度

★★★★★★★★★★★★★★★★★★★★★★

入　試　問　題

2022年度

東邦高等学校入試問題

【数　学】（40分）　＜満点：100点＞

【注意】 答えに根号や円周率πが含まれている場合は，根号やπのままで答え，分数は約分し，比はできる限り簡単な整数の比にしなさい。なお，筆答の際に定規は使ってもよろしい。

1　次の問いに答えよ。

(1) $\dfrac{11}{3}-\dfrac{7}{3}\div\left(\dfrac{2}{3}\right)^2$ を計算せよ。

(2) $(x-2y)^2-2(x-2y)-3$ を因数分解せよ。

(3) $\sqrt{\dfrac{16}{12}}-(\sqrt{3}-\sqrt{27})$ を計算せよ。

(4) 連立方程式 $\begin{cases} x+\sqrt{2}y+1=\dfrac{y+\sqrt{2}}{\sqrt{2}} \\ 2x-\sqrt{2}y=4\sqrt{2} \end{cases}$ を解け。

(5) 2次方程式$x^2-ax+5=0$の解の1つが$\dfrac{1}{2}$であるとき，aの値と，もう1つの解を求めよ。

2　次の問いに答えよ。

(1) yはxに反比例し，$x=2$のとき，$y=6$である。$x=3$のとき，yの値を求めよ。

(2) 連続する3つの自然数がある。小さい方の2つの数の積は，最も大きい数の11倍より2だけ大きい。これら3つの自然数を求めよ。

(3) 大小2つのさいころを同時に投げたとき，目の和が$x^2-11x+30=0$の解となる確率を求めよ。

(4) 子どもたちにチョコレートとシュークリームを配ることになった。チョコレートの数はシュークリームの数のちょうど3倍ある。チョコレートを1人8個ずつ配ると15個余り，シュークリームを1人3個ずつ配ると6個足りなかった。このときの子どもの人数を求めよ。また，シュークリームは全部で何個あるか答えよ。

(5) 10人の生徒に対して，1年間で読んだ本の冊数を調べて箱ひげ図を作ったところ右のようになった。この箱ひげ図から読みとれるものすべてをア～エのうちから選び記号で答えよ。

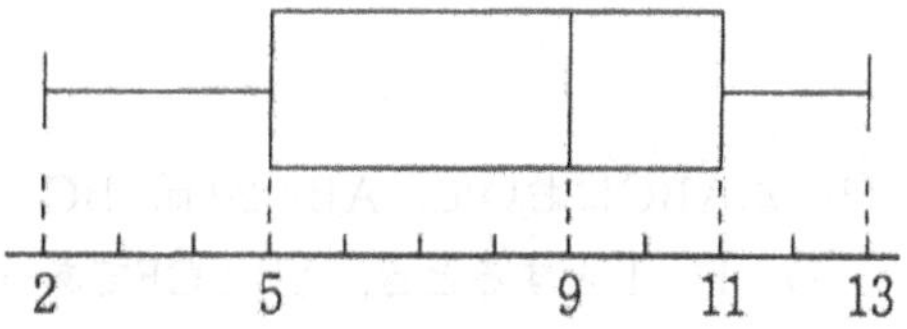

ア．10人の平均値は9冊である。

イ．5冊以上11冊以下の生徒は少なくとも6人いる。

ウ．9冊以上の生徒は少なくとも5人いる。

エ．ちょうど9冊の生徒が少なくとも1人いる。

3 関数$y=\frac{2}{3}x^2$のグラフ上に，２点A，Bがある。点Aのx座標は6，点Bのx座標が－3である。このとき，次の問いに答えよ。ただし，点E（6，0），原点をOとする。

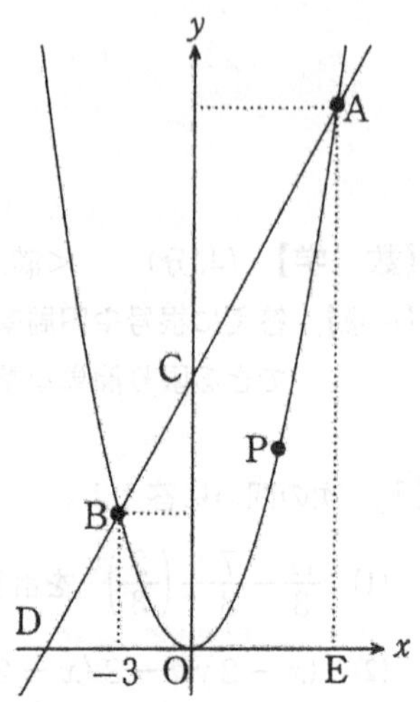

(1) 点Bのy座標を求めよ。

(2) 直線ABとy軸との交点Cのy座標を求めよ。

(3) 直線ABとx軸との交点をDとする。
直角三角形DOCにおいて，CDの長さを求めよ。

(4) 点Pが関数$y=\frac{2}{3}x^2$（$-3<x<6$）のグラフ上を動く。
点Pのx座標をtとするとき，△PDEの面積をtを用いて表せ。

(5) △ADPの面積が56になるような点Pの座標をすべて求めよ。

4 次の問いに答えよ。

(1) 右の図のx，yの値をそれぞれ求めよ。

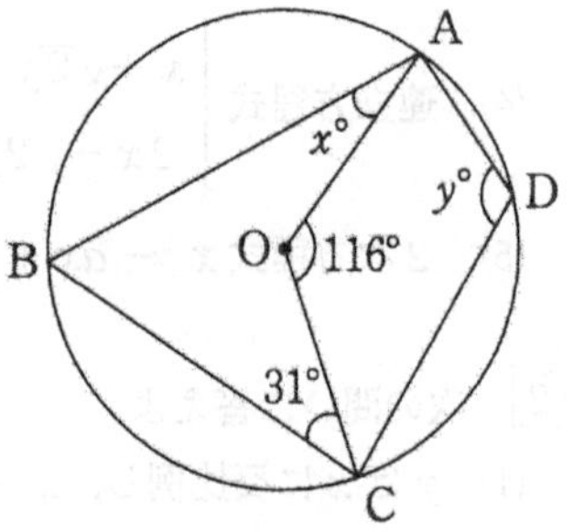

(2) おうぎ形BQAと直径をABとする半円Oが右の図のように点Aで接し，弧ABとBQが点Pで交わっている。このとき∠BAP＝30°であった。ABの長さが４㎝のとき，図の斜線部の面積を求めよ。

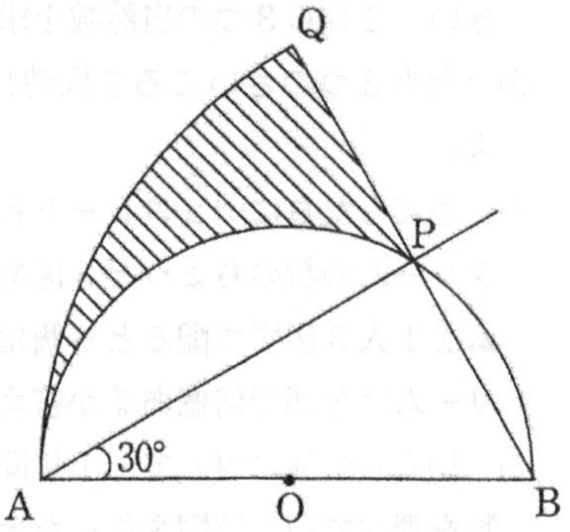

(3) △ABCにおいて，AB＝20㎝，BC＝13㎝である。辺ABを４等分する点をAに近い方から，D，E，Fとするとき，AB⊥CFであった。Dを通り，直線CFに平行な直線と直線AC，直線BCの交点をそれぞれG，Hとする。次の問いに答えよ。

① AG：GC を求めよ。

② GHの長さを求めよ。

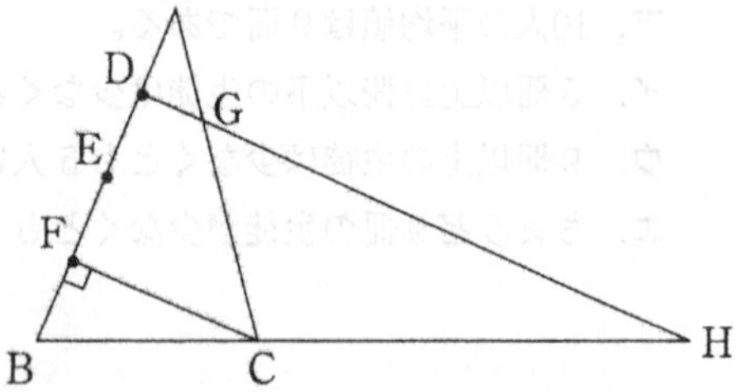

(4) ある池の亀の総数を調査するけいたさんとかりんさんの会話文をよく読み，次の問いに答えよ。

けいた：先週の調査ですべての亀を捕まえようとしたけど，40匹しか捕まえられなかったね。

かりん：すべての亀を捕まえるのは大変よ。その40匹すべてに印をつけて池に戻しておいたから，今日捕まえた数をもとに「標識再捕獲法」を使って推定できるわ。

けいた：今のところ捕まえた25匹の亀のうち７匹には印がついていたよ。

かりん：先週池に戻した亀が均等に散らばっていたと仮定して，池にいる亀をx匹とすると，40：[あ]＝[い]：[う]の比例式が成り立つわ。

けいた：このことから池にいると考えられる亀の総数はおよそ[え]匹だね。

かりん：このあとさらに[お]の亀を捕まえて全部に印がなければ，池におよそ160匹の亀がいると推定できるわね。休憩したらもう少し捕まえてみましょう。

① [あ]，[い]，[う]にあてはまる組合せとして最も適切なものを**ア**～**エ**から１つ選び，記号で答えよ。

ア．(あ，い，う)＝(x，25，７)　**イ**．(あ，い，う)＝(x，７，25)

ウ．(あ，い，う)＝(７，25，x)　**エ**．(あ，い，う)＝(25，７，x)

② [え]にあてはまる数を小数第１位で四捨五入して整数で答えよ。

③ [お]にあてはまる整数を答えよ。

【英　語】（45分）　＜満点：100点＞

リスニング問題　※放送は５分後に開始されます。それまでに問題をよく読みなさい。

第１問　対話を聞き，それに対する質問の答えとして適切なものをア～エから選び，記号で答えよ。

1．ア　Yumi　　イ　Yumi's mother
　ウ　Frank　　エ　Frank's mother

2．ア　His cell phone is not working.　　イ　His mother is angry with him.
　ウ　He has lost his cell phone.　　エ　He has a headache.

第２問　英文を聞き，1．～3．の質問の答えとして適切なものをア～エから選び，記号で答えよ。

1．What was the total price of Bob's shirts?
　ア　10 dollars　　イ　20 dollars　　ウ　40 dollars　　エ　50 dollars

2．Why couldn't Bob buy a drink?
　ア　He spent all his money.
　イ　He was thirsty.
　ウ　He didn't get his money back from the T-shirt store staff.
　エ　He didn't have his wallet.

3．Which place didn't Bob visit?
　ア　A mall　　イ　A T-shirt store
　ウ　A convenience store　　エ　A dollar store

※リスニングテストの放送台本は非公表です。

筆記問題

1　次の英文を読んで，あとの問いに答えよ。

Clean water is one of the most precious resources on ①our planet, but we didn't always think of it that way. People have used canals to carry away trash and sewage for thousands of years, without ②(understand) the dangers of dirty water.

Today, however, we know that we must be interested in our water systems and work to keep them clean. Dirty water can kill fish and plants. It can even carry serious diseases such as cholera and typhoid fever. Every year millions of people get sick from drinking dirty water. Before the 1850s, thousands of people died from cholera. No one knew how it started or spread. ③It affected people all over the world, especially people in crowded cities. When it arrived in a local area, hundreds of people could die in a single day. Most doctors thought the disease came from bad air. One man, Dr. John Snow, had a different idea.

In 1854, cholera hit London again. Strangely, only people from one small part of the city were getting sick. Dr. Snow thought he knew why. He went to visit all of the sick families and asked them questions. Then he collected some clues.

He got the results from his research.

He discovered that ④the neighbors (ア the well at Broad Street イ near ウ lived エ were オ who) becoming sick. Something in the water was making people sick. They had to close the pump!

Dr. Snow went to the local water offices and told them that they must close the water pump on Broad Street. They couldn't believe him. How could water kill people?

Finally, with their permission, Dr. Snow broke the pump handle on the Broad Street pump, and then it could not be used. Surprisingly, people stopped ⑤(get) sick. Dr. Snow was right.

Dr. Snow later discovered that a ⑥(break) sewage pipe was buried just one meter away from the well. Raw sewage was getting into the water that people were (⑦). In this way, the cholera was spread. At last governments believed Dr. Snow's ideas and began cleaning up the water in their cities.

(注) precious 貴重な　sewage 下水　diseases 病気
cholera and typhoid fever コレラやチフス　millions of 何百万もの
strangely 不思議なことに　clue 手がかり　Broad Street ブロードストリート
pump ポンプ　permission 許可　buried 埋められている

1．下線部①を２語の英語で言い換えよ。

2．②⑤⑥の動詞を適切な形に直せ。

3．下線部③は何を指しているか，本文中から１語で抜き出せ。

4．下線部④が次の日本語の意味になるように（　）内の語を並べ換えたとき，２番目と５番目に来る語（句）の記号をそれぞれ答えよ。ただし，文頭に来る語も小文字で示してある。
「ブロードストリートの井戸の近隣の者たちが病気になっていた。」

5．(⑦) に入る語を，本文中から１語で抜き出せ。

6．本文の内容と一致しないものを次のア～エから一つ選び，記号で答えよ。

ア We have to realize the dangers of dirty water to keep our good health.

イ Up until now, we have faced problems with dirty water.

ウ As a result of his research, Dr. Snow found that drinking water from the well was not bad.

エ Thanks to Dr. Snow, a lot of people living at Broad Street were saved from cholera.

2 Mayu がオリンピックについて調べたことを授業で発表した。これを読んで，あとの問いに答えよ。

I'm going to talk about the beginning of the Olympic Games, or 'Olympics,' and the differences between the ancient and modern Olympic Games.

For the ancient Greeks, the Olympic Games were a symbol of physical achievement. The games were a mix of athletic skill and religion. They were celebrated in a festival which was dedicated to the Greek god Zeus. The ancient Greeks believed that Zeus was the king of the gods and the most powerful of them.

The Olympics were also a time of peace. When the Olympic Games were happening, there was peace across all the land. Athletes traveled from all over the ancient Greek world to take part in events in beautiful, green Olympia. At the time, Olympia was a special place of peace that was used only for Olympic events and meetings of religion.

Today, the Olympic Games happen every two years and are held in a different country each time. At the Olympics, top athletes from around the world come together to join the games.

Winning an event in the ancient Olympics was quite different from winning one in today's games. In modern times, athletes receive gold, silver, and bronze medals for finishing an event in first, second, or third place. In ancient times, on the other hand, there was only one winner for each event. The prize for winning was an olive wreath, not a medal. At the time, Olympic champions were respected by not only other athletes, but also by people in their village. Many ancient Greeks recognized them as gods, so <u>they</u> were thought to be especially great.

The first modern international Olympic Games were held in Athens in 1896. Since then, the Olympics have developed into one of the world's most important sporting events.

（注） modern 近現代の Greeks ギリシャ人 physical achievement 身体能力の成果
religion 宗教 celebrate 祝う dedicate to 捧げる god Zeus ゼウス神
Olympia オリンピア（昔のギリシャの都市） gold 金 silver 銀 bronze 銅
prize 賞 olive wreath オリーブの冠 Athens アテネ（ギリシャの都市）

1. What meaning did the ancient Olympic Games have?

ア The ancient Greeks celebrated Zeus's birthday.
イ They had both the meaning of athletic skill and of religion.
ウ The meaning was to dedicate to the strongest athlete.
エ It was the symbol of peace for the Greek king.

2. Why were the ancient games dedicated to the Greek god Zeus?

ア He was the strongest god. イ He was the god of games.
ウ He was the god of athletes. エ He was the fastest god.

3. Which of the sentences is NOT true about Olympia?

ア It was a special place for peace.
イ It was a place for meetings of religion.
ウ It was a wonderful land with the natural beauty.
エ It was a famous mountain that had a variety of events.

4．What did the winners receive in ancient times?
ア They received gold, silver, or bronze medals.
イ Only the winner was given more expensive things than a gold medal.
ウ Some athletes were respected as gods.
エ Only one winner for each event received an olive wreath.

5．In paragraph 5, 'they' refers to (注) refer to ～のことを言う
ア Olympic champions
イ other athletes
ウ people in their town
エ International Olympic Games

6．発表の最後にMayuが言うべきお決まりの言葉を４語～７語程度（，．？は語数に含まず）の英文で答えよ。

3 次のAとBの関係がCとDの関係と同じになるように，（ ）内に適語を入れよ。

	A	B	C	D
1．	high	low	strong	（ ）
2．	many	more	easy	（ ）
3．	go	gone	choose	（ ）
4．	beauty	beautiful	variety	（ ）

4 次の英文の意味が通るように，（ ）内に適語を入れよ。
1．Thursday comes after（ ）.
2．You can see a（ ）in the sky after the rain stops. It has seven colors.
3．（ ）is the meal you have in the morning.
4．A（ ）is used for cutting food or as a weapon.

5 次の日本文と同じ意味になるように，ア～クの（ ）内に適語を入れよ。
1．彼は祖父と釣りに行くことを楽しみにしています。
He is looking（ ア ）to（ イ ）fishing with his grandfather.
2．ジャイアントパンダの数は減ってきていると言われています。
It is（ ウ ）that the population of giant pandas is（ エ ）.
3．あなたの言っていることがわかりません。もっと話してください。
I can't understand（ オ ）you mean. Could you tell me（ カ ）?
4．どうか体に気をつけてください。
Please（ キ ）（ ク ）of yourself.

6 次の各組の文がほぼ同じ意味になるように，ア～クの（ ）内に適語を入れよ。
1．I can't call her because I don't know her telephone number.
I（ ア ）I（ イ ）her telephone number.

2．What language do they speak in New Zealand?
What language (ウ)(エ) in New Zealand?

3．This music brought back memories of my school festival.
This music (オ) me (カ) my school festival.

4．There is no food in this cooler box.
There isn't (キ) to (ク) in this cooler box.

7 次の会話が成り立つように，(１)～(５)に入る最も適当な表現をア～クから一つ選び，記号で答えよ。ただし，それぞれの選択肢は１度しか使用しないものとする。

Woman : Are you lost? Do you need some help?
Man : Oh, yes, please. Could you tell me where I can get a taxi?
Woman : Sure. (1)
Man : Oh, thank you very much. You're a lifesaver.
Woman : You are a photographer, aren't you? You have a big bag and your camera looks expensive.
Man : (2) I took a lot of photos at Nagoya Castle.
Now I'm going to Higashiyama Zoo to take photos of animals.
Woman : Oh, really? The road to the zoo is very crowded now. Taking the subway would be faster than taking a taxi.
Man : How long does it take by subway?
Woman : It'll take about twenty minutes.
Man : OK, I'll take the subway. (3)
Woman : (4)
Man : I see, so which line should I take from Sakae?
Woman : Take the Higashiyama Line. Higashiyama Park Station is seven stops from Sakae. If you follow instructions at the station, you'll get to Higashiyama Zoo soon. (5)
Man : Thank you very much.
Woman : My pleasure.

ア That's right.
イ I'll take you to the Subway Station near here.
ウ Will you tell me which line to take?
エ I'd like to, but I can't.
オ How many minutes does it take from here to Higashiyama Zoo by taxi?
カ Shall I take you there?
キ Yes, it is.
ク Take the Meijo Line to Sakae, and change trains there.

8　次の英語の質問に対するあなたの答えを（　）内の語句のいずれかを○《まる》でかこみ，理由を二つ，それぞれ（ First, Second を含めず）５語以上の英語で答えよ。

（問い）　Which do you like better, playing sports or watching sports?

（あなたの答え）　I like (playing sports / watching sports) better.

I have two reasons.

First, _______. Second, _______.

【理　科】（40分）　＜満点：100点＞

1　消防車が目の前を通り過ぎていくと，そのサイレンの音の高さが急に変化する。この現象は，音源や観測者が動いていると，音源が発している振動数とは異なる振動数の音が観測されるドップラー効果によるものである。ドップラー効果が生じるのは，音が波であることに由来している。波の性質やドップラー効果について，以下の問いに答えよ。ただし，音源が1回振動したときに発生する波を1個と数え，例えば，10Hzの音源が1秒間鳴ったときは，10個の連なった波が生じるとする。また，空気中を音が伝わる速さを340m/sとする。

問1　音，光及び地震はすべて波の一種である。空気中の音，空気中の光および地震（P波）の各々が伝わる速さについて，左から速い順に並べたものとして，最も適切なものを，**ア**～**カ**のうちから1つ選び，記号で答えよ。

ア　音＞光＞地震　　**イ**　音＞地震＞光　　**ウ**　光＞音＞地震

エ　光＞地震＞音　　**オ**　地震＞音＞光　　**カ**　地震＞光＞音

問2　音の性質について述べた文として，最も適切なものを，次の**ア**～**オ**のうちから1つ選び，記号で答えよ。

ア　音は気体の中のみを伝わる。　　**イ**　音は気体と液体の中のみを伝わる。

ウ　音は気体と固体の中のみを伝わる。　　**エ**　音は気体と液体と固体の中のみを伝わる。

オ　音は気体と液体と固体の中と真空中を伝わる。

問3　音源が目の前で静止しているときの音の波（音波）の波形を図1とすると，①音源が近づいてくるとき，②音源が遠ざかるときの波形として最も適切なものを，次の**ア**～**エ**のうちからそれぞれ1つずつ選べ。

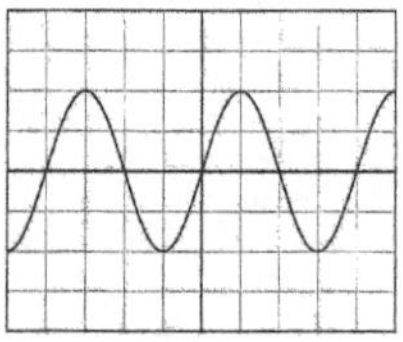

図1

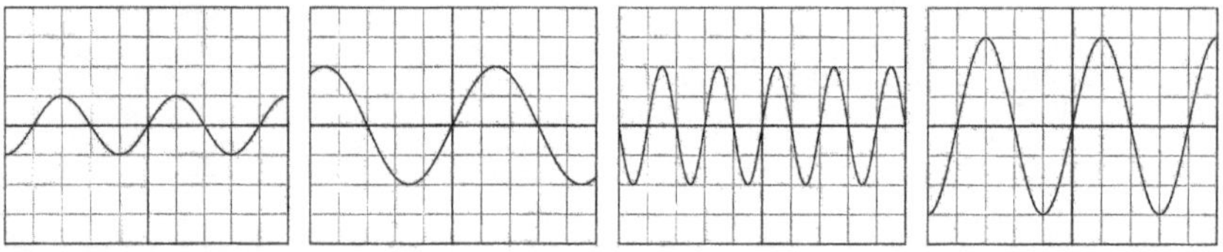

ア　　**イ**　　**ウ**　　**エ**

ドップラー効果について考察するために次の(i)および(ii)の実験を行った。

(i)　静止した音源が500Hzの音を2秒間鳴らすと，観測者は2.5秒経過したときに500Hzの音が聞こえ始め，音は2秒間続いた。

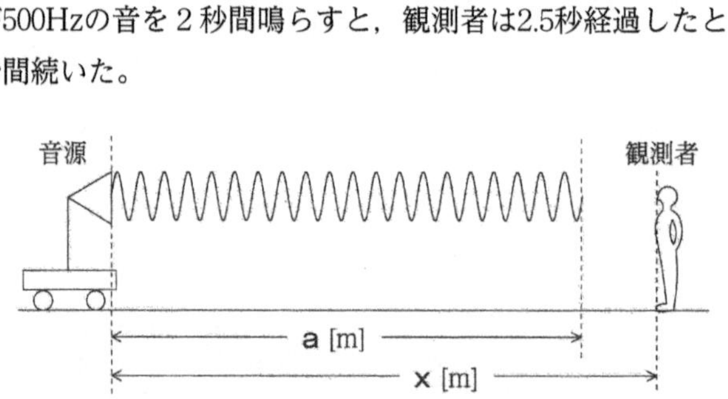

図2　実験（i）で発音してから2秒後のようす

(ii)　音源が10m/s の速さで観測者に近づきながら500Hzの音を２秒間鳴らすと，観測者は2.5秒経過したときに f ［Hz］の音が聞こえ始め，音は t 秒間続いた

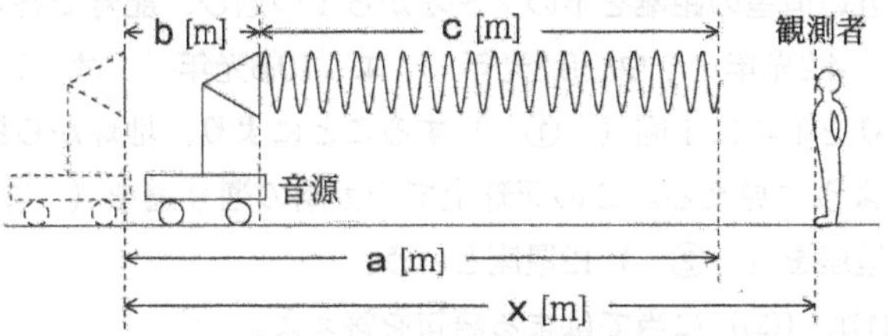

図３　実験（ii）で発音してから２秒後のようす

前のページの図２および図３はそれぞれ実験(i)および実験(ii)において，発音してから２秒後の音波のようすを表す概略図であるが，長さの比，波の形および波の個数は正確に反映していない。

問４　実験(i)について，静止した音源と観測者の距離 x ［m］はいくらか答えよ。

問５　実験(ii)について，10m/s は何km/h か答えよ。

問６　実験(i)および(ii)について，t と f を計算で求めるために，次のような考察をした。空欄に当てはまる，最も適切な数値を答えよ。ただし，(④）については小数第３位を四捨五入し，(⑥）については小数第１位を四捨五入して答えよ。

実験(i)によると，340m／s で進む音が２秒間聞こえたということは，このときの音波は a ＝（　①　）mの範囲に広がって存在していると言える。実験(ii)では，２秒間鳴らしている間に音源は b ＝（　②　）m進んでいるので，音波の存在範囲は c ＝（　③　）mになっていると考えられる。340m/s で c ＝（　③　）mの範囲に存在する音波が観測者を通過するので，観測者は t ＝（　④　）秒間，音を聞くことになる。音源の発する音波の個数に注目すると，音源は500Hzで２秒間音を発するので，実験(i)および(ii)ともに音の波は（　⑤　）個存在することがわかる。実験(ii)では，観測者は（　⑤　）個の波を t ＝（　④　）秒間聞くので，f ＝（　⑥　）Hzの振動数の音を観測することになる。

2　以下のⅠ，Ⅱの問いに答えよ。

（　①　）座流星群が５月５～７日にピークを迎える。今年は月明かりも少なく，条件は良好という。すでに多くの流れ星が現れており，朝日新聞と国立天文台がハワイ・マウナケア山の（　②　）望遠鏡に設置している星空カメラでは２日夜，極めて明るい流れ星「火球」が観察できた。

国立天文台によると，長い軌跡を描く流れ星が多いのが特徴。（　①　）座が（　③　）の空に昇る夜明け前が観察しやすいという。ピークを過ぎても５月いっぱいは多く現れる。

この流星群は，オリオン座流星群と同じハレー（　④　）がまき散らしたちりの帯に（　⑤　）が突っ込むことで起きる流星群。流れ星は夜空のどこにでも現れるため，街灯などの明かりがない方角を見上げ，目が暗さに慣れるまで15分間は夜空を眺め続けるのが観察のコツという。

朝日新聞デジタル　2021年５月３日19時00分

Ⅰ　上記の記事を読み，以下の問いに答えよ。

問１　文章中の（①）～（⑤）に当てはまる語句を答えよ。

問２　チリのアタカマ山頂にある電波望遠鏡でパラボラアンテナ66台を組み合わせた世界最高の感度を誇る望遠鏡の名称を答えなさい。

問３　太陽から最も近い恒星の距離を下のア～オから１つ選び，記号で答えよ。

ア　1.5光年　　**イ**　4.2光年　　**ウ**　8.3光年　　**エ**　10.5光年　　**オ**　13.4光年

Ⅱ　地球が太陽のまわりを１年に１回（　①　）することにより，地球から見ると太陽は天球上の星座の間を動いていくように見える。この天球上での太陽の通り道を（　②　）という。（　②　）上に並んでいる12の星座を（　②　）12星座という。

問１　上記の文の（①），（②）に当てはまる語句を答えよ。

問２　地球から見て太陽が，次のア～ウの星座の方向に見える時期をそれぞれ月で答えなさい。

ア　おうし座　　**イ**　さそり座　　**ウ**　いて座

問３　日本で観測すると，しし座は，12月の真夜中にはどの方位に見えるか。次のア～エから最も適当なものを１つ選び，記号で答えなさい。

ア　東　　**イ**　西　　**ウ**　南　　**エ**　北

３　名古屋の高校に通う生徒の会話を読み，以下の問いに答えよ。

太郎：スーパーには常にいろいろな種類の野菜が販売されているね。

花子：そうだね，１年を通じて同じ野菜が販売されていることが多いから野菜の収穫時期が感じられなくなっているね。

三郎：Aジャガイモの収穫時期はいつになるの。

花子：この地域では，一般的な畑に植え付けて栽培すると春と秋になるね。

太郎：ジャガイモの主な栄養素は（　①　）だよね。

花子：（　①　）だから，主な働きは『　B　』だね。主成分から考えると，まず唾液に含まれる消化酵素で分解され，その後C複数の器官の消化酵素によって分解され，最終的に（　②　）になるね。

三郎：話がだんだん逸れているね。栽培の話ではなかったっけ？

太郎：ジャガイモの植え付けは種いもを利用するのが一般的だと聞いたけど。

花子：そうだね。種いもは植物のD栄養生殖という無性生殖の１つの方法を利用しているのよ。

太郎：たしか，葉で作られた養分が（　③　）の中を通って植物全体に流れ，この時，地下茎に移動した養分が（　④　）として蓄えられているのだよね。

三郎：ジャガイモは種子をつくらないの？

花子：もちろん，花を付け種子をつくるE有性生殖も行っているよ。ただ，安定した収穫を得るには種いもから栽培した方が適しているからね。

太郎：F有性生殖と，受精によらず新個体をつくる無性生殖では遺伝子がどのように伝えられるのか，考える必要があるね。

三郎：私たちは販売されているものだけを見ているから知らないことが多いね。

問１　文中の（①）～（④）に当てはまる語句を入れよ。

問２　下線部Aについて，ジャガイモとは双子葉類であるが，単子葉類の植物を次のア～オからすべて選び，記号で答えよ。

ア　イネ　　**イ**　アブラナ　　**ウ**　トウモロコシ　　**エ**　ダイコン　　**オ**　エンドウ

問３　文中の『B』に当てはまる適語を，次の**ア**～**エ**から１つ選び，記号で答えよ。

ア　エネルギー源になる　　　**イ**　からだをつくる材料になる

ウ　からだの調子を整える　　**エ**　血液をつくる成分になる

問４　下線部**C**について，この消化に関わる器官の組み合わせとして最も適したものを，次の**ア**～**カ**から１つ選び，記号で答えよ。

ア　胃・すい臓　　**イ**　胃・小腸　　**ウ**　胃・大腸　　**エ**　すい臓・小腸

オ　すい臓・大腸　　**カ**　小腸・大腸

問５　下線部**D**について，栄養生殖のむかごで新個体を増やす植物として最も適したものを，次の**ア**～**エ**から１つ選び，記号で答えよ。

ア　アサガオ　　**イ**　アブラナ　　**ウ**　オニユリ　　**エ**　チューリップ

問６　下線部**E**について，有性生殖は生殖細胞を利用する。生殖細胞をつくる分裂を何と呼ぶか答えよ。

問７　下線部**F**について，ジャガイモのある１つの形質に関する遺伝子をR，rとする。個体**X**（RR）と個体**Y**（rr）で個体**X**の花粉を個体**Y**のめしべに受粉させ種子をつくった。

下の(i)(ii)の遺伝子の組み合わせとして最も適当なものを，次の**ア**～**オ**からそれぞれ１つずつ選び，記号で答えよ。

(i)　この種子からできた個体のこの形質に関する遺伝子

(ii)　個体**Y**がつくった種いもを植え付け，生育した個体の形質に関する遺伝子

ア　R　　**イ**　r　　**ウ**　RR　　**エ**　Rr　　**オ**　rr

4　無色透明で酸味をもつ清涼飲料水を10mLずつ取り，それぞれに濃さが同じであるうすい水酸化ナトリウム水溶液を入れてよく混ぜ，その混合液の液性を調べた。液性を調べるためには赤色リトマス紙を用い，その様子を次のページの表１にまとめた。これについて，あとの問いに答えよ。ただし，いずれの混合液にも沈殿物は生じなかったものとする。

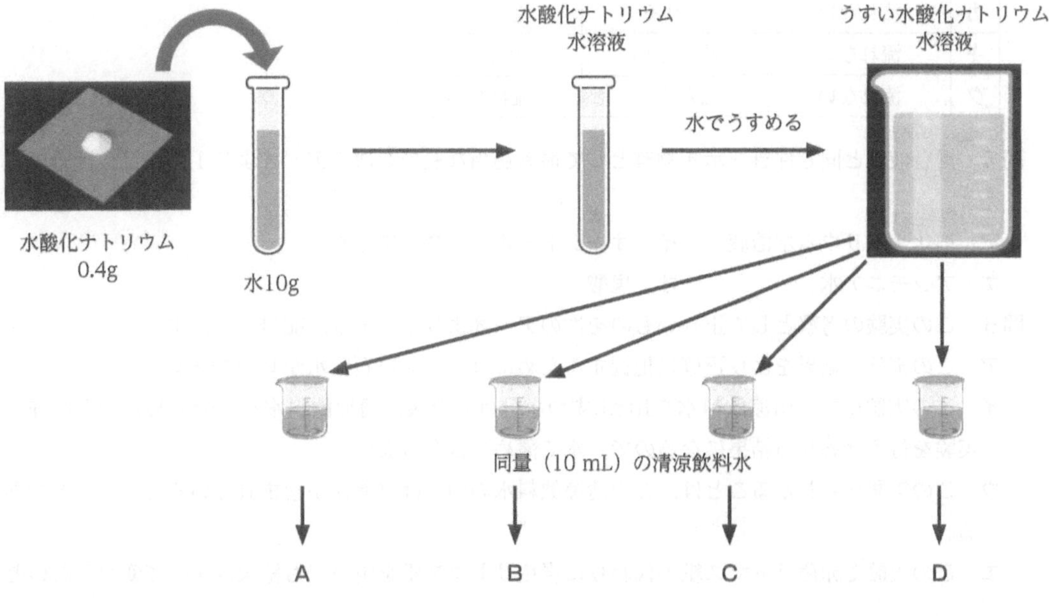

表1　加えたうすい水酸化ナトリウム水溶液の量と赤色リトマス紙の色

混合液	A	B	C	D
加えたうすい水酸化ナトリウム水溶液の量（mL）	5	10	20	40
混合液に赤色リトマス紙を入れた時の色	赤	赤	青	青

問1　この実験で見られる反応名を記せ。

問2　水酸化ナトリウム0.4gに水10gを加えてよくかき混ぜたところ，ちょうど10cm^{3}となったので，そこに水を加え薄めて作成した。

a　この薄める前の水酸化ナトリウム水溶液の質量パーセント濃度は何%か。必要であれば小数第3位を四捨五入して答えよ。

b　この薄める前の水酸化ナトリウム水溶液の密度は何g/cm^{3}か。必要であれば小数第3位を四捨五入して答えよ。

問3　A～Dの混合液に赤色リトマス紙の代わりに各々BTB液を入れた時，予想される色として最も適したものを次の**ア**～**カ**よりそれぞれ1つずつ選び，記号で答えよ。

ア　赤色　**イ**　黄色　**ウ**　青色　**エ**　緑色　**オ**　無色透明

カ　何色に変化するかは予想できない

問4　A～Cの混合液に電気を流したところ，その結果が正しいものを次の**ア**～**ク**より1つ選び，記号で答えよ。

	Aの混合液	Bの混合液	Cの混合液
ア	流れる	流れる	流れる
イ	流れる	流れる	流れない
ウ	流れる	流れない	流れる
エ	流れる	流れない	流れない
オ	流れない	流れる	流れる
カ	流れない	流れる	流れない
キ	流れない	流れない	流れる
ク	流れない	流れない	流れない

問5　混合液Dと同じ性質を示す物質として最も適当なものを次の**ア**～**オ**より1つ選び，記号で答えよ。

ア　塩化ナトリウム水溶液　**イ**　オキシドール　**ウ**　炭酸水

エ　アンモニア水　**オ**　塩酸

問6　この実験の考察として正しいものを次の**ア**～**オ**より1つ選び，記号で答えよ。

ア　この実験の結果をより正確に把握するためには，うすい石灰水が必要である。

イ　この実験にて，清涼飲料水を10mLずつ小分けした後，清涼飲料水を水で薄めたのち同様の実験を行うと異なる結果になるので，水で薄めてはならない。

ウ　この実験からわかることは，この清涼飲料水の中には有機物が含まれているということである。

エ　この実験で赤色リトマス紙の代わりに青色リトマス紙を用いても結果はすべて変わらないと

推測できる。

オ　この実験で使用したうすい水酸化ナトリウム水溶液の濃さを２倍にすると，結果が変わるのはＢのみであると推測できる。

問７　この実験を行うにあたり，注意すべき点について述べた以下の文章のうち正しいものを次のア～オよりすべて選び，記号で答えよ。

ア　10mLを測る時に用いるこまごめピペットは，ゴム球部分のみをつまんで使用する。

イ　リトマス紙を使用する時は，液体を染みこませやすくするため，あらかじめリトマス紙を純粋な水でぬらして使用するのが望ましい。

ウ　水酸化ナトリウムを水に溶かすとき，誤って水溶液が手などに付着した際には直ちに多量の水と石けんで洗い流す必要がある。

エ　実験を行う際には衣服や肌と薬品との接触を防ぐため，白衣や保護めがねを装着するのが望ましい。

オ　実験後，混合物は反応が完了しているので，そのまま流しに捨ててよい。

【社　会】（40分）　＜満点：100点＞

【注意】 漢字で答えるべき語句は全て漢字を使用すること。

1　東北地方に関する文章を読み，次の問いに答えよ。

a南北に細長い東北地方は，本州の北東部を占める地域で，北は津軽海峡を隔てて北海道と相対し，南は関東地方に，南西は中部地方に接する。宮城県のb仙台市は，東北地方の政治・経済・交通などの中心として発展し，人口が100万人を超える東北で唯一の政令指定都市となっている。

東北地方には旧風を伝える民俗習俗が多く残り，民俗の宝庫といわれるが，毎年８月に多くの観光客を集めているc東北三大夏まつりは，旧暦の七夕に行われていた江戸時代からのd伝統行事である。

（　X　）年３月11日に発生したe東北地方太平洋沖地震（東日本大震災）により太平洋岸を中心に非常に大きな被害を受け，現在も地域の復興へ向けて歩み続けている。2021年に開催されたf東京オリンピック・パラリンピックでは，大会理念の一つとして「復興五輪」を掲げ，福島・宮城・g岩手３県で生産された花が，表彰式でメダリストに贈呈されたビクトリーブーケに使用されていた。

問１　下線部aに関して，東北地方の地形・気候に関する記述として正しいものを，次の**ア**～**エ**のうちから一つ選べ。

ア　太平洋側から出羽山地，奥羽山脈，北上高地と南北に配列する山地帯がある。

イ　梅雨明け後，太平洋側では，やませとよばれる暖かく湿った北東風が海から吹き込む。

ウ　青森県南部から宮城県北部までの海岸はリアス海岸が続き，美しい景観で知られている。

エ　三陸海岸の沖合には，暖流の親潮（千島海流）と寒流の黒潮（日本海流）が出会う潮目があり，プランクトンが多く好漁場となっている。

問２　下線部bに関して，仙台市の国際姉妹都市にメキシコ合衆国のアカプルコ市がある。仙台市とアカプルコ市の時差は何時間か答えよ。なお，アカプルコ市の標準時を決める経線は，西経90度である。また，夏時間（サマータイム）は考慮しなくてよい。

問３　下線部cについて，東北三大夏まつりが開催されている都道府県として正しいものを，右の地図中の**ア**～**カ**のうちから**全て**選べ。

問４　下線部dに関して，次の(i)(ii)の伝統的工芸品の産地である都道府県として正しいものを，右の地図中の**ア**～**カ**のうちから，それぞれ選べ。

(i)　羽越しな布　　(ii)　秀衡塗

問５　文中の空欄（X）に入る適当な西暦年数を答えよ。

問６　下線部eに関して，東日本大震災における福島第一原発事故を受けて，国際的に再生可能エネルギーへの転換を模索する動きが加速したが，植物などの生物資源を燃料として生み出されるエネルギーを何というか答えよ。

問７　下線部fに関して，東京オリンピック・パラリンピックの開催にともない，多数の海外選手が羽田空港から来日したが，羽田空港は多くの航空路線の中心となる空港で，韓国の仁川空港とともに，アジアやアメリカなどへの乗り継ぎに便利な空港となっている。このような中継機能をもった空港を何というか答えよ。

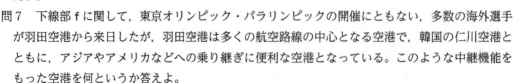

問８　下線部ｇに関して，岩手県の陸前高田市は愛知県名古屋市と産業振興協定による提携都市である。次の地図は愛知県名古屋市名東区平和が丘付近を示したものであるが，線ABの地図中の長さを５㎝とした時の実際の距離は何km か答えよ。なお，この地図の縮尺は２万５千分の１であるとする。また，この地図に関する記述として明らかに**誤っているもの**を，次の**ア**～**エ**のうちから**全て**選べ。

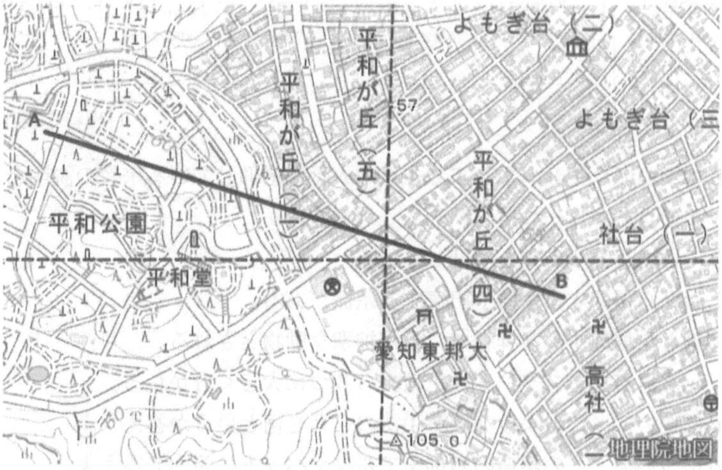

ア　北東部には住宅街が広がっており，図書館がみられる。

イ　南東部には，神社や寺院がみられる。

ウ　南西部には，針葉樹林や広葉樹林が多くみられ，緑豊かな地域であるとわかる。

エ　北西部の平和公園には針葉樹林がみられるが，ほとんどが荒地である。

2　東南アジアに関する文章を読み，次の問いに答えよ。

東南アジアの大部分は熱帯気候が広がり，林産資源に恵まれている。また，東南アジアは(　Ｘ　)の影響を強く受け，５月から10月にかけてはインド洋の南西から，11月から４月にかけては大陸側の北東から風が吹く。東南アジアは，a中国とインドの中間にあることから，古くからそれぞれの影響を強く受けてきた。こうした歴史的背景により，b東南アジアではさまざまな宗教が信仰されている。

東南アジアの農業では，cコーヒー・さとうきび・天然ゴム・バナナ・油やしなどを大農園で単一栽培する手法がみられる。また工業においては，1967年にdインドネシア・マレーシア・フィリピン・タイ・シンガポールの５ヵ国が経済・社会・文化の発展を目指し，地域協力を進めようとする組織が結成され，現在は当初の５ヵ国にブルネイ・ベトナム・ミャンマー・ラオス・カンボジアを加えた10ヵ国が加盟している。こうした地域協力にともなう経済発展は，eそれぞれの国の輸出品目に変化を与えた。

問１　文中の空欄（Ｘ）に入る適当な語句を答えよ。

問２　下線部ａについて，次のページの**ア**～**エ**のグラフの中で，上海のグラフとして正しいものを，一つ選べ。

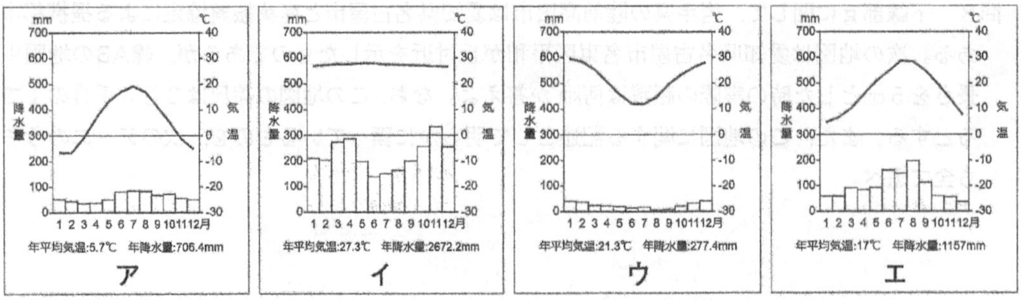

（『理科年表2021』より作成）

問３　下線部ｂについて，インドネシアで多くの人々が信仰している宗教の説明として正しいものを，次の**ア**～**エ**のうちから一つ選べ。

ア　アッラーという唯一の神を信仰している。

イ　在家しながら信仰する宗派や出家する宗派がある。

ウ　多くの神々を信仰する多神教で，牛が神聖な動物とされる。

エ　カトリック，プロテスタント，正教会の３つに大きく分かれる。

問４　下線部ｃについて，このような農業手法のことを何というか答えよ。

問５　下線部ｄについて，この組織の名称をアルファベットの略称で答えよ。

問６　下線部ｅについて，右のグラフは，インドネシア・タイ・マレーシアの輸出品の内訳とその割合を示している。１～３と国名の組み合わせとして正しいものを，次の**ア**～**カ**のうちから一つ選べ。

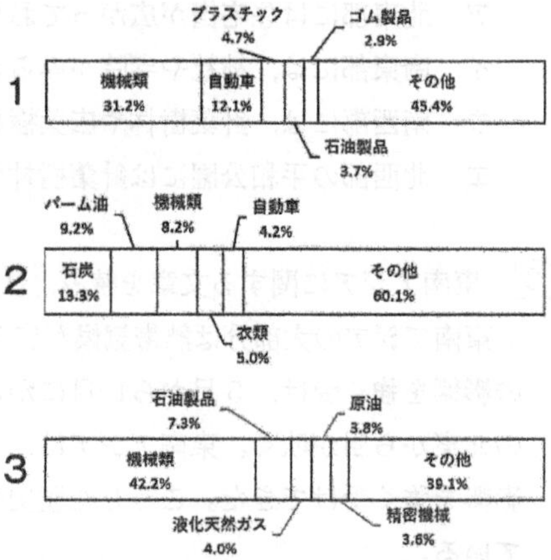

（『世界国勢図会2020／21』より作成）

ア　１　インドネシア　　２　タイ　　３　マレーシア

イ　１　インドネシア　　２　マレーシア　　３　タイ

ウ　１　タイ　　２　インドネシア　　３　マレーシア

エ　１　タイ　　２　マレーシア　　３　インドネシア

オ　１　マレーシア　　２　インドネシア　　３　タイ

カ　１　マレーシア　　２　タイ　　３　インドネシア

３　次の文章を読み，次のページの問いに答えよ。

今から約一万年前，氷期が終わり，地球が温暖になると，大型動物が減り，小型動物が増え，食料となる木の実も増えた。やがて，いくつかの地域では，植物を栽培する農耕や，羊や牛を飼育する牧畜が始まった。その結果，人々の生活様式は移住生活から定住生活に変化し，食料を計画的に生産し蓄えるようになった。

農耕や牧畜が発達して生産が高まり，人口が増えるにつれて，富の格差が生じるようになると，富をめぐる争いも勃発し，その争いで指揮を担った者の中から支配者が誕生した。やがて支配者は人々を統治する仕組みを作り，他の集団と争いを繰り返し，従える形で国を形成していった。このような背景もあり，a 世界各地で文明が誕生することとなった。

オリエントの古代文明の影響もあり，ギリシャにおいても文明が発達した。紀元前８世紀頃から，b 丘の上の神殿とふもとの広場を中心に c 都市国家が各地に建設された。ここでの政治は，自由で対等な市民が，全員で民会を開いて行う民主政を取っていたことが特徴である。

中国で文明が発達し，農業生産の高まりとともに人口が増え，国々の争いが激しくなった結果，紀元前８世紀頃から人々が新たな土地を求めて，朝鮮半島などから日本へと渡ってくるようになった。これらの人々は，稲作や農具などの大陸文化を日本列島にもたらし，その結果，食料の生産が増えて人口も増加した。また，同時にムラの中において貧富の差も生じるようになり，身分の区別が生まれることとなった。やがて，ムラ同士の争いが起こるようになり，クニというまとまりを各地に形成するようになった。この頃の日本の状況は，中国の歴史書から読み取ることができる。代表的なものとして，『漢書』には，倭に100余りの国が存在していたことが，また『後漢書』には，d １世紀の中頃に九州北部の支配者の一人が中国に朝貢の使者を送り，皇帝から金印を与えられたことが記されている。

３世紀後半から６世紀頃までの時代は，各地の支配者たちが豪族として君臨し，自らの墓として古墳を造らせたことから古墳時代と呼ばれる。その中でも大和には，e 特に大きな古墳が存在することから有力な豪族が存在したことが推測される。また，大和の豪族たちは，豪族の中から選ばれた大王を中心にヤマト政権を作ったとされる。しかし，有力豪族の一つである蘇我氏が渡来人と結びつきを強め，反対派の豪族を抑えてヤマト政権の実権を握るようになると，蘇我氏は６世紀末には対立する大王を暗殺し，自らに都合の良いように親族を女帝として即位させるなど，蘇我氏の政治支配が強まっていった。

その頃，中国では，f 南北に分かれていた王朝が統一された。この王朝の特徴は，法律を整え，役人を学科試験で選ぶ制度を始めたことである。また，日本から使節が派遣されており，国家間の交流もあった。g この時代の中国皇帝は，大運河を完成したことでも有名である。また，同時期の朝鮮半島では，伽耶が滅び，h 三国で争いが起こっていた。しかし，７世紀前半になると，中国で新たな王朝が建国された。その王朝は国力を強めた後，朝鮮半島へ攻撃を始めた。i 日本は，663年に朝鮮半島に大軍を送り，朝鮮半島の一国を支援したが，中国王朝と朝鮮半島の一国の連合軍により敗北を喫することとなる。その後，日本は，侵略・反撃に備えて山城や水城を築き，j 九州の北部に兵士を配置するなど防御態勢を固めたのであった。

問１　下線部ａについて，右の写真は，古代文明に関係する遺跡である。この遺跡の名前を答えよ。また，この遺跡に関係する古代文明の説明として正しいものを，次の**ア**～**エ**のうちから一つ選べ。

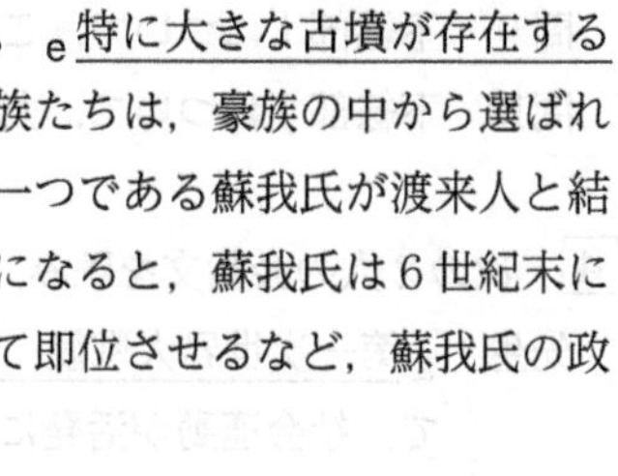

ア　紀元前6000年頃，畑作を行う文化が生まれた。

イ　月の満ち欠けをもとに１年を12か月，１週間を７日とする暦を作った。

ウ　この文明に用いられた文字の解読がまだなされておらず，不明な点が多い。

エ　毎年夏になると川が氾濫し，水が引いた後には肥えた土が残されることが特徴である。

問２　下線部ｂについて，アテネに建設された神殿として正しいものを，次のページの**ア**～**エ**のうちから一つ選べ。

ア　ヘラ神殿　　イ　アポロン神殿　　ウ　ポセイドン神殿　　エ　パルテノン神殿

問３　下線部ｃについて，ギリシャ語で何と呼ぶか。カタカナ３文字で答えよ。

問４　下線部ｄについて，右の写真はこの時に送られたとされる金印である。この金印に彫られた文字を漢字５文字で答えよ。また，この金印が出土したのは，福岡市の何という島か答えよ。

問５　下線部ｅについて，大阪府に存在する大仙古墳などを含む古墳群として正しいものを，次のア～エのうちから一つ選べ。

ア　しだみ古墳群　　イ　岩橋手塚古墳群　　ウ　百舌鳥古墳群　　エ　馬見古墳群

問６　下線部ｆについて，この時に建国した王朝名は何か答えよ。

問７　下線部ｇについて，この時の中国皇帝として正しいものを，次のア～エのうちから一つ選べ。

ア　則天武后　　イ　煬帝　　ウ　高宗　　エ　玄奘

問８　下線部ｈについて，この時代の朝鮮半島の国として**誤っているもの**を，次のア～エのうちから一つ選べ。

ア　高句麗　　イ　高麗　　ウ　百済　　エ　新羅

問９　下線部ｉについて，この戦いを何と呼ぶか答えよ。

問10　下線部ｊについて，九州北部に置かれた兵士を何と呼ぶか答えよ。

４　次の２人の会話文を読み，次のページの問いに答えよ。

先生：a第一次世界大戦後，日本では景気が悪化し，経済不況の中，ロシア革命などの影響を受けて，社会運動が活発になったことは知ってるかな。

生徒：はい。b1922年に厳しい部落差別に苦しんでいた人々が団体を設立し，差別からの解放と自由・平等を求める運動を進めたり，アイヌ民族の解放運動が始まったり，普通選挙の実現を目指す運動が活発になっていきました。

先生：そうだね。その結果，c普通選挙法が成立し，衆議院議員の選挙権が与えられるようになったね。一方で，d天皇中心の国のあり方を変革しようとする運動を取り締まるための法律も同年に制定されたんだ。これにより，社会運動も制約を受けていったんだよ。

生徒：日本では選挙における平等が認められた一方で，政治的な活動や政治への批判は処罰をされていったということですね。そもそも，日本にも影響を及ぼしたロシア革命はなぜ起きたんですか。

先生：ロシア革命が起きた背景にもe第一次世界大戦が関わっているんだ。第一次世界大戦で，ロシアは度重なる敗戦により都市部は深刻な食料，燃料不足の状態になったんだ。ただ，それでもロシア皇帝と政府は戦争をやめようとしないから，1917年に女性や労働者に加えて軍の兵士も立ち上がり，ソビエトと呼ばれる自治組織を結成したんだ。その結果，皇帝は退位したんだけど，その後を引き継いで政治を行った臨時政府も戦争をやめなかったために，同年の11月にf後のソ連で初代の指導者となる人物が蜂起し，臨時政府を倒し，ソビエト政府を樹立したんだ。

生徒：そのような経緯があったんですね。第一次世界大戦は連合国側の勝利で終わり，その後フランスにてg講和条約が締結されました。その講和会議において，h国際社会の平和と安全を守るための機関が設立されたにも関わらず，なぜ第二次世界大戦は起きてしまったのでしょうか。

先生：第二次世界大戦が起きてしまった要因はさまざま考えられるけど，i世界恐慌とファシズムの台頭，日本の孤立が大きいかな。第一次世界大戦で敗戦国となったドイツでは，戦後処理に加えて世界恐慌により政治が混乱していたんだ。その中でナチ党が勢力を拡大し，ユダヤ人の迫害や軍備拡張を進めていった。イタリアでもファシスト党が独裁政治を行い，軍事力でエチオピアを侵略，併合した。こうして軍事力で強硬策をとったドイツ，イタリアは世界から孤立をしていったんだ。その後，日本も1931年に柳条湖事件を起こし，jその事件を中国の仕業にして約半年で満州の大部分を占領したことで他国から責められて，国際組織から脱退，軍縮条約の廃棄を通告し，孤立したんだ。もう二度と同じ過ちを繰り返さないために，世界は協力し，支えあい，国を孤立させない取り組みが必要だね。

問１　下線部ａについて，日本の不景気に打撃を与えた1923年に起きた出来事は何か答えよ。

問２　下線部ｂについて，この団体の名称を答えよ。

問３　下線部ｃについて，右下の図は有権者数の移り変わりを表したグラフとなっている。グラフから読み取って，普通選挙法が成立した年を西暦で答えよ。また，選挙権が与えられた人の条件としてとして正しいものを【選択肢１】のア～エのうちから，普通選挙法が成立した時の総理大臣を【選択肢２】のＡ～Ｄのうちから，それぞれ一つずつ選び，記号で答えよ。

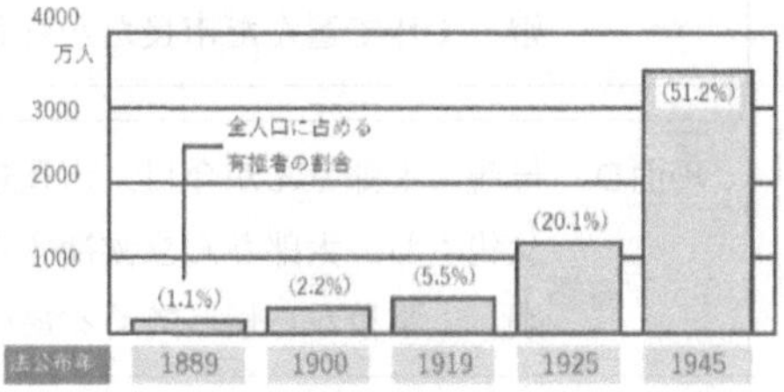

【選択肢１】
ア　満20歳以上のすべての男子
イ　満20歳以上のすべての男女
ウ　満25歳以上のすべての男子
エ　満25歳以上のすべての男女

【選択肢２】
Ａ　吉田茂
Ｂ　原敬
Ｃ　山県有朋
Ｄ　加藤高明

問４　下線部ｄについて，この年に制定された，共産主義を取り締まるための法律の名称を答えよ。

問５　下線部ｅについて，この戦争のきっかけとなったとされる，オーストリア皇太子夫妻が，セルビア青年に暗殺される事件が起きた都市として正しいものを，次のア～エのうちから一つ選べ。

ア　ロンドン　　イ　サラエボ　　ウ　ベルリン　　エ　カイロ

問６　下線部ｆについて，この人物の名前をカタカナ４文字で答えよ。

問７　下線部ｇについて，連合国側とドイツとの間に結ばれた講和条約の名称を答えよ。

問８　下線部ｈについて，この時に設立された国際機関の名称を漢字４文字で答えよ。

問９　下線部ｉについて，この時にアメリカがとった政策として正しいものを，次のア～エのうちから一つ選べ。

ア　ニューディール政策　　イ　ブロック経済政策
ウ　ロンダリング政策　　エ　ライフバランス政策

問10　下線部ｊについて，この出来事を何というか答えよ。

5　次の会話文場面Ａ～Ｅを読み，次の問いに答えよ。

場面Ａ　息子：おはよう，お母さん。市長選挙結果はどうなった。
母親：おはよう。今日の朝，太郎さんが当選をしたってニュースで報道されてたわ。

場面Ｂ　娘　：今日，ニュースで東邦市が市長選挙を開催する報道があったわ。
父親：そうか，もうそんな時期か，a 前職の花子市長の解職によって，実施するものだね。
娘　：ニュースによると１月９日に告示，23日に投開票をするって言っていたわ。
父親：もしかしたら太郎さんが立候補するかもしれないね。

場面Ｃ　息子：今日，太郎さんが市長として，テレビに出て今後，東邦市をどうしていくのか，話していたよ。
父親：そうか，公約を実現するために具体策を練っていたからね，それらを実現するためには多くのお金や時間を要するけれども是非実現して欲しいね。
娘　：皆で選んだ市長だからね。

場面Ｄ　母親：太郎さんが今日，市長選挙に立候補するってニュースで報道されていたわ。
父親：お，太郎さん立候補するのか。悩んでいたけど，届出を提出したんだね。
娘　：学校から帰ってくる最中に太郎さんのポスターを貼っているのを見かけたわ。

場面Ｅ　息子：朝，駅前でタスキをかけた太郎さんを見かけたよ。「清き一票をお願いします」って演説していたよ。
父親：b 選挙運動が盛んに行われているね，ただ，投開票日当日は，仕事で行けないから，今日，期日前投票をしてきたんだ。
息子：へーそっか。じゃあ，東邦市の市長になりたい。
父親：それは，満（　Ｘ　）歳以上になってからだね。

問１　場面Ａ～Ｅを時系列順に並び替え，アルファベットで答えよ。
問２　文中の空欄（Ｘ）に入る適当な数字を答えよ。
問３　下線部ａに関して，以下の(i)(ii)について答えよ。
(i)　有権者数が40万を超えない地方公共団体の運営に関する記述として，明らかに**誤っているもの**を，次のア～エのうちから一つ選べ。
ア　地方公共団体の議会が長の不信任を議決した場合，長は10日以内に議会を解散することができる。
イ　地方公共団体の住民が長の解職を求める場合，有権者の３分の１以上の署名を集めて選挙管理委員会に提出する。
ウ　地方公共団体の住民が議会の解散を求める場合，有権者の３分の１以上の署名を集めて選挙管理委員会に提出する。
エ　地方公共団体の住民が副市長の解職を求める場合，有権者の３分の１以上の署名を集めて選挙管理委員会に提出する。

(ii) 地方自治における直接請求権の中に条例の制定・改廃があるが，この請求先として正しいものを，次の**ア**～**オ**のうちから一つ選べ。

ア 監査委員　**イ** 首長　**ウ** 選挙管理委員会　**エ** 議会　**オ** 公安委員会

問4 下線部bに関して，現在の日本で可能な選挙運動を，次の**ア**～**エ**のうちから一つ選べ。

ア 選挙運動中に，YouTubeを利用し動画配信し，演説し，有権者に呼びかける。

イ 選挙運動中に，チラシがなくなり，インターネットのホームページから写真を印刷し配布する。

ウ 投開票日当日に，立候補者がTwitterとFacebookを利用し有権者の人たちにメッセージを送る。

エ 一人でも多く票を集めるため，駅前で立候補者本人が署名活動をする。

問5 過去に実際に住民投票が行われたものとして正しいものを，次の**ア**～**エ**のうちから一つ選べ。

ア 北海道における，新千歳空港の国際線就航計画の是非を問う住民投票

イ 島根県における，世界遺産登録申請の是非を問う住民投票

ウ 愛知県における，木曽川可動堰《せき》増設計画の是非を問う住民投票

エ 沖縄県における，米軍基地の整備縮小の是非を問う住民投票

問6 地方財政の歳入には**「地方交付税」**や**「国庫支出金」**などがあげられる。それぞれの内容を説明したものとして適当なものを，次の**ア**～**エ**のうちからそれぞれ一つずつ選べ。

ア 災害復旧事業などの財源を得るために，地方公共団体が国の許可を得て民間から借り入れる借金のこと

イ 教育や土木工事など，国が地方公共団体と仕事を分担したり，国政選挙のような国が費用を出し，地方公共団体に仕事を委任したりする場合などに，国が使い道を特定して地方公共団体に交付するもの

ウ その地域に住む住民や企業が支払う都道府県税と市町村税からなり，地方公共団体が自主的に集めたもの

エ 各地方公共団体にある地方税収入に格差をなくすため，国税から一定の割合で各地方公共団体に交付するもの

問7 日本国憲法第92条の条文を読んで，空欄（Y）に入る適当な語句を7文字，空欄（Z）は2文字で答えよ。

> 地方公共団体の組織及び運営に関する事項は，（　Y　）に基いて，（　Z　）でこれを定める。

6 次の文章や表を読み，次の問いに答えよ。

問1 右の表は消費税に関する一覧である。空欄（X）（Y）に入る適当な数字と人物名を答えよ。

<table>
<tr><th>導入年</th><th>消費税率</th><th>導入時の首相名</th></tr>
<tr><td>1989年</td><td>3%</td><td>（　X　）</td></tr>
<tr><td>1997年</td><td>5%</td><td>橋本龍太郎</td></tr>
<tr><td>2014年</td><td>（　Y　）%</td><td rowspan="2">安倍晋三</td></tr>
<tr><td>2019年</td><td>10%</td></tr>
</table>

問２　下の文は価格の決まり方に関するものである。文中の（１）（２）にあてはまる語句を，それぞれ次のア～ウのうちから選べ。

仮に，原材料の一つである，小麦の価格が上がった状況になったとする。原材料である小麦の価格が上がると，同じ価格で売った場合，利益が減少するため，生産者は売ろうとする量を（　１　）。そうなると供給曲線は（　２　）。

（１）：ア　増加させる　　イ　減少させる　　ウ　変えない

（２）：ア　右に動く　　イ　左に動く　　ウ　変わらない

問３　右の図はある商品の需要供給曲線を示したものである。ある商品の価格を100円に設定し販売した場合の量を示すものとして正しいものを，次のア～オのうちから一つ選べ。

ア　500個足りない　　イ　1000個足りない

ウ　1500個足りない　　エ　2000個足りない

オ　０個になり適正な量

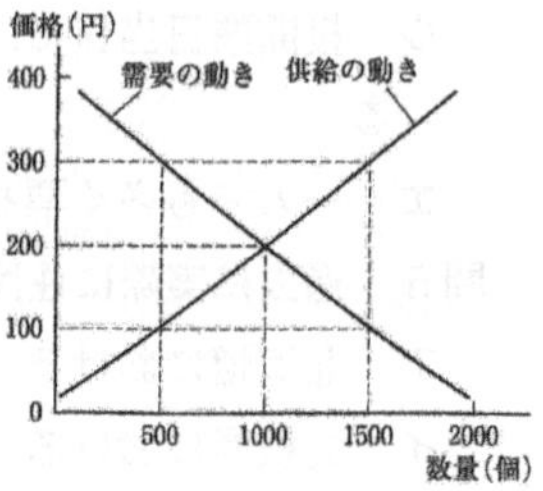

得て、ものを取らんがために非《あら》ず」と云ひて、③敢《あへ》て取らずと云ふ。魯仲連が廉直《れんちょく》とて名誉のことなり。

俗、なほ賢なるは、我、その人として、④その道の能をなすばかりなり。代《かは》りを得んと思はず。学人の用心も、かくのごとくなるべし。仏道に入り、仏法のために諸事を行じて、代りに所得あらんと思ふべからず。内外の諸教に、皆、無所得なれとのみ勧むるなり。（『正法眼蔵随聞記』）

諸注　魯仲連…中国における戦国時代の斉《せい》の国の人。

平原君…中国における戦国時代の趙《ちょう》王の子。　平ぐ…平定する。

敢て…決して。　廉直…心が潔白で、正直なこと。　俗…俗人。

学人…修行者。　用心…心がけ。

かくのごとくなるべし…このようでなくてはならない。

諸事を行じて…いろいろのことを実行して。

内外…仏教とその他の教え。　無所得…無執着。

問1　——部①「てうてき」とは「朝廷に反逆する者」という意味である。この語を現代仮名遣いに直せ。

問2　——部②「辞し」と同じ意味で用いられている「辞」を含む熟語ではないものを次の中から一つ選び、記号で答えよ。

ア　辞職　**イ**　辞書　**ウ**　固辞　**エ**　辞退

問3　——部③「敢て取らず」について次の問いに答えよ。

(1)　何を取らなかったのか、文中から六字で抜き出して答えよ。

(2)　魯仲連はなぜそれを取らなかったのか、その理由として最も適切なものを次の中から選び、記号で答えよ。

ア　将軍として不適切な行動だとして自分の評価が下がるのを恐れたため。

イ　心が潔白で正直でありたいという己の生き方に誇りを持っているため。

ウ　将軍という立場にふさわしいほうびではないと不満に思っているため。

エ　将軍という役職における責任を果たしたに過ぎないと考えているため。

問4　——部④「その道の能をなす」の現代語訳として最も適切なものを次の中から選び、記号で答えよ。

ア　なすべき方面の能力を発揮する

イ　できることの可能性を探る

ウ　専門家としての才能を誇る

エ　身につけている技能を増やす

問5　この文章を説明した次の文の□に当てはまる言葉を、本文中から十五字で抜き出して答えよ。

仏道修行者の心がけとして、仏道の修行者ではない魯仲連という中国の将軍と同じように「□。」と説いている。

問6　この作品は鎌倉時代に書かれたものである。同じく鎌倉時代に成立した作品を次の中から一つ選び、記号で答えよ。

ア　枕草子　**イ**　奥の細道　**ウ**　徒然草　**エ**　竹取物語

頭の中に浮かび続ける。

良太の新しい生活はとっくに始まっている。あそこに僕が加わることはない。十分に理解していることなのに、心臓をギュッと握りつぶされたように息苦しくなった。

放課後、グラウンドが視界に入らないように、顔をそむけて正門に向かっても、陸上部のジャージを着た良太が絶対に目に入らないというbホショウはない。その度に、僕は③こんな気持ちになってしまうのだろうか。

下駄箱の前でcソウグウしたら、痒《かゆ》くもない頭をかきながら、「授業についていくのに必死で、部活なんかやってる余裕ないんだよね」などと半笑いで言うのだろうか。

ぼんやりと考えているうちに、館内が明るくなり、映像がとっくに終了していたことに気が付いた。

（湊かなえ『ブロードキャスト』）

問1　～～部a～cのカタカナを漢字に直せ。

問2　次の文が入る直前の五文字を抜き出して答えよ。（句読点も字数に含む。）目の前の映像は、もうバスケ部に変わっているのに。

問3　X　に入る言葉として最も適切なものを次の中から選び、記号で答えよ。

ア　やっぱり陸上部に入るんだろ

イ　期待しているぞ

ウ　おまえの好きにしろよ

エ　放送部に入らなきゃ許さない

問4　――部①「皆、足のことには触れず、合格を祝ってくれた。」とあるが、その理由として最も適切なものを次の中から選び、記号で答えよ。

ア　陸上を続けるよりも、勉強して母親にラクをさせてあげたほうが親孝行だと思っているから。

イ　陸上強豪校に合格したのに、陸上ができなくなってしまった圭祐に気を遣っているから。

ウ　高校生活は、部活も勉強も両立して頑張るのが良いので、勉強の大切さに気付いてほしいと思っているから。

エ　高校では陸上ができなくなってしまった圭祐が、落ち込んでいるので、もう一度生きる気力がわくように励ましているから。

問5　Y　に入るべき語句を本文中から十一字で抜き出して答えよ。

問6　――部②「僕も冊子を閉じる。」とあるが、その行為の理由として最も適切なものを次の中から選び、記号で答えよ。

ア　オリエンテーションの映像に集中するため。

イ　体育館の電気が消され、冊子が見えなくなったため。

ウ　高校では部活動をしないと決心したため。

エ　放送部に入部することを決心したため。

問7　――部③「こんな気持ち」とはどのような気持ちか。「良太」という言葉を用いながら、三十五字程度で説明せよ。

3　次の古文は、曹洞《そうとう》宗を開いた道元《どうげん》の説いた、仏法についての説明の一部である。文章を読み、後の問いに答えよ。

夜話《やわ》に云《い》はく、昔、魯仲連《ろちうれん》と云ふ将軍ありき。平原君《へいげんくん》が国にあつて、能《よ》く①てうてきを平《たひら》ぐ。平原君賞じて、数多《あまた》の金銀等を与へしかば、魯仲連②辞して云はく、「ただ、将軍の道なれば、敵を討つのみなり。賞を

2 次の文章を読み、後の問いに答えよ。（設問の都合上、一部表記・文章を改めた箇所がある。）

> 中学時代、陸上部のエース・山岸良太に誘われ、駅伝に打ち込んでいた圭祐は、あと一歩のところで全国大会を逃した。良太と共に陸上強豪校に進学を決めるも、交通事故にあい入部を断念する。

入学二日目の午後は、新入生オリエンテーションだ。一年生全員が体育館に集合する。

——返事はオリエンテーションのあとでいいよ。部活紹介もあるし。

昨日の別れ際、宮本から言われたように、生徒会による年間行事予定の説明のあと、部活動紹介の冊子が配られた。

「青海青春」と達者な筆さばきで書かれた表紙をめくるなり、陸上部の文字が目に飛び込んでくる。あわててページを繰っていき、放送部のところで手を止めた。

朝から、宮本は廊下などで顔を合わせるごとに、ニヤニヤと僕に笑いかけてきた。［X］、と言うように。

だけど、僕なりに一晩、いや、寝しなに少しだけ考えてみたものの、やはり、放送部に入る気にはなれなかった。

無理して部活をする必要はない。

青海学院の合格発表の帰り道で事故にあった僕を、見舞いにきてくれた人たち、母さんと陸上部関係者を除いては、①皆、足のことには触れず、合格を祝ってくれた。

——青海学院に受かるなんて、たいしたもんだ。しっかり勉強して、お母さんにラクをさせてやれよ。

滅多に会うことのない、親戚のおじさんまでが、入学祝を持ってきてくれた。

僕自身は、陸上ができない青海学院など何の価値もないと、ふてくされていたけれど、よくよく考えれば、部活のために高校に通うのではない。

余裕のある成績で受かったのではないのだから、授業についていけなくなる可能性もある。これ以上母さんに経済的負担をかけるわけにはいかないから、塾通いは難しい。

そうなると、自宅なり、図書館なりで勉強しないといけない。［Y］はないのではないのか。

放送部の紹介ページに、昨日見たチラシ以上の情報は何もない。舞台上のスクリーンに映像が流れるのか、体育館の電気が消された。と同時に、②僕も冊子を閉じる。

高校では部活をしない。

それが僕の出した結論だ。

「次は、部活動紹介です。まずは映像をご覧ください」

新入生オリエンテーションの司会者である三年生女子のアナウンスとともに、スクリーンに映像が流れ始めた。

「青海青春」というテロップのあと、軽快な音楽に合わせて、まずは運動部の活動の様子が映し出される。春休み中に撮影したのか、グラウンドの端に見える桜の木は、花が満開だ。

その前を軽快に走り抜けていったのは、良太だった。「陸上部」のテロップが重なって、次には体育館での別の部の練習風景が映し出され、そこに良太の姿はなかった。けれど、いつまでもそのaザンゾウだけが有に目をつり上げ、不況を回復すれば幸せが訪れると信ずるのは愚かである。人の幸せは別の次元にある。

人間にとって本当に必要なものは、そう多くはない。少なくとも私は「カネさえあれば何でもできて幸せになる」という迷信、「武力さえあれば身が守られる」という妄信から⑦自由である。何が真実で何が不要なのか、何が人として最低限共有できるものなのか、目をfコらして見つめ、健全な感性と自然との関係を回復することである。

（中村哲『天、共に在り――アフガニスタン三十年の闘い』）

問1　～～～部a～fのカタカナは漢字に直し、漢字は読みを答えよ。

問2　（A）～（C）に入る語句として最も適切なものをそれぞれ次の中から選び、記号で答えよ。

ア　かって　　イ　たとえ　　ウ　つまり　　エ　まるで

問3　――部①「奇妙な違和感」の原因は何だったのか。本文中から五字で抜き出せ。

問4　――部②「年月によって美しく修飾された過去」を具体的に表した一文を本文中から抜き出し、最初の五字で答えよ。

問5　――部③「人のにおいのようなもの」とはどのようなものを指すのか。最も適切なものを次の中から選び、記号で答えよ。

ア　思い思いのおしゃれに身を包んだ若者や女性たち

イ　人との出会いの記憶

ウ　昆虫たちの営みの場となっている路傍の牛糞

エ　情報伝達や交通手段の発達

問6　――部④「私たちの『技術文明』」とあるが、その例として具体的に挙げられているものを、本文中から十字以内で抜き出して答えよ。

問7　――部⑤「不自然な動き」の例として最も適切なものを次の中から選び、記号で答えよ。

ア　餓えてさまようこと　　イ　銃弾から身を守ること

ウ　景色のように自然を意識すること

エ　古巣を訪ねること　　オ　路傍の牛糞を眺めること

問8　（D）に入る語句として最も適切なものを次の中から選び、記号で答えよ。

ア　東西　　イ　大小　　ウ　優劣　　エ　上下

問9　――部⑥「寸土」と同等の意味の語句を次の中から選び、記号で答えよ。

ア　ウナギの寝床　　イ　猫の額　　ウ　雀の涙　　エ　馬の骨

問10　――部⑦「自由である。」とはどういう意味か。最も適切なものを次の中から選び、記号で答えよ。

ア　（迷信や妄信によって）文明の苦しみから解放されている。

イ　（迷信や妄信によって）真実を知ることができた。

ウ　（迷信や妄信から離れて）世界中を見ることができる。

エ　（迷信や妄信から離れて）真実を見ることができる。

問11　筆者の日本への思いとして適切なものを次の中から選び、記号で答えよ。

ア　日本はおしゃれな国になったので、自分の故郷とは思えない。

イ　日本の国土は昔のまま美しいので、今後も守っていくべきだ。

ウ　五十数年の間に文明が大きく発達し、日本は先進国になった。

エ　日本の技術は発達したが、人間らしい生き方を失いつつある。

【国　語】（四〇分）〈満点：一〇〇点〉

【注意】文字数が制限されている設問は、すべて句読点なども文字数に含めて解答しなさい。

1　次の文章は、アフガニスタンで人道支援に献身した中村哲氏が、一時帰国したときに日本で感じたことを書いたものである。この文章を読み、後の問いに答えよ。（設問の都合上、一部表記・文章を改めた箇所がある。）

現場を離れて突然帰国すると、①奇妙な違和感がまとわりついてくる。それが何なのか、問い続ける。こざっぱりして綺麗《きれい》な空間、行き交う人々が垢《あか》抜けて見える。a不粋でbゾヤな感じも、土埃《ぼこり》も、重機の唸《うな》りも、水争いも、餓えてさまよう人も、銃弾から身を守る必要もない。華やかな街路に、思い思いのおしゃれに身を包んだ若者や女性たちが目につく。平和な国である。しかし、何だかものたりない……。そう思った。

（　Ａ　）古巣を訪ねるように、都会のcザットウを離れて子供時代に遊んだ山々に入ってみる。日本の国土は夢のように美しい。車窓から見る平野は、見渡す限りの田畑で、彼方《かなた》の山々も川沿いの土手も、緑の林で覆われている。落葉を踏みしめて山に入ると、折から桜が満開で、芽吹き始めた新緑が鮮やかである。道路は整備されていたが、山奥の自然は五十数年前と変わらずに迎えてくれる。

郷愁というものがあるとすれば、幼少期に過ごした自然や人との出会いの記憶である。だが、その記憶を確認しようとすれば、②年月によって美しく修飾された過去は、必ずしも現実と一致しない。捕虫網を手にして駆け巡った山々、一つ一つの木々、路傍の牛糞《ふん》一つにも、昆虫たちの営みをときめく心で眺めたことが思い返される。今、山奥まで舗装された道には土がなく、牛馬の代わりに自動車が走る。

都会でも田舎でも、決定的な郷愁の断絶は、③人のにおいのようなものが消え、自然もまた論評や撮影の対象にはなっても、わが身で触れてd畏れや驚きや喜びを覚えるものでなくなってきたことである。私たちは何かのベルトコンベヤーのようなものに乗せられ、車窓を過ぎ行く景色のようにしか自然を意識することがなくなっている。実の自然からは遠ざかっているのだ。（　Ｂ　）e介在するメディアで知識は増えても、自然は映像の知識の分だけ離れてゆくようにさえ思える。

極言すれば、④私たちの「技術文明」そのものが、自然との隔壁を作る巨大な営みである。時間や自然現象さえ支配下に置けるような錯覚の中で私たちは暮らしている。（　Ｃ　）知識や情報がこれほど楽に入手でき、これほど素早く移動できる時代はなかった。一昔前の状態を思うと隔世の感がある。だが、知識が増せば利口になるとは限らない。情報伝達や交通手段が発達すればするほど、どうでもよいことに振り回され、⑤不自然な動きが増すように思われて仕方がない。これが自分の考えすぎであることを祈る。

（中略）

いま、周囲を見渡せば、手軽に不安を忘れさせる享楽の手段や、大小の「権威ある声」に事欠かない。私たちは過去、易々《やすやす》とその餌食《えじき》になってきたのである。このことは洋の（　Ｄ　）変わらない。一見勇ましい「戦争も辞さず」という論調や、国際社会の暴力化も、その一つである。経済的利権を求めて和を損ない、「非民主的で遅れた国家」や⑥寸土の領

MEMO

大切なことはメモしておこうネ！

2022年度

解　答　と　解　説

《2022年度の配点は解答欄に掲載してあります。》

＜数学解答＞

1　(1)　$-\frac{19}{12}$　(2)　$(x-2y-3)(x-2y+1)$　(3)　$\frac{8\sqrt{3}}{3}$　(4)　$x=\sqrt{2}$，$y=-2$

(5)　$a=\frac{21}{2}$，$x=10$

2　(1)　$y=4$　(2)　12と13と14　(3)　$\frac{1}{4}$

(4)　子ども　33(人)　シュークリーム　93(個)　(5)　イ，ウ

3　(1)　$y=6$　(2)　$y=12$　(3)　$6\sqrt{5}$　(4)　$4t^2$　(5)　$\left(-1,\ \frac{2}{3}\right)$，$\left(4,\ \frac{32}{3}\right)$

4　(1)　$x=27$，$y=122$　(2)　$\frac{4}{3}\pi-\sqrt{3}$(cm²)　(3)　①　AG：GC＝1：2

②　32(cm)　(4)　①　イ　②　143　③　3

○推定配点○

1　各4点×5　2　各5点×5　3　各5点×5　4　(1)・(2)　各5点×2

(3)・(4)　各4点×5　計100点

＜数学解説＞

1　(正負の数の計算，因数分解，平方根の計算，連立方程式，2次方程式)

基本　(1)　$\frac{11}{3}-\frac{7}{3}\div\left(\frac{2}{3}\right)^2=\frac{11}{3}-\frac{7}{3}\div\frac{4}{9}=\frac{11}{3}-\frac{7}{3}\times\frac{9}{4}=\frac{11}{3}-\frac{21}{4}=\frac{44}{12}-\frac{63}{12}=-\frac{19}{12}$

重要　(2)　$A=x-2y$とすると，$(x-2y)^2-2(x-2y)-3=A^2-2A-3=(A-3)(A+1)$　おきもどして，$(A-3)(A+1)=(x-2y-3)(x-2y+1)$

重要　(3)　$\sqrt{\frac{16}{12}}-(\sqrt{3}-\sqrt{27})=\frac{4}{2\sqrt{3}}-(\sqrt{3}-3\sqrt{3})=\frac{2}{\sqrt{3}}-(-2\sqrt{3})=\frac{2\sqrt{3}}{3}+2\sqrt{3}=\frac{2\sqrt{3}}{3}+\frac{6\sqrt{3}}{3}=\frac{8\sqrt{3}}{3}$

やや難　(4)　$2x-\sqrt{2}y=4\sqrt{2}$の両辺を$\sqrt{2}$でわって$\sqrt{2}x-y=4$より$y=\sqrt{2}x-4$…①　ここで，①を$x+\sqrt{2}y+1=\frac{y+\sqrt{2}}{\sqrt{2}}$に代入して，$x+\sqrt{2}(\sqrt{2}x-4)+1=\frac{(\sqrt{2}x-4)+\sqrt{2}}{\sqrt{2}}$　$x+2x-4\sqrt{2}+1=x-2\sqrt{2}+1$　$x+2x-x=-2\sqrt{2}+1+4\sqrt{2}-1$　$2x=2\sqrt{2}$　$x=\sqrt{2}$　さらに，①に$x=\sqrt{2}$を代入して$y=\sqrt{2}\times\sqrt{2}-4=2-4=-2$　よって，$x=\sqrt{2}$，$y=-2$

重要　(5)　$x^2-ax+5=0$…①に$x=\frac{1}{2}$を代入して，$\left(\frac{1}{2}\right)^2-a\times\frac{1}{2}+5=0$　$\frac{1}{4}-\frac{1}{2}a+5=0$　両辺を4倍して$1-2a+20=0$　$2a=21$　$a=\frac{21}{2}$　さらに，①に$a=\frac{21}{2}$を代入して，$x^2-\frac{21}{2}x+5=0$　両辺を2倍して$2x^2-21x+10=0$　$(2x-1)(x-10)=0$　$x=\frac{1}{2}$，10　よって，$a=\frac{21}{2}$，もう1つの解$x=10$

2 （反比例，2次方程式の利用，確率，連立方程式の利用，四分位数と箱ひげ図）

基本 (1)　yがxに反比例するとき，$a=xy$（aは比例定数）と表せるので，$x=2$，$y=6$を代入して$a=2\times6=12$　このとき$xy=12$となり，$x=3$を代入して$3\times y=12$より，$y=4$

(2)　連続する3つの自然数のうち，2番目の自然数をn（$n\geqq2$）とすると，最も小さい数は$n-1$，最も大きい数は$n+1$と表せる。このとき，小さい方の2つの数の積は，最も大きい数の11倍より2だけ大きいので，$(n-1)\times n=11(n+1)+2$　$n^2-n=11n+11+2$　$n^2-12n-13=0$　$(n-13)(n+1)=0$　$n=13$，-1　よって，$n\geqq2$より$n=13$となり，連続する3つの自然数は12，13，14

(3)　$x^2-11x+30=0$を解いて，$(x-5)(x-6)=0$　$x=5$，6　よって，大小2つのさいころを同時に投げたとき，目の和が5または6になる確率を求めればよい。ここで，大きいさいころの出た目の数をa，小さいさいころの出た目の数をbとし，2つのさいころを投げた結果を(a, b)のように表すと，目の和が5となるのは(1，4)，(2，3)，(3，2)，(4，1)の4通り。6となるのは(1，5)，(2，4)，(3，3)，(4，2)，(5，1)の5通り。さらに，2つのさいころを投げた結果は全部で$6\times6=36$(通り)となるので，2つのさいころを同時に投げたときの出た目の数の和が5または6になる確率は$\frac{4+5}{36}=\frac{9}{36}=\frac{1}{4}$

重要 (4)　子どもの人数をx，シュークリームの全部の数をyとすると，チョコレートの全部の数は$3y$と表せる。このとき，チョコレートを1人8個ずつ配ると15個あまるので，$8x+15=3y$…①　シュークリームを1人3個ずつ配ると6個足りなかったので，$3x-6=y$…②　②を①に代入して$8x+15=3(3x-6)$　$8x+15=9x-18$　$x=33$　さらに②に$x=33$を代入して，$3\times33-6=y$　$-y=-99+6$　$-y=-93$　$y=93$　よって，子どもの人数は33人で，シュークリームは全部で93個ある。

重要 (5)　箱ひげ図より，最小値は2冊，第１四分位数は5冊，第2四分位数は9冊，第3四分位数は11冊，最大値は13冊となる。このとき，10人の生徒が読んだ本の冊数を少ない方から順にならべると，1番目→2，3番目→5，8番目→11，10番目→13となるので，2，a，5，b，c，d，e，11，f，13のように表せる。ア．第2四分位数9は全体の中央値すなわちcとdの平均値なので，10人の平均値とはいえない。イ．第1四分位数5は3人目の冊数，第3四分位数11は8人目の冊数となるので，5冊以上11冊以下の生徒は少なくとも6人いる。ウ．第2四分位数9は全体の中央値すなわち5人目と6人目の冊数の平均値なので，9冊以上の生徒は少なくとも5人いることになる。エ．ちょうど9冊の生徒がいるとしたら，b，c，d，eの位置にいることになるが，それらの位置に9冊が必ず含まれるとは限らないので，ちょうど9冊の生徒が少なくとも1人いるとはいえない。

3 （2次関数・1次関数と図形の融合問題）

基本 (1)　点Bは関数$y=\frac{2}{3}x^2$のグラフ上の点なので，$x=-3$を$y=\frac{2}{3}x^2$に代入して，$y=\frac{2}{3}\times(-3)^2=\frac{2}{3}\times9=6$　よって，点Bのy座標は6

重要 (2)　点Aは関数$y=\frac{2}{3}x^2$のグラフ上の点なので，$x=6$を$y=\frac{2}{3}x^2$に代入して，$y=\frac{2}{3}\times6^2=\frac{2}{3}\times36=24$　よって，点Aのy座標は24　ここで，直線ABの式を$y=mx+n$（m，nは定数）…①とすると，直線ABは点Aを通るので，$x=6$，$y=24$を①に代入して$24=6m+n$…②　直線ABは点Bを通るので，$x=-3$，$y=6$を①に代入して$6=-3m+n$…③　②の両辺から③の両辺をひいて$18=9m$　$m=2$　さらに$m=2$を②に代入して$24=6\times2+n$　$24=12+n$　$n=12$　よって，直線ABの式は$y=2x+12$となり，直線ABとy軸との交点Cのy座標は12

重要　(3)　直線ABの式$y=2x+12$に$y=0$を代入して$0=2x+12$　　$x=-6$　　このとき，直線ABとx軸との交点Dの座標はD$(-6,\ 0)$となりOD$=6$　　また，(2)より点Cの座標はC$(0,\ 12)$なのでOC$=12$　ここで，直角三角形DOCにおいて，三平方の定理より$\mathrm{CD}^2=\mathrm{OC}^2+\mathrm{OD}^2$なので，$\mathrm{CD}^2=12^2+6^2=144+36=180$　　よって，$\mathrm{CD}=\sqrt{180}=6\sqrt{5}$

重要　(4)　点Pのx座標を$t(-3<t<6)$とすると，点Pは関数$y=\dfrac{2}{3}x^2$のグラフ上の点なので，y座標は$\dfrac{2}{3}t^2$と表せる。ここで，△PDEを底辺がDEの三角形とみると，点Dのx座標は-6，点Eのx座標は6なので，底辺DEの長さは$6-(-6)=6+6=12$　　高さは点Pのy座標に等しく$\dfrac{2}{3}t^2$となるので，△PDEの面積は$12\times\dfrac{2}{3}t^2\times\dfrac{1}{2}=4t^2$と表せる。

やや難　(5)　(4)より，点Pのx座標を$t(-3<t<6)$とすると，点Pの座標は点P$\left(t,\ \dfrac{2}{3}t^2\right)$と表せる。ここで，△APEを底辺がAEの三角形とみると，底辺AEの長さは点Aのy座標に等しく24となり，点Eのx座標は6，点Pのx座標はtなので，高さは点Aのx座標と点Pのx座標の差に等しく$6-t$となり，△APEの面積は$24\times(6-t)\times\dfrac{1}{2}=72-12t$と表せる。また，△ADEの面積は，AE$=24$，DE$=12$より，$24\times12\div2=144$となる。このとき，△ADEは△ADPと△PDEと△APEの3つの三角形に分けることができるので，(△ADEの面積)＝(△ADPの面積)＋(△PDEの面積)＋(△APEの面積)とすることができる。このとき，(△ADEの面積)$=144$，(△ADPの面積)$=56$，(△PDEの面積)$=4t^2$，(△APEの面積)$=72-12t$とすると，$144=56+4t^2+72-12t$　　$4t^2-12t-16=0$　　$t^2-3t-4=0$　　$(t+1)(t-4)=0$　　$t=-1,\ 4$　　ここで，$t=-1$を$\dfrac{2}{3}t^2$に代入すると$\dfrac{2}{3}\times(-1)^2=\dfrac{2}{3}$　　さらに，$t=4$を$\dfrac{2}{3}t^2$に代入すると$\dfrac{2}{3}\times4^2=\dfrac{32}{3}$　　よって，△ADPの面積が56になるような点Pの座標は$\left(-1,\ \dfrac{2}{3}\right)$，$\left(4,\ \dfrac{32}{3}\right)$

4　**(円と角，おうぎ形の面積，平行線と角・相似・三平方の定理，標本調査)**

(1)　点Dを含む$\overset{\frown}{\mathrm{AC}}$に対する中心角AOCと円周角ABCについて，中心角AOCの大きさが$\angle\mathrm{AOC}=116^\circ$なので，円周角ABCの大きさは$\angle\mathrm{ABC}=116^\circ\div2=58^\circ$…①　　△AOBはOA＝OBの二等辺三角形なので，$\angle\mathrm{OAB}=\angle\mathrm{OBA}=x^\circ$…②　　△OBCはOB＝OCの二等辺三角形なので，$\angle\mathrm{OBC}=\angle\mathrm{OCB}=31^\circ$…③　　ここで$\angle\mathrm{OBA}+\angle\mathrm{OBC}=\angle\mathrm{ABC}$となることから，①，②，③を代入して，$x^\circ+31^\circ=58^\circ$　　$x^\circ=58^\circ-31^\circ$　　$x^\circ=27^\circ$　　次に，点Bを含む$\overset{\frown}{\mathrm{AC}}$に対する中心角AOCと円周角ADCについて，中心角AOCの大きさが$\angle\mathrm{AOC}=360^\circ-116^\circ=244^\circ$なので，円周角ADCの大きさは$\angle\mathrm{ADC}=y^\circ=244^\circ\div2=122^\circ$　　よって，$x=27$，$y=122$

重要　(2)　点Pは直径をABとする半円Oの円周上にあるので，$\angle\mathrm{APB}=90^\circ$　　このとき，△APBにおいて，$\angle\mathrm{PBA}=180^\circ-\angle\mathrm{PAB}-\angle\mathrm{APB}=180^\circ-30^\circ-90^\circ=60^\circ$　　よって，おうぎ形BQAは中心角60°，半径4のおうぎ形なので，面積は$4\times4\times\pi\times\dfrac{60^\circ}{360^\circ}=\dfrac{8}{3}\pi$　　また，△AOPはOA＝OP＝2の二等辺三角形なので，$\angle\mathrm{OAP}=\angle\mathrm{OPA}=30^\circ$　　このとき，△AOPにおいて，$\angle\mathrm{AOP}=180^\circ-\angle\mathrm{OAP}-\angle\mathrm{OPA}=180^\circ-30^\circ-30^\circ=120^\circ$　　よって，おうぎ形OPAは中心角120°，半径2のおうぎ形なので，面積は$2\times2\times\pi\times\dfrac{120^\circ}{360^\circ}=\dfrac{4}{3}\pi$　　さらに，△OPBは一辺の長さが2の正三角形なので，底辺の長さ2，高さ$\sqrt{3}$となり，面積は$2\times\sqrt{3}\times\dfrac{1}{2}=\sqrt{3}$　　よって，(斜線部の面積)＝(おうぎ形BQAの面

積)−(おうぎ形OPAの面積)−(△OPBの面積)$=\frac{8}{3}\pi-\frac{4}{3}\pi-\sqrt{3}=\frac{4}{3}\pi-\sqrt{3}\,(\mathrm{cm}^2)$

重要 (3) ① AD＝DE＝EF＝FBより，AD：DF＝AD：(DE＋EF)＝1：(1＋1)＝1：2　このとき，直線HDは直線CFに平行であり，平行線で区切られた線分の比は等しいので，AG：GC＝AD：DF＝1：2　② AD＝DE＝EF＝FBより，BF：BD＝BF：(BF＋FE＋ED)＝1：(1＋1＋1)＝1：3…$\boxed{1}$　AD：AF＝AD：(AD＋DE＋EF)＝1：(1＋1＋1)＝1：3…$\boxed{2}$　△BFCは∠BFC＝90°の直角三角形なので，三平方の定理より$CF^2=BC^2-BF^2=13^2-5^2=169-25=144$　CF＝12…$\boxed{3}$　ここで，△BCFと△BHDにおいて，CF//HDより，平行線の同位角は等しいので∠BCF＝∠BHD，∠BFC＝∠BDH　よって，2組の角がそれぞれ等しいので，△BCF∽△BHD　このとき，$\boxed{1}$よりCF：HD＝BF：BD＝1：3となり，$\boxed{3}$よりCF＝12なので，12：HD＝1：3　HD＝36　また，△AGDと△ACFにおいて，HD//CFより，平行線の同位角は等しいので∠AGD＝∠ACF，∠ADG＝∠AFC　よって，2組の角がそれぞれ等しいので，△AGD∽△ACF　このとき，$\boxed{2}$よりGD：CF＝AD：AF＝1：3となり，$\boxed{3}$よりCF＝12なので，GD：12＝1：3　GD＝4　よって，GH＝HD−GD＝36−4＝32(cm)

(4) ① 先週池に戻した亀が均等に散らばっていたと仮定すると，(今日捕まえた亀の総数)に対する(今日捕まえた印のついた亀の数)の割合が，(池にいると考えられる亀の総数)に対する(先週印をつけて池に戻した亀の数)の割合とほぼ同じになると考えられる。したがって，(先週印をつけて池に戻した亀の数)：(池にいると考えられる亀の総数)＝(今日捕まえた印のついた亀の数)：(今日捕まえた亀の総数)となり，$40:x=7:25$　② ①より，$40:x=7:25$　これを解いて$7x=40\times25$　$7x=1000$　$x=142.8\cdots$　よって，池にいると考えられる亀の総数は，およそ143匹　③ このあとさらに捕まえる亀の数をyとすると，今日捕まえた亀の総数は$25+y$(匹)になるので，$40:160=7:25+y$　$40(25+y)=160\times7$　$25+y=4\times7$　$25+y=28$　$y=28-25$　$y=3$　よって，3匹

★ワンポイントアドバイス★

やや応用レベルまで出題されてはいるが，いずれも基本事項の延長線上にある内容なので，時間をかけ過ぎる問題があってはいけない。自分の得意・不得意を把握し，時間がかかりそうな分野・問題を減らしていけるように取り組もう。

＜英語解答＞

リスニング問題

リスニング問題解答省略

筆記問題

1 1 ① the earth [Our globe]　2 ② understanding　⑤ getting　⑥ broken　3 cholera　4 (2番目) ウ　(5番目) エ　5 drinking　6 ウ

2 1 イ　2 ア　3 エ　4 エ　5 ア　6 Thank you for listening. [Thank you very much. など]

3 1 weak　2 easier　3 chosen　4 various

4　1　Wednesday　2　rainbow　3　Breakfast　4　knife
5　1　ア　forward　イ　going　2　ウ　said　エ　decreasing
3　オ　what　カ　more　4　キ　take　ク　care
6　1　ア　wish　イ　knew[had]　2　ウ　is　エ　spoken　3　オ　reminded
カ　of　4　キ　anything　ク　eat
7　1　カ　2　ア　3　ウ　4　ク　5　イ
8　I like (playing sports) better. (I have two reasons.)
(First,) it is a lot of fun for me to play tennis.
(Second,) I want to be a good tennis player in the future.

○推定配点○
1・2　各3点×14（1 1①・4各完答）　8　6点　他　各2点×26（5・6各完答）
計100点

＜英語解説＞

リスニング問題　リスニング問題解説省略。

重要　1　（長文読解・説明文：語句解釈，語句補充，語句整序[関係代名詞]，内容吟味）

（全訳）　きれいな水は①地球上で最も貴重な資源の1つだが，私たちはいつもそのように考えていたわけではなかった。人々は何千年もの間，汚れた水の危険性を②理解せずに，ゴミや下水を運ぶために運河を使った。

しかし，今日私たちは水道システムに関心を持ち，きれいに保つために努力しなければならないことを知っている。汚れた水は魚や植物を殺すことができる。コレラや腸チフスなどの重篤な病気を運ぶことさえある。毎年何百万人もの人々が汚れた水を飲むことで病気になる。1850年代以前には，何千人もの人々がコレラで亡くなった。それがどのように始まり，広がったのか誰も知らなかった。③それは世界中の人々，特に混雑した都市の人々に影響を与えた。それが地方に来ると，何百人もの人々が1日で亡くなった。ほとんどの医師は，この病気は悪い空気から来ると考えていた。ジョン・スノー博士という一人の男性は，別の考えを持っていた。

1854年，コレラが再びロンドンを襲った。不思議なことに，街のごく一部から来た人だけが病気になっていた。スノー博士はなぜなのかわかると思った。彼は病気の家族全員を見舞いに行き，彼らに質問をした。それから彼はいくつかの手がかりを集めた。彼は研究から結果を得た。

彼は④ブロード・ストリートの井戸の近くに住んでいた近所の人たちが病気になっていることを知った。水の中の何かが人々を病気にしていた。彼らはポンプを閉じなければならなかった！

スノー博士は地元の水道事務所に行き，ブロード・ストリートの水道ポンプを閉めなければならないと言った。彼らは信じることができなかった。水がどうやって人を殺せるのか？

最後に，彼らの許可を得て，スノー博士はブロード・ストリートポンプのポンプハンドルを壊し，その後使用できなくなった。驚いたことに，人々が病気に⑤なるのが止まった。スノー博士は正しかった。

スノー博士は後に，⑥壊れた下水管が井戸からわずか1メートル離れたところに埋もれていることを発見した。生の下水が人々の⑦飲んでいる水に入っていた。このようにして，コレラは広がった。ついに各国政府はスノー博士の考えを信じ，都市部の水をきれいにし始めた。

1　「私たちの惑星」＝「地球」である。the earth や our globe で書き換えができる。
2　②　without ~ing「～せずに」　⑤　stop ~ing「～するのを止める」　⑥　broken で sewage

pipe を修飾する過去分詞の形容詞的用法となる。

3 前文の it と同じ cholera を指している。

4 the neighbors who lived near the well at Broad Street were getting becoming sick となる。who lived near the well at Broad Street は前の名詞を修飾する主格の関係代名詞である。

5 were drinking で過去進行形の文となる。

6 ア 「私たちは健康を保つために，汚水の危険性を理解しなければならない」 第2段落第1文参照。水道システムに関心を持たなければならないので適切。 イ 「今までのところ，私たちは汚水の問題に直面したことがある」 第2段落参照。汚水を飲むことで病気になるので適切。ウ 「研究の結果から，スノー博士は井戸の水を飲むことは悪くないとわかった」 第4段落参照。研究の結果，井戸の水を飲んで病気になることがわかったので不適切。 エ 「スノー博士のおかげで，ブロード・ストリートに住む多くの人はコレラから救われた」 第6段落参照。スノー博士のおかげで病気になる人がいなくなったので適切。

2 （長文読解・説明文：要旨把握，指示語，条件英作文）

（全訳） オリンピックの始まりや「オリンピック」について，そして古代と現代のオリンピックの違いについて話します。

古代ギリシャ人にとって，オリンピックは肉体的な達成の象徴だった。試合は運動能力と宗教が混ざり合ったものでした。ギリシャの神ゼウスに捧げられた祭りで祝われました。古代ギリシャ人は，ゼウスが神々の王であり，神々の中で最も強力であると信じていました。

オリンピックは平和な時代でもありました。オリンピックが開催されていたとき，すべての国に平和がありました。アスリートは，美しく緑のオリンピアでの競技に参加するために古代ギリシャ世界中から旅をしました。当時，オリンピアはオリンピックの競技や宗教の集会にのみ使用される特別な平和な場所でした。

今日，オリンピックは2年ごとに開催され，毎回異なる国で開催されています。オリンピックでは，世界中のトップアスリートが大会に参加するために一堂に会します。

古代オリンピックで種目に勝つことは，今日の大会で勝つこととはかなり異なっていました。現代では，アスリートは1位，2位，または3位で競技を終了すると，金，銀，銅メダルを受け取ります。一方，古代では，各競技に勝者は1人しかいませんでした。受賞の賞はメダルではなくオリーブの花輪でした。当時，オリンピックチャンピオンは他のアスリートだけでなく，村の人々からも尊敬されていました。多くの古代ギリシャ人は彼らを神々として認識していたので，彼らは特に偉大であると考えられていました。

最初の近代国際オリンピックは1896年にアテネで開催されました。それ以来，オリンピックは世界で最も重要なスポーツイベントの1つに発展しました。

1 古代オリンピックは，運動能力と宗教が混ざり合ったものであった。

2 古代ギリシャ人は，ゼウスが神々の王であり，最も強力であると信じていたのである。

基本 3 美しく緑のオリンピアは，オリンピックの競技や宗教の集会にのみ使用される特別な平和な場所であった。

基本 4 古代では，各競技の勝者は，メダルではなくオリーブの花輪を受け取っていた。

5 前の文の Olympic champions を指している。

重要 6 スピーチの終わりのお決まりの言葉は，「ご清聴ありがとうございました」にあたる Thank you for listening. や Thank you for your attention. などが適切である。

3 （単語・反意語）

1 strong ⇔ weak「弱い」

2 easy － easier

3 choose － chose － chosen

やや難 4 variety(名)－ various(形)

基本 4 (単語)

1 木曜日は「水曜日(Wednesday)」の後に来る。

2 雨が止んだ後に「虹(rainbow)」を見ることができる。

3 「朝食(breakfast)」は朝に食べる食事である。

4 「ナイフ(knife)」は食べ物を切るためや武器として使われる。

重要 5 (語句補充問題：動名詞，受動態，関係代名詞，熟語)

1 look forward to ~ing「~するのを楽しみに待つ」

2 It is said that ~「~と言われている」

3 what は the thing which を意味する関係代名詞である。

4 take care of yourself「お体をいたわってください，体に気をつけて」

6 (書きかえ問題：仮定法，受動態，熟語，不定詞)

1 I wish ＋仮定法過去「~ならいいのに」

2 what language を主語とした受動態の文となる。

3 bring back ~「~を思い出させる」 remind A of B「AにBを思い出させる」

4 ~ not anything to eat「食べ物が全くない」

基本 7 (会話文)

(全訳) 女性：道に迷っていますか？助けが必要ですか？

男性：ええ，お願いします。タクシーをどこで乗るべきか教えてもらえますか？

女性：わかりました。(1)あなたをそこに連れて行きましょうか？

男性：ああ，どうもありがとうございます。命の恩人です。

女性：あなたは写真家ですよね？大きなバッグを持っていて，カメラは高価そうです。

男性：(2)その通りです。名古屋城でたくさん写真を撮りました。
今，動物の写真を撮るために東山動物園に行くところなんです。

女性：あら，本当に？動物園への道は今とても混んでいますよ。地下鉄に乗った方がタクシーに乗るよりも速いです。

男性：地下鉄でどれくらいの時間がかかりますか？

女性：約20分かかります。

男性：よし，地下鉄に乗ろう。(3)どの路線に乗ったらいいか教えてもらえますか？

女性：(4)名城線で栄まで行き，そこで電車を乗り換えてください。

男性：わかりました，それで栄からどの路線に乗ればいいのですか？

女性：東山線に乗ってください。東山公園駅は栄から7駅です。駅の指示に従えば，すぐに東山動物園に着きます。(5)この近くの地下鉄駅まで連れて行きましょう。

男性：どうもありがとうございます。

女性：どういたしまして。

(1) この後でお礼を言っていることから，タクシー乗り場を教える，もしくはタクシー乗り場に連れていくと判断できる。

(2) たくさんの写真を撮ったことから，写真家であることがわかる。

(3) 地下鉄に乗ることに決めたので，どの地下鉄の路線に乗るべきか尋ねているとわかる。

(4) この後で，栄からどの路線に乗るべきかをたずねているため，栄まで行くように言っていると判断できる。

(5) この後でお礼を言っているので，地下鉄の駅まで連れて行くとわかる。

重要 [8] （条件英作文）

・自分が選んだ答えに合う理由を書くようにする。

・「問い」で使われている表現(playing sports や watching sports)はそのまま用いるようにする。

・a や the，名詞の複数形など細かい点に注意をして英文を作る。

・It is ~ for me to ….「…することは私にとって~だ」や I want to ~.「私は~したい」などの表現を用いるとすぐに英文を作ることができる。

★ワンポイントアドバイス★

語彙や文法の分量が多いため，正確な語彙力，正確な英文法の知識を身につけておきたい。教科書に載っている単語や構文はきちんと身につけておこう。

＜理科解答＞

[1] Ⅰ 問1 エ 問2 エ 問3 ① ウ ② イ 問4 850m 問5 36km/h
問6 ① 680 ② 20 ③ 660 ④ 1.94 ⑤ 1000 ⑥ 515

[2] Ⅰ 問1 ① みずがめ ② すばる ③ 東 ④ すい星 ⑤ 地球
問2 ALMA望遠鏡 問3 イ Ⅱ 問1 ① 公転 ② 黄道
問2 ア 6月 イ 12月 ウ 1月 問3 ア

[3] Ⅰ 問1 ① 炭水化物 ② ブドウ糖 ③ 師管 ④ デンプン 問2 ア，ウ
問3 ア 問4 エ 問5 ウ 問6 減数分裂 問7 （ i ） エ （ii） オ

[4] 問1 中和反応 問2 a 3.85% b $1.04g/cm^3$ 問3 A イ B カ
C ウ D ウ 問4 ア 問5 エ 問6 オ 問7 ウ，エ

○推定配点○

[1] 問6 ③，④，⑤，⑥ 各3点×4 他 各2点×8 [2] 各2点×13

[3] 各2点×11(Ⅰ問2完答) [4] 問2 a，b 各3点×2 他 各2点×9(問7完答)

計100点

＜理科解説＞

[1] （光と音の性質―ドップラー効果）

基本 問1 光の速さは約30万km/s，地震波はP波が約5km/s，S波が約3km/s，音の速さは約340m/sである。

基本 問2 音は振動を伝えるものがあれば伝わる。そのため，真空中では伝わらない。また，振動を伝える物質が密であるほど，音は速く伝わる。

基本 問3 振動数が多いほど同じ時間での波の数が多くなる。また，振動数が多いほど，音は高くなる。救急車が近づくとき音は高く聞こえ，遠ざかるとき低く聞こえることから，音源が近づくときは振動数が多く(ウのグラフ)，遠ざかるときは振動数が少なく(イのグラフ)なる。音の大きさは変化しないので，波の振幅は変わらない。

基本 問4 340m/sの音が2.5秒後に聞こえたので，この間に音が進んだ距離は340×2.5＝850mである。

基本 問5 1時間で進む距離にすると，10×60×60÷1000＝36kmなので，時速36km/hである。

重要 問6 ① 音波の幅とは，初めの音の位置と終わりの音の位置の距離をさす。初めに発した音が2秒後には340×2＝680mに達しており，このとき最後の音が音源を出るので，音源が移動しなければ音の幅は680mである。 ② 音源は10m/sで2秒間進むので，20m前に進んでいる。 ③ 音源が移動するので，音の幅は680－20＝660mである。 ④ 最後の音が観測者に達するまでにかかる時間は，660÷340＝1.941≒1.94sである。観測者はこの間，音を聞くことになる。 ⑤ 500Hzで2秒間音を発するので，音の波は500×2＝1000個である。 ⑥ 1000個の波を1.94秒間で聞くので，1000÷1.94＝515.4≒515Hzであり，振動数が多くなるので音が高くなるという事実に一致する。

2 （地球と太陽系―流星・恒星）

Ⅰ 問1 5月にピークを迎えるのは，みずがめ座流星群である。夜明け前の東の空に観察できる。みずがめ座流星群は，ハレー彗星がまき散らしたちりの帯が，地球の大気圏に突入して燃えることで観測できる。国立天文台がハワイ・マウナケア山に設置している望遠鏡はすばる望遠鏡。

問2 この望遠鏡は，ALMA（アルマ）望遠鏡と呼ばれる。

問3 太陽から最も近い恒星はプロキシマ・ケンタウリで，約4光年の距離にある。

基本 Ⅱ 問1 太陽が地球の周りを1年で1周するように見え，このときの太陽の通り道を黄道という。黄道の上に並ぶ12の星座を，黄道12星座という。

問2 地球から見て太陽がそれぞれの星座の方向に見える月は，おうし座は6月，さそり座は12月，いて座は1月である。

問3 地球から見ると太陽は1か月で30°西から東へ移動するように見える。しし座が9月に南の空に見えるので，3か月で90°東へ移動する。12月の真夜中には東の空に見える。

3 （生物総合―植物・人体・生殖と遺伝）

基本 Ⅰ 問1 ① ジャガイモの主な栄養素は炭水化物である。 ② 炭水化物（デンプン）は分解されてブドウ糖になる。 ③ 植物の体内で栄養素は師管を通って運ばれる。 ④ 光合成でつくられたデンプンが，地下茎で蓄えられる。

基本 問2 単子葉植物の例は，イネ，トウモロコシである。葉が平行脈で，根がひげ根，維管束が散在するなどの特徴がある。

基本 問3 炭水化物は主にエネルギー源になる。

基本 問4 だ液やすい臓からのすい液中のアミラーゼでデンプンが麦芽糖に分解され，小腸からのマルターゼによってブドウ糖に分解される。

問5 むかごとは，わき芽が養分を蓄えて大きくなったもので，主に地上部分に生じる。オニユリはむかごをつくる。球根で増えるものも栄養生殖であるが，チューリップの球根は葉の部分が変形したもの。

基本 問6 生殖細胞をつくる分裂を減数分裂という。体の細胞の分裂は体細胞分裂という。減数分裂では，染色体の数が分裂前の半分になる。

重要 問7 （ⅰ） Xからは遺伝子Rが，Yからはrがやってくるので，子供の遺伝子の組み合わせはRrだけである。 （ⅱ） Yを植え付けて生育する固体は，無性生殖によるので（栄養生殖），遺伝子型は親と同じになる。よってrrである。

4 （酸とアルカリ・中和―中和反応）

基本 問1 酸とアルカリの反応を中和反応という。

重要 問2 a 0.4gの水酸化ナトリウムを10gの水に溶かしたので，質量パーセント濃度は（0.4÷10.4）×100＝3.846≒3.85％ b 水酸化ナトリウム水溶液の体積は10cm^3なので，密度は10.4÷10＝1.04g/cm^3である。

問3 BTB溶液は，酸性では黄色，中性付近では緑色，アルカリ性では青色である。Aは酸性なので黄色，C，Dはアルカリ性なので青色と判断できるが，Bはまだ酸性か中性になっているか判断できないので，BTB溶液の色も予想できない。

問4　それぞれの水溶液中にイオンが存在するので，すべての水溶液で電気が流れる。

基本 問5　Dはアルカリ性を示すので，同じアルカリ性の水溶液はアンモニア水である。

問6　オが正しい。濃度を2倍にするのは，もとの濃度の水酸化ナトリウム水溶液の量を2倍にするのと同じ結果になる。よってA，C，Dでは2倍にしてもリトマス紙の色は同じ結果になる。しかし，Bでは2倍入れると，もとの濃度の水酸化ナトリウム水溶液20mLを入れたときに青色に変化する(Cの結果)ので，結果が異なってしまう。イでは，清涼飲料を2倍に薄めても，水溶液に含まれる酸の量(濃度ではなく)は変わらないので，結果も変わらない。

問7　ピペットは親指と人差し指でゴム球部分をつまみ，他の指でガラスの部分をつまんで使用する。水酸化ナトリウムは有害なので，手に付着したときは直ちに洗い流す。実験には危険防止のため備えを十分に行うこと。反応後の物質は有害なものも含まれるので，流しには流さない。

★ワンポイントアドバイス★

大半が標準レベルの問題なので，教科書の内容をしっかりと理解することが大切である。生物・地学分野では，具体例や時事的な内容が取り上げられることもある。

＜社会解答＞

1　問1　ウ　問2　15　問3　ア，ウ，エ　問4　(ⅰ)　オ　(ⅱ)　イ　問5　2011
問6　バイオマス[バイオ]　問7　ハブ空港　問8　【線ABの実際の距離】　1.25
【記号】　ア，エ

2　問1　季節風[モンスーン]　問2　エ　問3　ア　問4　プランテーション
問5　ASEAN　問6　ウ

3　問1　【遺跡名】　モヘンジョ＝ダロ　【記号】　ウ　問2　エ　問3　ポリス
問4　【金印の文字】　漢委奴国王　【島名】　志賀島　問5　ウ　問6　隋　問7　イ
問8　イ　問9　白村江　問10　防人

4　問1　関東大震災　問2　全国水平社　問3　【西暦】　1925　【選択肢1】　ウ
【選択肢2】　D　問4　治安維持法　問5　イ　問6　レーニン
問7　ベルサイユ条約[ヴェルサイユ条約]　問8　国際連盟　問9　ア
問10　満州事変

5　問1　(B)→(D)→(E)→(A)→(C)　問2　25　問3　(ⅰ)　エ　(ⅱ)　イ　問4　ア
問5　エ　問6　(地方交付税)　エ　(国庫支出金)　イ　問7　Y　地方自治の本旨
Z　法律

6　問1　X　竹下登　Y　8　問2　1　イ　2　イ　問3　イ

○推定配点○

1　問1・問4　各1点×3　問8　6点　他　各2点×5　2　問2・問3・問6　各1点×3　他　各2点×3　3　問1・問4　各6点×2　問2・問5・問7・問8　各1点×4　他　各2点×4　4　問3　8点　問5・問9　各1点×2　他　各2点×7　5　問1　5点　問2・問7　各2点×3　他　各1点×6　6　問1　各2点×2　他　各1点×3　計100点

＜社会解説＞

1　(日本の地理－東北地方の特色，地形・気候，産業，交通，地図の見方)

問1　東北地方の太平洋岸は，三陸海岸から牡鹿半島までリアス海岸である。山地帯は太平洋側から北上高地，奥羽山脈，出羽山地となるので，アは誤り。やませは冷たい風なので，イは誤り。親潮(千島海流)は寒流，黒潮(日本海流)は暖流なので，エも誤りとなる。

問2　日本全国どこの地点でも，日本標準時として，東経135度を使う。したがって，仙台市(東経135)とアカプルコ(西経90度)の経度差は，135＋90＝225(度)，15度で1時間の時差であるから225÷15＝15(時間)となり，両市の時差は15時間である。

問3　東北三大夏祭りは，青森ねぶた祭り(青森県)，秋田竿灯まつり(秋田県)，仙台七夕まつり(宮城県)である。

問4　(ⅰ)　羽越しな布は，山形県鶴岡市関川地区・新潟県村上市山北地区で作られている織物である。互いに隣り合う山形県(羽前)と新潟県(越後)の2地域を合わせ「羽越(うえつ)」と呼ぶことからその名がつけられた。　(ⅱ)　秀衡塗は，岩手県平泉町周辺で作られている漆器で，その特徴は平泉周辺で採れた金箔などをあしらっており，漆器としては数少ない鮮やかな模様である。

問5　東日本大震災は，2011年3月11日14時46分頃に発生。三陸沖の宮城県牡鹿半島の東南東130km付近で，深さ約24kmを震源とする地震であった。マグニチュード(M)は，1952年のカムチャッカ地震と同じ9.0。これは，日本国内観測史上最大規模であった。

問6　バイオマスは，とうもろこしやさとうきびなどの農産物，生ごみ，木材などさまざまな動植物から得られるエネルギーを利用するという特色がある。

問7　ハブ空港は，航空路線の中で，乗客や貨物の中心となる中継地点となる空港である。中継空港を中心に車輪(ハブ)のように航空路が放射線状に広がるイメージからハブ空港と呼ばれている。

問8　縮尺2万5千分の1の地形図上の5cmの実際の距離は，25000×5cm＝125000cm＝1250m＝1.25kmとなる。東北部に図書館はないので，アは誤り。平和公園には荒地は見あたらないので，エも誤りとなる。

2　(地理－東南アジアの特色，気候，宗教，産業，貿易)

基本　問1　東南アジアは，5月から10月はインド洋の南西から，11月から4月は大陸側から，モンスーン(季節風)がふく。

問2　上海は，冬と夏の気温差が大きく，1年を通して降水量が多い温暖湿潤気候であるので，エが該当する。

問3　東南アジアはイスラーム教国が多い。インドネシアもそうである。イスラーム教はアッラーという唯一の神を信じる一神教である。

問4　プランテーションとは，主に熱帯地域の広大な農地に大量の資本を投入し，国際的に取引価値の高い単一作物を大量に栽培する(モノカルチャー)大規模農園またはその手法をさす。植民地主義によって推進されてきた。

重要　問5　東南アジアでは，1967年に結成された東南アジア諸国連合(ASEAN)の中で経済的な結びつきが強まっている。

問6　タイ，マレーシアは，近年，工業が発展してきた国で，機械類の輸出品が増えている。

3　(日本と世界の歴史－政治・外交史，社会・経済史，日本史と世界史の関連)

問1　写真は，モヘンジョ＝ダロといい，インドのとなりの国であるパキスタンのシンド州にあるインダス文明の残した都市遺跡である。この文明の文字であるインダス文字は，まだ解読されていない。

問2　アテネのアクアポリスの丘には，守護神アテナをまつるパルテノン神殿がある。その下には，公共の広場であるアゴラが広がる。

基本 問3　当時のギリシア全土には，都市国家であるポリスが成立していた。

問4「後漢書」には，1世紀の半ばに現在の福岡平野にあった倭の奴国王が，後漢に使いを送り，皇帝から金印を授けられたとあり，江戸時代に志賀島(福岡県)で発見された「漢委奴国王」と刻まれた金印は，そのときのものと考えられている。

問5　百舌鳥《もず》古墳群は，大阪府堺市にある古墳群で，世界最大級の大仙古墳もこの古墳群に属している。半壊状態のものも含めて44基の古墳がある。

問6　中国の魏晋南北朝時代を統一したのは隋である。

問7　煬帝は隋の2代目の皇帝である。

問8　中国の隋の時代に，朝鮮半島では，高句麗，新羅，百済の3国が争っていた。

問9　当時の朝鮮半島では，新羅が唐と結んで，百済や高句麗を滅ぼした。663年，日本は百済を助けるために大軍を送ったが，新羅と唐の連合軍に白村江の戦いで敗れた。

問10　唐と新羅に対する防衛の拠点となる大宰府を守るために，食糧倉庫なども備えた大野城や前面に水を蓄えた水城をつくった。また，この九州北部には，防人という兵士を配置した。

4 (日本と世界の歴史―政治・社会・経済史，世界史と日本史の関連)

問1　1923年，関東大震災が起こり，東京・横浜を中心とする地域は壊滅状態になった。この影響で，景気が悪化し，経済不況になっていった。

重要 問2　部落差別に苦しんできた被差別部落の人々も政府にたよらず，自らの力で人間としての平等を勝ち取り，差別からの解放をめざす部落解放運動を進めた。1922年に京都で全国水平社が結成され，運動は全国に広がっていった。

問3　1925年，加藤高明内閣は，納税額による制限を廃止して，満25歳以上の男子に選挙権をあたえる普通選挙法を成立させた。この結果，グラフにあるように，1925年には有権者の割合が約4倍に増えている。グラフの1945年には，満20歳以上の男女に選挙権があたえられた。

問4　普通選挙法の成立と同時に治安維持法が制定され，共産主義に対する取り締まりが強められた。

問5　1914年，オーストリア皇太子夫妻が，サラエボでセルビアの青年に暗殺された。オーストリアはセルビアに宣戦布告し，まもなく各国も参戦して，ドイツ，オーストリア，トルコを中心とする同盟国側とイギリス，フランス，ロシアを中心とする連合国側に分かれて第一次世界大戦が始まった。

問6　1917年，レーニンの指導のもと，社会主義をとなえる世界で最初の政府ができた。これをロシア革命といっている。

問7　1918年，ドイツが降伏して第一次世界大戦が終わり，翌年にパリで講和会議が開かれ，ベルサイユ条約が結ばれた。

問8　パリ講和会議では，以前から民族自決をとなえていたアメリカのウィルソン大統領の提案にもとづき，1920年に世界平和と国際協調のための国際連盟が誕生した。

問9　アメリカは世界恐慌に際して，それまでの経済政策を大きく変えて，ルーズベルト大統領のもと，1933年からニューディール(新規まき直し)という政策をとった。

問10　満州を中国から分離することを主張していた日本の軍部(関東軍)は，1931年9月18日，柳条湖で満鉄の線路を爆破し，それを中国のしわざとして満州事変を起こした。

5 (公民―政治のしくみ，地方自治，憲法，その他)

問1　時系列に並べると，B：選挙日程公布→D：選挙告示→E：選挙運動期→A：選挙投開票・結果報道，ということになる。

問2　市町村長の被選挙権は満25歳以上である。

問3　（ⅰ）　副市長の解職の請求先は首長であるので，エは誤りである。　（ⅱ）　条例の制定・改廃の請求先は首長である。

やや難　問4　メディア配信を利用した選挙運動は認められている。ホームページからの印刷は，著作権に抵触するので認められていないので，イは誤り。投開票日当日は選挙運動期間でないため，メディアを利用しての立候補者のメッセージは送ることができないので，ウは誤り。立候補者本人の署名活動は認められていないので，エも誤りとなる。

問5　1996年9月，沖縄県で「日米地位協定の見直し及び基地の整理縮小に関する」住民投票が行われた。「基地の整理・縮小」と「日米地位協定見直し」に賛成か反対かを問い，89％が賛成した。

問6　地方公共団体の財源で，不足する分は，地方公共団体間の財政格差をならすために国から配分される地方交付税で補われる。また，義務教育や道路整備など特定の費用の一部については国から国庫支出金が支払われる。

問7　憲法第8章第92条は，地方自治の基本原則を規定している。「地方自治の本旨」とは，各地方の行政はそれぞれの地方公共団体の仕事であり，住民の意思にもとづいて処理されることが地方自治の目的であることを表現する言葉である。

6　（公民ー経済生活，日本経済）

問1　消費税は，1989年竹下登内閣の時に，初めて導入された。2014年安倍晋三内閣は，消費税を8％に引き上げた。

問2　農作物の不作や原材料費の値上がりが起きると，生産者は同じ費用で生産できる量が少なくなるため，売ろうとする量を減少させる。つまり，供給曲線は左に動くことになる。

やや難　問3　設問の需要供給曲線を考察すると，価格100円では実際の数量は500個しか供給できないことがわかる。そして，需要は1500個必要であるから，1500－500＝1000であり，1000個不足していることになる。

★ワンポイントアドバイス★

2 問6　タイ，マレーシア，ベトナムのように，近年，工業が発達してきた国々では，工業団地をつくって外国の企業を積極的に受け入れている。4 問5　日本は，第一次世界大戦に際して，日英同盟を理由に連合国側に参戦した。

＜国語解答＞

1　問1　a　ぶすい　b　粗野　c　雑踏　d　おそ(れ)　e　かいざい　f　凝(らし)
問2　A　エ　B　イ　C　ア　問3　郷愁の断絶　問4　捕虫網を手　問5　イ
問6　情報伝達や交通手段　問7　ウ　問8　ア　問9　イ　問10　エ　問11　エ

2　問1　a　残像　b　保証　c　遭遇　問2　び続ける。　問3　イ　問4　イ
問5　部活なんかやってる余裕[無理して部活をする必要]　問6　ウ　問7　(例)　自分が断念した，憧れの陸上部で練習を続ける良太をうらやましく思う気持ち。

3　問1　ちょうてき　問2　イ　問3　(1)　数多の金銀等　(2)　エ　問4　ア
問5　代りに所得あらんと思ふべからず　問6　ウ

○推定配点○
1 問3～問7・問10・問11 各4点×7 他 各2点×11 2 問1 各2点×3 問7 6点 他 各4点×5 3 問3～問5 各3点×4 他 各2点×3 計100点

＜国語解説＞

1 （自叙伝―大意・要旨，内容吟味，文脈把握，脱語補充，漢字の読み書き，語句の意味）

基本 問1 ～～～部aは「無粋」とも書く。～～～部bは洗練されていないこと。～～～部cは人ごみ。～～～部dは敬い，かしこまる気持ち。～～～部eは両者の間に他の事物がはさまってあること。～～～部fの「目を凝らす」はじっと見ること。

問2 空欄Aは後に「ように」を伴っているので例えていることを表す「まるで」が入る。空欄Bは後に「ても」を伴っているので仮定を表す「たとえ」が入る。空欄Cは昔のことを表す「かって」が入る。

やや難 問3 帰国して「何だかものたりない」と――部①を感じた後，子供時代に遊んだ山々に入って郷愁を感じていることから，①は「都会でも田舎でも……」で始まる段落の「郷愁の断絶（5字）」によって感じた感覚である。

問4 ――部②後で②の説明として「捕虫網を手にして駆け巡った山々，一つ一つの木々，路傍の牛糞一つにも，昆虫たちの営みをときめく心で眺めたことが思い返される。」という一文で述べている。

問5 ――部③は筆者が郷愁を感じるもので，直前の段落で郷愁は「幼少期に過ごした自然や人との出会いの記憶である」と述べているのでイが適切。「人」と郷愁を踏まえていない他の選択肢は不適切。

問6 ――部④は直後で説明しているように「情報伝達や交通手段（9字）」のことである。

問7 ――部⑤のある段落では直前の段落の説明をしており，⑤は「車窓を過ぎ行く景色のようにしか自然を意識することがなくっている」という動きのことなのでウが適切。⑤直前の段落内容を踏まえていない他の選択肢は不適切。

問8 「洋の東西」は西洋と東洋，すなわち世界中どこでも，という意味。

問9 「寸土」は少しばかりの土地という意味なのでイが適切。アは間口が狭くて奥行きの深い建物や場所のたとえ。ウはごくわずかなもののたとえ。エは素性のわからない者をあざけっていう言葉。

重要 問10 普段はアフガニスタンで人道支援をしている筆者は「迷信」や「妄想」といったものから離れているため――部⑦であり，何が真実か不要なのかを見つめることができる，ということなのでエが適切。迷信や妄想から離れていること，真実や不要なものを見つめることを説明していない他の選択肢は不適切。

重要 問11 エは「極限すれば……」から続く2段落で述べている。この2段落の内容を踏まえていない他の選択肢は不適切。

2 （小説―心情・情景・細部の読み取り，脱文・脱語補充，漢字の書き取り）

基本 問1 ～～～部aはもうそこには残っていないのに感じられる映像のこと。～～～部bは間違いがないと認めて責任をもつこと。同音異義語で人やものを被害などから保護するという意味の「保障」と区別する。～～～部cは予期せずに出会うこと。

問2 抜けている文に「映像」とあり，「もうバスケ部に変わっているのに」とあることから，後半で部活動のオリエンテーションの映像が流れている場面で，「陸上部」の紹介の「……ザンゾウが浮かび続ける。」の直後に入る。

問3　空欄X前後の描写から，宮本は圭祐を放送部に誘っていることが読み取れ，Xでも圭祐が放送部に入ってくれることを期待して「笑いかけて」いるのでイが入る。

問4　陸上強豪校の合格発表の帰りに事故にあったことで，陸上ができなくなってしまった圭祐に気を遣って，周りは――部①のようになっているのでイが適切。「足のことには触れず」＝気を遣っていることを説明していない他の選択肢は不適切。

重要 問5　空欄Yは，母親に経済的負担をかけないために塾通いは難しいので，学校の授業についていくには自分で勉強をしないといけなくなるので，部活をする余裕はないという意味の語句が入る。この描写を踏まえて「下駄箱の前で……」で始まる段落の「部活なんかやってる余裕(11字)」あるいは「無理して……」で始まる段落の「無理して部活をする必要(11字)」を抜き出す。

問6　――部②直後で「高校では部活をしない。それが僕の出した結論だ」という圭祐の心情が描かれているのでウが適切。②直後の心情を踏まえていない他の選択肢は不適切。

やや難 問7　――部③は，陸上部のジャージを着た良太を目にしたら「心臓をギュッと握りつぶされたように息苦しくなった」気持ちである。入部したかったが，事故によって自分が断念した，憧れの陸上部で練習を続ける良太をうらやましく思う気持ちというような内容で具体的に説明する。

3　(古文―主題，内容吟味，語句の意味，仮名遣い，口語訳，文学史)

〈口語訳〉　夜(の坐禅のとき)の話に(道元が)言われたことには，昔，魯仲連という将軍がいた。平原君の国で，朝廷に反逆する者をうまく平定した。平原君がそれに報おうとして，たくさんの金銀等を与えようとしたが，魯仲連は辞退して言うには，「ただ，(敵を討つのが)将軍という役職における責任なので，敵を討ったまでです。賞賛され，ほうびをいただくためではありません」と言って，まったく受け取らなかった。魯仲連は私欲がなく正直だから評判がすぐれているのである。

俗人でも，やはり賢い人は，自分が，その人として，なすべき方面の能力を発揮するだけである。その報いを求めようとは思わない。修行者の心がけも，このようでなくてはならない。仏道に入り，仏法のいろいろのことを実行して，代償を得ようなどとは思ってはいけない。仏教とその他の教えにも，すべて，無執着であれとだけ勧めている。

基本 問1　歴史的仮名遣いの「エ段＋う」は現代仮名遣いでは「イ段＋ょ＋う」になるので「てうてき」→「ちょうてき」となる。

問2　イの「辞」は「言葉，言語」という意味。――部②とイ以外は「やめる」という意味。

問3　(1)　――部③は魯仲連が平原君から与えられた「数多の金銀等」を受け取らなかったということ。　(2)　――部③の理由として魯仲連は「『将軍の道……討つのみなり』」と話しているのでエが適切。魯仲連の言葉を踏まえていない他の選択肢は不適切。

問4　――部④の「道」は「方面」，「能」は「能力，才能」，「なす」は「実行する，発揮する」という意味なのでアが適切。

問5　魯仲連の「『賞を得て……非ず』」という言葉を踏まえて「代りに所得あらんと思ふべからず(15字)」と述べている。

問6　他の作品の成立は，ア・エは平安時代，イは江戸時代。

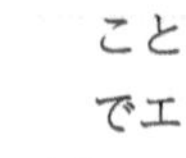

★ワンポイントアドバイス★

古文では，具体的な話から筆者が何を教訓として述べているかを読み取っていこう。

MEMO

大切なことはメモしておこうネ！

2021年度

入　試　問　題

2021年度

2021年度

東邦高等学校入試問題

【数　学】（40分）　＜満点：100点＞

【注意】 答えに根号や円周率πが含まれている場合は，根号やπのままで答え，分数は約分し，比はできる限り簡単な整数の比にしなさい。なお，筆答の際に定規は使ってもよろしい。

1 次の問いに答えよ。

(1) $2-4\left(\frac{1}{2}+\frac{2}{3}\right)-(-1)^2$ を計算せよ。

(2) $(x-y)^2-6(x-y)-16$ を因数分解せよ。

(3) $(2\sqrt{2}+\sqrt{7})(2\sqrt{2}-\sqrt{7})\times\left(\frac{12}{\sqrt{6}}+\sqrt{2}\right)^2$ を計算せよ。

(4) 連立方程式 $\begin{cases} 2x+y=940 \\ x+2y=680 \end{cases}$ を解け。

(5) 2次方程式 $2x^2+4x-3=0$ を解け。

2 次の問いに答えよ。

(1) 2本の直線l，mがy軸と交わる点をそれぞれＰ，Ｑとする。2直線l，mが次の条件を満たすとき，直線mの傾きを求めよ。

条件1．直線lを表す方程式は$y=\frac{1}{2}x-4$である。

条件2．線分ＰＱの中点は原点である。

条件3．直線mは点（－2，0）を通る。

(2) Ａ，Ｂ，Ｃ，Ｄの4チームがドッジボール大会を行う。試合は各チームが1回ずつ対戦する総あたり戦で行う。各試合は5分間，試合と試合の間を2分間，コートは1面で行うとき，1試合目の開始から全試合終了まで何分かかるか答えよ。

(3) $4<\sqrt{2n}\leqq 6$ を満たすすべての整数nの個数を求めよ。

(4) 15をある数xで割らなければならないところを間違えてxを掛けてしまったため計算結果が正しい値よりも30小さくなってしまった。xを求めよ。

(5) 100円，50円，10円，5円の硬貨が1枚ずつある。この4枚の硬貨を同時に投げるとき，表が出た硬貨の合計金額が150円以上になる確率を求めよ。

3 右の図のような1辺の長さが3㎝の正方形ＯＡＢＣがある。点Ｐ，Ｑは О を出発点として，点ＰはＯ→Ｃ→Ｂの順に，点ＱはＯ→Ａ→Ｂの順に動き，点ＲはＢを出発点として，Ｂ→Ａ→Ｏの順に動く。点Ｐ，Ｑ，Ｒはすべて毎秒1㎝の速さで動くとする。このとき，次のページの問いに答えよ。

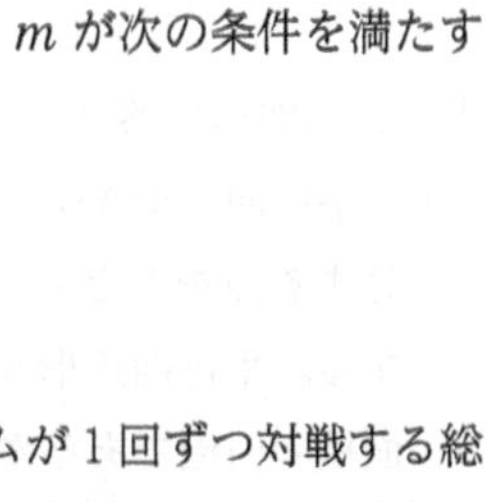

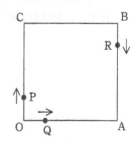

(1) 点Pが出発してからx秒後の△OAPの面積をxで表せ。ただし，$0<x<3$とする。

(2) 点P，Qが同時に出発してからx秒後の△BPQの面積をxで表せ。
ただし，$0<x<3$とする。

(3) 点P，Qが同時に出発したとき，$0<x<3$における△OPQの面積yとxの関係を表したグラフとして最も適切なものを**ア**～**エ**の記号で答えよ。

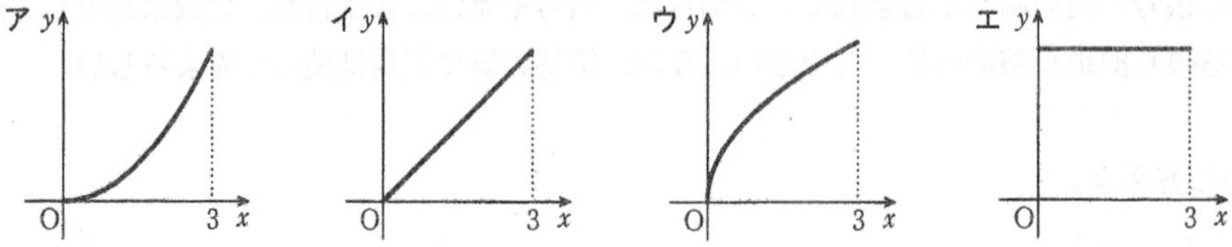

(4) 点P，Q，Rが同時に出発したとき，$0<x<3$における線分PQと線分QRの和をyとする。xとyの関係を表したグラフとして最も適切なものを**ア**～**エ**の記号で答えよ。

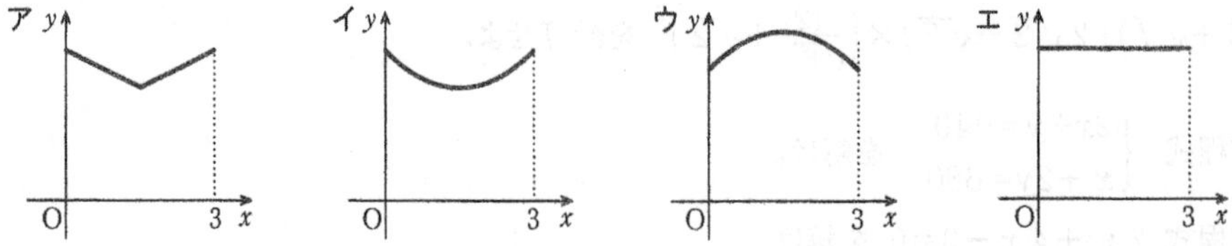

(5) 点P，Q，Rが同時に出発したとき，△PQRの面積が2 cm^2となるときのxの値を求めよ。ただし，$3<x<6$とする。

4 次の問いに答えよ。

(1) 平行四辺形ABCDにおいて辺BCを2：3に内分する点をEとし，線分AE，BDの交点をFとする。平行四辺形ABCDの面積は三角形ABFの面積の何倍であるか。

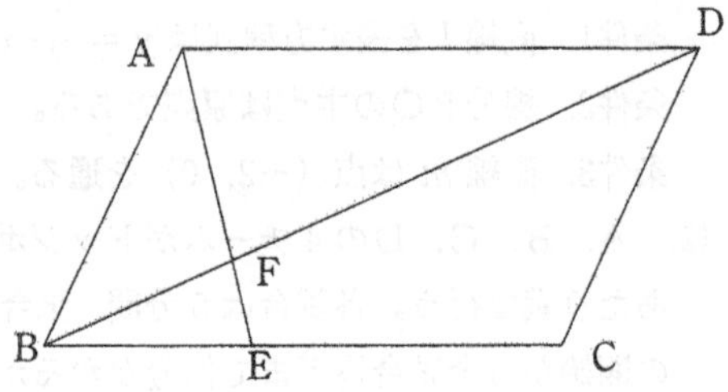

(2) 半径1 cm，中心角が90°の扇形を右の図のように滑らないように転がしたとき，点Pが動いた跡を結んでできる線と直線ℓで囲まれた部分の面積を求めよ。

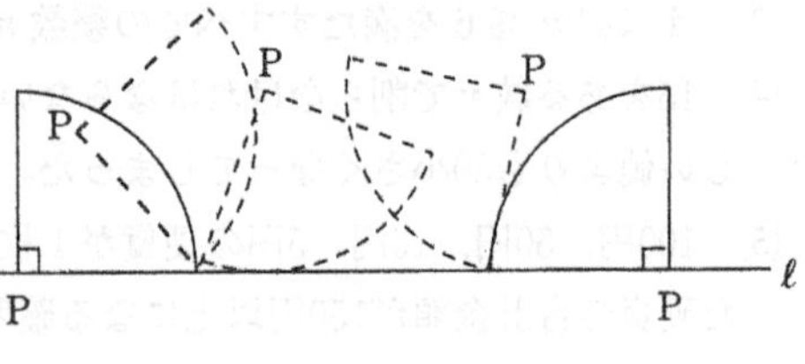

(3) 右の見取図と投影図をみて，立体の体積と表面積を求めよ。

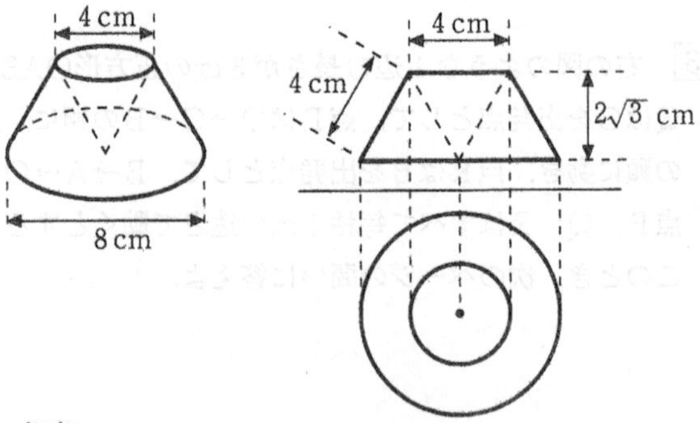

(4) 太郎くんは，●，▲，■の３種類の図形がかかれた自作のさいころを使って，さいころの目の出方を研究した。ただし，いずれの面も●，▲，■のいずれかが１つはかかれているとする。

① 右の展開図のようなさいころを２回投げるとき，最も多く出る図形の組み合わせはどれか。(ア)～(ウ)の中から，記号で答えよ。

(ア) ２回とも●が出る

(イ) ●，▲が１回ずつ出る

(ウ) ●，■が１回ずつ出る

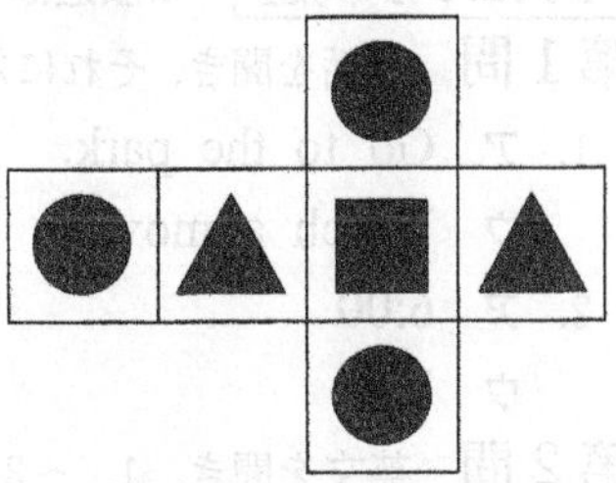

② さいころを２回投げたときに，「２回とも●になる確率」と，「●，▲が１回ずつ出る確率」が一致するようにさいころに図形をかいた。このさいころを２回投げたとき，2回とも■が出る確率を求めよ。

【英　語】（45分）　＜満点：100点＞

リスニング問題　**※放送は５分後に開始されます。それまでに問題をよく読みなさい。**

第１問　対話を聞き，それに対する質問の答えとして適切なものをア～エから選び，記号で答えよ。

1. ア　Go to the park.　　イ　Stay at home.
   ウ　Watch a movie.　　エ　Go to karaoke.
2. ア　6:00　　イ　6:30
   ウ　7:00　　エ　7:30

第２問　英文を聞き，1. ～3. の質問の答えとして適切なものをア～エから選び，記号で答えよ。

1. How many times has he been to the water park?
   ア　Once.　イ　Twice.　ウ　Three times.　エ　Many times.
2. Who did he ride the water slide with?
   ア　With his family.　　イ　By himself.
   ウ　With his parents.　　エ　With his sister.
3. What did he get on his way home?
   ア　He had pizza.　　イ　They had a hamburger and hotdog.
   ウ　He had ice cream.　　エ　He got tired.

※リスニングテストの放送台本は非公表です。

筆記問題

1　次の英文を読んで，あとの問いに答えよ。

Some things in Japan are changing all the time, and others are the same (①) hundreds of years ago. So what is Japan's future? One big change ②(come) for Japan is its industries. In the 1990's, China, Korea and other Asian countries began to make electronic goods very cheaply. Many countries got their electronic goods from these countries, not from Japan. So now, Japan does not make many of these goods. Instead (③) making these things, Japan began to make expensive cameras and amazing computer games. And Japan also has half of the world's robots. Robots are becoming important in the modern world, and Japan makes the most robots in the world. These robots are working at car companies to make small parts of the cars. Japan has some of the biggest car companies in the world.

Because there are a lot of cars in Japan, many cities have bad air pollution. It is a serious problem. So Japan is working with other countries around the world ④to fight air pollution. Japan's car industry is working hard on this; some of their new small cars use (⑤), and Japanese people are thinking of other ideas for the future.

There is also a question about nuclear power. Before 2011, about 25 percent of Japan's electricity came from nuclear power stations. But the earthquake and tsunami of 2011 destroyed part of a nuclear station near Sendai. We found it was not safe. More (⑥) 80,000 people had to leave their homes. Now many people are afraid of nuclear power. So ⑦(ア its electricity イ is ウ make エ to オ how カ going キ Japan) in the future? Like many other countries Japan is now looking at things like the sun and the wind to do this.

Japan of course has many ⑧(excite) new ideas. The people of this amazing country, with their wonderful old culture, are trying to take the world into the future.

(注) industry 産業 Korea 韓国 Asian アジアの electronic 電子の cheaply 安く modern 近代の pollution 公害 nuclear 原子力の nuclear power station 原子力発電所

1. ①③⑥の ( ) 内に入る語を次のア～キから選び，記号で答えよ。
ア much イ than ウ as エ with オ without カ of キ either

2. ②⑧の語を適切な形に直せ。

3. 下線部⑦が次の日本語の意味になるように ( ) 内の語を並べ換えたとき，その中で3番目と6番目に来る語 (句) の記号をそれぞれ答えよ。
「日本は将来どのようにその電気を作り出すつもりなのでしょうか。」

4. 下線部④と同じ用法を含む文を次のア～エから1つ選び，記号で答えよ。
ア To learn English is not so difficult.
イ I was glad to hear the news from her.
ウ We went to the restaurant to celebrate his birthday.
エ I have a lot of homework to do today.

5. ⑤の ( ) 内に入る語を次のア～エから1つ選び，記号で答えよ。
ア weather イ electricity ウ emergency エ wind

6. 本文の内容と一致するものを次のア～オから1つ選び，記号で答えよ。
ア All things in Japan have changed these days.
イ Many countries in Asia and Europe began to make electronic goods very cheaply.
ウ Japan began to make interesting anime and amazing computer games.
エ Japan is now looking at things like solar power.
オ Japanese are not interested in the air pollution problems.

2 次の英文を読んで，あとの質問に最も適切な答えをア～エから選び，記号で答えよ。

Junko is 17 years old and comes from Japan. She's learning English in London. But she has no friends at school. Every day she goes to an Internet café and writes her blog.

Monday July 1st
I'm writing this blog in an Internet café in London. The cafe is in a tall, old,

red London bus next to my language school. I love it. It's very British.
I'm from Tokyo and I have lived in the UK for three months. I'm learning English here.
I have black hair, dark eyes and a big smile.
Please write to me at my blog. Goodbye for today!

Thursday July 4th
Internet, I'm telling you about my life in England because you're my only friend here.
I'm living with Mr. and Mrs. Smith. Mr. Smith works in a cinema. Mrs. Smith is an office worker.
They always ask me the same thing: 'How are you today?' 'OK,' I answer.
I ask about London, but Mr. Smith says, 'Let's talk this evening. I'm going to work now. Goodbye, Junko. Have a good day!'
In the evening, I say hello to Mr. Smith. But he says, 'I'm very, very tired. A terrible day at the cinema! I'm going to bed now. Goodnight.'
I have nothing to do on weekends. Sometimes I feel very lonely.

Tuesday July 9th
Hello, Internet, you're not my only friend in England!
Yesterday, a girl with dark hair and green eyes talked to me in the street next to the Internet café. Her name is Sonya. She is from Slovakia and is also a student at my school.
'Are you Japanese? I love Japan!' she said. 'Do you know Japan?' I asked.
'I know Japanese manga. They're my favorite.' She is bright and friendly. We became friends soon.
And she has many friends from other foreign countries. We decided to go to a book store at the town with other students next Sunday. I'm looking forward to it.

（注） blog ブログ　café カフエ　British 英国的な　dark 暗い　cinema 映画館
terrible ひどい　feel lonely 寂しく感じる　Slovakia スロバキア（国名）　decide 決める

1. What is Junko like?
ア She has brown eyes and dark hair.
イ She has black eyes and dark hair.
ウ She has dark eyes and black hair.
エ She has black eyes and brown hair.

2. When did Junko come to London?
ア She came there in March.
イ She came there in April.
ウ She came there in May.
エ She came there in June.

3. What are Mr. and Mrs. Smith like?
ア They are very kind and friendly to Junko.
イ They always take care of Junko.
ウ They always take her to interesting places.
エ They are always busy and don't talk with her a lot.
4. What will Junko do next Sunday?
ア She will go shopping with another student, Sonya.
イ She will go shopping with Mr. and Mrs. Smith.
ウ She will go to the museum to see pictures.
エ She will go to cinema with Mr. Smith.
5. How is Junko's life in London?
ア She is interested in visiting many stores.
イ She is sad and wants to go back to Japan.
ウ She can speak Japanese with other students.
エ She tries to make friends with other students.

3 次のAとBの関係がCとDの関係と同じになるように，（ ）内に適語を入れよ。

	A	B	C	D
1.	uncle	aunt	son	( )
2.	one	first	five	( )
3.	hungry	full	safe	( )
4.	hate	hatred	choose	( )

4 次の英文の意味が通るように（ ）内に適語を入れよ。
1. You use an ( ) to protect yourself against rain or hot sun.
2. Fifty and fifty makes one hundred. Five hundred and five hundred makes one ( ).
3. Friday comes before ( ).
4. We use a ( ) when we want to know a meaning of the word.

5 次の日本文と同じ意味になるように，（ ）内に適語を入れよ。
1. 私たちはプレゼントを買うのに十分なお金を持っていませんでした。
We didn't have (ア) money (イ) buy a present.
2. ここから病院まで歩いて1時間かかる。
It (ウ) one hour to walk from here to the (エ).
3. 彼はそのニュースを聞いた時，驚いたように見えた。
He (オ) (カ) when he heard the news.
4. 泣いている赤ちゃんを世話するのは難しい。
(キ) is difficult to look after a (ク) baby.

6 次の各組の文がほぼ同じ意味になるように（ ）内に適語を入れよ。

1. I cannot swim as fast as she can.
   She can swim（ ア ）（ イ ）I can.
2. I was so busy that I couldn't read a book.
   I was（ ウ ）busy（ エ ）read a book.
3. I met her 10 years ago when we are in junior high school. She is still one of my friends.
   We（ オ ）（ カ ）friends for 10 years.
4. Let's have dinner at the Chinese restaurant tonight.
   （ キ ）（ ク ）have dinner at the Chinese restaurant tonight?

7 次の会話が成り立つように（1）～（5）に入る最も適当な表現をあとのア～コから選び，記号で答えよ。

Ms. Green: Takeshi, what are you doing?

Takeshi: I'm writing my report in English about helping old people.

Ms. Green: That sounds interesting. （ 1 ）

Takeshi: Well, my grandmother lives with my family. She said "Many old people are living alone in our town. They can't do many things, for example, carrying heavy things is not easy for them. （ 2 ）" So, I thought I should do something to help them. But thinking is easy and doing is difficult.

Ms. Green: That's right. （ 3 ）It was about young students in a small town in Japan. They made lunch for the old people in their town. They visited each of their houses and gave lunch to the old people. I think both the old people and the students were happy.

Takeshi: （ 4 ）That's a good point of volunteer activities.

Ms. Green: I agree. （ 5 ）

（注） carry 運ぶ activities 活動

ア Also, some of them can't walk to the shops to buy something.
イ That's wonderful!
ウ I hope you will finish writing your report soon.
エ Have you finished writing your report?
オ Nice to meet you, too.
カ I don't think so.
キ Sure. I heard that the young students can't go shopping.
ク Let's see. I like to take care of the old people.
ケ Well, I saw interesting news on TV last week.
コ Why did you choose this topic?

8 あなたはテレビゲームで遊ぶのと外で遊ぶのとではどちらが好きですか。次の英語の質問に対するあなたの答えを（　）内の語句のいずれかを○《まる》でかこみ，理由を二つ，それぞれ5語以上の英語で答えよ。

（問い）　Which do you like better, playing video games or playing outside?

（あなたの答え）　I like (playing video games / playing outside) better.

I have two reasons.

First, __________. Second, __________.

【理　科】（40分）　＜満点：100点＞

1　だ液に含まれる消化酵素のはたらきを調べるため，25℃ の実験室で次のⅠ～Ⅲの手順で実験を行った。この実験について，あとの問いに答えよ。ただし，実験において，反応は10分以内で完了する。実験で使用した溶液やだ液の濃度は明記されている場合を除いてすべて等しく，溶液などの出入りにより生じる体積の変化は，反応にかかる時間に対して影響を与えないものとする。

Ⅰ　デンプンを水に溶かしてデンプン溶液を作製し，試験管A～Fにそれぞれ2㎤ずつ入れた。さらに水あるいは，だ液を2㎤加え，氷水，40℃ の湯，90℃ の湯のいずれかを入れたビーカーに入れ，10分間置いた。加えたものとビーカーに入れたものの組み合わせを次の表に示す。

試験管	A	B	C	D	E	F
加えたもの	水	だ液	水	だ液	水	だ液
ビーカーに入れたもの	氷水	氷水	40 ℃の湯	40 ℃の湯	90 ℃の湯	90 ℃の湯

Ⅱ　Ⅰの6本の試験管から，溶液の一部をそれぞれ別の容器にとり，ヨウ素液を加えた後のようすを観察したところ，試験管Dを除いた5本の試験管で溶液の色に変化が見られた。

Ⅲ　Ⅰの6本の試験管から，溶液の一部をそれぞれ別の容器にとり，ベネジクト液を加えた後のようすを観察したところ，すべての試験管で溶液の色に変化が見られなかった。

問1　だ液に含まれる消化酵素の名称を答えよ。

問2　問1と同様のはたらきをする消化酵素は，だ液以外にも含まれている。その消化液の名称を答えよ。

問3　デンプンが，消化されて体内に吸収されるときの物質の名称を答えよ。また，その物質が体内に吸収されたあと，最初に運ばれる器官の名称を答えよ。

問4　Ⅱで見られた5本の試験管の色は何色か。最も適切なものを，次の**ア**～**カ**から1つ選び，記号で答えよ。

ア　オレンジ色　　**イ**　黄色　　**ウ**　緑色　　**エ**　青色　　**オ**　無色　　**カ**　白色

問5　Ⅲでは，誤った操作を行っているため，Ⅱと矛盾した結果となった。誤った操作について述べたものとして正しいものを次の**ア**～**オ**から1つ選び，記号で答えよ。

ア　ベネジクト液を加えたあと，暗い所に置いていない。

イ　ベネジクト液の濃度が高すぎる。

ウ　ベネジクト液を，Ⅰの操作の前に加えていない。

エ　ベネジクト液を加えたあと，だ液を加えていない。

オ　ベネジクト液を加えたあと，加熱していない。

問6　問5について，正しい操作を行ったときに色の変化がみられる試験管をA～Fから1つ選び，記号で答えよ。また，その試験管が示す色は何色か，答えよ。

問7　Ⅰの6本の試験管に再びデンプン溶液を2㎤ずつ加えて，40℃の湯を入れたビーカーに入れた。10分間置いたあと，6本の試験管から，溶液の一部をそれぞれ別の容器にとり，ヨウ素液を加えた後のようすを観察した。このとき，色の変化が見られた試験管をA～Fからすべて選び，記号で答えよ。

問8　問7の結果から，だ液中の消化酵素について，判断できることとして正しいものを，次のア～オからすべて選び，記号で答えよ。

ア　温度が高くなるとはたらかなくなるが，適切な温度のもとでは再びはたらくことができる。

イ　温度が高くなるとはたらく能力を失い，適切な温度のもとでもはたらくことができない。

ウ　どのような温度でもおなじようにはたらくことができる。

エ　温度が低くなるとはたらかなくなるが，適切な温度のもとでは再びはたらくことができる。

オ　温度が低くなるとはたらく能力を失い，適切な温度のもとでもはたらくことができない。

問9　デンプン溶液とだ液を2㎤ずつ入れた試験管Xを準備し，40℃の湯を入れたビーカーに入れた。温め始めてから1分ごとに溶液の一部を別の容器にとり，ヨウ素液を数滴加えたあとのようすを観察した。その結果，温め始めて4分後までは溶液の色に変化が見られたが，5分後以降は溶液の色が変化しなくなった。

(1)　2倍に薄めただ液2㎤を用いて同様の実験を行ったとき，①色の変化がみられなくなるまでの時間，②反応後に生じた物質の量は，もとの実験と比べてどのようになるか。それぞれについて，最も適切なものを次のア～ウから1つずつ選び，それぞれ記号で答えよ。

ア　増える　　**イ**　減る　　**ウ**　変わらない

(2)　もとの実験のあと，40℃に温めたデンプン溶液1㎤を加え，再び下線部の操作を行った。①色の変化がみられなくなるまでの時間，②反応後に生じた物質の量は，もとの実験と比べてどのようになるか。それぞれについて，最も適切なものを(1)のア～ウから1つずつ選び，それぞれ記号で答えよ。

2　あとのⅠ，Ⅱの問いに答えよ。

Ⅰ　図1のＡＢＣは半径ｈの円筒面の鉛直断面の一部である。点Ｂで円筒面は水平な床に接し，点Ｃからなめらかに斜面ＣＤに接続している。点Ａ，Ｄの床からの高さはｈである。また，すべての面はなめらかであり，空気の抵抗や摩擦は無視する。

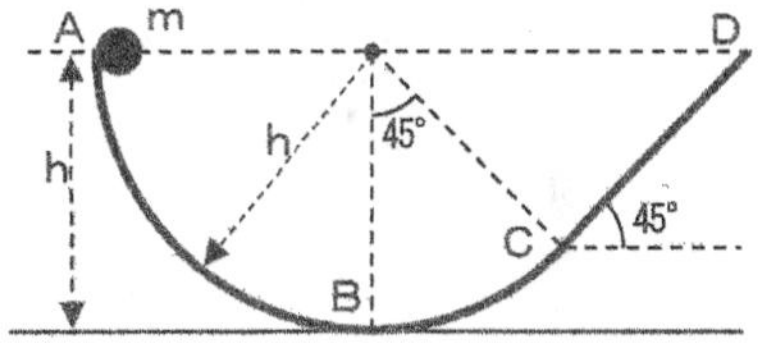

図1

問1　水平な床から小物体を高さｈの点Ａまで持ち上げる仕事によって，小物体が点Ａで持つエネルギーの名称を答えよ。

問2　点Ａから質量ｍの小物体を静かに離すと，小物体は円筒面内をすべり点Ｂに達した。点Ｂでの速さは質量ｍを2倍に大きくするとどうなるか。次のア～オから1つ選び，記号で答えよ。

ア　4倍になる　　**イ**　2倍になる　　**ウ**　変わらない　　**エ**　$\frac{1}{2}$倍になる　　**オ**　$\frac{1}{4}$倍になる

問3　点Ａから質量ｍの小物体を静かに離し，円筒面内をすべった小物体が到達する最高点の高さを求めよ。

問4　小物体が斜面ＣＤ間をすべって最高点に達するまでの運動について，次の①～③の向きと大きさを図2の〔向きの選択肢〕1～8と〔大きさの選択肢〕ア～ウからそれぞれ1つずつ選び，記号で答えよ。

①　速度　　②　加速度　　③　小物体が受ける合力

〔大きさの選択肢〕

ア　大きくなる　　**イ**　変わらない　　**ウ**　小さくなる

〔向きの選択肢〕

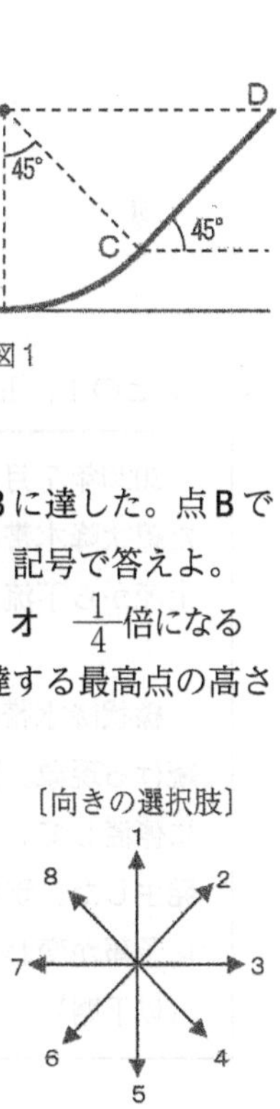

図2

問５　次に図３のように斜面ＣＤを取り除き，点Ａから質量mの小物体を静かに離すと，円筒面内をすべった小物体は点Ｃで飛び出した。小物体が到達する最高点の高さは問３の場合と比較してどうなるか。次のア～ウから１つ選び，記号で答えよ。

ア　高くなる　　イ　変わらない　　ウ　低くなる

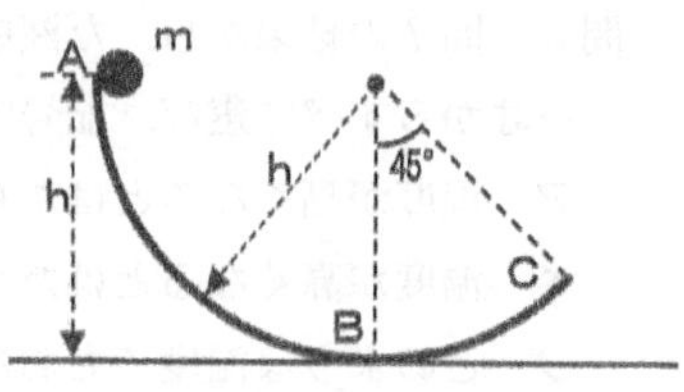

図３

問６　点Ｃを飛び出した直後に小物体が受ける合力の向きを問４で示した図２の〔向きの選択肢〕１～８から１つ選び，記号で答えよ。

Ⅱ　図１は，抵抗線R_1とR_2について，加わる電圧と電流の関係を表したグラフである。

問１　この２つの抵抗線のそれぞれの抵抗値R_1(Ω)とR_2（Ω）を求めよ。

問２　抵抗線R_1に12Ｖの電圧をかけた時の消費電力P_1（W）を求めよ。

問３　図２の回路の合成抵抗の抵抗値R_a(Ω)を求めよ。また，図３の回路の合成抵抗の抵抗値R_b（Ω）を求めよ。

問４　図２の回路で電池に流れる電流Ｉ（Ａ）を求めよ。

問５　図３の回路で抵抗線R_1にかかる電圧V_1(Ｖ)を求めよ。

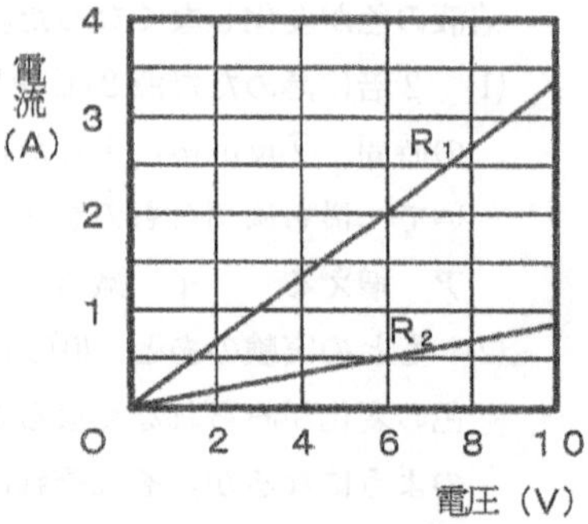

図１

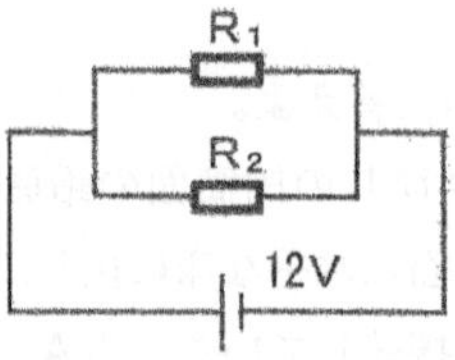

図２

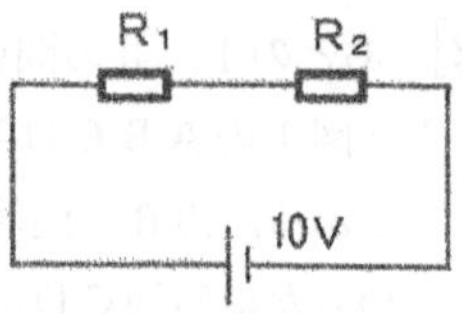

図３

3　あとのⅠ，Ⅱの問いに答えよ。

2020年７月，（　①　）県人吉市などを浸水させた豪雨は，梅雨末期に繰り返し発生してきた線状降水帯によってもたらされた。そこに急勾配な川と平地が狭い地形が重なり，球磨川の上流から下流まで至るところで氾濫（はんらん）が相次ぐ結果になったとみられる。

線状降水帯は，（　②　）が次々と発生して帯状に並ぶことで，同じ地域に激しい雨が降り続ける現象。防災科学技術研究所（茨城県）の清水慎吾・主任研究員によると，今回は，九州に停滞していた（　③　）前線に，水蒸気をたっぷり含んだ（　④　）風が流れ込んだことで発生した。現状で予測は難しいといい，清水さんは「前線の位置は変化しやすく，数時間ごとに予報が変わる可能性もある」と話した。

（以下略）　　　　　　　　　　　　　　朝日新聞デジタル　2020年７月４日19時27分

Ⅰ　上記の記事を読み，以下の問いに答えよ。

問１　文章中の（①）～（④）に当てはまる語句を答えよ。

問２　日本では一般的に梅雨がないとされる地域が３つ存在する。そのうちの１つの地域として最も適当な地域を，次のア～ケから１つ選び，記号で答えよ。

ア　沖縄地方　　**イ**　九州地方　　**ウ**　四国地方　　**エ**　中国地方　　**オ**　東海地方

カ　北陸地方　　**キ**　関東地方（小笠原諸島を除く）　　**ク**　東北地方　　**ケ**　北海道地方

問３（③）の前線を表す天気記号はどれか，次のア～エから選び，記号で答えよ。

ア 　イ 　ウ 　エ 

問４（③）前線は，例年７月中旬以降に北上していく。これは，（③）前線の南側の気団が勢力を強めたために起こったものである。この南側の気団の名称を答えよ。

Ⅱ　次の各問いは，台風に関する問題である。あとの問いに答えよ。

問１　台風の定義として最も適する文を，次のア～オから１つ選び，記号で答えよ。また，気象庁が定めている風力階級表において台風の風力はいくつ以上か，数字で答えよ。

ア　熱帯の海上で発生した熱帯低気圧のうち中心付近の最大風速が毎秒　9.2m以上

イ　熱帯の海上で発生した熱帯低気圧のうち中心付近の最大風速が毎秒　11.2m以上

ウ　熱帯の海上で発生した熱帯低気圧のうち中心付近の最大風速が毎秒　13.2m以上

エ　熱帯の海上で発生した熱帯低気圧のうち中心付近の最大風速が毎秒　15.2m以上

オ　熱帯の海上で発生した熱帯低気圧のうち中心付近の最大風速が毎秒　17.2m以上

問２　台風の特徴として適切な文を，次のア～オからすべて選び，記号で答えよ。

ア　前線をともなわない。

イ　台風の目の領域では，上昇気流が生じ，雲がほとんど存在しない部分がある。

ウ　天気図においては，間隔がせまくて密になったほぼ同心円状の等圧線で表される。

エ　日本列島に上陸すると次第に勢力を増してくる。

オ　北半球において，台風は反時計回りに回転している。

問３　下の図のように，日本付近で発生する台風は，月によって進路が異なる。８月および12月の台風が最も多く通る進路のパターンとして適するものを（ア）～（ウ）からそれぞれ選び，記号で答えよ。

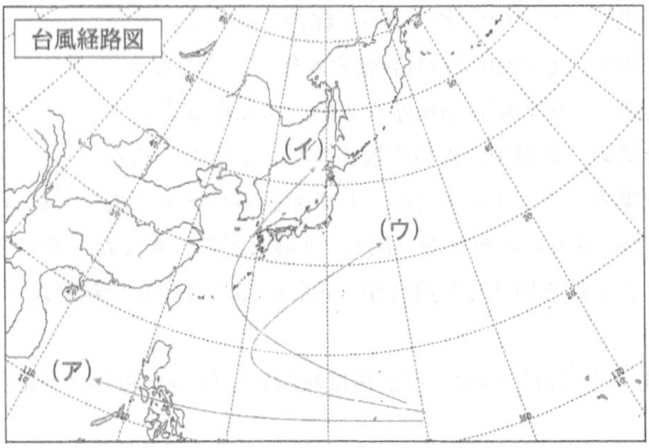

問4　2020年7月に発生した台風の個数を次のア～カから1つ選び，記号で答えよ。ただし，この発生数は2020年12月現在において確定している数字のものとする。

ア　0個　　イ　1個　　ウ　2個　　エ　3個　　オ　4個　　カ　5個

問5　（ウ）の進路に関して，この台風は日本付近の中緯度で東向きに進路を変えた。これはある風の影響を受けたためである。この風の名称を答えよ。

4　図の装置を用いて，以下に示す試料をそれぞれ加熱し，反応が終わるまで完全に進行させた。これについて，あとの問いに答えよ。

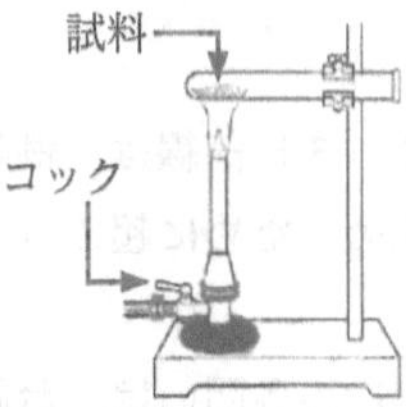

試料A．酸化銀
試料B．炭酸水素ナトリウム
試料C．塩化アンモニウムと水酸化バリウムの混合物
試料D．酸化銅の粉末と炭の粉末の混合物
試料E．鉄粉と硫黄の粉の混合物

問1　実験を行う上で注意する点について述べたア～オの文章のうち誤っている文章を1つ選び，記号で答えよ。

ア　試料Aの加熱で生じる気体は，水上置換法で集めることができる。

イ　試料Bの加熱で生じる気体を水上置換法で集めるとき，集める気体をより純粋な気体にするためには最初に出てくる気体は集めない。

ウ　試料Cの加熱で生じる気体は，上方置換法で集めなければならない。

エ　試料Dを加熱するとき，試験管の口を少し下向きにしなければならない。

オ　試料Eを加熱した後，試料の一部が熱や光を発し激しく反応し始めたらガスバーナーの火を止めてよい。

問2　試料A～Cの加熱で生じる気体の化学式をそれぞれ記せ。ただし，加熱で生じる水はすべて液体とする。

問3　加熱で生じた気体が同じ物質となるのは，試料A～Eのどれとどれを加熱した場合か。正しい組み合わせを試料A～Eから2つ選び，記号で答えよ。ただし，加熱で生じる水はすべて液体とする。

問4　問3の「加熱で生じた気体が同じ物質となる」のは，どのようなことをすれば確認できるか。最も適当なものを次のア～オより1つ選び，記号で答えよ。

ア　生じた気体を集め，その中に火のついた線香を入れる。

イ　生じた気体を集め，その中にBTB溶液を入れ，よく混ぜる。

ウ　生じた気体を集め，その中に石灰水を入れ，よく混ぜる。

エ　生じた気体を集め，その中に青色の塩化コバルト紙を入れる。

オ　生じた気体を集め，その中に水でぬらした赤色のリトマス紙を入れる。

問5　反応後，試験管に残った物質を取り出し，乳鉢などでこすったときに金属光沢を発するのは，試料A～Eのどれとどれを加熱した場合か。正しい組み合わせを試料A～Eから2つ選び，記号で答えよ。

問6　試料B 1.0gを完全に反応させ，反応後に試験管に残った物質と反応前の物質1.0gの性質を比較した。

a　10mLの水への溶けやすさについて，正しいものを次の**ア**～**オ**より１つ選び，記号で答えよ。

ア　反応前の物質は水に溶け残ったが，反応後の物質は水にすべて溶けた。

イ　反応前の物質は水にすべて溶けたが，反応後の物質は水に溶け残った。

ウ　反応前の物質，反応後の物質はいずれも水にすべて溶けた。

エ　反応前の物質，反応後の物質はいずれも水に溶け残った。

オ　反応前の物質，反応後の物質はいずれも水に一切溶けなかった。

b　それぞれを水10mLに溶かせるだけ溶かし，フェノールフタレイン液を数滴入れたときについて，正しいものを次の**ア**～**ケ**より１つ選び，記号で答えよ。

ア　反応前の物質の水溶液は無色透明であったが，反応後の物質の水溶液はうすい赤色であった。

イ　反応前の物質の水溶液は無色透明であったが，反応後の物質の水溶液は濃い赤色であった。

ウ　反応前の物質の水溶液はうすい赤色であったが，反応後の物質の水溶液は無色透明であった。

エ　反応前の物質の水溶液はうすい赤色であったが，反応後の物質の水溶液は濃い赤色であった。

オ　反応前の物質の水溶液は濃い赤色であったが，反応後の物質の水溶液は無色透明であった。

カ　反応前の物質の水溶液は濃い赤色であったが，反応後の物質の水溶液はうすい赤色であった。

キ　反応前の物質の水溶液・反応後の物質の水溶液どちらも無色透明であった。

ク　反応前の物質の水溶液・反応後の物質の水溶液どちらもうすい赤色であった。

ケ　反応前の物質の水溶液・反応後の物質の水溶液どちらも濃い赤色であった。

問７　実験を終え，ガスバーナーの火を消す場合，次の**ア**～**エ**を操作する順番として正しい順番に並び替え，記号で答えよ。

ア　元栓　　**イ**　コック　　**ウ**　ガス調節ネジ　　**エ**　空気調節ネジ

【社　会】（40分）　＜満点：100点＞

【注意】　漢字で答えるべき語句は全て漢字を使用すること。

1　アメリカ合衆国に関する文章を読み，あとの問いに答えよ。

アメリカ合衆国では，a気温や降水量，土地などの自然環境や市場などの社会的な条件に対応した大規模な農業が行われ，b世界でも有数の農業大国となっている。

工業においてもアメリカ合衆国は豊かな資源にも恵まれ，世界最大の生産力と影響力をもつ国である。とくに近年c世界をリードする先端技術（ハイテク）産業においては，アジアの工業地域にも大きな影響を及ぼしている。

また，dアメリカ合衆国ではこれまで多くの移民を受け入れ，多民族からなる社会が形成されており，これが経済的活力を維持する力にもなっている。

【地図1】

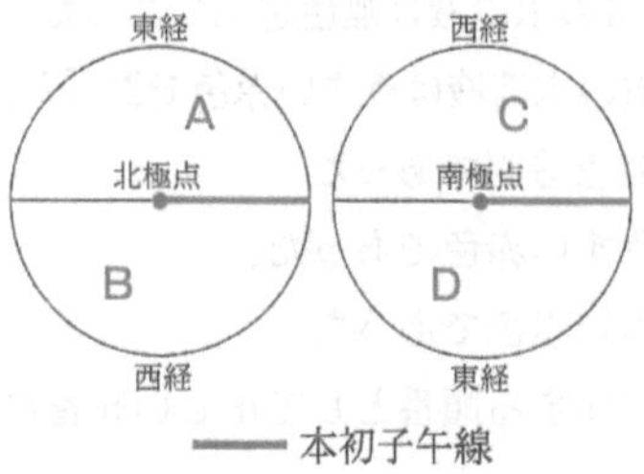

【地図2】

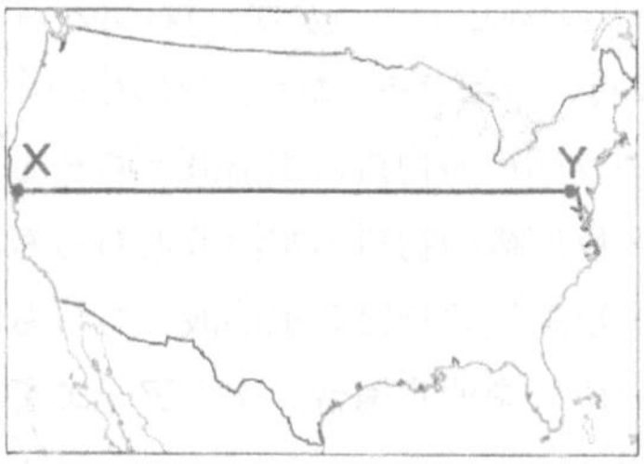

【地図3】

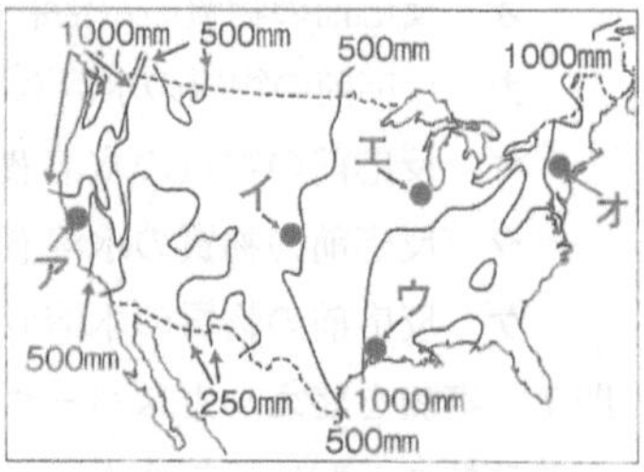

問1　【地図1】は地球儀を北極点と南極点の真上から見た模式図である。地図中のA～Dの中から，アメリカ合衆国のおおよその位置として最も適切と考えられるものを一つ選び，記号で答えよ。

問2　【地図2】中のX－Yの断面を表わすものとして適切なものを，次の（あ）～（え）の中から一つ選び，記号で答えよ。

（あ）

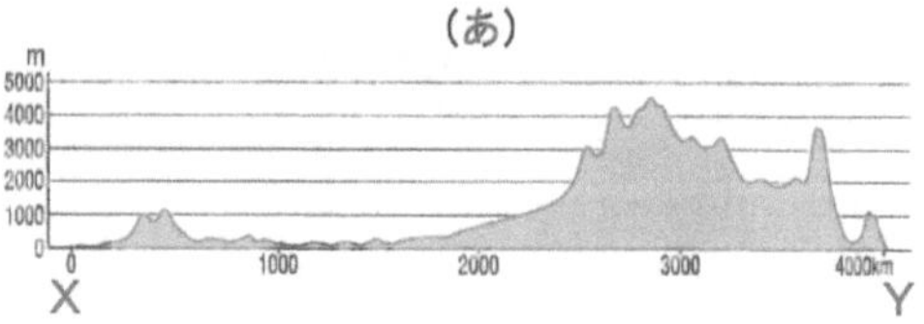

（い）

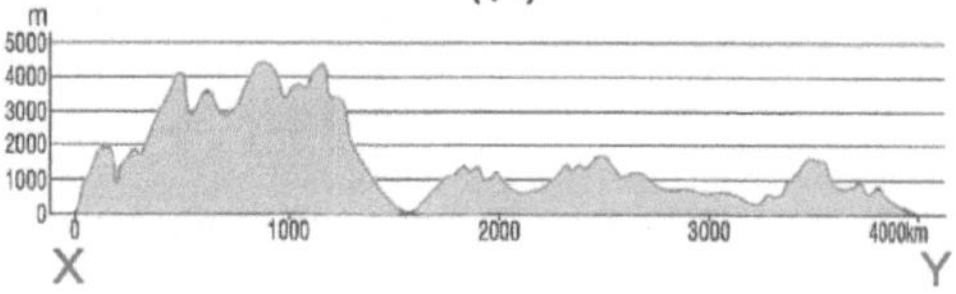

（う）

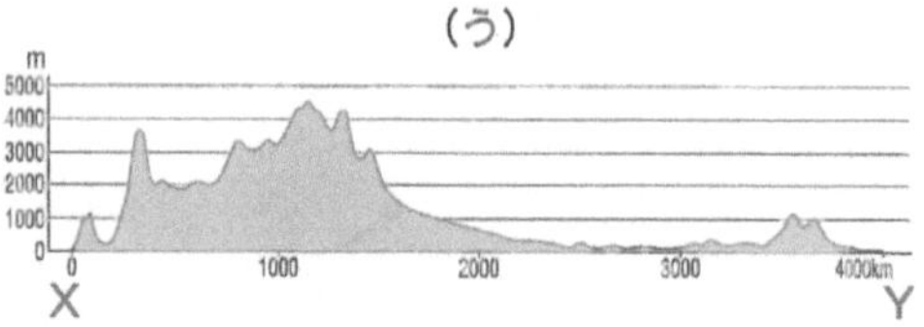

（え）

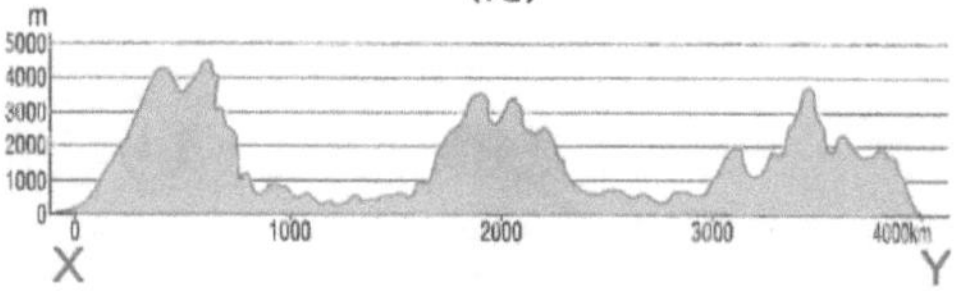

問3　下線部aについて，【地図3】の曲線は年降水量の境界を示している。また，右の写真はアメリカ合衆国にあるセンターピボットと呼ばれる設備である。

【地図3】中のア～オの中から，この設備がある農地の位置として最も適切だと考えられるものを一つ選び，記号で答えよ。

問4　下線部**b**について，下の表の**ア**～**オ**の中からアメリカ合衆国を示しているものを一つ選び，記号で答えよ。

【表：アメリカ合衆国・中国・日本・フランス・ブラジルの主要穀物需給（『世界国勢図絵 2019/20』より作成）】

国名	小麦の生産と輸出入（千ｔ）			米（精米）の生産と輸出入（千ｔ）			とうもろこしの生産と輸出入（千ｔ）		
	生産量	輸入量	輸出量	生産量	輸入量	輸出量	生産量	輸入量	輸出量
ア	812	6,520	244	7,176	940	58	0	14,403	1
イ	5,718	7,630	1,288	7,843	717	814	80,538	979	26,780
ウ	38,614	2,055	21,502	—	—	—	15,031	722	6,514
エ	121,926	5,666	563	135,809	2,244	544	218,489	3,269	251
オ	57,967	5,491	34,691	5,745	923	3,522	353,699	3,595	24,655

問5　下線部**c**について，**【地図３】**の**ア**～**オ**の中には，下の写真にあるような企業が集まり発展している地域がある。その地域の位置として最も適切なものを**ア**～**オ**の中から一つ選び，記号で答えよ。

問6　下線部**d**に関して，現在アメリカ合衆国の総人口16％以上を占めているスペイン語を母国語とする人々を何と呼ぶか答えよ。

問7　下線部**d**について，アメリカ合衆国社会の様子について述べた文として**誤っているもの**を次の**ア**～**エ**から一つ選び，記号で答えよ。

ア　発展途上国の貧しい人々は働く場所と高い賃金を求めてアメリカ合衆国にやってくるが，なかには不法に入国してくる人々もいる。

イ　アメリカ合衆国は世界一の経済力をもつ一方で，貧富の差が大きい社会である。大都市内部のスラムと，白人が多く住む郊外の風景の違いは，その格差社会を象徴したものとなっている。

ウ　ジャズやロックなどの音楽，映画，野球などのスポーツはそれぞれの民族やその伝統にとらわれず多くの人に普及しアメリカを代表する文化となっている。

エ　アメリカ合衆国では1960年代に差別を禁止する法律が成立し，アフリカ系などの少数派の人々の地位は向上し，現在人種差別は完全になくなっている。

［2］　関東地方に関する文章を読み，あとの問いに答えよ。

関東地方は日本列島のほぼ中央に位置する７都県である。自然環境の特徴としては，日本最大の平野である関東平野が中央に広がり，利根川が火山灰でできた（　**X**　）層の大地を通る低地となっている。気候は$_a$太平洋側の気候で，梅雨から秋に雨が多く，$_b$台風の通過が多い９月にピークを迎える。冬は乾燥し「からっ風」とよばれる冷たい風が吹く。

また，日本を７つに分けた地方区分の中では面積が最も小さいが，$_c$人口は最も多く集まる地方であり，日本の総人口の３分の１が暮らす人口密度の高い地域である。

各県は，日本の政治，d経済の中心地である東京都が近くにあることで経済活動が活発となっている。さまざまな工業のほか，e都市向けの農業も盛んである。

問１　文中の空欄（**X**）に入る適当な語句を答えよ。

問２　下線部**a**に関して，温暖な気候でサンゴ礁が発達し，世界自然遺産にも登録されている太平洋上の島々の名称を答えよ。

問３　下線部**b**について，東･東南アジアに暴風雨をもたらす熱帯低気圧を日本では台風と呼ぶが，この熱帯低気圧は地域によって呼称が異なる。ベンガル湾やアラビア海で発生し，南アジアを襲う熱帯低気圧を何と呼ぶか答えよ。

問４　下線部**c**に関して，2020年６月の時点で東京都の総人口は約１千400万人である。これは日本の総人口の約何％にあたるか，次の**ア**～**エ**の中から最も適切だと思われるものを一つ選び，記号で答えよ。

ア　６％　　**イ**　11％　　**ウ**　16％　　**エ**　21％

問５　下線部**d**について，東京などの大都市で起こる，気温が周辺部より高くなる現象を何というか答えよ。

問６　下線部**d**について，右の【資料３】は，横浜港の輸出総額と貿易品目の割合を示している。グラフ中の**Y**にあてはまる貿易品目を次の**ア**～**エ**の中から一つ選び，記号で答えよ。

ア　原油　　**イ**　半導体製造装置

ウ　石炭　　**エ**　自動車

【資料３】

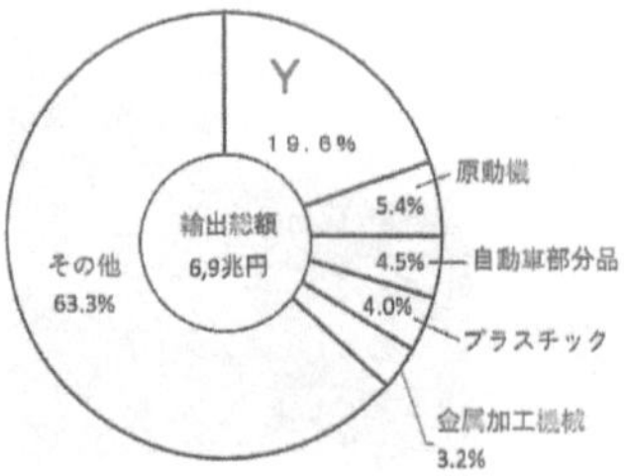

【2019 年横浜港輸出品　財務省 HP より作成】

問７　下線部**e**について，大都市の周辺で行われる，野菜や果樹，花卉《かき》などを栽培・出荷する園芸農業を何というか答えよ。

問８　次の文**ア**～**エ**は，【地図４】の都道府県**あ**～**え**のいずれかについて述べたものである。都道府県**あ**に該当するものを，以下の**ア**～**エ**の中から一つ選び，記号で答えよ。

【地図４】

ア　県西部には徳川家康が祀られている日光東照宮があり，江戸とは五街道の一つである日光街道で結ばれていた。また，明治時代には銅山で栄えたが，日本で最初の公害事件が起こった地でもある。

イ　中世に幕府が開かれた鎌倉など，歴史的に有名な地が多い。第二次世界大戦後には，鉄鋼や造船など大工場や，その下請けの中小工場が集まり，県南部は日本を代表する工業地域となっている。

ウ　赤城山や谷川岳など有名な山が多く，利根川上流のダムは首都圏の水がめとなっている。かつては養蚕が盛んであり，現在は世界遺産となっている富岡製糸場があることでも知られる。

エ　産業では江戸時代よりいわしの加工が盛んであることで知られる。1960年代からは，県の南西部に石油化学などの大工場が進出し，日本を代表する工場地域となっている。また，都心へのアクセスが良いことから東京のベッドタウンとなっている。

3 【写真】①～④は，日本史の各時代の建築物である。【説明文】A～Hは，それぞれの写真についての説明文であるが，無関係のものも混在している。これについてあとの問いに答えよ。

【写真】

①

②

③

④

【説明文】

A　唐の高僧であり，来日後は僧尼の守るべき戒律を伝えた鑑真が平城京に建てた寺院の金堂である。

B　a将軍が建立したこの建物の上層には禅宗寺院の建築様式が，下層には書院造が取り入れられている。

C　この建築物を建立した将軍は当時の中国皇帝から「日本国王」と認められ，b勘合貿易を始めた。

D　大名や豪商たちが活躍した時代には，この建物に代表されるような豪華で雄壮な文化が発達した。これらの建物の中を飾ったのは，狩野派などの絵師による華やかな色彩の屏風やふすま絵などだった。

E　c天皇の遺品を納めたこの建物の収蔵物のなかには，中国大陸や朝鮮半島だけでなくインドや西アジアなどの文化の影響が見られるものもある。

F　前九年合戦・後三年合戦をきっかけに東北地方で勢力を伸ばした奥州藤原氏が本拠地の平泉に建てた阿弥陀堂で，内部は金箔や螺鈿《らでん》などで荘厳に装飾されている。

G　幕府が函館に築いた城郭で，d戊辰戦争では旧幕府軍の榎本武揚らが立てこもり，新政府軍に抵抗を続けた。

H　関白を務める人物が平安京の南の宇治に建立したこの建物の中には，阿弥陀如来座像が納められている。

問1　【写真】①～④のそれぞれについての説明文としてふさわしいものを，【説明文】A～Hから一つずつ選び，記号で答えよ。

問2　下線部aについて，この将軍の時，将軍家や管領家の相続問題などをきっかけとして，10年以上に及ぶ戦乱があった。この戦乱が始まった後の出来事を，あとのア～エの中から一つ選び，記号で答えよ。

ア　有力武将が後醍醐天皇に反対する兵を起こして京都を制圧し，新たな天皇を立てて将軍となったが，後醍醐天皇は吉野に逃れ，2人の天皇が並び立った。

イ　浄土真宗（一向宗）を信じる人々が加賀（現在の石川県）で一揆を起こして守護大名を倒し，加賀国を事実上支配した。

ウ　元寇の後，困窮した御家人を救うために，幕府は徳政令という法令を出したが，かえって経済の混乱を招いた。

エ　中山王であった尚巴志が，3つの王国を統一して，首里を都とする琉球王国を打ち立てた。

問3　下線部bについて，この貿易での日本への輸入品として適当なものを，次のア～エの中から一つ選び，記号で答えよ。

ア　銅　　イ　刀剣　　ウ　銅銭　　エ　硫黄

問4　下線部cについて，この天皇が在位した時代に行われた事として正しいものを，次のア～エの中から一つ選び，記号で答えよ。

ア　平城京に遷都した。　　イ　墾田永年私財法を出した。

ウ　大宝律令を制定した。　　エ　坂上田村麻呂を征夷大将軍に任じた。

問5　下線部dについて，戊辰戦争の最中に起こった事として正しいものを，次のア～エの中から一つ選び，記号で答えよ。

ア　版籍奉還の実施　　イ　王政復古の大号令の発布

ウ　薩長同盟の締結　　エ　五箇条の御誓文の発布

4　次の文A～Cを読み，空欄（1）から（6）に入る適当な語句を答えよ。

A　古代オリエント文明のうちエジプトでは，測量技術や数学が発達し，農作業の時期を知るため（　1　）暦が作られ，メソポタミアでは，税の記録などのために（　2　）文字などの文字も生み出された。

B　14世紀から16世紀のヨーロッパでは，カトリック教会の教えにとらわれない，人間らしい個性や自由な考え方や表現を求めるルネサンスが広がり，彫刻の『ダビデ像』を残した（　3　）などの芸術家が活躍した。またドイツの（　4　）は免罪符の販売を認めたローマ教皇を批判し，聖書に基づく信仰の重要性を訴えた。

C　18世紀の後半に老中となった（　5　）は，商人の力を利用して幕府財政を立て直そうと，株仲間を増やして営業税を徴収したり，長崎貿易で海産物の輸出を促すなどをした。その後に老中となった（　6　）は，凶作に備えて村ごとに米を蓄えさせ，湯島聖堂の学問所で朱子学以外の学派を教えることを禁じた。

5　次のA～Dは，日本が締結した条約についての説明文であり，成立年代順に並んでいる。これについて，あとの問いに答えよ。

A　アメリカの総領事ハリスの強い要求により，4港の開港と自由貿易を認める条約を締結した。この条約には，治外法権などの日本に不利な不平等な条項が含まれていた。

B　清は日本に，朝鮮の独立，遼東半島などの譲渡，賠償金の支払いなどを認めたが，条約締結後にロシアなど3ヵ国が日本に圧力をかけて遼東半島を清に返還させた。

C　パリでの講和会議を経て締結された条約で，敗戦国ドイツは領土の一部と植民地の全てを失い，巨額の賠償金の支払いを命じられた。日本は中国でのドイツの権益を継承し，ドイツ領南洋諸島の委任統治を認められた。

D　アメリカは，占領下においた日本との講和を急ぎ，講和会議を開催した。日本からは吉田茂首相らが出席し，講和条約に調印したが，中国は会議に招かれず，ソ連などは条約案に反対して調印を拒否した。

問１　A～Dはそれぞれ何という条約についての説明文か。それぞれ答えよ。

問２　次の①と②の出来事は，年代順ではA～Dのどの位置に入るか。【選択肢】から選び，それぞれア～エの記号で答えよ。

①　ローズベルト大統領のニューディール政策開始　　②　米騒動

【選択肢】　ア　AとBの間　　イ　BとCの間　　ウ　CとDの間　　エ　Dよりも後

6　次の３人の会話文を読み，あとの問いに答えよ。

太郎：この前，先生に「そろそろ進路を決めないといけない時期だよ」って言われたよ。どうしようかな…けどまだ決めてないんだよね。花子さんは？

花子：私は将来，医者になりたくて，一生懸命勉強しているの。そして，1人でも多くの命を救いたいの！

太郎：へえー！凄い！いいなー。立派な夢があって羨ましい。

花子：そうかしら？太郎くんは，優しいし，リーダーシップもあるから人を支える仕事なんかどうかな？

太郎：褒めないでよ，照れるなー。んーそうか…じゃあ決めた！僕，総理大臣になる！！

花子：そ，総理大臣！？

太郎：うん！決めた！今決めた！今すぐにでもなりたい！けど，どうやってなれるのだろう？

先生：太郎くん，とても良い夢だね，けど残念ながら，今はまだなれないよ。

太郎：先生！どういうことですか？今はなれないってどういうことですか？

先生：今はまだなれないって意味ですよ，太郎くん。内閣総理大臣になるためにはいくつか手順を踏まないといけないのです。まず，国会議員にならないといけません。そして，被選挙権は年齢条件があります。ちなみに a 衆議院議員は満（　1　）歳以上です。

太郎：そうなんですね。

先生：国会議員になれたら，次は国会の議決（首班指名）で指名されなければいけません。また，指名の資格の条件は国会議員であること，そして（　2　）であることも忘れないようにしましょう。これは，憲法第66条２項に明記されています。そして，指名選挙は衆議院と参議院の両院で行われ，b 両院の指名が違った場合，両院協議会が開催されます。両院協議会で成案が得られない場合は（　3　）院による指名が国会の議決となります。

太郎：総理大臣になるのって大変なんですね。

先生：そうです。そして最後に（　4　）が任命し，正式に内閣総理大臣になることが出来ます。これは憲法第６条の内容です。

花子：そうなんですね。

先生：また，日本の政府は皆の若い力を求め，期待しています。2016年から改正された公職選挙法が施行され満（　5　）歳以上に選挙権を与えることになりました。皆さんの力で日本を良くしていきましょう。

問1　空欄（1）～（5）に入る適当な語句や数字を答えよ。

問2　下線部aについて，衆議院議員総選挙の制度について述べた文ア～エの中から正しいものを一つ選び，記号で答えよ。

ア　小選挙区選挙は，都道府県を単位とする47の選挙区で議員を選出する。

イ　小選挙区選挙は，1選挙区あたり３～５名の議員が選出される。

ウ　比例代表選挙では，有権者は，政党名または立候補者の名前を書いて投票する。

エ　候補者は，小選挙区選挙と比例代表選挙の両方に，同時に立候補することができる。

問3　下線部bは空欄（3）院の優越の一例だが，他にどのような優越が日本国憲法上で認められているか，次のア～オから一つ選び，記号で答えよ。

ア　法律案の提出　　　　　イ　予算案の作成　　ウ　条約の承認

エ　最高裁判所長官の指名　　オ　外交処理

問4　次の図は，衆議院の解散による衆議院選挙の後，新しい内閣が成立するまでの流れを示したものである。資料の中のX～Zにあてはまる語句の組み合わせとして正しいものを，次のア～エの中から一つ選び，記号で答えよ。

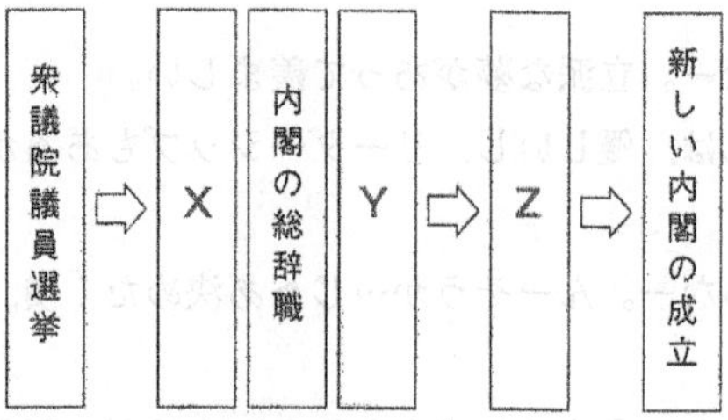

ア：X　特別国会の召集　Y　国務大臣の任命　　　Z　内閣総理大臣の指名

イ：X　特別国会の召集　Y　内閣総理大臣の指名　Z　国務大臣の任命

ウ：X　臨時国会の召集　Y　国務大臣の任命　　　Z　内閣総理大臣の指名

エ：X　臨時国会の召集　Y　内閣総理大臣の指名　Z　国務大臣の任命

問5　日本国憲法第３条の条文にて，空欄（A）にあてはまる語句を８字で答えよ。

天皇の国事に関するすべての行為には，（　A　）を必要とし，内閣が，その責任を負ふ

7　次の文章を読んで，あとの問いに答えよ。

問1　右の写真は三権分立の理論を提唱した人物である。出身国，主著，人物名として正しいものを，それぞれ次のア～エの中から一つずつ選び，記号で答えよ。

【出身国】ア　フランス　　イ　イギリス
　　　　　ウ　ドイツ　　　エ　アメリカ

【主著】　ア『統治二論』　イ『リヴァイアサン』
　　　　　ウ『法の精神』　エ『社会契約論』

【人物名】ア　ロック　　　イ　モンテスキュー
　　　　　ウ　ルソー　　　エ　ホッブズ

問２　(i)　次のア～エは，『Ａワイマール憲法』，『Ｂアメリカ独立宣言』，『Ｃフランス人権宣言』，『Ｄ世界人権宣言』のいずれかの一部分を抜粋したものである。Ａ～Ｄにあたるものを，次のア～エの中から一つずつ選び，記号で答えよ。

ア　すべての人間は，生まれながらにして，自由であり，かつ，尊厳と権利とについて平等である。人間は理性と良心とを授けられており，互いに同胞の精神をもって行動しなければならない。

イ　経済生活の秩序は，全ての人に人間に値する生存を保障することを目指す，正義の諸原則にかなうものでなければならない。

ウ　人は生まれながらに，自由で平等な権利を持つ。社会的な区別は，ただ公共の利益に関係ある場合にしか設けてはならない。

エ　全ての人間は神によって平等に造られ，一定の譲り渡すことの出来ない権利を与えられており，その権利の中には生命，自由，幸福の追求が含まれている。

(ii)　Ａ～Ｄを，古いほうから年代順に並びかえよ。

ア 積極的　イ 否定的　ウ 好戦的
エ 悲観的　オ 理性的

問7 （B）に入る語句として最も適切なものを本文中から二字で抜き出せ。

3 次の文章は、花山天皇が退位を決意した後の場面である。文章を読み、後の問いに答えよ。

粟田殿は、「a御修行あらば、同じさまにて、いかならむところにても」と①契り申されて、その夜もb御供せさせ給ひけれども、さもなかりけり。あまさへ、法皇の御事ありてのち、五か月の中に、正三位《しょうさんみ》中納言までにcなられにけり。「二心おはしまして、②たばかりたてまつられける」とぞ、世人申し A 。

長徳元年に関白になり給ふといへども、ほどなくd失せ給ひにけり。世には七日関白とぞe申し A 。

（『十訓抄』）

語注　粟田殿…藤原道兼
修行…仏道をおさめ、実践すること。
いかならむところにても…どこまでも
契り申されて…固くお約束して
さもなかりけり…出家はなさらなかった
法皇の御事…花山天皇の御出家。
二心…異心。謀反《むほん》する心。

問1 〰〰部a～eのうち、その主語が「粟田殿」にあたるものを三つ選び、記号で答えよ。

問2 文章中の空欄Aには、「けり」という単語を活用させたものが入る。適切な活用に直し、答えよ。

問3 ――部①「契り申されて」とあるが、誰が誰にどのような約束をしたのか。次の中から最も適切なものを選び、記号で答えよ。

ア 藤原道兼が、花山天皇に生涯天皇の家来でいることを約束した。
イ 花山天皇が、藤原道兼に将来必ず出世をさせることを約束した。
ウ 藤原道兼が、花山天皇に一緒に仏門修行をすることを約束した。
エ 花山天皇が、藤原道兼とともに自分も出家することを約束した。

問4 ――部②「たばかり」は、「あざむく」という意味だが、あざむかれたのは誰か。本文中の言葉で答えよ。

問5 この文章から読み取ることのできる教訓はどのようなものか。最も適切なものを次の中から選び、記号で答えよ。

ア 人に対して忠義を守らなければならず、それを果たさなければ必ず痛い目に合うという教訓。
イ 常に他者の存在を意識しておかなければ、自分が困っても誰にも助けてもらえないという教訓。
ウ 人に対して嘘をついてはならず、これを破れば世間の評価も自分の品格も落ちるという教訓。
エ 一度出家すると口にした以上、出家して身を清めなければ、誰にでも天罰が下るという教訓。

るやり方で、母は叫んだ。

でも僕は、安全な場所で、誰にも石を投げられない場所で笑顔を作り、しかし圧倒的に彼らを見下していたのだ。母よりも、深いところで。

僕は自分がしていたことが、恥ずかしくて仕方がなかった。一度そう思うと、父のおかげで大きな家に住んでいること、学校に通っていること、全てのことが恥ずかしく思えてきた。

僕と「彼ら」とに、どのような違いがあるのだろう。

どのような違いが、この現実を生んでいるのだろう。

カイロにいる間、母のcムジャキさ、素直さはずっと変わることがなかったが、僕が「彼ら」に対して思う、④この後ろめたさ、羞恥心も、決して消えることはなかった。

僕は毎日、「彼ら」に会わないことを祈った。そしてその祈りは、絶対にdカナえられなかった。僕は毎日、誰かしらの「彼ら」に会い、そのたび卑屈に笑い続けたのだった。

（西加奈子『サラバ！』）

語注　糾弾…罪や不正などを問いただして、非難すること。

問1　～～部a～dのカタカナは漢字に直し、漢字は読みを答えよ。

問2　――部①「卑屈に微笑んでいた」とあるが、この時の自分を「僕」はどのように考えているか。その説明として最も適切なものを次の中から選び、記号で答えよ。

ア　物乞いのような生活をする「彼ら」に対して恐怖心を感じ、「彼ら」に危害を加えられないようにしようと必死に笑っている。

イ　「彼ら」に対して自分や母と関わらないで欲しいと思っているが、そう言えない代わりに「彼ら」にへりくだるように笑っている。

ウ　心の中では「彼ら」を見下しているが、それを「彼ら」に悟られないようにするために、平然を装って笑っている。

エ　「彼ら」を見下すことに抵抗を感じつつも、心の底で「彼ら」は自分とは違うと思ってへつらうように笑っている。

問3　――部②「母は犬にするように手を振って、『彼ら』を追っ払っていた」とあるが、「母」のこの行動を「僕」はどのように捉えているか。最も端的に表した表現を本文中から七字で抜き出せ。

問4　――部③「僕は、母のやったことに、ほとんど感動すら覚えていた」とあるが、この時の「僕」の心情として最も適切なものを次の中から選び、記号で答えよ。

ア　母のやったことは「僕」には理解できないことだったが、「僕」の前ではどんなときも強い母であろうとする決意に心を動かされている。

イ　母のやったことは人間として非難されるべき行為だが、その分「彼ら」と同じ目線に立つ、自らに偽りのない母の姿に心を動かされている。

ウ　母のやったことは「彼ら」を見下した行為ではあるが、「僕」の代わりに本心を叫んでくれた母の優しさに心を動かされている。

エ　母のやったことは「僕」には衝撃的だったが、それは「僕」を守ろうとした母なりの必死の行為だったことに気づき、心を動かされている。

問5　――部④「この後ろめたさ、羞恥心」とあるが、「僕」のどのような感情か。本文中の語句を用いて三十五字以内で答えよ。

問6　（A）に入る語句として最も適切なものを後の中から選び、記号で答えよ。

うとした。びくりと体を震わせた僕と違って、母はその腕を強く払った。

「触るな!」

こんな（　A　）な母を、僕は見たことがなかった。

母の b ケンマクに気おされたのか、「彼ら」は僕らから離れた。

僕の心臓は、どきどきと高鳴っていた。僕を襲った衝撃は、僕から全く去らなかった。

「彼ら」は、少し離れて、僕たちについて来ていた。母は僕の手を引っ張って、足早に歩いた。そして、「彼ら」がついて来ているのが分かると、振り返って、

「ついて来るな!」

だめ押しで、そう叫んだ。

「彼ら」は僕のように卑屈に、ニヤニヤと笑っていた。僕はその笑顔を見るのが嫌だった。唾を吐きかけられたほうが、まだましだった。でもそんなことをしたら、母がどんなに怒るか、僕には想像も出来なかった。僕はちらちらと、「彼ら」を振り返った。

「彼ら」の中に、ひとりだけ笑っていない子供がいた。5人の中で、一番小さな男の子だった。僕はその子と目が合うと、咄嗟《とっさ》に笑ってしまった。

母に手を引かれながら、必死で笑顔を作ったのだった。それは、僕なりの「ごめんなさい」なのかもしれなかったし、そうではないのかもしれなかった。ただ分かっていたのは、僕の笑顔が、今まで作ったどの笑顔よりも、（　B　）なものだということだった。

その子は、僕に向かって唾を吐いた。

白い泡が、べしゃっと、地面を汚した。

ニヤニヤと笑っている男の子たちの中、その子だけが、怒りに燃えていた。

僕はショックを受けた。数秒前は、「唾を吐きかけてくれた方がまし」、そう思っていたのに、実際そうされたときのショックは、計り知れなかった。地面に吐かれた白い唾は、僕を直接汚すよりも強く、僕を傷つけたのだ。

母のやったことは間違っている。それは確かだ。

だが③僕は、母のやったことに、ほとんど感動すら覚えていた。

僕だって、本当はそう思っていた。「汚い」と。「触るな」と。でも、僕は、「そんなこと、決して思ってはいけない」と思っていた。誰に教わったわけでもないのに、僕はエジプシャンの子を、とりわけ学校に行くことが出来ない、物乞い同然の生活を送っている「彼ら」を、決して見下してはいけないと思っていた。

あなたたちに対して悪意はない、あなたたちのことを見下してはいない、そう言えない代わりに、僕は笑っていた。そして「彼ら」が、僕の笑顔に喜んで近づいてくると、恐怖で震えた。心の中で「こっちへ来るな」、そう叫んでいた。

僕に唾を吐いたあの子は、僕の笑いの意味に、気づいていたのだ。

僕が結局、彼らを下に見ていたことに。

扱いづらい、僕達とはレベルの違う人間だと、認識していたことに。

母のやり方は絶対に間違っていたが、間違っている分、真実だった。

己を貶《おとし》める行為をすることで、母は彼らと同じ地平に立っていた。「そんなこと、してはいけないことだ」「人間として下劣だ」、そう糾弾され

書体験に重きを置いている筆者の主張とはあいいれないね。」

生徒C「でも、やっぱり個人が現実に体験できることは限られているから、筆者が言うように活字で書かれたものなら何でも読んで体験を増やすことが大切だと思うよ。【図表1】をみると平成二十八年以降は小中高のいずれの不読率も下がってきているから、学校でも読むことの大切さを教えているのではないかな。」

生徒D「筆者が言うように、登場人物の体験を追体験することでものの見方が豊かになれば、逆に実生活での体験の意味をより深くとらえ直すことができるよね。そうすればもっと本を読む高校生は増えるのではないかな。」

【図表1　小学生・中学生・高校生の「不読率」】

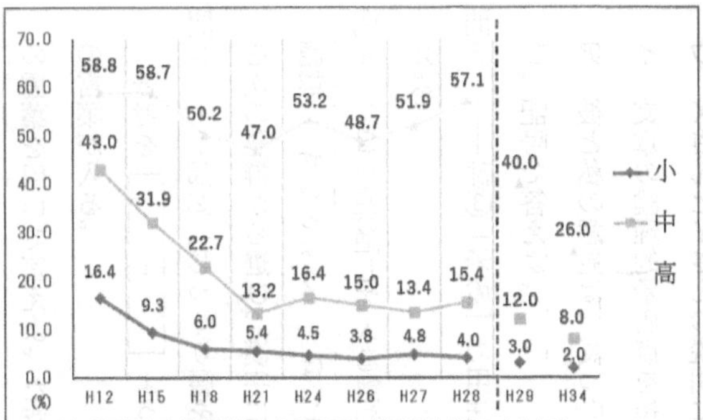

出典）全国学校図書館協議会、毎日新聞社「学校読書調査」より作成

【図表2　高校生が本を読まない理由】

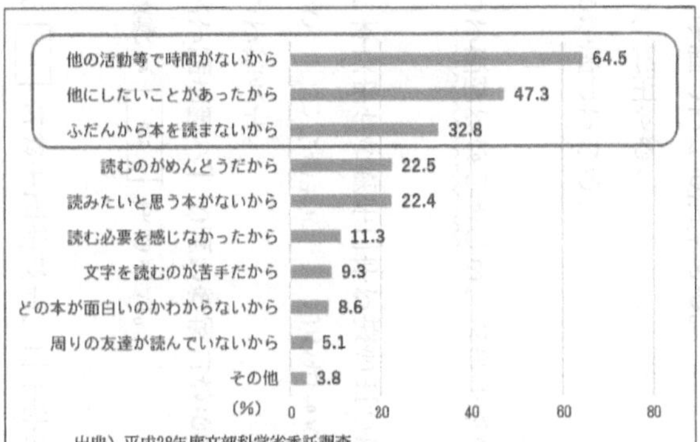

出典）平成28年度文部科学省委託調査
「子供の読書活動の推進等に関する調査研究報告書」より作成

2　主人公の「僕」は、父親の仕事の都合で母、姉と共にエジプトのカイロに住み、日本人学校に通う小学1年生である。次の文章は、「僕」と母が買い物に出かけた場面である。文章を読み、後の問いに答えよ。

店を出たときだった。僕たちの周りを、エジプシャンの子供たち数人が取り囲んだ。

見る前から、においで分かった。「学校に行っていない子供たち」、つまり「彼ら」のにおいだった。僕は、母の少し後ろにいた。母越しに見た子供たちは5人いて、どの子も僕より少し大きかった。皆、垢《あか》じみた大きすぎる服を着て、3人は裸足で、残りのふたりは大人用のサンダルをaハいていた。

気がついたら、①卑屈に微笑んでいた。

一瞬で恐怖に包まれた僕に、出来ることはそれしかなかったのだ。

「彼ら」が、僕らに興味を持ってしまったこと、そして僕らに何らか接触しようとしていること、そして「彼ら」が僕と圧倒的に違うこと、それが怖かった。

「汚い、あっち行き!」

そのとき、母の声がした。

突然のことで、僕は一瞬、母が何を言っているのか分からなかった。はじかれるように母を見上げると、②母は犬にするように手を振って、「彼ら」を追っ払っていた。

胸を、強い力で押されたような気がした。

「あっち行き!」

「彼ら」は、それでもめげなかった。母に笑顔を向け、僕の腕を取ろの言葉を用いて答えよ。ただし、［Ⅰ］には十五字以上、二十字以内の言葉が入る。

著者を［Ⅰ］ような姿勢で［Ⅱ］すること。

問3　――部②「じっくり腰を据えて話を聞く」と同じ意味になる熟語を次の語群から選び、漢字に直して答えよ。

語群（　せいちょう　　はいちょう　　けいちょう　　こうちょう　）

問4　（A）に共通して入る語句を、本文中から漢字二字で抜き出して答えよ。

問5　――部③「矛盾」の用法として適切でないものを、次の中から選び、記号で答えよ。

ア　彼と私の意見は、真っ向から矛盾している。

イ　文章の論理的矛盾点を指摘し、訂正する。

ウ　XさんとYさんの説明には、矛盾している所がある。

エ　彼の普段からの発言と、実際の行動は矛盾している。

問6　次の文章と本文の内容の共通点を説明したものとして、最も適切なものを後の**ア**～**エ**から選び、記号で答えよ。

> しかし、私は速読はおすすめしません。速読は百害あって一利なしとさえ考えています。本を読むのは人（著者）の話を聞くのと同じことです。人の話はていねいに聞かないと身につきません。何より私自身、話をしていて相手に「速読」されたら腹が立ちます。
>
> インスタントは所詮インスタント、急ごしらえには無理があります。かけるべき時間をかけることがクオリティの高い読書につながります。多少速く読めたところで、前述したように本の内容が自分の中に血肉化されなければ、読んだ意味がありません。
>
> （出口治明『人生を面白くする本物の教養』）

ア　二つの文章は、読書を通して得た知識を自分の中に経験として蓄積しなければ、読書の意味はないとしている点で共通している。

イ　二つの文章は、効率に着目するよりも読書の質をどのように向上させるかということについて論じているという点で共通している。

ウ　二つの文章は、読書を「話を聞く」ということに例えるとともに、読書には時間をかける必要があるとしている点で共通している。

エ　二つの文章は、ネット上で文章を読む行為は、読者の人生観・人間観に影響を与えることはないとしている点で共通している。

問7　次の生徒**A**～**D**の会話は、本文と、次のページの【図表1】・【図表2】を踏まえて生徒たちが話し合っているところである。【図表1】・【図表2】は、文部科学省生涯教育政策局青少年教育課「子供の読書活動に関する現状と論点」の資料の一部である。筆者の考えと【図表1】・【図表2】を正しく理解している生徒を一人選び、記号で答えよ。

生徒**A**　「【図表1】を見ると、小中学生と比べて高校生の不読率はとても高いね。筆者が述べているように人間的な成長度合いは読書習慣の有無によるから、高校生がネット上の文章ばかり読んでいて読書をしないことは問題だと思うよ。」

生徒**B**　「【図表2】によると、高校生の不読率の高さには読書以外の活動に時間を取りたいためという理由が多いね。実際の体験活動が増えることで読書の時間がとれないのは、実生活での体験より読

【国　語】（四〇分）〈満点：一〇〇点〉

【注意】文字数が制限されている設問は、すべて句読点なども文字数に含めて解答しなさい。

1 次の文章を読み、後の問いに答えよ。

ネット上で文章を読むとき、私たちは「読者」ではありません。「消費者」なのです。こちらが主導権をaニギっていて、より面白いものを選ぶ。「これはない」「つまらない」とどんどん切り捨て、「こっちは面白かった」と消費していく感じです。

消費しているだけでは、積み重ねができにくい。せわしく情報にアクセスしているわりに、どこかフワフワとして何も身についていない。そのときは「へえ」と思ったけれど、すぐに忘れてしまいます。浅い情報は常にいくつか持っているかもしれませんが、①「人生が深くなる」ことはありません。

これは、情報の内容やツールの問題というより、「構え」の問題です。

著者をリスペクトして「さあこの本を読もう」というときは、②じっくり腰を据えて話を聞くような構えになります。著者と二人きりで四畳半の部屋にこもり、延々と話を聞くようなものです。ちょっとbタイクツな場面があっても簡単に逃げるわけにはいきません。辛抱強く話を聞き続けます。

相手が天才的な作家だと、「早く続きが聞きたい」と言って寝る間も惜しんで読書をすることもあるでしょう。しかしドストエフスキーと二人きりになって3か月も話を聞かされ続けたりしたら、cタイガイの人は逃げ出したくなります。（やってみると最高なのですが。）実際、みんな逃げ出しつつあります。

逃げ出さずに最後まで話を聞くとどうなるか。それは「体験」としてしっかりと刻み込まれます。読書は「体験」なのです。実際、読書で登場人物に感情移入しているときの脳は、体験しているときの脳と近い動きをしているという話もあります。

体験は人格形成に影響します。あなたもきっと「いまの自分をつくっているのは、こういう体験だ」と思うような体験があるでしょう。

辛く悲しい体験も、それがあったからこそ人の気持ちがわかるようになったり、それを乗り越えたことで強さや自信になったりします。大きな病気になったり命の尊さを感じる出来事があれば、いまこの瞬間を大事に思えるようになるなど、（　A　）に変化をもたらします。

自分一人の体験には限界がありますが、読書でd疑似体験をすることもできます。

読書によって人生観、人間観を深め、想像力を豊かにし、（　A　）を大きくしていくことができるのです。

読書よりも実際の体験が大事だと言う人もいます。実際に体験することが大事なのはその通りです。でも、私は読書と体験は③矛盾しないと考えています。本を読むことで、「これこれを体験してみたい」というモチベーションになることはありますし、それ以上に言葉にできなかった自分の体験の意味に気づくことができます。

（齋藤孝『読書する人だけがたどり着ける場所』）

問1　〰〰部a～dのカタカナは漢字に直し、漢字は読みを答えよ。

問2　――部①『「人生が深くなる」』には、筆者は何が必要だと考えているか。次の文中の空欄 Ⅰ ・ Ⅱ に入る適切な言葉を、本文中

MEMO

大切なことはメモしておこうネ！

2021年度

解　答　と　解　説

《2021年度の配点は解答欄に掲載してあります。》

＜数学解答＞

1 (1) $-\frac{11}{3}$　(2) $(x-y+2)(x-y-8)$　(3) $26+8\sqrt{3}$　(4) $x=400,\ y=140$

(5) $x=\frac{-2\pm\sqrt{10}}{2}$

2 (1) 2　(2) 40(分)　(3) 10(個)　(4) $x=-1\pm\sqrt{2}$　(5) $\frac{1}{4}$

3 (1) $\frac{3}{2}x$(cm²)　(2) $-\frac{1}{2}x^2+3x$(cm²)　(3) ア　(4) エ　(5) $x=4,\ 5$

4 (1) 7(倍)　(2) π(cm²)　(3) 体積　$16\sqrt{3}\pi$(cm³)　表面積　48π(cm²)

(4) ① イ　② $\frac{1}{4}$

○推定配点○

1 各4点×5　2～4 各5点×16　計100点

＜数学解説＞

基本 1 (正負の数の計算，因数分解，平方根の計算，連立方程式，2次方程式)

(1) $2-4\left(\frac{1}{2}+\frac{2}{3}\right)-(-1)^2=2-4\left(\frac{3}{6}+\frac{4}{6}\right)-(-1)\times(-1)=2-4\times\frac{7}{6}-1=\frac{6}{3}-\frac{14}{3}-\frac{3}{3}=-\frac{11}{3}$

(2) $A=x-y$とすると，$(x-y)^2-6(x-y)-16=A^2-6A-16=(A+2)(A-8)$　Aをもどして，$(A+2)(A-8)=(x-y+2)(x-y-8)$

(3) $(2\sqrt{2}+\sqrt{7})(2\sqrt{2}-\sqrt{7})\times\left(\frac{12}{\sqrt{6}}+\sqrt{2}\right)^2=\{(2\sqrt{2})^2-(\sqrt{7})^2\}\times\left\{\left(\frac{12}{\sqrt{6}}\right)^2+2\times\frac{12}{\sqrt{6}}\times\sqrt{2}+(\sqrt{2})^2\right\}=(8-7)\times\left(\frac{144}{6}+\frac{24}{\sqrt{3}}+2\right)=1\times\left(24+\frac{24\sqrt{3}}{3}+2\right)=26+8\sqrt{3}$

(4) $2x+y=940$より$y=940-2x$…①　$x+2y=680$に①を代入して$x+2(940-2x)=680$　$x+1880-4x=680$　$-3x=-1200$　$x=400$　これを①に代入して，$y=940-2\times400=940-800=140$

(5) $2x^2+4x-3=0$について，解の公式より$x=\frac{-4\pm\sqrt{4^2-4\times2\times(-3)}}{2\times2}=\frac{-4\pm\sqrt{16+24}}{4}=\frac{-4\pm\sqrt{40}}{4}=\frac{-4\pm2\sqrt{10}}{4}=\frac{-2\pm\sqrt{10}}{2}$

2 (直線と平面の位置関係，座標，場合の数，平方根の性質，1次方程式の利用，確率)

基本 (1) 条件1.より，直線ℓを表す方程式は$y=\frac{1}{2}x-4$なので，直線ℓとy軸の交点Pの座標はP(0, −4)　次に条件2.より，線分PQの中点が原点であることから，点Pと点Qは原点について対称な点なので，点Qの座標はQ(0, 4)　さらに条件3.より，直線mは点(−2, 0)とQ(0, 4)を通るので，直線mの傾きは$\frac{4-0}{0-(-2)}=2$

(2)　AとBの対戦を(A, B)のように表すと，4チームの総あたり戦なので，全部で(A, B)，(A, C)，(A, D)，(B, C)，(B, D)，(C, D)の6試合となる。このとき，試合と試合の間の休憩は5回となるので，1試合目の開始から全試合終了まで$5\times6+2\times5=40$(分)かかる。

重要　(3)　$4<\sqrt{2n}\leqq6$より$\sqrt{16}<\sqrt{2n}\leqq\sqrt{36}$となるので$16<2n\leqq36$　この不等式を満たす整数nの値は$n=9$, 10, 11, 12, 13, 14, 15, 16, 17, 18なので，$4<\sqrt{2n}\leqq6$を満たすすべての整数nの個数は10(個)

(4)　$x\neq0$とすると，正しい計算結果は$\dfrac{15}{x}$，間違った計算結果は$15x$と表せる。このとき，間違った計算結果は正しい計算結果よりも30小さいので，$\dfrac{15}{x}=15x+30$　両辺にxをかけて，$x(15x+30)=15$　$15x^2+30x-15=0$　$x^2+2x-1=0$　解の公式を用いて，
$$x=\frac{-2\pm\sqrt{2^2-4\times1\times(-1)}}{2\times1}=\frac{-2\pm\sqrt{4+4}}{2}=\frac{-2\pm\sqrt{8}}{2}=\frac{-2\pm2\sqrt{2}}{2}=-1\pm\sqrt{2}$$

(5)　表が出た硬貨の合計金額が150円以上になるためには，100円硬貨と50円硬貨の両方で表が出ることが必要となるが，このとき10円硬貨と5円硬貨はそれぞれ表が出ても裏が出てもかまわない。10円硬貨と5円硬貨の2枚の表裏の出方は$2\times2=4$(通り)であり，さらに4枚の硬貨の表裏の出方は$2\times2\times2\times2=16$(通り)なので，表が出た硬貨の合計金額が150円以上になる確率は$\dfrac{4}{16}=\dfrac{1}{4}$

3　(関数と図形の融合問題)

基本　(1)　△OAPを∠POA＝90°の直角三角形とみると，線分OAの長さは3，線分OPの長さはxと表せるので，点Pが出発してからx秒後の△OAPの面積は$3\times x\div2=\dfrac{3}{2}x$(cm²)

重要　(2)　△OPQを∠POQ＝90°の直角三角形とみると，線分OPの長さはx，線分OQの長さもxと表せるので，点P，Qが同時に出発してからx秒後の△OPQの面積は$x\times x\div2=\dfrac{x^2}{2}$　また，△ABQを∠BAQ＝90°の直角三角形とみると，線分AQの長さは$3-x$，線分ABの長さは3と表せるので，点P，Qが同時に出発してからx秒後の△ABQの面積は$(3-x)\times3\div2=\dfrac{9-3x}{2}$　さらに，四角形OPBAをOPが上底，ABが下底の台形とみると，線分OPの長さはx，線分ABと線分OAの長さはそれぞれ3と表せるので，x秒後の台形OPBAの面積は$(x+3)\times3\div2=\dfrac{3x+9}{2}$　ここで，△BPQは台形OPBAから△OPQと△ABQを除いた図形なので，点P，Qが同時に出発してからx秒後の△BPQの面積は$\dfrac{3x+9}{2}-\dfrac{x^2}{2}-\dfrac{9-3x}{2}=-\dfrac{x^2}{2}+3x=-\dfrac{1}{2}x^2+3x$(cm²)

(3)　(2)より，点P，Qが同時に出発したとき，$0<x<3$における△OPQの面積は$y=\dfrac{1}{2}x^2$　これは2次関数の式なので，原点を通りy軸について対称な放物線の一部となっているアのグラフが適切。

重要　(4)　△OPQにおいて三平方の定理より$PQ^2=OP^2+OQ^2=x^2+x^2=2x^2$　$x>0$より，$PQ=\sqrt{2}x$…①　また，△AQRにおいて三平方の定理より$QR^2=AQ^2+AR^2=(3-x)^2+(3-x)^2=2(3-x)^2$　$0<x<3$より，$QR=\sqrt{2}(3-x)=3\sqrt{2}-\sqrt{2}x$…②　①，②より$PQ+QR=(\sqrt{2}x)+(3\sqrt{2}-\sqrt{2}x)=3\sqrt{2}$となり，$0<x<3$における線分PQと線分QRの和$y$の値は一定。よって，$y$の値が変化しないエのグラフが適切。

やや難　(5)　$3<x<6$のとき，点Pは線分BC上，点Qは線分AB上，点Rは線分OA上の点となり，線分AQと線分ARの長さはそれぞれ$x-3$，線分BPと線分BQの長さはそれぞれ$6-x$と表せる。このとき，x秒後の台形ABPRの面積は$\{(6-x)+(x-3)\}\times3\div2=\dfrac{9}{2}$　x秒後の△AQRの面積は$(x-3)(x-$

$3)\div 2=\frac{(x-3)^2}{2}$　x秒後の△BQPの面積は$(6-x)(6-x)\div 2=\frac{(6-x)^2}{2}$　ここで，△PQRは台形ABPRから△AQRと△BQPを除いた図形となるので，点P，Q，Rが同時に出発したときの△PQRの面積は$\frac{9}{2}-\frac{(x-3)^2}{2}-\frac{(6-x)^2}{2}$で，その面積が$2\text{cm}^2$なので，$\frac{9}{2}-\frac{(x-3)^2}{2}-\frac{(6-x)^2}{2}=2$　$9-(x-3)^2-(6-x)^2=4$　$9-(x^2-6x+9)-(36-12x+x^2)=4$　$9-x^2+6x-9-36+12x-x^2=4$　$2x^2-18x+40=0$　$x^2-9x+20=0$　$(x-4)(x-5)=0$　$x=4,\ 5$　よって，△PQRの面積が2cm^2となるときのxの値は，$x=4,\ 5$

4　（相似の利用，回転する図形の軌跡の面積，確率）

重要　(1)　△EBFと△ADFにおいて，BC//ADより平行線の錯角は等しいので∠FEB＝∠FAD，∠FBE＝∠FDAとなり，2組の角がそれぞれ等しいので△EBF∽△ADF　ここで，点Eは辺BCを2：3に内分する点なので，BF：DF＝EB：AD＝EB：BC＝EB：EB＋EC＝2：(2＋3)＝2：5　このとき，△ADFと△ABFは底辺が同じ直線BD上にあり同じ頂点Aを持つ三角形なので，△ABFと△ADFの面積の比は底辺の長さの比BF：DFに等しく，△ABF：△ADF＝BF：DF＝2：5　さらに，△ABDの面積は△ADFと△ABFの面積の和となるので，△ABF：△ABD＝△ABF：△ABF＋△ADF＝2：(2＋5)＝2：7　平行四辺形ABCDの面積は△ABDの面積の2倍となるので，△ABF：平行四辺形ABCD＝△ABF：(△ABD×2)＝2：(7×2)＝2：14＝1：7　よって，平行四辺形ABCDの面積は△ABFの面積の7倍となる。

やや難　(2)　扇形を90°ずつ転がしていくと右図のP_1AB→P_2AC→P_3ED→P_4FDのように移動し，点Pは右図の点P_1から点P_4のように移動する。このとき，点Pが動いた跡を結んでできる線と直線ℓで囲まれた部分は，右図の太線で囲まれた図形となるので，これを扇形AP_1P_2と長方形AP_2P_3Dと扇形DP_3P_4に分割する。扇形AP_1P_2と扇形DP_3P_4にはそれぞれ半径1，中心角90度の扇形なので，それぞれの面積は$1\times 1\times \pi \div 4=\frac{\pi}{4}$　さらに線分ADの長さは扇形の弧の長さに等しいので$1\times 2\times \pi \div 4=\frac{\pi}{2}$となることから，長方形$AP_2P_3D$の面積は$1\times\frac{\pi}{2}=\frac{\pi}{2}$　よって，点Pが動いた跡を結んでできる線と直線ℓで囲まれた部分の面積は$\frac{\pi}{4}+\frac{\pi}{2}+\frac{\pi}{4}=\pi\ (\text{cm}^2)$

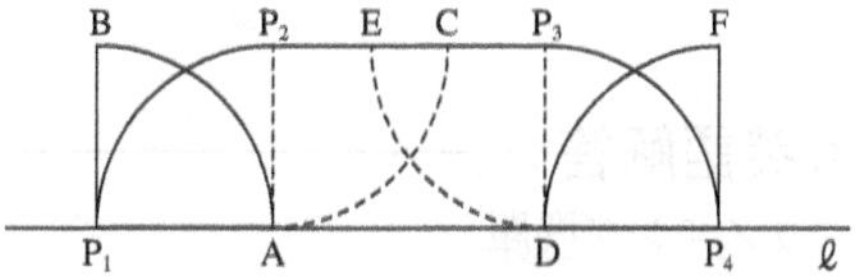

重要　(3)　問題で与えられた立体図形は，底面半径4，高さ$4\sqrt{3}$，母線の長さ8の円錐から底面半径2，高さ$2\sqrt{3}$の円錐を2つ除いた図形と考えることができるので，体積は$4\times 4\times \pi\times 4\sqrt{3}\times\frac{1}{3}-2\times 2\times \pi\times 2\sqrt{3}\times\frac{1}{3}\times 2=(64\sqrt{3}-16\sqrt{3})\times\pi\times\frac{1}{3}=48\sqrt{3}\pi\times\frac{1}{3}=16\sqrt{3}\pi\ (\text{cm}^3)$　また，表面積は底面半径4，高さ$4\sqrt{3}$，母線の長さ8の円錐と同じなので，$8\times 8\times\pi\times\frac{4}{8}+4\times 4\times\pi=32\pi+16\pi=48\pi\ (\text{cm}^2)$

やや難　(4)　①　自作のさいころに●は3面，▲は2面，■は1面あるので，さいころを1回投げたときの目の出方の確率は，●が$\frac{3}{6}=\frac{1}{2}$，▲が$\frac{2}{6}=\frac{1}{3}$，■が$\frac{1}{6}$となる。ここで，さいころを2回投げて2回とも●が出る確率は$\frac{1}{2}\times\frac{1}{2}=\frac{1}{4}$　●，▲が1回ずつ出る確率は$\frac{1}{2}\times\frac{1}{3}+\frac{1}{3}\times\frac{1}{2}=\frac{2}{6}=\frac{1}{3}$，●，■が1回ずつ出る確率は$\frac{1}{2}\times\frac{1}{6}+\frac{1}{6}\times\frac{1}{2}=\frac{2}{12}=\frac{1}{6}$となる。よって，$\frac{1}{6}<\frac{1}{4}<\frac{1}{3}$より，さいころ

を2回投げたときに最も多く出る図形の組み合わせは(イ)の「●，▲が1回ずつ出る」となる。

② さいころの面にかかれた●の数を$x(1\leqq x\leqq 6)$，▲の数を$y(1\leqq y\leqq 6)$，■の数を$z(1\leqq z\leqq 6)$とすると，さいころを2回投げて2回とも●が出る確率は$\frac{x}{6}\times\frac{x}{6}=\frac{x^2}{36}$　●，▲が1回ずつ出る確率は$\frac{x}{6}\times\frac{y}{6}+\frac{y}{6}\times\frac{x}{6}=\frac{2xy}{36}=\frac{xy}{18}$となる。「2回とも●になる確率」と「●，▲が1回ずつ出る確率」が一致するとき$\frac{x^2}{36}=\frac{xy}{18}$　両辺を36倍して$x^2=2xy$　$x^2-2xy=0$　$x(x-2y)=0$　さらに$1\leqq x\leqq 6$より$x-2y=0$…①　ここでx，yの値の組を$(x,\ y)$と表すと，①を満たすx，yの値の組は(2，1)，(4，2)(6，3)の3組となるが，これらのうち，さいころに■をかくことができるのは(2，1)の組だけなので，$z=3$となる。よって，2回とも■が出る確率は$\frac{3}{6}\times\frac{3}{6}=\frac{1}{2}\times\frac{1}{2}=\frac{1}{4}$

★ワンポイントアドバイス★

小問集合問題はもちろんのこと，標準レベルまでの関数や図形の問題を素早く解かないと，40分という解答時間がさらに短いものとなるだろう。過去問をくり返し解いて，出題パターンをきちんと把握しておこう。

<英語解答>

リスニング問題

リスニング問題解答省略

筆記問題

1　1 ① ウ　③ カ　⑥ イ　2 ② coming　⑧ exciting
3 ⑦ (3番目) キ　(6番目) ウ　4 ④ ウ　5 ⑤ イ　6 エ

2　1 ウ　2 イ　3 エ　4 ア　5 エ

3　1 daughter　2 fifth　3 dangerous[unsafe]　4 choice

4　1 umbrella　2 thousand　3 Saturday　4 dictionary

5　1 ア enough　イ to　2 ウ takes　エ hospital
3 オ looked[seemed]　カ surprised　4 キ It　ク crying

6　1 ア faster　イ than　2 ウ too　エ to　3 オ have　カ been
4 キ Shall　ク we

7　1 コ　2 ア　3 ケ　4 イ　5 ウ

8　(I like) playing outside (better. I have two reasons.)
First, I think playing outside is good for our health.
Second, I can make friends with other students when I play soccer outside.

○推定配点○

1・2　各3点×14　8　6点　他　各2点×26　計100点

＜英語解説＞

リスニング問題　リスニング問題解説省略。

重要 **1**　**(長文読解・説明文：語句補充，語句整序[助動詞]，内容吟味)**

（全訳）　日本では常に変化しているものもあれば，何百年も前①と同じものがある。では何が日本の未来か。日本に②やってきた大きな変化の一つは，産業だ。1990年代には，中国，韓国，その他のアジア諸国が非常に安く電化製品を作り始めた。多くの国は，日本ではなく，これらの国から電化製品を手に入れた。だから今，日本はこれらの商品の多くを作っていない。これらのものを作る③かわりに，日本は高価なカメラや素晴らしいコンピュータゲームを作り始めた。そして，日本にはまた世界のロボットの半分がある。現代の世界ではロボットが重要になってきており，日本は世界で最も多くのロボットを作っている。これらのロボットは自動車の小さな部品を作るために自動車会社で働いている。日本には世界最大の自動車会社がいくつかある。

日本には車がたくさんあるので，多くの都市では，大気汚染がひどい。それは深刻な問題だ。そこで日本は大気汚染と④戦うために，周辺の国々と協力している。日本の自動車産業はこれに懸命に取り組んでいる。新しい小型車の中には⑤電気を使うものもあり，日本人は将来の他のアイデアを考えている。

原子力に関する疑問もある。2011年以前は，日本の電力の約25%が原子力発電所から供給されていた。しかし2011年の地震と津波は仙台近郊の原子力発電所の一部を破壊し，安全でないことがわかった。80,000人⑥以上が家を去らなければならなかった。今，多くの人々が原子力を恐れている。それでは，⑦日本は将来どのようにその電気を作り出すつもりなのだろうか。他の多くの国と同様に，日本は今，これを行うために太陽や風のようなものに注目している。

日本にはもちろん多くの⑧ワクワクする新しいアイデアがある。この素晴らしい国の人々は，素晴らしい古い文化とともに，将来に世界を取り入れようとしている。

1　①　the same as ～「～と同じ」　③　instead of ～「～のかわりに」　⑥　more than ～「～以上」

2　②　coming for Japan は前の名詞を修飾する分詞の形容詞的用法である。
　⑧　exciting「ワクワクする」

3　(So) how is Japan going to make its electricity (in the future?)　be going to ～ を用いた疑問文であるので，be動詞を主語の前に出す。

4　不定詞の副詞的用法「～するために」を選ぶ。

5　大気汚染と戦うために電気を使用した自動車ができたのである。

6　ア「今日，日本のすべてのものが変わっている」第1段落第1文参照。全てのものではなく，変わっているものもあれば変わっていないものもあるので不適切。　イ「アジアやヨーロッパの多くの国はとても安く電化製品を作り始めた」第1段落第4文参照。ヨーロッパは含まれていないので不適切。　ウ「日本はおもしろいアニメとコンピュータゲームを作り始めた」第1段落第7文参照。アニメではなく，高価なカメラを作り始めたので不適切。　エ「日本は太陽光のようなものに注目している」第3段落最終文参照。太陽光や風力のようなものに注目しているので適切。　オ「日本人は，大気汚染問題に興味がない」第2段落参照。日本では大気汚染と戦うための取り組みをしているため不適切。

2　**(長文読解・物語文：要旨把握)**

（全訳）　ジュンコは17歳で，日本から来ている。彼女はロンドンで英語を学んでいる。しかし彼女は学校に友達がいない。毎日インターネットカフェに行き，ブログを書いている。

7月1日(月)

私はロンドンのインターネットカフェでこのブログを書いています。カフェは私の語学学校の隣にある背の高い，古い，赤いロンドンのバスの中にあります。とても気に入っています。それはとてもイギリス的です。
私は東京出身で，イギリスに3ヶ月住んでいます。私はここで英語を学んでいます。
私は黒髪，黒い目と笑顔に満ちています。
ブログで私に手紙を書いてください。さようなら！
7月4日(木)
インターネット，あなたがここで私の唯一の友人なので，私はイギリスでの私の生活についてあなたに話しています。
私はスミス夫妻と一緒に住んでいます。スミスさんは映画館で働いています。スミス夫人は会社員です。彼らはいつも私に同じことを尋ねます：「今日は元気？」「元気よ」と答えます。
私はロンドンについて尋ねますが，スミスさんは「今晩話そう。今仕事に行くところなんだ。いってきます，ジュンコ。良い一日を！」
夕方，スミスさんによろしくと言います。しかし，彼は「私は非常に疲れているんだ。映画館でひどい一日だった！今寝るつもりなんだ。おやすみ」
週末は何もすることがない。時々，私は非常に孤独を感じます。
7月9日(火)
こんにちは，インターネット，あなたはイギリスで私の唯一の友人ではありません！
昨日，インターネットカフェの隣の通りで，黒髪と緑の目をした女の子が私に話しかけてきました。彼女の名前はソーニャです。彼女はスロバキア出身で，私の学校の生徒でもあります。
「あなたは日本人ですか？私は日本が大好きです」と彼女は言いました。「日本を知っているの？」と聞いてみました。
「私は日本の漫画を知っています。私のお気に入りです」彼女は明るく親しみやすいです。私たちはすぐに友達になりました。そして，彼女は他の外国からの多くの友人がいます。私たちは次の日曜日に他の生徒たちと町の本屋に行くことにしました。私はそれを楽しみにしています。

1 「ジュンコはどのような人物か」 7月1日のブログ参照。ジュンコは黒髪で黒い目をしている。
2 「ジュンコはいつロンドンに来たか」 7月1日のブログ参照。7月1日の3か月イギリスに住んでいるとある。
3 「スミス夫妻はどんな人物か」 7月4日のブログ参照。スミス夫妻はいつも同じことを尋ねたり，あまり話す時間が取れなかったりするくらい忙しいのである。
4 「ジュンコは次の日曜日何をするつもりか」 7月9日のブログ参照。他の友達と本屋に行くとある。
5 「ロンドンでの純子の生活はどうか」 7月9日のブログ参照。ジュンコはロンドンで友達を作ろうとしている。

3 (単語・反意語)

1 son「息子」の反意語は，daughter「娘」である。
2 five の序数は fifth である。
3 safe「安全な」の反意語は，dangerous「危険な」である。
やや難 4 choose「選ぶ」の名詞は，choice「選択」である。

基本 4 (単語)

1 雨や日差しから自分を守るために，「傘」を使う。
2 500と500を合わせて「1000」になる。

3　金曜日は「土曜日」の前に来る。

4　単語の意味を知りたいとき「辞書」を使う。

重要 **5**　**（語句補充問題：不定詞，代名詞，形容詞）**

1　〈enough ＋名詞＋ to ～〉「～するのに十分な…」

2　〈It takes ［時間］ to ～〉「～するのに…かかる」

3　〈look ＋形容詞〉「～に見える」

4　〈It is ～ to …〉「…することは～だ」

6　**（書きかえ問題：比較，不定詞，現在完了，助動詞）**

1　not as ～ as …「…ほど～ない」

2　〈so ～ that 主語 can't …〉＝ too ～ to …

3　現在完了の継続用法は〈have ＋過去分詞＋ for(since) ～〉の形になる。

4　Let's ～ ＝ Shall we ～?

7　**（会話文）**

（全訳）　グリーン先生：タケシ，何してるの？

タケシ　　　：老人を助けることについて英語でレポートを書いています。

グリーン先生：それは面白いですね。(1)なぜこの話題を選んだの？

タケシ　　　：私の祖母は私の家族と一緒に住んでいます。祖母は「私たちの町では多くの老人が一人暮らしをしています。彼らは多くのことを行うことはできません。例えば，重いものを運ぶことは彼らにとって容易ではありません。(2)また，彼らの中には何か買うために店に歩いていくことができない人もいます」と言いました。だから，私は彼らを助けるために何かをすべきだと思いましたが，考えることは簡単で，やることは難しいです。

グリーン先生：そうです。(3)先週，テレビでおもしろいニュースを見ました。日本の小さな町の若い学生についてでした。彼らは町の老人のために昼食を作っていました。彼らはそれぞれの家を訪れ，老人に昼食を渡しました。お年寄りも生徒も幸せだったと思います。

タケシ　　　：(4)素晴らしい！それはボランティア活動の良い点です。

グリーン先生：賛成です。(5)すぐにレポートを書き終えるといいですね。

(1)　この後で，レポートの内容について話している点から判断する。

(2)　お年寄りができないことの例が書かれているものを選ぶ。

(3)　この後，テレビで見たニュースの内容を話しているところから判断する。

(4)　「ボランティア活動の良い点だ」と言っていることからわかる。

(5)　会話の最後の発言としてふさわしいものを選ぶ。I hope (that) ～「～を望みます」

重要 **8**　**（条件英作文）**

・自分が選んだ答えに合う理由を書くようにする。

・「問い」で使われている表現(playing video games や playing outside)はそのまま用いるようにする。

・a や the，名詞の複数形など細かい点に注意をして英文を作る。

★ワンポイントアドバイス★

語彙や文法問題の分量が多くなっている。比較的，平易な問題が出題されているので，問題集や過去問を繰り返し解いて，傾向をつかみたい。

＜理科解答＞

1　Ⅰ　問1　アミラーゼ　問2　すい液　問3　(物質)　ブドウ糖[グルコース]　(器官)　肝臓　問4　エ　問5　オ　問6　(試験管)　D　(色)　赤褐色
問7　A，C，E，F　問8　イ，エ　問9　(1)　①　ア　②　ウ
(2)　①　イ　②　イ

2　Ⅰ　問1　位置エネルギー　問2　ウ　問3　h　問4　①　(向き)　2　(大きさ)　ウ
②　(向き)　6　(大きさ)　イ　③　(向き)　6　(大きさ)　イ　問5　ウ
問6　5　Ⅱ　問1　(R_1)　3Ω　(R_2)　12Ω　問2　48W
問3　(R_a)　2.4Ω　(R_b)　15Ω　問4　5A　問5　2V

3　Ⅰ　問1　①　熊本　②　積乱雲　③　梅雨　④　暖かい　問2　ケ　問3　ア
問4　小笠原(気団)
Ⅱ　問1　オ　(風力)　8　問2　ア，ウ，オ　問3　(8月)　イ　(12月)　ア
問4　ア　問5　偏西風

4　問1　エ　問2　A　O_2　B　CO_2　C　NH_3　問3　BとD　問4　ウ　問5　AとD
問6　a　ア　b　エ　問7　エ→ウ→イ→ア

○推定配点○
1　各2点×12(問3，問6完答)　2　各2点×15(問4①，②，③各完答)
3　各2点×13(Ⅱ問1完答)　4　各2点×10　計100点

＜理科解説＞

1　(ヒトの体のしくみ―糖の分解酵素)

基本　問1　だ液に含まれる消化酵素はアミラーゼで，デンプンを麦芽糖に分解する。

基本　問2　アミラーゼはすい液にも含まれる。

基本　問3　デンプンが分解されてできた麦芽糖は，さらに分解されブドウ糖(グルコース)になり体内に吸収される。小腸で吸収されたブドウ糖は肝臓に運ばれて蓄えられる。

基本　問4　デンプンはヨウ素液を加えると青色になる。

問5　ベネジクト液は加熱しないと色の変化が起こらない。

重要　問6　ベネジクト液は糖と反応すると赤褐色になる。試験管Dだけがデンプンの分解により糖を生じるので，色の変化が起きる。

問7　色の変化が見られるのはデンプンが分解されないものである。試験管Bでは40℃でだ液の消化酵素が働くようになるのでデンプンは分解される。しかし，Fでは90℃にしたとき，消化酵素の働きが失われ，その後40℃にしてもその働きはもとに戻らないのでデンプンは分解されない。よって，色の変化が起きるのは，A，C，E，Fの4本である。

問8　消化酵素は低温にしてもその働きを失わないが，高温にすると酵素の構造が変化し，酵素としての働きを失いもとに戻らない。消化酵素が最もよく働くのは体温付近の温度(40℃付近)である。

問9　(1)　だ液を2倍に薄めているので，加えただ液の量はもとの半分になる。そのため，①色の変化が見られなくなるまでの時間は増加する。②しかし，デンプンの量は変わらないので，分解されて生じる物質の量は変わらない。　(2)　デンプンの量を半分にしている。①色の変化が見られなくなるまでの時間は減少する。②また，デンプンが分解して生じる物質の量も減少する。

2 （運動とエネルギー―位置エネルギー・落下運動）

基本 Ⅰ 問1 物体の高さによるエネルギーを位置エネルギーという。

重要 問2 運動する物体のエネルギーを運動エネルギーという。Aの物体が滑り落ちて物体の速度が変化するとき，速度の大きさは物体の位置だけで決まり質量の大きさには関係しない。それで，質量を2倍にしても点Bでの速度は変わらない。

重要 問3 位置エネルギーと運動エネルギーの合計は力学的エネルギーという。力学的エネルギーの合計は一定に保たれる。初めhの高さにあった物体は，摩擦がなければ同じ高さまで達する。

重要 問4 ① 物体はCD間を上昇するので，運動の向きは2の方向であり，速度は徐々に小さくなる。
② 加速度は斜面の下向きに6の方向にはたらく。物体が直線上で速さの変わる運動をするとき，この運動を等加速度直線運動という。ここでは速度が減少するので，加速度の向きは速度の向きの逆方向になる。 ③ 物体には下向きに重力，斜面に垂直方向に垂直抗力が働き，その合力は6の方向になり，大きさは一定である。

問5 小物体が斜面をすべりあがった場合は，最高点で速度が0になるので運動エネルギーも0になるが，点Cを飛び出した小物体は最高点でも右向きに運動しているので運動エネルギーをもつ。そのため，小物体の最高点での位置エネルギーは斜面をすべりあがった場合より小さくなり，最高点の高さも低くなる。

問6 斜面からの垂直抗力が0になるので，重力だけが働くため力の向きは5の方向になる。

基本 Ⅱ 問1 オームの法則より，抵抗＝電圧÷電流なので，$R_1=6\div2=3\Omega$ $R_2=6\div0.5=12\Omega$

基本 問2 電力＝電圧×電圧÷抵抗で求まる。よって12×12÷3＝48W

重要 問3 並列回路における合成抵抗(R_a)の値は$\frac{1}{R_a}=\frac{1}{R_1}+\frac{1}{R_2}$より，$\frac{1}{R_a}=\frac{1}{3}+\frac{1}{12}$ $R_a=2.4\Omega$である。また，直列回路における合成抵抗(R_b)の値は$R_b=R_1+R_2$より，$R_b=3+12=15\Omega$になる。

基本 問4 合成抵抗の値が2.4Ωなので，I＝12÷2.4＝5A

基本 問5 合成抵抗の値が15Ωなので，R_1にかかる電圧は全体の$\frac{3}{15}$となり，$10\times\frac{3}{15}=2$Vになる。

3 （天気の変化―日本付近の気象）

Ⅰ 問1 2020年7月に熊本県で豪雨災害が発生した。線状降水帯では積乱雲が次々と発生し，帯状に並ぶため同じ地域に長時間激しい雨を降らせる。今回の豪雨は九州に停滞していた梅雨前線に湿った暖かい空気が流れ込むことで起きた。

問2 日本で梅雨がないとされる地域は，北海道と小笠原諸島，北方領土の3つである。

基本 問3 梅雨前線は停滞前線であり，その天気記号はアである。イが温暖前線，ウが寒冷前線，エは閉塞前線を表す。

基本 問4 梅雨前線は北側のオホーツク海気団と南側の小笠原気団の間にできる停滞前線である。小笠原気団は(北)太平洋気団ともいう。

基本 Ⅱ 問1 台風は太平洋の南の海上で発生する熱帯低気圧で，最大風速が17.2m/s，風力8以上のものをいう。

問2 台風は前線を伴わない。中心付近を台風の目といい，下降気流が生じ，雲のほとんどない部分がある。天気図では等圧線の間隔が狭くほぼ同心円状になる。台風は海上では暖かい海水から多量の水蒸気が供給され勢力が強まるが，陸上では水蒸気の供給がないので次第に勢力は衰える。北半球では台風や低気圧は反時計回りに回転する。

問3 8月は日本列島の上空に小笠原気団が張り出すので，その縁を周り込むような(イ)のコースを取るものが多い。冬場は日本列島付近の海水温が低いので，台風が日本列島にやってくることはなく(ア)のような温かい海を移動する。

問4　2020年7月に発生した台風は0個であった。これは1951年からの統計開始史上初めてのことであった。

重要　問5　日本付近では西から東に吹く偏西風の影響受けて，台風の進路も東向きに変わる。

4　（気体の発生とその性質―気体の発生反応と性質）

重要　問1　試料Aからは酸素が発生する。酸素は水に溶けないので水上置換法で捕集できる。試料Bからは二酸化炭素が発生する。初めに試験管から出てくるのは試験管に入っていた空気なので，これを捨ててから発生した二酸化炭素を捕集する。試料Cからはアンモニアが生じる。アンモニアは水によく溶け空気より軽いので，上方置換法で捕集する。試料Dからは二酸化炭素が発生する。このとき水蒸気は発生しないので，試験管の口を下向きにする必要はない。試料Eからは硫化水素が発生する。試料の反応が始まると生じる熱でさらに反応が進むため加熱を止めてもよい。

重要　問2　Aからは酸素O_2，Bからは二酸化炭素CO_2，CからはアンモニアNH_3が発生する。

重要　問3　BとDから二酸化炭素が生じる。

基本　問4　二酸化炭素は石灰水に吹き込むと白く濁ることで確認できる。

問5　反応後に金属の単体が発生するものは，乳鉢などでこすったときに金属光沢を発する。Aでは銀がDでは銅が生じる。

問6　a　炭酸水素ナトリウムは，25℃で水100gに約10gとける。炭酸ナトリウムは水によく溶ける。10mLの水に試料B1.0gは少し溶け残ったと考えられる。生じた炭酸ナトリウムはすべて溶けた。

b　炭酸水素ナトリウムの水溶液は弱いアルカリ性で，炭酸ナトリウム水溶液は比較的強いアルカリ性を示す。そのため，フェノールフタレイン溶液を加えると，反応前は薄い赤色を示し，反応後は濃い赤色を示す。

基本　問7　ガスバーナーの消火の手順は，初めに空気調節ネジを閉じ，次にガス調節ネジを閉じ，次にコックを閉じ，最後に元栓を閉じる。

★ワンポイントアドバイス★

大半が標準レベルの問題なので，教科書の内容をしっかりと理解することが大切である。計算問題にはやや難しいものもある。演習を重ねて解き方をマスターしてほしい。

＜社会解答＞

1　問1　B　　問2　(う)　　問3　イ　　問4　オ　　問5　ア　　問6　ヒスパニック　
問7　エ

2　問1　関東ローム　　問2　小笠原諸島　　問3　サイクロン　　問4　イ　　問5　ヒートアイランド[ヒートアイランド現象]　　問6　エ　　問7　近郊農業　　問8　ウ

3　問1　①　B　　②　H　　③　E　　④　D　　問2　イ　　問3　ウ　　問4　イ　
問5　エ

4　1　太陽　　2　くさび形[楔形]　　3　ミケランジェロ　　4　ルター　　5　田沼意次　
6　松平定信

5　問1　A　日米修好通商条約　　B　下関条約　　C　ヴェルサイユ条約[ベルサイユ条約]　
D　サンフランシスコ平和条約　　問2　①　ウ　　②　イ

6 問1 1 25 2 文民 3 衆議 4 天皇 5 18 問2 エ 問3 ウ
問4 イ 問5 内閣の助言と承認

7 問1 【出身国】 ア 【主著】 ウ 【人物名】 イ 問2 （ⅰ） A イ B エ
C ウ D ア （ⅱ） 古い(B)→(C)→(A)→(D)新しい

○推定配点○

1 問6 2点 他 各1点×6 2 問4・問6・問8 各1点×3 他 各2点×5

3 各1点×8 4 各3点×6 5 問2 各1点×2 他 各3点×4

6 問2～問4 各1点×3 他 各3点×6 7 問2(ⅱ) 4点 他 各2点×7 計100点

＜社会解説＞

1 （地理―北アメリカ州の特色，地形・気候，産業）

問1 北極点のある円が北半球，南極点のある円が南半球である。アメリカ合衆国は北半球にあり，経度は西経に属するので，Bが正解となる。

問2 X-Yの断面(う)の東側(図の右側の方)の高度約4000mのところはロッキー山脈にあたる。西側(図の左側の方)の高度約1000mのところがアパラチア山脈である。ロッキー山脈とアパラチア山脈の間が中央平原である。

問3 センターピポットは，グレートプレーンズ，プレリーから中央平原に至る，比較的降水量の少ない地域にある。

問4 アメリカ合衆国は世界最大の工業国であると同時に世界最大の農業国でもある。とうもろこしや大豆の生産量は世界最大である。小麦，とうもろこし，大豆の輸出量も非常に多い。表中ではとうもろこしの生産量が1番多いオがアメリカ合衆国である。

問5 画像のマイクロソフト，アップル，インテルなどはICT関連の有名企業である。これらの企業が集まっているのは，サンフランシスコ南部にあるシリコンバレーで，アにあたる。

基本 問6 ヒスパニックは，メキシコやカリブ海の島々からのやってくる移民である。

問7 アメリカ合衆国では，法律的には人種差別はないが，生活のいろいろな場面で，差別の名残が，今だに，存在しているのも事実である。

2 （日本の地理―関東地方の特色，気候・人口，産業，運輸・通信・貿易）

基本 問1 関東地方の内陸部に入ると，富士山や浅間山などから噴出した火山灰がつもってできた赤土である関東ロームにおおわれた台地が広がっている。

問2 小笠原諸島は，東京から船で約1日かかるが，世界自然遺産に登録されてから，観光客が急増している。

問3 熱帯低気圧は，存在する地域によってその呼ばれ方が違う。東アジア周辺の太平洋(赤道より北で，東経180度より西)では台風(タイフーン)，太平洋(赤道より北で，東経180度より東)及び大西洋ではハリケーン，インド洋及び南太平洋ではサイクロン，と呼ばれている。

やや難 問4 日本の総人口約1億2600万人，東京都の総人口約1千400万人で，東京都の総人口が，日本の総人口に占める割合は，14000000÷126000000＝0.1111…これを％に直すと0.1111…×100で約11％となる。

重要 問5 ヒートアイランド現象とは，郊外に比べ，都市部ほど気温が高くなる現象のことである。東京では，過去100年間の間に，約3℃気温が上昇した。地方都市等の平均気温上昇が約1℃であるのに比べて，大きな上昇である。これは，地球温暖化の影響もあるが，ヒートアイランド現象による影響も大きく現われていると考えられる。

やや難　問6　物質の輸送は，重量が大きい貨物を大量にコンテナ船やタンカーで運ぶ海上輸送と，軽くて高価なものを航空機で運ぶ航空輸送がある。したがって，選択肢の中の原油，石炭，自動車は海上輸送，半導体製造装置は航空輸送が，それぞれ適している。横浜港(海上輸送)の最大の貿易品を考えると自動車が該当する。

問7　食料の大消費地である東京大都市圏をかかえる関東地方では，新鮮な農産物を都市に住む人々に供給する近郊農業が盛んである。

問8　アは栃木県，イは神奈川県，ウは群馬県，エは千葉県に該当する。

3　(日本の歴史－政治・外交史，社会・経済史，文化史)

問1　①は下層が書院造の銀閣，②は宇治にある平等院鳳凰堂，③は天平文化のもので，インドや西アジアなどの文化の影響がみられる東大寺の正倉院，④は桃山文化の代表的な天守閣のある城である姫路城である。

問2　室町幕府第8代将軍足利義政の将軍あとつぎ問題をめぐって，有力守護大名の細川氏と山名氏の対立が深まり，1467年，応仁の乱が起こった。その後，各地で一揆が多発し下剋上の風潮が高まった。その例として，イにあるように，加賀の一向一揆が，守護大名富樫氏を倒すことが起きた。アの足利尊氏と後醍醐天皇の南北朝の対立，ウの鎌倉時代の元寇後の徳政令，エの15世紀初頭にできた琉球王国，いずれも，応仁の乱の前の出来事なので誤りとなる。

問3　日明貿易(勘合貿易)では，明からは銅銭，生糸，絹織物，陶磁器などが輸入され，日本からは銅や刀剣などが輸出された。

問4　聖武天皇が在位していた743年に墾田永年私財法がだされた。平城京遷都(元明天皇在位時)，大宝律令(文武天皇在位時)，坂上田村麻呂征夷大将軍(桓武天皇在位時)である。

問5　戊辰戦争のさなかの1868年，新政府は，明治天皇が公家や大名を率いて神に誓うというかたちで五箇条の御誓文を出した。

4　(日本と世界の歴史－政治・社会・経済・外交史)

1　エジプトでは増水の時期をはじめとする自然のリズムを知るために，1年を365日とする太陽暦が使われた。

2　メソポタミアでは，ハンムラビ王がくさび形文字によってハンムラビ法典を定めた。

3　ミケランジェロはルネサンスの3大巨匠レオナルド・ダ・ヴィンチ，ラファエロと並ぶ天才芸術家のひとりである。

4　16世紀初頭，免罪符を売り出して収入を得ようとしたローマ教皇の方針に対して，ドイツのルターなどが教会の改革を唱えて抵抗し，宗教改革を起こした。

5・6　18世紀後半，老中田沼意次は，商工業者の同業者組合である株仲間を認めて営業を独占させ，その代わりに税を収めさせ幕府の収入を増やそうとした。その後老中となった松平定信は，人材育成のために武士に朱子学を学ばせ，出版物の内容にもきびしい統制を加えた。彼の改革を寛政の改革という。

5　(日本の歴史－政治・外交史)

問1　Aは，大老井伊直弼とハリスとの間に結ばれた日米修好通商条約で，領事裁判権(治外法権)を認め，関税自主権を放棄した不平等条約であった。Bは，日清戦争後に結ばれた下関条約で，2億両(当時の日本の国家予算の約3.6倍)の賠償金を清が払うことなどがきめられた。Cは，第一次世界大戦後に結ばれたヴェルサイユ条約で，ドイツはすべての植民地と本国の一部を失い，巨額の賠償金を支払うことになった。Dは，1951年に日本と48か国との間に結ばれたサンフランシスコ平和条約で，同時に日米安全保障条約も結ばれた。

問2　①　ローズベルトのニューデール政策は，第一次世界大戦後に起きた世界恐慌(1929年)の対策として行った政策であるから，CとDの間である。　② 米騒動(1918年3月)は，第一次世界大戦中のシベリア出兵の影響で起きたのであるから，BとCの間である。

6 (公民ー憲法，政治のしくみ)

問1　選挙権は両議院共に18歳以上，被選挙権は衆議院が25歳以上，参議院が30歳以上にそれぞれあたえられている。総理大臣は文民でなければならず，国会の指名により天皇が任命する。なお国会の指名時には衆議院の優越権が採用されている。

重要 問2　衆議員議員の選挙は，小選挙区制と比例代表制を組み合わせた小選挙区比例代表並立制でおこなわれ，重複立候補が可能である。

問3　法律案の議決，予算の議決，条約の承認，内閣総理大臣の指名などで衆議院の優越が認められている。さらに，「予算は衆議院に先に提出する」，「内閣不信任決議は衆議院のみができる」の2点でも衆議院の優越がみられる。

問4　衆議院議員選挙後に開かれるのが特別国会であり，そこで内閣総辞職をえて，新しい内閣総理大臣の指名がおこなわれる。その後，内閣総理大臣が各国務大臣を任命する。

問5　憲法では，天皇は国政に関する機能を持たないと定められており，憲法に定められた国事行為のみを，内閣の助言と承認により行う。

7 (公民ー基本的人権，その他)

問1　モンテスキューは，フランスの思想家で『法の精神』で権力分立論を説いた。この論が，現代の三権分立の土台となっている。

問2　(ⅰ)　ワイマール憲法は，初めて社会権を認めた憲法である。アメリカ独立宣言，フランス人権宣言，世界人権宣言は，個人の尊重の原理に基づいてつくられている。それぞれの冒頭の部分は覚えておこう。

重要 (ⅱ)　B：アメリカ独立宣言(1776年)→C：フランス人権宣言(1789年)→A：ワイマール憲法(1919年)→D：世界人権宣言(1948年)である。

★ワンポイントアドバイス★

1問2ロッキー山脈と中央平原の間に，グレートプレーンズ，プレリーが広がっている。2問2小笠原諸島では，固有の動植物が影響を受けたり，外来種がもちこまれたりしないように，エコツーリズム取り組みを進めている。

＜国語解答＞

1　問1　a　握(って)　b　退屈　c　大概　d　ぎじ　問2　(例)　Ⅰ　リスペクトして，辛抱強く話を聞き続ける(19字)　Ⅱ　読書　問3　傾聴　問4　人格　問5　ア　問6　ウ　問7　D

2　問1　a　履(いて)　b　剣幕　c　無邪気　d　叶(え)　問2　エ　問3　己を貶める行為　問4　イ　問5　(例)　安全な場所で[誰にも石を投げられない場所で]母よりも深く[圧倒的に]彼らを見下していたことへの罪悪感と恥ずかしさ。　問6　ウ　問7　卑屈

3　問1　b・c・d　問2　ける　問3　ウ　問4　法皇　問5　ア

○推定配点○

1　問1　各2点×4　　問2　7点(完答)　　他　各5点×5　　2　問1　各2点×4　　問5　7点
他　各5点×5　　3　各4点×5(問1完答)　　　計100点

＜国語解説＞

1　(論説文―大意・要旨，内容吟味，文脈把握，脱語補充，漢字の読み書き，語句の意味，熟語)

基本　問1　波線部aの音読みは「アク」。熟語は「把握(はあく)」など。波線部bの「屈」を「掘」「堀」などと間違えないこと。波線部cは全部ではないが，その大部分という意味。波線部dは本物ではないが，よく似ていて区別がつけにくいこと。

重要　問2　ネット上で本を読むときは「構え」の問題で傍線部①になることはないと述べており，このこととは対照的に「著者をリスペクト……」で始まる段落で，著者をリスペクトして「さあこの本を読もう」というときは，じっくり腰を据えて話を聞くような構えになり，辛抱強く話を聞き続ける，と述べている。これらの内容から①の姿勢として，空欄Ⅰ＝「リスペクトして，辛抱強く話を聞き続ける(19字)」というような内容，空欄Ⅱ＝「さあこの本を読もう」すなわち「読書」が入る。

問3　「傾聴」は，耳を傾けて熱心にきくことから。「せいちょう」＝清聴は相手が自分の話をきいてくれることの丁寧な言い方。「はいちょう」＝拝聴は「聞く」の謙譲語。「こうちょう」＝広聴，公聴は広く一般の意見を聴くこと。

問4　Aのある段落ではいずれも，「体験は……」で始まる段落の「体験は人格形成に影響します」ということの説明を詳しく述べていることをおさえる。一つ目のAでは，辛く悲しい体験や大きな病気になったり命の尊さを感じる出来事によって「人格」に変化をもたらす，二つ目のAでも疑似体験できる読書によって「人格」を大きくしていくことができる，ということを述べている。

問5　「矛盾」は，理屈として二つの事柄のつじつまが合わず，論理が一貫していないこと。アは正しくは「対立」などを用いる。

やや難　問6　本文では，読書することは著書をリスペクトしてじっくり腰を据えて「話を聞く」ような構えになること，逃げ出さずに最後まで話を聞く＝読書をすると「体験」としてしっかり刻み込まれることを述べている。設問の文章でも，本を読むのは人(著者)の「話を聞く」のと同じことであること，速読をすすめていないことを述べているので，ウが適切。共通点として，読書を「話を聞く」ことに例えて，時間をかけて読むことを説明していない他の選択肢は不適切。

重要　問7　最後の段落で，読書と体験は矛盾せず，本を読むことで「これとこれを体験してみたい」というモチベーションになり，言葉にできなかった自分の体験の意味に気づくことができる，と述べており，小・中学生より高校生の不読率が高い【図表1】を踏まえていることから，「登場人物の体験を追体験することでものの見方が豊かになれば，逆に実生活での体験の意味をより深くとらえ直すことができる……そうすればもっと本を読む高校生は増える」と説明している生徒Dが正しく理解している。生徒Aの「高校生がネット上の文章ばかり読んでいて」とは本文では述べていない。本文では「読書と体験は矛盾しない」と述べているので，生徒Bの「実生活での体験より読書体験に重きを置いている筆者の主張」は正しくない。【図表1】で，中学生の平成28年の不読率は15.4％で，前年の13.4％より上がっているので，「平成二十八年以降は小中高のいずれの不読率も下がってきている」と説明している生徒Cも正しくない。

2　(小説―心情・情景・細部の読み取り，脱語補充，漢字の読み書き)

基本　問1　波線部aの音読みは「リ」。熟語は「履歴(りれき)」など。波線部bは怒ったりいきり立ったりしたときの，荒々しい態度や顔つき。波線部cは素直で悪気がないこと。波線部dは望み通りになること。

重要 問2 「僕だって……」で始まる場面で，「決して見下してはいけないと思っていた」が，「僕の笑いの意味」は「彼らを下に見ていたこと」「僕たちとはレベルの違う人間だと，認識していたこと」に気づいたという「僕」の心情が描かれていることから，エが適切。「彼ら」を見下すことに触れていないア，イは不適切。「決して見下してはいけないと思っていた」ことを説明していないウも不適切。

問3 「母のやり方は……」で始まる段落で，傍線部②のような行動を「己を貶める行為(7字)」と捉えている「僕」の心情が描かれている。

重要 問4 問3でも考察した「母のやり方は……」で始まる段落で，「汚い」「触るな」と「彼ら」に言う「母のやり方は絶対に間違っていたが，間違っている分，真実」であり，「彼らと同じ地平に立っていた」という「僕」の心情が描かれている。そのようなやり方をする母に「感動」しているので，イが適切。母のやり方は絶対に間違っており，糾弾されるやり方であるが真実であること，「彼ら」と同じ地平に立っていること，を説明していない他の選択肢は不適切。

やや難 問5 傍線部④前で，「安全な場所で，誰にも石を投げられない場所で笑顔を作り，しかし圧倒的に彼らを見下していたのだ。母よりも，深いところで。僕は自分がしていたことが，恥ずかしくて仕方がなかった。」という「僕」の心情が描かれているので，これらの内容を④の感情として具体的に説明する。

問6 空欄Aは，「汚い」「触るな」と言って犬にするように「彼ら」を追っ払っている母の剣幕の様子なので，争いを好み，話し合いなどよりもすぐに武力などで決着を付けようとする傾向の性格のことという意味のウが適切。アは物事を進んでするさま。イは否定する，認めないというさま。エは先行きに望みはないと考えるさま。オは本能や感情に動かされず，冷静に理性の判断に従うさま。

問7 空欄B後で，「彼ら」の中にいたひとりだけ笑っていない子供がBの笑顔の「僕」に唾を吐いたのは，「僕」が「彼ら」を見下していたことに気づいていたからだという「僕」の心情が描かれている。最後の場面でも，「彼ら」に会わないことを祈ったが，毎日誰かしらの「彼ら」に会い，そのたび「卑屈」に笑い続けたと描かれていることから，Bには「卑屈」が入る。

3 （古文一主題，内容吟味，文脈把握，品詞・用法）

〈口語訳〉 粟田殿は，「(花山天皇が)仏道をおさめ，実践なさるのならば，同じように，どこまでも(お供しましょう)」と固くお約束して，その夜も(花山天皇の)お供をなさっていたが，出家はなさらなかった。そればかりか，花山天皇の御出家があった後，五か月ほどで，正三位中納言までになられた。「(粟田殿に)謀反する心がおありになって，(花山天皇は粟田殿に)あざむかれた」と，世の中の人々は申した。

(粟田殿は)長徳元年に関白になりなさったが，まもなく亡くなられた。世に七日関白と申した。

基本 問1 波線部aは「花山天皇」が，修行なさるのならば，ということ。波線部bは「粟田殿」が，花山天皇のお供をなさって，ということ。波線部cも「粟田殿」が，正三位中納言になられた，ということ。波線部dも「粟田殿」が，関白になったがまもなく亡くなられた，ということ。波線部eは，「世」すなわち世間や世の中の人が，関白になった粟田殿がほどなく亡くなったことを「七日関白」と申した，ということ。

基本 問2 空欄Aはいずれも文中に係助詞「ぞ」があるので，係り結びの法則により，文末は連体形の「ける」になる。

重要 問3 傍線部①は，粟田殿すなわち藤原道兼が，仏門修行をなさる花山天皇にどのようなところへでもお供しましょうと固く約束した，ということなのでウが適切。

問4　傍線部②は，出家した花山天皇が，謀反する心があった粟田殿にあざむかれた，ということ。本文中では，花山天皇のことを「法皇」と述べている。

やや難　問5　花山天皇との約束を守らなかった粟田殿が，関白になったもののまもなく亡くなっているので，アが適切。約束を守らなかったことを説明していないイは不適切。ウの「自分の品格も落ちる」，エの「出家して身を清めなければ，誰にでも天罰が下る」も述べていないので不適切。

★ワンポイントアドバイス★

小説では，そのような心情になった根拠や背景もしっかり読み取っていこう。

2020年度

★★★★★★★★★★★★★★★★★★★★★★★

入　試　問　題

2020年度

東邦高等学校入試問題

【数　学】（40分）　＜満点：100点＞

【注意】 答えに根号や円周率πが含まれている場合は，根号やπのままで答え，分数は約分し，比はできる限り簡単な整数の比にしなさい。なお，筆答の際に定規は使ってもよろしい。

1 次の問いに答えよ。

(1) $\left(\frac{1}{6}-\frac{3}{4}\right)\times(-12)-(-3)^3$ を計算せよ。

(2) $(a+b)^2-4(a+b)+4$ を因数分解せよ。

(3) $(\sqrt{3}+\sqrt{5})^2-(\sqrt{3}-\sqrt{5})^2$ を計算せよ。

(4) 2つの直線 $y=2x-3$，$y=-x-1$ の交点の座標を求めよ。

(5) 方程式 $3x^2+5x+1=0$ を解け。

2 次の問いに答えよ。

(1) 3点P$(3,\ -2)$，Q$(6,\ 10)$，R$(-2,\ a)$ が一直線上にあるとき，aの値を求めよ。

(2) nは1ケタの自然数とする。$\sqrt{72(n-1)}$ が自然数になるとき，nにあてはまる自然数をすべて求めよ。

(3) ある数xを，2乗しなければいけないところを間違えて2倍したため，計算結果は正しい値よりも35小さくなった。xを求めよ。

(4) 2つのさいころを同時に投げるとき，出た目の2つの数の積が奇数である確率を求めよ。

(5) 映画館でポップコーンを注文するとサイズはS，M，Lの3つあり，相似な円柱の形の箱に入っている。Mサイズは600円で直径8㎝，高さ16㎝，Sサイズは300円で直径，高さともにMサイズの0.75倍，Lサイズは1100円で直径，高さともにMサイズの1.25倍である。この日はキャンペーン中でSサイズを4つ買うと1割増量。Mサイズは2つ買うと10%値引きしてくれる。このとき，100円あたりのポップコーンの量が一番多いのはどれか。次の中から最も適するものを1つ選び記号で答えよ。

(ア) Sサイズを4つ　　**(イ)** Mサイズを2つ　　**(ウ)** Lサイズを1つ

3 次のページの図のように，放物線 $y=\frac{1}{2}x^2$ と直線 $y=-\frac{1}{2}x+3$ との交点のうち，x座標が負であるものをA，x座標が正であるものをBとする。このとき，次の問いに答えよ。

(1) 点A，Bの座標をそれぞれ求めよ。

(2) △OABの面積を求めよ。

(3) 点Aを通り，△OABの面積を2等分する直線の式を求めよ。

⑷　x軸上に点P$(t,\ 0)$をとる。ただし，$t<6$ とする。△APBの周の長さが最も小さくなるtの値を求めよ。

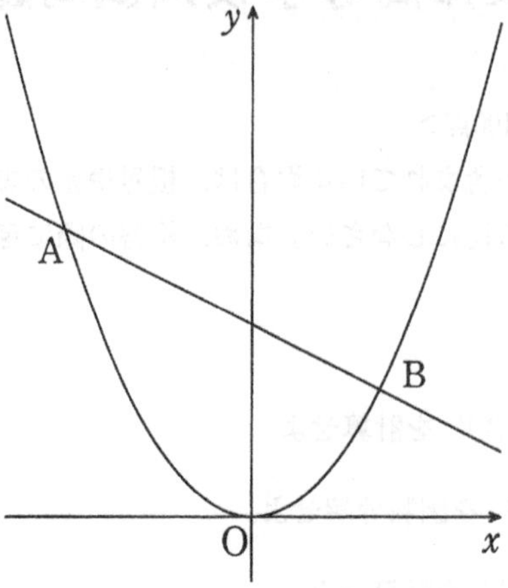

4　次の問いに答えよ。

⑴　直径が52㎝のバランスボールを安定させるために，次のような台を作る。厚さ２㎝の板から円を切り抜いて穴を開ける。ボールが円形の穴のふちと床面にちょうどふれるような穴の大きさにする。このとき，切り抜く円の半径を求めよ。

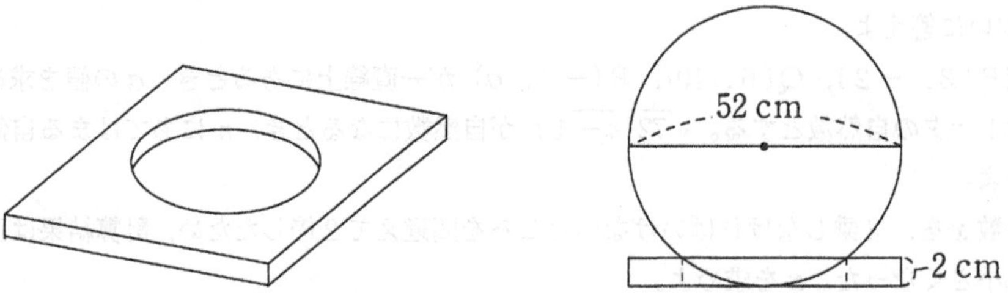

⑵　右の図において，∠ABCの二等分線と∠ACEの二等分線の交点をDとする。∠xの大きさを求めよ。

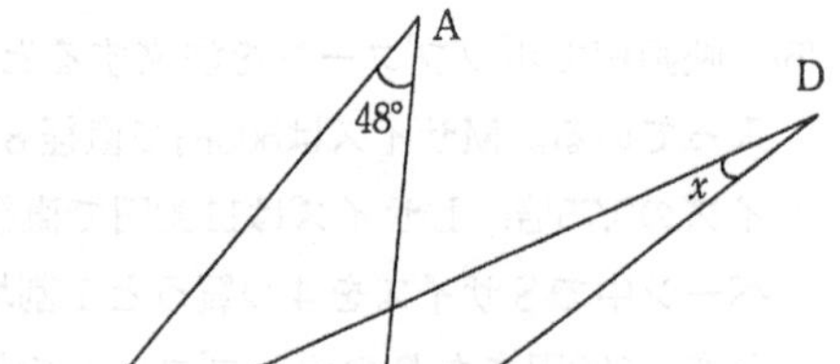

⑶　右の図の△ABCは一辺６㎝の正三角形である。BCおよびACを直径とする半円とおうぎ形CABが重なってできる図の斜線部分の面積を求めよ。

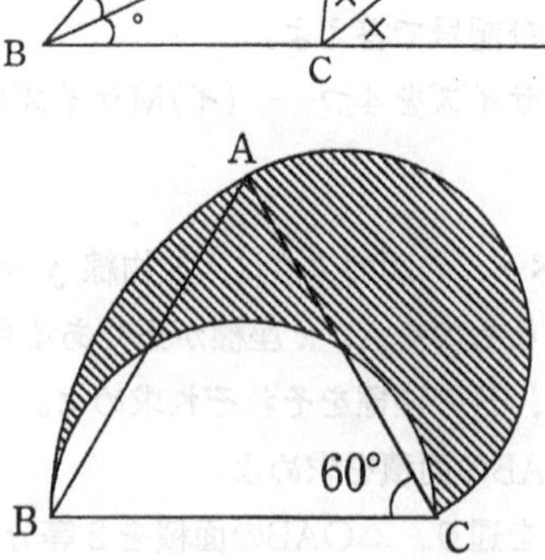

⑷　右の図の平行四辺形ABCDで，点Eは辺ADを　2：3　に分ける点である。また，点Fは，BAとCEをそれぞれ延長した直線の交点，点Gは，BDとCFの交点である。

①　EG：GC を求めよ。

②　△AEFと△DCGの面積比を求めよ。

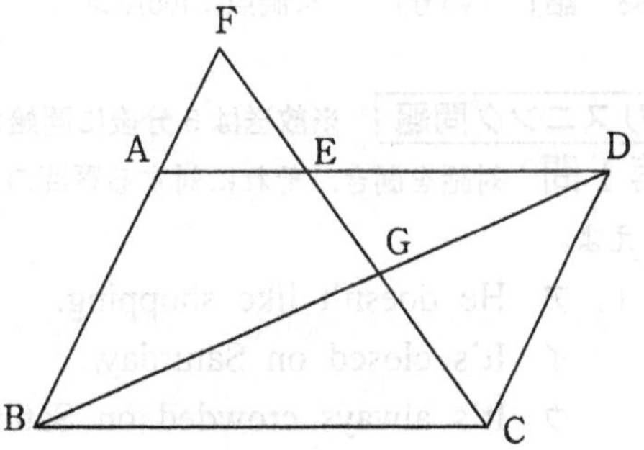

【英　語】（45分）　＜満点：100点＞

リスニング問題　**※放送は５分後に開始されます。それまでに問題をよく読みなさい。**

第１問　対話を聞き，それに対する質問の答えとして適切なものをア～エから一つ選び，記号で答えよ。

1．ア　He doesn't like shopping.
　　イ　It's closed on Saturday.
　　ウ　It's always crowded on Saturday.
　　エ　It's Sara's favorite place.

2．ア　The Red Line.　　イ　The Blue Line.
　　ウ　The Green Line.　　エ　The Midori Line.

第２問　英文を聞き，１．～３．の質問の答えとして適切なものをア～エから一つ選び，記号で答えよ。

1．Why was he nervous?
　　ア　His mother was happy.
　　イ　He joined a speech contest for the first time.
　　ウ　He won the first prize.
　　エ　He did his best but was still nervous.

2．Where did his mother take him?
　　ア　To the teacher　　イ　To the teacher's home
　　ウ　To his favorite restaurant　　エ　To her favorite restaurant

3．Which food was most delicious?
　　ア　steak　　イ　chocolate cake　　ウ　cheesecake　　エ　all the food

※リスニングテストの放送台本は非公表です。

筆記問題

1　次の英文を読んで，あとの問いに答えよ。

Have you ever heard the name of Ohtani Shohei? He is a Japanese baseball player who is now playing in the Major League. ①(ア is　イ but　ウ a good batter　エ only　オ he　カ also　キ not) a good pitcher. So he is famous as a "two-way player." It's a very difficult thing to play an active part both as a batter and as a pitcher. Many baseball fans look forward (②) watching his play and get excited when he hits a big home run or when he pitches well.

By the way, there was once another great baseball player in the United States, the home of baseball. He was so great that he was ③(know) as "The God of Baseball." He was also a "two-way player" just like Ohtani. Can you guess who he is? His name is Babe Ruth. He achieved many exciting records. For example, in 1920 he hit more than 50 home runs in one season (④) the first time in American baseball history. He hit 714 home runs during his career, and was then inducted into the Baseball Hall of Fame. In fact, there are so many impressive stories about him. One of the most famous of them may be the story of "Babe Ruth and a sick boy."

The boy was an eleven-year-old boy ⑤(name) Johnny Sylvester. The day before the 1926 World Series started, a man visited Babe Ruth. The man said that his son was injured and very sick in bed, and that he was losing his ⑥ will to live. He asked Babe to send a letter to the poor boy.

The next morning Babe Ruth came ⑦ to see Johnny at the hospital! Johnny was so excited. He was very happy. When Babe gave Johnny a baseball glove with a ball, Johnny said, "Could you hit a home run for me?" Babe answered, "Sure, boy. (⑧)."

That evening, at Yankee Stadium, Babe hit a home run for Johnny. A few days after Babe hit three home runs in Game 4 on Wednesday, October 6, newspapers reported that Johnny's condition miraculously improved. The Yankees lost the World Series that year, but he hit four home runs for Johnny.

（注） Major League　メジャーリーグ（アメリカのプロ野球リーグ）　play an active part　活躍する
once　かつて　achieve a record　記録を達成する
be inducted into the Baseball Hall of Fame　野球殿堂入りする　sick　病気の
World Series　メジャーリーグにおける優勝決定戦　glove　（野球の）グローブ
miraculously　奇跡的に　improve　改善する　the Yankees　アメリカのプロ野球チーム

1．下線部①の意味が通るように，（　）内の語句を並べ替えたとき，３番目と６番目に来る語句をそれぞれ記号で答えよ。ただし，文頭に来る語も小文字で示してある。

2．（②）（④）にそれぞれ適切な前置詞を入れよ。

3．③，⑤の動詞を適切な形に直せ。

4．下線部⑥の意味として最も適切なものを次のア～エから一つ選び，記号で答えよ。

ア　道具　　イ　未来　　ウ　病気　　エ　意志

5．下線部⑦と同じ用法の不定詞を含む文を，次のア～エから一つ選び，記号で答えよ。

ア　I saw Jack yesterday. He is one of my best friends. I was very glad to see him.

イ　My sister and I went to a department store to buy a present for my father.

ウ　It is important for us to have a good sleep every day.

エ　I love Kyoto very much. It has many interesting places to visit.

6．（⑧）に入れるのに最も適切な文を次のア～エから一つ選び，記号で答えよ。

ア　I agree　　イ　I will　　ウ　I think so　　エ　I am afraid

7．本文の内容と一致するものを次のア～オから一つ選び，記号で答えよ。

ア　Babe Ruth visited Johnny at the hospital one day before the 1926 World Series started.

イ　Babe Ruth was inducted into the Baseball Hall of Fame because he was a "two-way-player."

ウ Johnny's father sent a letter to Babe Ruth and asked him to come to see Johnny.

エ Johnny was proud of Babe Ruth because Babe gave him a baseball glove and a ball.

オ Johnny got well because Babe Ruth hit a home run for him.

2 次の英文を読んで，あとの問いに答えよ。

We have enjoyed tea for about five thousand years, and from the beginning people knew it was a delicious and relaxing drink.

Tea was originally found in the mountain areas from south China to Tibet. It grew wild there. People living in the area made a medicine from the tea leaves by (①) them in water. It was not a drink as we know it now.

Before it was used as a drink, tea was a kind of food in some parts of the world. People in [②] part, for example, put tea leaves, onion, ginger, and salt together into rice and ate it for breakfast. In [③] part, tea leaves were pickled and eaten as a salad.

In the fifth century A.D., the way of drinking tea for pleasure became popular in many areas of China. People (④) had their own farms began to use some of their land for growing tea. Most of the products they made were for sale, but they also enjoyed drinking tea themselves.

Tea leaves were first carried west by the Turkish, and then in the early seventeenth century ⑤ they were brought to Europe by a company from the Netherlands. People in Europe liked tea very much. They enjoyed tea with a lot of sugar in it. You may be surprised, but the color of the tea was green at that time, not black.

（注） Tibet チベット　area 地域　grow wild 自生する　leaves 葉　onion 玉ねぎ
ginger しょうが　pickle 酢漬けにする　salad サラダ　century 世紀　west 西方へ
for sale 売り物　the Turkish トルコ人　the Netherlands オランダ

1．（①）にあてはまる最も適切な語を次のア～エから一つ選び，記号で答えよ。

ア drinking　イ beginning　ウ boiling　エ relaxing

2．[②] [③] にあてはまる語の組み合わせとして最も適切なものを次のア～エから一つ選び，記号で答えよ。

ア ②= one/③= another　イ ②= a/③= each

ウ ②= one/③= other　エ ②= a/③= every

3．（④）にあてはまる最も適切な語を次のア～エから一つ選び，記号で答えよ。

ア when　イ which　ウ who　エ whose

4．下線部⑤の指す内容として最も適切なものを次のア～エから一つ選び，記号で答えよ。

ア the Turkish　イ the Chinese　ウ products　エ tea leaves

5．本文の内容と一致するものを次のア～エから一つ選び，記号で答えよ。

ア Tea leaves were brought from south China to Tibet before the fifteenth century.

イ People later learned that they could feel better by drinking tea.

ウ When tea was first found, people didn't like tea very much, so they drank it with onion and ginger in it.

エ People in Europe liked tea very much because black tea was delicious with a lot of sugar in it.

3 次の各語と下線部の発音が同じ語を，それぞれア～エから一つ選び，記号で答えよ。

1．disappear　ア lose　イ useful　ウ rise　エ news

2．character　ア machine　イ charity　ウ chorus　エ beach

3．practice　ア change　イ father　ウ rabbit　エ famous

4．food　ア choose　イ firewood　ウ look　エ goodbye

4 次のAとBの関係がCとDの関係と同じになるように，（ ）内に適語を入れよ。

	A	B	C	D
1．	five	fifth	three	（ ）
2．	my	mine	her	（ ）
3．	big	bigger	well	（ ）
4．	write	wrote	see	（ ）

5 それぞれ意味が通るように，各組の文の（ ）内に共通の語を入れよ。

1．I（ ）home at six to catch the first train, and got to school at seven thirty.
Go down this street and turn（ ）at the bookstore.

2．Mr. Brown is a great teacher, and I always（ ）his words in mind.
I'm very interested in Chinese history. I'll（ ）studying it all my life.

3．She had to stay at home to（ ）after her little children until her husband came back.
Though they are not very rich, people in this country（ ）very happy.

4．I think you should（ ）him for some advice.
Excuse me. May I（ ）you a question?

6 次の日本語に合うように，ア～クの（ ）内に適語を入れよ。

1．ここから名古屋まで，電車でどれくらい時間がかかりますか。
How（ ア ）does it（ イ ）from here to Nagoya by train?

2．彼女は中華料理が好きなんですよね。
She likes Chinese food,（ ウ ）（ エ ）?

3．私は時々，兄と間違われます。
I am sometimes（ オ ）（ カ ）my brother.

4．彼は，クラスの中で２番目に背が高いです。
He is the（ キ ）（ ク ）boy in his class.

7 次の各組の文がほぼ同じ意味になるように，ア～クの（　）内に適語を入れよ。

1．I was very surprised when I heard the news.
I was very surprised（ ア ）（ イ ）the news.

2．You must not take pictures in this temple.
（ ウ ）（ エ ）pictures in this temple.

3．You need to get a passport to go abroad.
It is（ オ ）（ カ ）you to get a passport to go abroad.

4．He was born in Osaka in 2003. He still lives in Osaka.
He（ キ ）（ ク ）in Osaka since he was born in 2003.

8 次の会話が成り立つように，（1）～（5）に入る最も適切な表現をア～コから選び，記号で答えよ。

A：Good afternoon.（ 1 ）
B：Yes. I'd like to buy some flowers.
A：OK.（ 2 ）
B：In fact, I'm not good at choosing flowers. So I need some advice.
A：OK.（ 3 ）
B：No, it's a birthday present for one of my cousins.
A：（ 4 ）
B：Fourteen.
A：In that case I think white gerberas would be the best. The meaning of white gerbera flower is hope or progress. And these freesias are also popular among young girls.
B：OK. I'll take white gerberas and red freesias.
A：（ 5 ）
B：Seven of each, please.

（注） cousin いとこ　gerbera ガーベラ（花の名前）　freesia フリージア（花の名前）
meaning 意味　progress 前進　among ～ ～の間で

ア What kind would you like?　イ How old is she?
ウ How many would you like?　エ How many cousins do you have?
オ Can you help me?　カ Why do you need flowers?
キ May I help you?　ク Is this for your girlfriend?
ケ When is her birthday?　コ Is this a birthday present?

【理　科】（40分）　＜満点：100点＞

[1] 以下のⅠ，Ⅱの問いに答えよ。ただし，必要ならば定規を用いてもよい。

Ⅰ　図1のような装置をつくり，スクリーンにはっきりとした像を映した。図2はフィルターを光源側から見たものである。

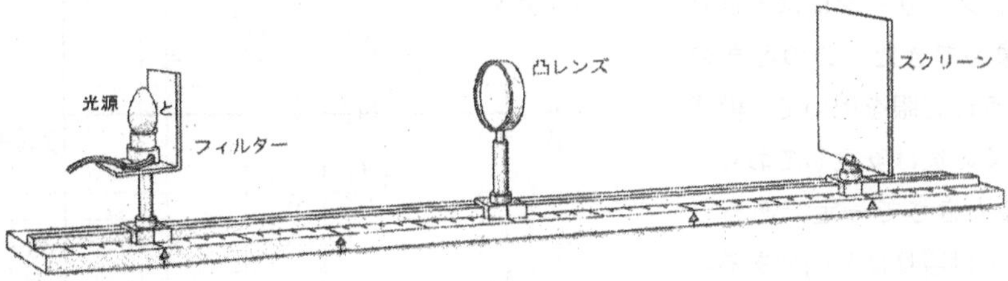

図1

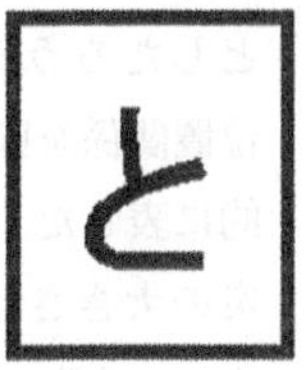

図2

問1　光源から出た光軸と平行に進む光が，レンズを通るときの光が屈折する様子として，最も適切なものを，次のア～オから1つ選び，記号で答えよ。

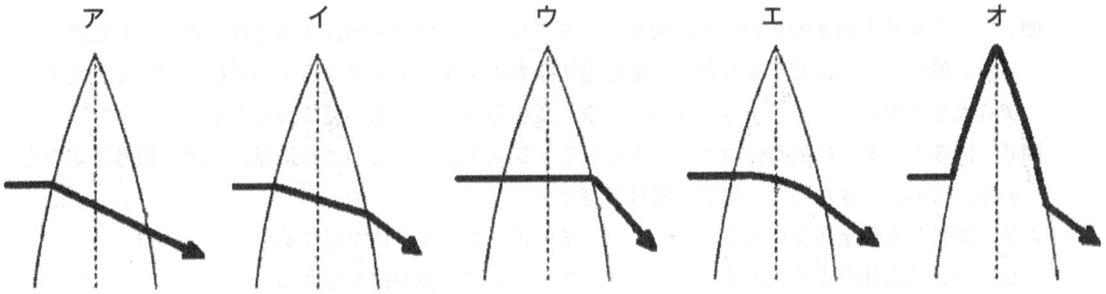

問2　スクリーンを凸レンズ側から見たとき，スクリーンに映る像はどのように見えるかを表した図として，最も適切なものを，次のア～エから1つ選び，記号で答えよ。

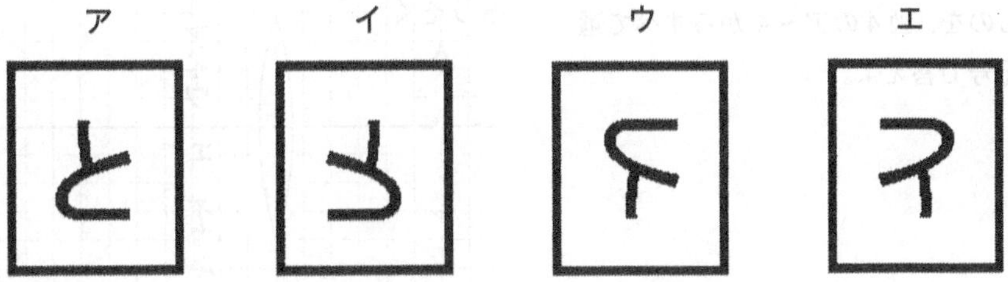

問3　凸レンズの上半分を黒い紙で覆うと，スクリーンに映る像の明るさと形はどうなるか。最も適切なものを，次のア～クから1つ選び，記号で答えよ。

ア　像の明るさは変わらず，像の上半分がスクリーンに映らなかった。

イ　像の明るさは変わらず，像の下半分がスクリーンに映らなかった。

ウ　像の明るさは暗くなり，像の上半分がスクリーンに映らなかった。

エ　像の明るさは暗くなり，像の下半分がスクリーンに映らなかった。

オ　像の明るさは暗くなり，像の大きさが半分になった。

カ　像の明るさは暗くなり，像の大きさや形は変わらなかった。

キ　像の明るさは変わらず，像の大きさや形は変わらなかった。

ク　像は映らなかった。

次に，物体と像の位置の関係を調べるために，ろうそく，凸レンズおよびスクリーンを一直線上に並べると，スクリーンにはっきりとしたろうそくの像ができた。このときの位置関係を図3のように方眼を用いて，模式的に表した。ろうそくの炎は安定しており，炎の大きさは図3の大きさで一定であるとする。また，方眼の1目盛りは2㎝である。

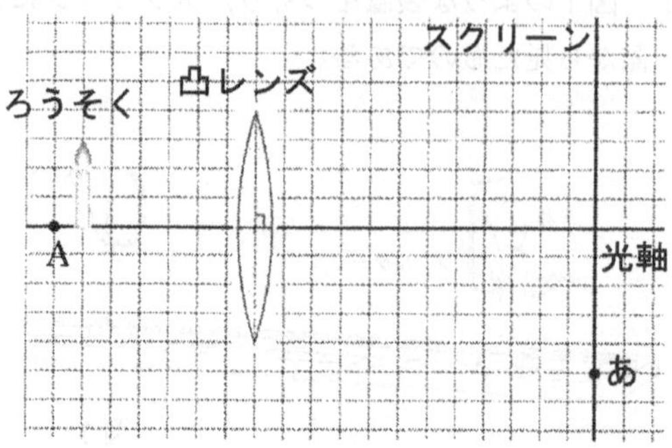

図3

問4　この凸レンズの焦点距離はいくらか。最も適切なものを，次の**ア**～**カ**から1つ選び，記号で答えよ。

ア　6㎝　**イ**　8㎝　**ウ**　10㎝　**エ**　12㎝　**オ**　14㎝　**カ**　16㎝

問5　ろうそくを図3のAの位置に動かし，スクリーンの位置を調節するとはっきりとした像ができた。像の大きさはどうなったか。最も適切なものを次の**ア**～**エ**から1つ選び，記号で答えよ。

ア　大きくなる　**イ**　小さくなる　**ウ**　変わらない　**エ**　見えなくなる

問6　図3の「**あ**」に目が位置するようにしてレンズを見た。どのように見えるか。最も適切なものを，次の**ア**～**オ**から1つ選び，記号で答えよ。

ア　倒立した像全体が見える　**イ**　正立した像全体が見える

ウ　レンズ全体が赤く見える　**エ**　レンズ全体が白く見える

オ　レンズは暗くなり，何も見えない

問7　ろうそくの炎の先端から発せられた光が通らない位置はどこか。最も適切なものを，図4の**ア**～**キ**からすべて選び，記号で答えよ。

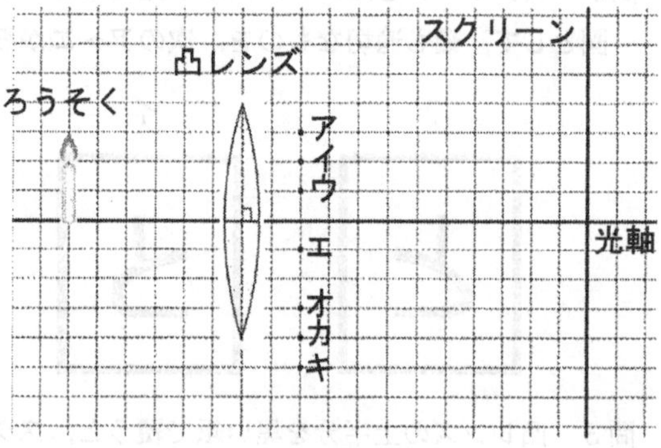

図4

Ⅱ　図5のように，質量5㎏の滑車を組み合わせて，質量50㎏の荷物を静かに持ち上げた。質量100gにはたらく重力の大きさを1Nとする。ただし，ロープや留め具の質量は無視できるものとする。

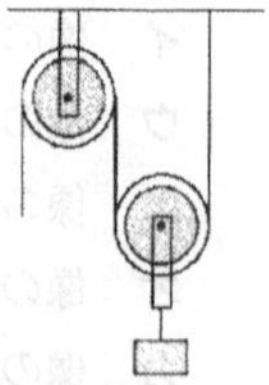

図5

問1　ロープを引くのに必要な力の大きさはいくらか。

問2　ロープを引いて荷物を2m持ち上げたとき，ロープは何m引くことにな

るか。図6のように，質量5kgの滑車を組み合わせて，質量のわからない荷物を静かに10m持ち上げた。このとき，ロープを引くのに100Nの力が必要だった。

問3　ロープを引く力がする仕事はいくらか。

問4　荷物の位置エネルギーはいくら増加するか。

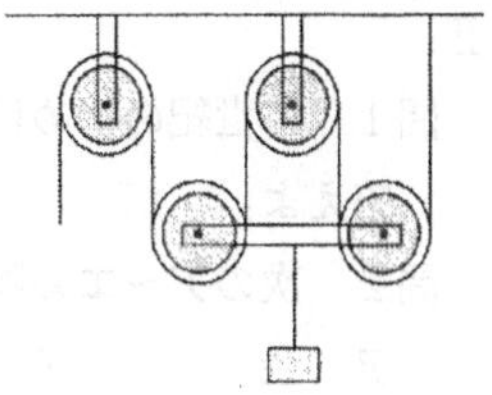

図6

[2]　以下のⅠ，Ⅱの問いに答えよ。

Ⅰ　A君は，右の図1のような装置で銅を加熱する実験を行い，黒色の物質を得た。また，この実験結果を図2のグラフにした。図2を参考にし，次の各問いに答えよ。

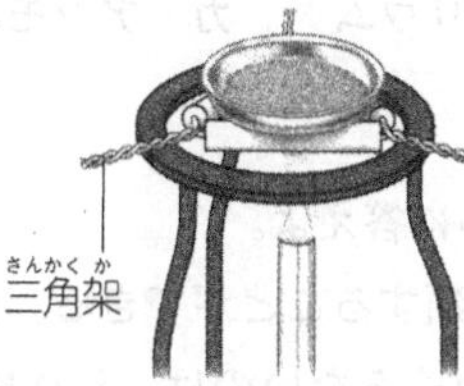

図1

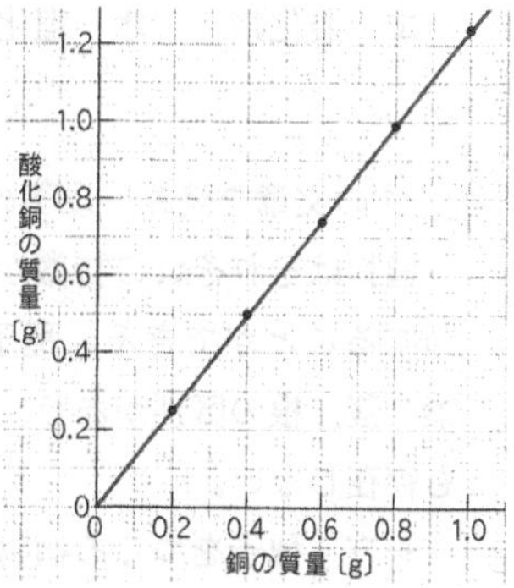

図2

問1　この反応を表すモデル図はどれか。最も適当なものを，次のア～オから1つ選び，記号で答えよ。（ただし，○は銅原子1個，◎は酸素原子1個を表す。）

ア　○　＋　◎　→　○◎

イ　○　＋　◎◎　→　◎○◎

ウ　○　○　＋　◎◎　→　○◎　○◎

エ　○　○　＋　◎　→　○◎○

オ　○　○　＋　◎◎　→　○◎○　＋　◎

問2　銅原子1個の質量は，酸素原子1個の質量の何倍か。最も適当なものを，次の**ア**～**カ**から1つ選び，記号で答えよ。

ア　2倍　**イ**　4倍　**ウ**　6倍　**エ**　8倍　**オ**　10倍　**カ**　12倍

問3　銅粉末10.0gが酸素と完全に反応すると，何gの酸化銅ができるか答えよ。

問4　同じ実験を粉末15.0gで行ったが，三角架にのせるときに銅粉末をこぼしてしまった。加熱後の質量を量ると質量は10.0gであった。こぼしてしまった銅粉末の質量を整数値で答えよ。

問5　加熱後の黒色の物質に炭素粉末を加えてよく混ぜて，加熱した。この化学変化の反応式を答えよ。

問6　図1の実験と同じ種類の化学変化（酸化）はどれか。最も適当なものを，次の**ア**～**オ**から1つ選び，記号で答えよ。また，その化学変化の反応式を答えよ。

ア　酸化銀を加熱すると，銀と酸素ができる。

イ　塩酸に塩化ナトリウム水溶液を加えると，塩化ナトリウムと水ができる。

ウ　水を電気分解すると，酸素と水素が発生する。

エ　メタンを燃焼すると，二酸化炭素と水になる。

オ　炭酸水素ナトリウムを加熱すると，二酸化炭素が発生する。

Ⅱ

問1　19世紀の初めに，物質をつくっている最小の粒子を原子と考えたイギリスの化学者の名前を答えよ。

問2　次のア～エの物質の化学式を答えよ。

ア　金　　**イ**　硫化鉄　　**ウ**　炭酸水素ナトリウム

エ　硫酸

問3　分子からできている物質を，次のア～カからすべて選び，記号で答えよ。

ア　銅　　**イ**　酸素　　**ウ**　二酸化炭素

エ　酸化銅　　**オ**　塩化ナトリウム　　**カ**　アンモニア

3　次の文章を読み，以下の問いに答えよ。

植物はそれぞれの特徴から分類することができる。例えば，種子をつくるか，つくらないかで分類することができる。種子をつくらないのは$_A$シダ植物，$_B$コケ植物に分類される。シダ植物は葉，茎，根の区別があり，（　①　）も存在する。コケ植物は葉，茎，根の区別がなく，（　①　）も存在しない。

一方，種子をつくる植物は胚珠が（　②　）に包まれているかで分類できる。胚珠が（　②　）に包まれていない植物は裸子植物と呼ばれる。裸子植物は（　②　）がないため，受粉後に（　③　）はできない。これに対し，胚珠が（　②　）に包まれている植物は被子植物に分類され，芽生えや葉脈，根などによって（　④　）類と$_C$双子葉類に分類できる。さらに，双子葉類は花の付き方により，（　⑤　）類と$_D$離弁花類に分類することができる。

問1　文章中の（①）から（⑤）にあてはまる語句を答えよ。

問2　$_A$シダ植物ではないものを，次のア～カからすべて選び，記号で答えよ。

ア　ナズナ　　**イ**　スギナ　　**ウ**　ゼンマイ

エ　ヘゴ　　**オ**　ホウセンカ　　**カ**　イヌワラビ

問3　$_A$シダ植物が成長する環境として最も適したものを，次のア～エから1つ選び，記号で答えよ。

ア　光が届く範囲の水の中

イ　比較的日当たりが悪く，湿気の多い場所

ウ　日当たりが良く，水はけの良い場所

エ　昼夜の寒暖差が大きく，乾燥している場所

問4　$_B$コケ植物は根のような仮根をもつ。この仮根のはたらきとして最も適したものを，次のア～エから1つ選び，記号で答えよ。

ア　土壌中に伸びた仮根が胞子を放出する。

イ　水分や養分を吸収する。

ウ　からだを地面などに固定する。

エ　光合成を行い，養分をつくりだす。

問5　$_C$双子葉類の芽生え，葉脈，根の状態の組み合わせとして，最も適したものを，次のページのア～クから選び，記号で答えよ。

記号	子葉の枚数	葉脈	根の状態
ア	1枚	網状脈	主根と側根
イ	1枚	網状脈	ひげ根
ウ	1枚	平行脈	主根と側根
エ	1枚	平行脈	ひげ根
オ	2枚	網状脈	主根と側根
カ	2枚	網状脈	ひげ根
キ	2枚	平行脈	主根と側根
ク	2枚	平行脈	ひげ根

問6　D離弁花類に分類される植物を，次の**ア**～**カ**からすべて選び，記号で答えよ。

ア　アサガオ　　**イ**　ツツジ　　**ウ**　アブラナ

エ　サクラ　　**オ**　タンポポ　　**カ**　カラスノエンドウ

問7　日本の植物学者で，多くの新しい植物を発見し，「新日本植物図鑑」を著した人物の名前を答えよ。

4　次の文章を読み，以下の問いに答えよ。ただし，必要ならば四捨五入をして，問5の⑴は整数で，⑵は小数第1位までで答えよ。

私たちの住む地球は，A空気の層である大気に覆われている。この大気の層の中では様々な気象現象が起こっている。気象現象は，気温や湿度，気圧等によって様々な変化をしており，それにより各季節も特徴が生じている。

風は，空気が気圧の高いところから低いところへ向かって移動する事で起こる現象である。この気圧の高いところを高気圧，低いところを低気圧という。高気圧は中心部から周辺へ向かって風が吹くため，（　①　）気流が生じている。このように大気には流れがあり，B大気は地球規模で見ると大きく循環していると言える。

日本の冬の特徴は，冷やされた（　②　）大陸上で（　③　）高気圧が成長することで（　④　）の気圧配置となる。そこから冷たく乾燥した北西の季節風が日本海を越えて吹いてくる。そのとき，海面からの水蒸気によって雲が発達し，日本海側に雪を降らせる。山間部で多くの雪を降らせて水蒸気を失うため，太平洋側には冷たく乾燥した北西の季節風が吹く。この季節風は関東地方や東海地方では（　⑤　）と呼ばれている。

問1　文章中の（①）～（⑤）に当てはまる語句を答えよ。

問2　下線部Aの厚さとして最も適当なものを，次の**ア**～**オ**から1つ選び，記号で答えよ。

ア　10km　　**イ**　50km　　**ウ**　100km　　**エ**　500km　　**オ**　1000km

問3　下線部Bとあるが，地球規模で見たときに常に上昇気流が生じているのはどの付近か答えよ。

問4　日本から飛行機で太平洋を横断しアメリカへ旅行に行ったとき，行きと帰りでは到着時間に大きな差が生じた。行きと帰りのどちらの方が，所要時間が短かったと考えられるか。短いと考えられる方に○を付け，またその理由も簡潔に答えよ。

問５　日本海を越えて，いくらか湿度の上がった空気のかたまりの気温を，標高2000mの山のふもと（標高０m）で測ったところ10℃であった。この空気のかたまりが標高2000mの山を登る際，1000mに達した所で，空気のかたまりに雲が生じ雪を降らせた。この空気のかたまりは湿潤状態では，100m毎に0.5℃変化し，乾燥状態では100m毎に１℃変化するものとして，次の問いに答えよ。なお，空気１m^3中に含むことのできる水蒸気の最大量を飽和水蒸気量といい，以下の表に記した。必要な場合，表の数値を用いよ。

気温（℃）	-5	0	5	10	15	20	25	30
飽和水蒸気量（g/m^3）	3.4	4.8	6.8	9.4	12.8	17.3	23.1	30.4

⑴　山頂での気温はいくらになるか答えよ。

⑵　この空気のかたまりは山頂までに１m^3あたりどれだけの量の雪を降らせたことになるか答えよ。

⑶　太平洋側のふもと（標高０m）ではこの空気のかたまりの湿度は何％となるか。最も適当なものを，次の**ア**～**オ**から１つ選び，記号で答えよ。

ア　15％　**イ**　25％　**ウ**　35％　**エ**　45％　**オ**　55％

【社　会】（40分）　＜満点：100点＞

【注意】 漢字で答えるべき語句は全て漢字を使用すること。

1　次の文章を読み，次の問いに答えよ。

aヨーロッパには40以上もの国々があり，その中に約６億人が生活しているが，ヨーロッパの地形は決して平坦ではない。b山脈や高原などがありc海岸線も複雑である。ユーラシア大陸を地図で見ると，ヨーロッパは日本と比べて高緯度にあることがわかる。日本の秋田県や岩手県を通る北緯40度の緯線がヨーロッパではdスペインやeギリシャを通っているが，f暖流と偏西風の影響で高緯度の割に冬でも気候が温暖である。

問１　下線部aについて，二度の世界大戦により没落したヨーロッパの国々は，アメリカ合衆国などの大国に対抗するため国同士の結びつきを強め，1993年にはＥＵ【ヨーロッパ連合】が発足した。現在のＥＵ加盟国の様子について述べた文として正しいものを，次のア～エから一つ選び，記号で答えよ。

ア　2002年には，単一通貨ユーロの流通が始まり，現在は全ての加盟国の間でユーロを使用することができる。

イ　ＥＵでは農家の生活を守るため，ＥＵ外から輸入される農産物には高い税金をかけ，農業を保護する政策がとられた。

ウ　所得水準の低かった東ヨーロッパには，西ヨーロッパの先進国などから企業が進出しており，現在は西ヨーロッパの国々との間の所得格差は完全に解消された。

エ　ＥＵの恩恵を受け，ヨーロッパ最大の工業国となったイギリスは，2016年の国民投票によりＥＵ離脱を選択した。

問２　下線部bについて，右の地図中のＸ・Ｙの山脈名をそれぞれ答えよ。

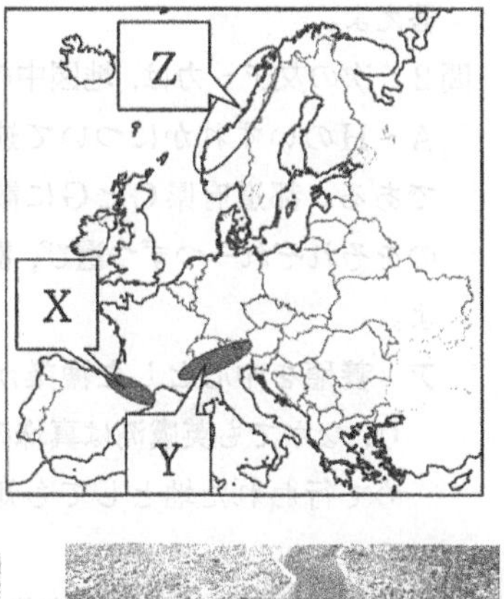

問３　下線部cについて，右の地図中のＺの地域には氷河により形成された入江が広がっている。その地形に該当する写真を，次のア～ウから一つ選び，記号で答えよ。

ア

イ

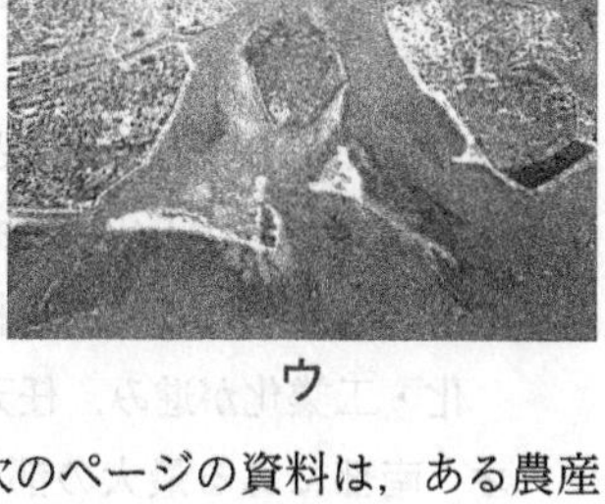
ウ

問４　下線部dの国では夏の気候を活かした農業が行われている。次のページの資料は，ある農産物Ａの世界における上位３カ国の生産量の割合である。農産物Ａとして正しいものを，次のア～

エから一つ選び，記号で答えよ。

ア　ぶどう　　イ　小麦　　ウ　オリーブ　エ　カカオ

【資料】

農産物：A	
【国名】	【割合】
スペイン	29.5%
ギリシャ	14.7%
イタリア	12.7%

問５　下線部ｅの国は，歴史的背景をもとに第１回夏季オリンピックが開催されたことでも知られる。今年は第32回夏季オリンピックが開催され，その開会式は日本時間の７月24日20時から行われる。このとき，ギリシャは何月何日の何時であるか答えよ。

※ギリシャの標準時を決める経線は，東経30度である。　※夏時間（サマータイム）は考慮しなくてよい。

問６　下線部ｆについて，次のア～エのグラフは年間の気温と降水量を表したものである。パリのグラフとして適当なものを一つ選び，記号で答えよ。

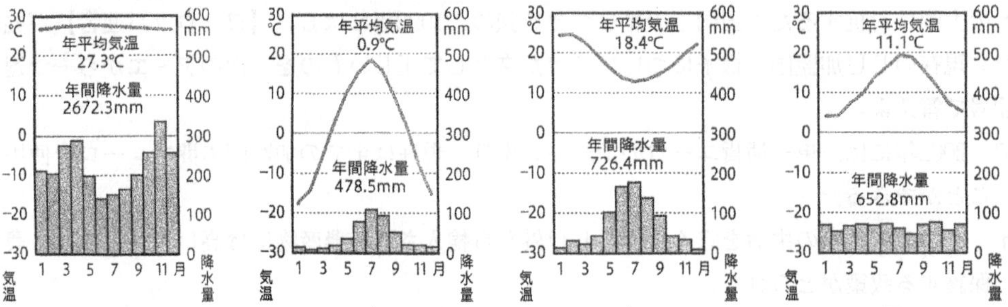

ア　　　　イ　　　　ウ　　　　エ

2　右の地図を見て，次の問いに答えよ。

問１　地図中のＸ・Ｙの自然地形の名称を答えよ。

問２　次の文ア～カは，地図中の都道府県Ａ～Ｈのいずれかについて述べたものである。都道府県ＣとＧに該当するものをそれぞれ一つずつ選び，記号で答えよ。

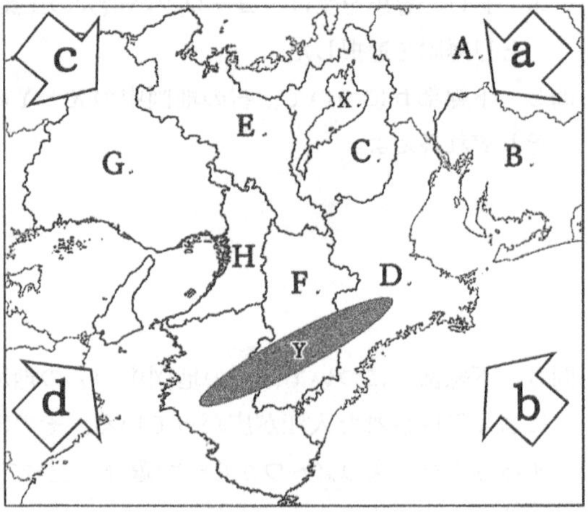

ア　養殖を中心とした漁業が盛んであり，なかでも英虞《あご》湾は真珠の養殖が初めて行われた地としても知られている。

イ　政治の中心があった古代からの長い歴史を持ち，歴史的遺産も多い。厩戸王，聖武天皇，鑑真などが建立した寺院は特に有名である。

ウ　古くから歴史の舞台として発達してきた。東部にはかつて安土城などがあり，商人の町として知られた近江八幡もある。人口あたりの寺院数も多く，延暦寺などの有名寺院が存在する。

エ　伝統産業が多く，西陣織など指定を受けた伝統工芸品の数は日本で最も多い。近年は都市化・工業化が進み，任天堂など世界に名の知れた企業も多い。

オ　南部にある最大の都市は港町として発展してきた。この港はかつて平清盛により整備され「大輪田泊」と呼ばれた。また，日米修好通商条約で開港した歴史を持ち，日本を代表する港である。

カ　江戸時代には商業の町として発達し，各地からの物資が集まることから「天下の台所」と称された。

問３　次の表は，前のページの地図中の都道府県Ｃ・Ｅ・Ｇ・Ｈの人口などを表したものであり，表中の**ア**～**エ**はそれぞれＣ・Ｅ・Ｇ・Ｈのいずれかにあたる。都道府県Ｅに該当するものを**ア**～**エ**から一つ選び，記号で答えよ。

	人口【万人】（2017年）	農業産出額【億円】（2016年）	工業製品出荷額【億円】（2016年）	外国人宿泊者数【千人泊】（2017年）
ア	550	1690	152350	1248
イ	141	636	73282	389
ウ	259	740	55352	5556
エ	882	353	161784	11672

問４　地図中の都道府県Ｃにある伊吹山とその周辺は，西日本に位置しながらも豪雪地帯として知られる。この地域に豪雪をもたらす季節風の向きを，地図中の矢印ａ～ｄから一つ選び，記号で答えよ。

問５　下の地形図は都道府県Ａのある地域を表したものである。次の問いに答えよ。

(I)　地形図中には，河川が山地から平野に流れ出ているところに，河川の運搬・堆積作用によってできた地形が見られる。このような地形を何というか，漢字３文字で答えよ。

(II)　地形図から読み取れることとして正しいものを，次の**ア**～**エ**から一つ選び，記号で答えよ。

ア　Ｉには果樹園が広がっている。

イ　Ｊを流れる河川は，②から①に向かって流れる。

ウ　Ｋから見ると，養老駅は南西の方角にある。

エ　Ｌには畑が広がっている。

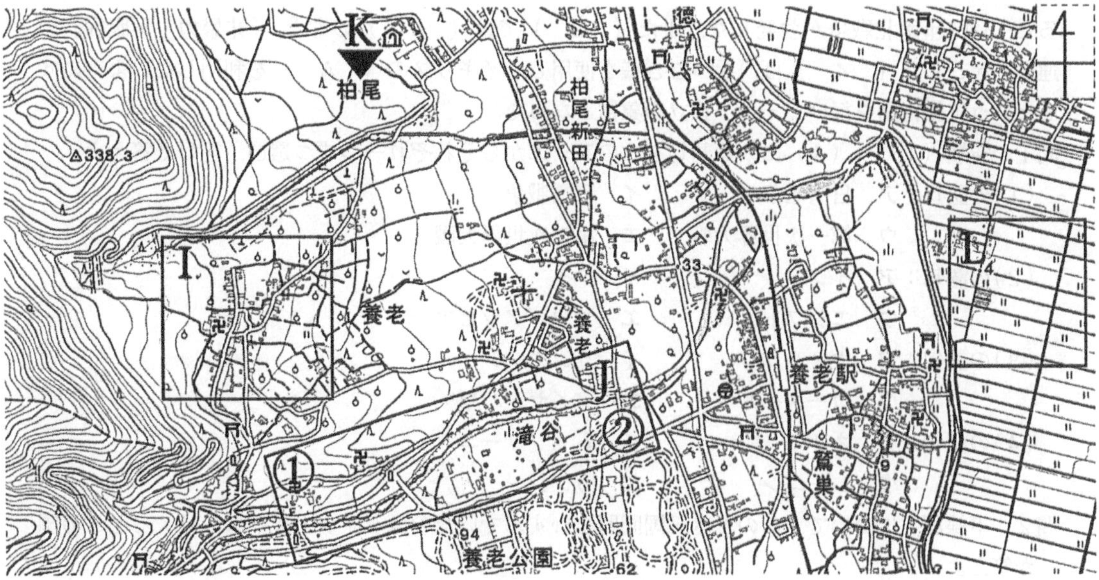

３　次のグラフと文章を読み，次の問いに答えよ。

グラフ１

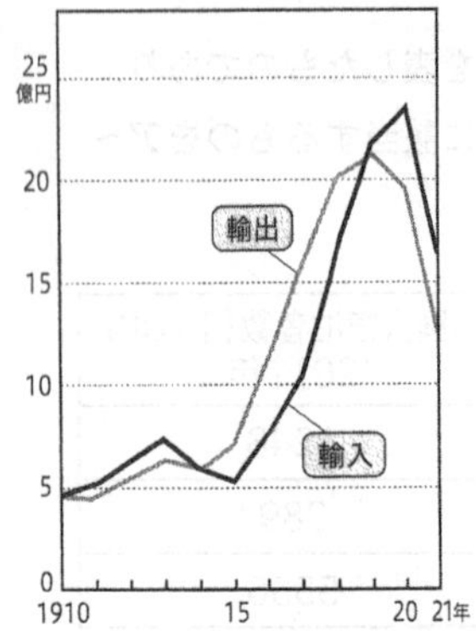

グラフ２

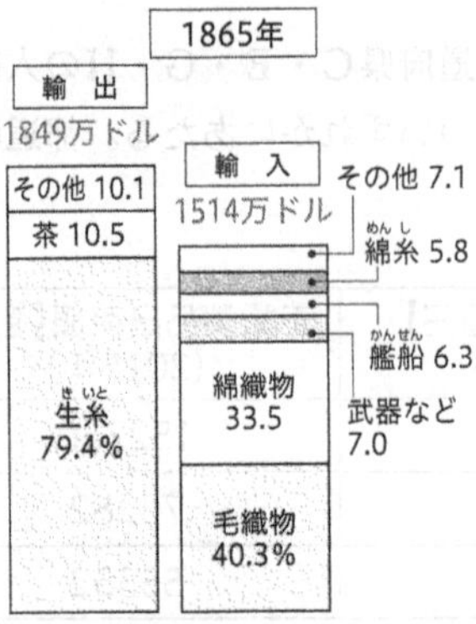

グラフ３

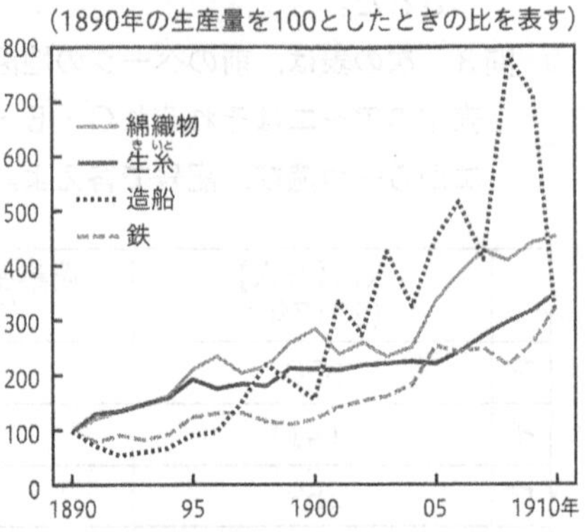

グラフ１をみると，1914～19年の間，日本の輸出が急増している。これは1914年からはじまった（　１　）の影響である。（　１　）中，世界各国で船舶が不足し，日本の船が使われたため，日本国内では海運業や造船業がめざましく発達した。また a ドイツからの輸入が途絶えた薬品や化学肥料の国産化が進み，日本国内では重化学工業が発達した。この戦争の戦場とならなかったアメリカへの輸出や中国への（　A　）の輸出が急増し，日本は好景気をむかえたことをあらわしている。また，1920年になると日本の景気は次第に悪くなっていったことが読み取れる。それは，（　１　）が b 1919年にパリで開かれた講和会議により終結し，ヨーロッパの復興が進んだことによるものであった。

グラフ２・３からは江戸時代末に一度は衰えた（　A　）産業が，明治時代になると c 大規模な機械による生産が工場で行われるようになった結果， d 日清戦争のころには原料を輸入し，製品を輸出するようになったことを示している。この産業の原料は，中国や（　２　），アメリカが主な産地となっている。アメリカでは黒人奴隷を使う大農場が広がっており，工業化の進んだ北部の州と大農場が広がる南部の州の間で，対立が激しくなり，北部側を支援する（　３　）が大統領になると，1861年南北戦争が勃発した。また（　２　）では（　１　）のあと，「非暴力・不服従」の運動を起こした（　４　）は，手つむぎ機を使用し，イギリスの（　A　）を利用しないようにするという抗議行動を行い，インド独立の象徴となった。

問１　空欄（１）～（４）に入る語句を次のア～エからそれぞれ一つずつ選び，記号で答えよ。

（１）の語句：ア　日清戦争　　イ　日露戦争
　　　　　　　ウ　第一次世界大戦　　エ　第二次世界大戦

（２）の語句：ア　インド　　イ　タイ
　　　　　　　ウ　エジプト　　エ　サウジアラビア

（３）の語句：ア　ウィルソン　　イ　リンカーン
　　　　　　　ウ　ローズベルト　　エ　アイゼンハワー

（４）の語句：ア　ネルー　　イ　ムッソリーニ
　　　　　　　ウ　レーニン　　エ　ガンジー

問２　下線部 a について，このとき三国同盟をむすんでいたのはドイツ・オーストリアとどこの国か答えよ。

問3　下線部bについて，この年のドイツで民主的な憲法が制定された。この憲法の名称を答えよ。

問4　下線部cについて，この工場として適当なものを写真ア～ウから一つ選び，記号で答えよ。

ア

イ

ウ

問5　下線部dについて，述べた文として正しいものを次のア～エから一つ選び，記号で答えよ。

ア　戦車・潜水艦・毒ガスなどの新兵器が使われた。

イ　戦争中，各地のユダヤ人をアウシュヴィッツなどの強制収容所に集め，数百万人を殺害した。

ウ　開戦の世論が高まるなか，内村鑑三や幸徳秋水らは非戦論を唱えて戦争に反対したが，世論を動かすことはできなかった。

エ　この戦争の講和条約で日本への譲渡が認められた遼東半島をめぐって，三国干渉が行われた。

問6　空欄（A）に当てはまる語句を，次のア～エから一つ選び，記号で答えよ。

ア　生糸　　イ　綿織物　　ウ　製鉄　　エ　石油

4　次のA～Eの文章を読み，以下の問いに答えよ。

A　6世紀末，中国は隋によって統一され，（　1　）という法律がととのえられた。その後，隋を倒し成立した（　2　）は，（　1　）制を確立し，皇帝を頂点として全国を支配する中央集権のしくみを整えた。

B　院政を行っていた後鳥羽上皇は，源氏の将軍が絶えたことをきっかけに，幕府を倒そうと（　X　）の乱を起こした。その後幕府は執権（　3　）が1232年，御成敗式目を制定した。これは$_{\text{a}}$その後も武家政治の手本とされた。

C　守護大名の山名氏と細川氏の争いに将軍家や管領家の相続争いが結びつき，1467年，京都で（　Y　）の乱が起きた。その後将軍の支配は京都の周辺に限られ，全国は実力で頭角を現した戦国大名が一国から数国を支配する時代に変わった。戦国大名の中には（　4　）法と呼ばれる法律を独自に作り，支配を強める者もいた。

D　1889年2月11日，（　5　）が発布され，翌年$_{\text{b}}$第1回の衆議院議員選挙が行われた。

E　加藤高明内閣のもと$_{\text{c}}$治安維持法を制定した。

問1　空欄（1）～（5）に入る適語を答えよ。

問2　文Aの時期と同じころのできごとを述べた文を，次のア～エから一つ選び，記号で答えよ。

ア　ドイツのルターが免罪符の販売を認めたローマ教皇を批判した。

イ　メッカではムハンマドがイスラム教をおこし，西アジアを中心に広がった。

ウ　聖地エルサレムからイスラム勢力を追い払うため，十字軍の派遣が呼びかけられた。

エ　アメリカ独立宣言やフランス人権宣言などが出されるなど自由・平等を求める動きが広まった。

問3　文B・C中の（X）・（Y）に入る語句の組み合わせとして正しいものを，次のア～エから一つ選び，記号で答えよ。

ア（X）壬申　（Y）応仁　　**イ**（X）承久　（Y）応仁

ウ（X）保元　（Y）建武　　**エ**（X）保元　（Y）平治

問4　下線部aについて，江戸幕府が定めた婚姻や築城の制限など大名統制のためのきまりは何か答えよ。

問5　文Dの時期より後のできごとを，次のア～エから一つ選び，記号で答えよ。

ア　内閣制度が定められた。　　**イ**　西南戦争が起こった。

ウ　治外法権の撤廃に成功した。　　**エ**　板垣退助を党首とする自由党が結成された。

問6　下線部bについて述べたものとして**適当でないもの**を次のア～エから一つ選び，記号で答えよ。

ア　選挙権は直接国税15円以上を納める満25歳以上の男子に限られていた。

イ　有権者は人口の約1.1％で，その多くは農村の地主であった。

ウ　貴族院議員は皇族や華族，天皇から任命された議員で構成され，選挙は行われなかった。

エ　この選挙では，政府側の政党が多数の議席を占めた。

問7　下線部cについて述べた次のⅠ・Ⅱの文の正誤の組み合わせとして正しいものをア～エから一つ選び，記号で答えよ。

Ⅰ．この法律によって，ロシア革命などの影響を受け活発になった社会主義運動がおさえられた。

Ⅱ．この法律によって，政府は議会の議決を経ずに戦争遂行《すいこう》に必要な人や物資を動員できるようになった。

ア　Ⅰ・Ⅱともに正しい。　　**イ**　Ⅰは正しいが，Ⅱは誤っている。

ウ　Ⅰは誤っているが，Ⅱは正しい。　　**エ**　Ⅰ・Ⅱとも誤っている。

5　次の文章を読み，次の問いに答えよ。

日本をはじめ多くの国の憲法では，国の権力を三つに分けて，それぞれを別の機関に与えることで権力の集中を防ぎ，国民の自由や権利を守ろうとしている。日本では国会に（　1　）を，内閣に（　2　）を，裁判所に（　3　）を与えている。日本は日本国憲法において国民主権が認められている民主主義国家であるが，一度に大勢が集まって複雑な物事を決めることは困難なため，代表者を選挙で選び，その代表者が集まって議会を作り，物事を話し合って決めるやり方である間接民主制を採用している。そのために日本には国会という議会が必要不可欠であり，国民の自由や権利を守るためにも，国会には（　1　）を与える必要があるのだ。

日本国憲法では，様々な権利を保障している。例えば，国民が政治に参加する権利である参政権や，裁判を受ける権利などがそれにあたる。参政権のうちの選挙権をもとに，一定の年齢以上のすべての国民が選挙権を得るという原則を（　4　）という。現在の選挙は，（　4　）のほかにさらに三つの原則の下で行われている。

2019年７月21日，令和という新時代が始まって最初のa参議院議員選挙が行われた。この選挙において注目されていたのは，自民党・公明党・その他の改憲賛成政党が議席をどこまで伸ばすのかである。キーワードになっていたのが，『164』という数字であった。この数字が注目されていたのには大きな理由がある。日本国憲法というのは法治国家である日本の法律の中でも最高位のものであるため，他の法律案の議決とは違い簡単に変えることができないようになっているからだ。日本国憲法以外の法律案では，衆（参）議院ともに（　5　）の（　6　）の多数決で可決となる。ただし，衆議院では与党が，参議院では野党が過半数を占めている（　7　）国会の状態にある場合，衆議院では可決されたものの，参議院では否決されるというケースがある。その場合でも，（　8　）が認められているため，再度衆議院で議決をし，可決された時点で法律となる。しかし，憲法改正の場合は，まず改正原案を衆（参）議院に提出し，（　9　）の（　10　）の賛成が必要となり，その後参（衆）議院でも同様の賛成を得る必要がある。もし，衆議院では賛成が得られたものの，参議院では賛成が得られない場合でも，（　8　）は認められずその時点で廃案となる。さらに，衆（参）議院で賛成が得られた時点で憲法の改正が認められるわけではなく，国民投票にて国民に信を問うこととなる。その際に，（　11　）の（　12　）の賛成が必要である。もし賛成が得られない場合は廃案となる。

問1　空欄（1）～（3）に入る語句の組み合わせとして正しいものを，次のア～エから一つ選び，記号で答えよ。

ア（1）行政権　（2）立法権　（3）司法権
イ（1）立法権　（2）行政権　（3）司法権
ウ（1）監査権　（2）行政権　（3）司法権
エ（1）人事権　（2）立法権　（3）司法権

問2　空欄（4）に当てはまる語句を漢字4文字で答えよ。

問3　空欄（5）（6）に入る語句の組み合わせとして正しいものを，次のア～エから一つ選び，記号で答えよ。

ア（5）総議員　（6）過半数　　イ（5）出席議員　（6）過半数
ウ（5）総議員　（6）3分の2以上　　エ（5）出席議員　（6）3分の2以上

問4　空欄（7）に当てはまる語句を答えよ。

問5　空欄（8）に当てはまる語句を6文字で答えよ。

問6　空欄（9）（10）に入る語句の組み合わせとして正しいものを，次のア～エから一つ選び，記号で答えよ。

ア（9）総議員　（10）過半数
イ（9）出席議員　（10）過半数
ウ（9）総議員　（10）3分の2以上
エ（9）出席議員　（10）3分の2以上

問7　空欄（11）（12）に入る語句の組み合わせとして正しいものを，次のア～エから一つ選び，記号で答えよ。

ア（11）有効投票数　（12）過半数
イ（11）有権者数　（12）過半数
ウ（11）有効投票数　（12）3分の2以上
エ（11）有権者数　（12）3分の2以上

問8　下線部aについて，次の問いに答えよ。

(I)　任期は何年か答えよ。

(Ⅱ) 被選挙権を得られる年齢は何歳か答えよ。

問９　次の表は定数４人の比例代表選挙でのＡ・Ｂ・Ｃ・Ｄの各党の得票数である。ドント式で各政党に議席を配分した時，各党それぞれの当選者が何人になるか答えよ。

	A党	B党	C党	D党
得票数	3000票	1500票	1200票	800票

6　次の文章を読み，次の問いに答えよ。

日本の企業形態として，国や地方公共団体が資金を出して運営する公企業と，利潤を目的とする民間企業である私企業に分けられる。また，企業は資本金や従業員数によって大企業と中小企業に分けられるが，全体の99％は中小企業であり，中小企業が日本の物づくりを支えている。近年の情報通信分野における急速な技術革新は，中小企業に新たな事業の機会をもたらしており，独自の技術などを基に新たに事業を起こす（　１　）企業も多数見られるようになった。

私企業は，農家や個人商店などの個人企業と複数の人々が資金を出し合って作る法人企業に大別できる。法人企業の代表的なものが a 株式会社であり，株式の発行によって得られた資金を基に設立される。公企業にも私企業にも b 労働者が在籍する。労働者は雇い主である使用者に労働力を提供し，その見返りとして使用者から賃金を受け取る。賃金や労働時間などの労働条件は，原則として労働者と使用者の間で，契約として自由に取り決めを行う。しかし，労働者は使用者に対して弱い立場にあるため，一人一人での交渉では不利な条件になってしまう。そのため，労働者は労働組合を結成し，労働条件の改善を使用者に要求するようになった。c また，国も労働組合の結成や労働争議を行うことを権利として認め，法律で保障している。

問１　空欄（１）に入る適語を答えよ。

問２　下線部ａについて，株式を購入した出資者が利潤の一部を受け取るものを何というか答えよ。

問３　下線部ｂについて，アルバイトやパート，派遣労働者，契約労働者のような不安定な契約の労働者を何労働者と呼ぶか答えよ。

問４　下線部ｃについて，俗に労働三法と呼ばれるものを労働組合法以外で二つ答えよ。

泣きけるを②見て、僧の、aやはら寄りて、など、bかうは泣かせ給ふぞ。この花の散るを惜しうおぼえさせ給ふか。桜ははかなき物にて、かくほどなく③うつろひ候ふなり。されども、さのみぞ候ふとなぐさめければ、「桜の散らんは、④あながちにいかがせん、苦しからず。我が父の作りたる麦の花散りて、実の入らざらん、思ふがわびしき」と言ひて、さくりあげて、「よよ」と泣きければ、うたてしやな。（『宇治拾遺物語』）

注　比叡の山…比叡山延暦寺。
児…寺で、出家しない姿のままで勉学や行儀見習いをし、また、雑用などに当たったりする少年。
おぼえさせ給ふか…残念にお思いになるのか。
うたてしやな…困ったことだなあ。

問1　〰〰部a「やはら」・b「かう」の読みを、ひらがな・現代仮名遣いで書け。

問2　――部①～③の動作主を次の中からそれぞれ選び、記号で答えよ。

ア　桜　**イ**　児　**ウ**　僧　**エ**　父

問3　僧が語った言葉はどこからどこまでか。最初と最後の三字を抜き出して答えよ。

問4　――部④「あながちにいかがせん、苦しからず」の現代語訳として最も適切なものを次の中から選び、記号で答えよ。

ア　無理にどうこうしようとするのもどうかと思うので、心苦しい。
イ　無理にどうこうしようとするとどうにもかわいそうで、心苦しい。
ウ　無理にどうこうしようとしているわけではないので、仕方がない。
エ　無理にどうこうしようとしてもどうにもならないので、仕方がない。

問5　本文の内容にあてはまるものとして最も適切なものを次の中から選び、記号で答えよ。

ア　児の故郷を忘れられない幼さに対して、僧が困惑するおかしさ。
イ　児の予想外に現実的な答えに対して、僧が困惑するおかしさ。
ウ　児の極めて優れた美的感覚に対して、僧が困惑するおかしさ。
エ　児の年に似合わない風流な答えに対して、僧が困惑するおかしさ。

問6　『宇治拾遺物語』は鎌倉時代に書かれた作品である。『宇治拾遺物語』と同時代の作品を一つ次の中から選び、記号で答えよ。

ア　『おくのほそ道』　**イ**　『万葉集』　**ウ**　『古今和歌集』
エ　『新古今和歌集』

のである。

（若竹千佐子『おらおらでひとりいぐも』）

注　喫緊…さしせまって大切なこと。
有り体…ありのまま。
柔毛突起…小腸内壁の輪状ひだに存在する突起のこと。栄養吸収の効率をよくするために小腸の表面積を増やす仕組み。
やんたぐね…嫌ではない。
半畳を入れる…他人の言動に非難やからかいの言葉をかける。
押っ取り刀で…大急ぎで、あわてて。

問1　〰〰部ａ～ｄのカタカナは漢字に直し、漢字は読みを答えよ。

問2　――部①「日常会話も内なる思考の言葉も標準語で通してきたつもりだ」に見られる桃子の心情として最も適切なものを次の中から選び、記号で答えよ。

ア　嫌な思い出しかない故郷の思い出はすべて捨て去ろうという強い決意。
イ　田舎臭くて格好悪い東北弁よりも標準語で話そうという強い決意。
ウ　故郷を捨て身も心も東京の人として生きていこうという強い決意。
エ　東北弁では対応不可能な流行の思考に適合させようという強い決意。

問3　本文中から――部②「卑近」・③「抽象」にあたる部分を十字程度でそれぞれ抜き出して答えよ。

問4　――部④「おらの心の内側で誰かがおらに話しかけてくる」で、「誰か」に該当しないものを、次の中から全て選び、記号で答えよ。

ア　後先のことも考えず家出同然で上京した二十四歳当時の自分。
イ　せっかくの縁談が破談になったことを何度もなじってくる両親。
ウ　今日の夕食は何にしようかなどと考えている現在の自分。
エ　今後の桃子の人生を心配して話しかけてくる亡くなった夫。

問5　――部⑤「おらは困っているども、案外やんたぐね。それでもいい、おらの心がおらに乗っ取られでも」とあるが、ここでの桃子の心情として最も適切なものを次の中から選び、記号で答えよ。

ア　自分の奥底にある気持ちを今なお代弁してくれる亡くなった夫が自分の気持ちを支配するようになっても構わない。
イ　自分の奥底にある気持ちがたとえ普段の気持ちと違うものであれ、それが表に出るようになっても構わない。
ウ　自分になりすました誰かが、自分が普段考えていることを自分の代わりに述べてくれても構わない。
エ　疎遠になっていた自分の子供たちが、困っている自分を助けてくれるのなら、子供たちの言いなりになっても構わない。

問6　（Ａ）に「見当違いのほう」という意味になるよう適切な語を補い、記号で答えよ。

問7　（Ｂ）に適切な語を補い、記号で答えよ。

ア　きのう　　イ　きょう　　ウ　あす　　エ　あさって

ア　鶏　　イ　猿　　ウ　犬　　エ　ねずみ

3　次の文章を読み、後の問いに答えよ。

これも今は昔、田舎の児の、比叡の山へ登りたりけるが、桜のめでたく咲きたりけるに、風の激しく吹きけるを①見て、この児、さめざめとそしてまた最近は思考も飛びがちである。次の文章を読み、後の問いに答えよ。

ああ確かに。飛び飛びで細切れの逃げる思考を捕まえるのはaヨウイではないが、それでも年齢からすれば今がまとまってものを考える、絶好かつ最後のチャンスかもしれない。あと何年。とにかくこの状態を維持しながら、あと何年生きられるか。んだ。これからは常に逆算して、ものを考えなければならないのであって。

んだんだ。それそれ。いや違うでば。

様々の声が飛び交い、

おらが考えたいことはこの溢れる東北弁のことだ。

とひときわ大きな声がする。

その声に深く肯《がえ》んずるところもあり、あれやこれや話題が掠《かす》める中、この東北弁関連が喫緊《きっきん》の話題なのだ、と桃子さんはやっと気づくのである。

改めて桃子さんは考える。今頃になっていったい何故東北弁なのだろう。満二十四歳のときに故郷を離れてかれこれ五十年、①日常会話も内なる思考の言葉も標準語で通してきたつもりだ。なのに今、東北弁丸出しの言葉が心の中に氾濫している。というか、いつの間にか東北弁でものを考えている。晩げなのおかずは何にすべから、おらどはいったい何者だべ、まで②卑近も③抽象も、たまげたごとにこの頃は全部東北弁でなのだ。というか、有り体《てい》にいえば、④おらの心の内側で誰かがおらに話しかけてくる。東北弁で。それも一人や二人ではね、大勢の人がいる。おらの思考は、今やその大勢の人がたの会話で成り立っている。それをおらの考えど言っていいもんだかどうだか。たしかにおらの心の内側で起こっていることで、話し手もおらだし、聞き手もおらなんだが、なんだがおらは皮だ、皮にすぎねど思ってしまう。おらという皮で囲ったあの人がたはいったい誰なんだが。ついおめだば誰だ、と聞いてしまう。おらの心の内側にどやって住んだんだが。あ、そだ。小腸の柔毛《じゅうもう》突起のよでねべが。んだ、おらの心のうちはbミッセイした無数の柔毛突起でc覆われんだ。ふだんはふわりふわりとあっちゃにこっちゃに揺らいでいて、おらに何か言うときだけそこだけdヒダイしてもの言うイメージ。⑤おらは困っているども、案外やんたぐね。それでもいい、おらの心がおらに乗っ取られでも。

桃子さんは（　A　）のほうを見ながらうふうふと笑い、ふいと肩越しに目を転ずれば、例によってカシャカシャと聞こえる、聞こえたような気がした。そうすると、桃子さん、今までの思考をころっと忘れる。まったく桃子さんの思考は長持ちしない。二三歩歩けば方向転換する（　B　）のように、すぐに話題がかわってしまう。取り留めなく、次から次に、いまだってもうねずみとのある種友愛関係を考えている。あの頃はこうじゃなかったと思う。あの頃っていづよ。あの頃がいっぺありすぎてさ、心のうちの誰かが半畳を入れた。

実は桃子さん、かつてはねずみどころか、ゴキブリ、げじげじの類を見れば、良人《おっと》も驚くほどの叫声《きょうせい》を上げてこれを呼ばい、押っ取り刀で駆けつけてやっつけてくれるかの人を後ろから惚れ惚れと見つめ、こわがりつつも指の隙間から敵の正体を見る。それを見て興に乗った男、わざと女の目の前に持ってくる。たまらず女は逃げる。と、男ますます興に乗り追いかけて、ほれ、ほれ、と振り子のようにちらつかせる。女、やめて、いやんと嬌声《きょうせい》をあげる。まぁ桃子さんにも、そんな時代があった

【8】同じように、「手が抜ける」も気になります。Ⅱかけるという言葉があるように、生きものに向き合う時は、それをよく見つめ相手の思いを汲みとり、求めていると思うことをやってあげられる時にこそ喜びを感じます。野菜作りを趣味にしている、ある会社の社長さんが、「③肥料や水じゃないんだよ。毎朝ごcキゲンはどうかと声をかけてやればおいしいトマトができるんだ」と話す時の顔は、経営について語る時のそれとは違い、なんともd柔和です。日常は厳しいけれど、その底にはこのような生きものへの眼があるのだと思うと安心します。

（中村桂子『科学者が人間であること』）

問1 〜〜〜部a〜dのカタカナは漢字に直し、漢字は読みを答えよ。

問2 （A）〜（C）に入る語句として最も適切なものを次の中からそれぞれ選び、記号で答えよ。

ア なぜなら　イ むしろ　ウ つまり　エ しかし

問3 ——部①「その日常のあり方」の例として最も適切なものを次の中から選び、記号で答えよ。

ア 朝気持ちよくめざめ、朝日を浴び、新鮮な空気を体内にとり込むこと。

イ めざまし時計で起き、腕時計を見て家をとび出して、ビルや地下街など、人工照明の中で一日中暮らすこと。

ウ タライを使って、子どもたちが汚したシャツからシーツまで手洗いすること。

エ 自動車や新幹線などの便利な交通手段を使う代わりに、渋滞や遅延、事故の発生にも慣れてゆくこと。

問4 ——部②「夢の道具」の例として最も適切なものを次の中から選び、記号で答えよ。

ア 食品保存にともなう苦労を軽減してくれるようになった冷蔵庫。

イ 時間や空間を縦横無尽に移動することも可能になるタイムマシーン。

ウ スイッチひとつで快適な室温にしてくれるエア・コンディショナー。

エ いつでも誰とでもつながることができるようになったスマートフォン。

問5 Ⅰに入る語句として最も適切なものを次の中から選び、記号で答えよ。

ア 格差　イ 競争　ウ グローバル　エ 文明

問6 Ⅱに入る語句として最も適切なものを次の中から選び、記号で答えよ。

ア 鼻に　イ 鎌を　ウ 手塩に　エ 拍車を

問7 ——部③「肥料や水」とは、人間のどのような価値観を象徴するものか。本文中の言葉を用いて、解答欄の形に合わせて二十五字程度で答えよ。

問8 この文章には次の一文が抜けている。どの形式段落の末尾に補うのがよいか、段落番号【1】〜【8】の中から選び、番号で答えよ。

・便利さは、ぜいたく気分へと移行したのです。

2 主人公の桃子は東北出身の七十四歳で一人暮らし。故郷にいる頃結婚が決まっていたが、家出同然で上京。その後最愛の夫と出会い、幸せな家庭を築くが、夫に先立たれ、育て上げた子供とも疎遠である。

【国 語】（四〇分）〈満点：一〇〇点〉

【注意】文字数が制限されている設問は、すべて句読点なども文字数に含めて解答しなさい。

1 次の文章を読み、後の問いに答えよ。

【1】「人間は生きものであり、自然の中にある」。これから考えることのaキバンはここにあります。これは誰もがわかっていることであり、決して新しい指摘ではありません。（ A ）、現代社会はこれをキバンにしてでき上がってはいません。そこに問題があると思い、改めてこのあたりまえのことを確認するところから出発したいと思います。

【2】まず、私たちの日常生活は、生きものであることを実感するものになっているでしょうか。朝気持ちよくめざめ、朝日を浴び、新鮮な空気を体内にとり込み、朝食をおいしくいただき……これが生きものの暮らしです。めざまし時計で起こされ、お日さまや空気を感じることなどまったくなしに腕の時計を眺めながら家をとび出す……実際にはこんな朝を過ごすのが、現代社会の、とくに都会での生活です。ビルや地下街など、終日人工照明の中で暮らすのが現代人の日常です。これでは生きものであるという感覚は持てません。

【3】生きものにとっては、眠ったり、食べたり、歩いたりといった「日常」が最も重要です。ですから、①その日常のあり方を変革し、皆があたりまえに自然を感じられる社会を作ればよいのですが、ここまできた近代文明を一気に変換するのは難しいでしょう。（中略）

【4】この時代、私たちが求めてきたものは何よりも、「便利さ」と「豊かさ」だったと言ってよいでしょう。まず、家庭の中に入ってきたのが洗濯機、電気冷蔵庫、テレビ（モノクロ）で、三種のbジンギと言われました。タライを使って子どもたちが汚してきたシャツからシーツまで手洗いしていた女性にとって、スイッチ一つで汚れを落としてくれる洗濯機は②夢の道具でした。便利さの象徴です。冷蔵庫も然りです。その後三種のジンギは三Cと呼ばれるカラーテレビ、自動車、空調機になりました。

【5】ここで言う「便利さ」「豊かさ」は物が支えてくれるものであり、物を手に入れるためのお金が豊かさの象徴となりました。便利さとは速くできること、手が抜けること、思い通りになることであり、さまざまな電化製品、自動車や新幹線などの交通手段、携帯電話、その他諸々、次々と開発された機器はさらなる便利さをもたらし、それらの製品を生産する産業が活発化することで経済成長、（ B ）お金の豊かさが手に入りました。私たちはこのような変化を進歩と呼び、そのような社会を近代化した［ I ］社会、つまり先進国の象徴として評価し、この方向での拡大を求めたのです。

【6】しかし、「人間は生きものであり、自然の中にある」という切り口で見た時、この方向には大きな問題があり、見直さなければなりません。なぜならそれは生きものとしての特徴と合わないところが多いからです。

【7】速くできる、手が抜ける、思い通りにできる。日常生活の中ではとてもありがたいことですが、困ったことに、これはいずれも生きものには合いません。生きるということは時間を紡ぐことであり、時間を飛ばすことはまったく無意味、（ C ）生きることの否定になるからです。

MEMO

大切なことはメモしておこうネ！

2020年度

解　答　と　解　説

《2020年度の配点は解答欄に掲載してあります。》

＜数学解答＞

1 (1) 34　(2) $(a+b-2)^2$　(3) $4\sqrt{15}$　(4) $\left(\frac{2}{3},\ -\frac{5}{3}\right)$　(5) $x=\frac{-5\pm\sqrt{13}}{6}$

2 (1) $a=-22$　(2) 3, 9　(3) $x=7,\ -5$　(4) $\frac{1}{4}$　(5) (イ)

3 (1) $\mathrm{A}\left(-3,\ \frac{9}{2}\right)$, $\mathrm{B}(2,\ 2)$　(2) $\frac{15}{2}$　(3) $y=-\frac{7}{8}x+\frac{15}{8}$　(4) $t=\frac{6}{13}$

4 (1) 10cm　(2) $x=24°$　(3) $6\pi\ \mathrm{cm}^2$　(4) ① EG：GC＝3：5　② 32：45

○推定配点○

各5点×20　　計100点

＜数学解説＞

基本 1 （数・式の計算，因数分解，根号を含む計算，2直線の交点，2次方程式）

(1) $\left(\frac{1}{6}-\frac{3}{4}\right)\times(-12)-(-3)^3=\frac{2-9}{12}\times(-12)-(-27)=-(-7)+27=34$

(2) $a+b=\mathrm{A}$とおくと，$(a+b)^2-4(a+b)+4=\mathrm{A}^2-4\mathrm{A}+4=(\mathrm{A}-2)^2=(a+b-2)^2$

(3) $(\sqrt{3}+\sqrt{5})^2-(\sqrt{3}-\sqrt{5})^2=\{(\sqrt{3}+\sqrt{5})+(\sqrt{3}-\sqrt{5})\}\{(\sqrt{3}+\sqrt{5})-(\sqrt{3}-\sqrt{5})\}=2\sqrt{3}\times 2\sqrt{5}=4\sqrt{15}$

(4) $\begin{cases} y=2x-3 \\ y=-x-1 \end{cases}$より，$y$を消去して，$2x-3=-x-1$　$3x=2$　$x=\frac{2}{3}$　$y=2\times\frac{2}{3}-3=-\frac{5}{3}$

(5) $3x^2+5x+1=0$に解の公式を用いて，$x=\frac{-5\pm\sqrt{5^2-4\times3\times1}}{2\times3}=\frac{-5\pm\sqrt{13}}{6}$

2 （直線の傾き，根号の性質の利用，2次方程式の応用，確率，相似な図形と体積比）

基本 (1) どの2点を結ぶ直線の傾きも等しくなるので，（直線PQの傾き）＝（直線PRの傾き）と考えて，（傾き）＝$\frac{y\text{の増加量}}{x\text{の増加量}}$より，$\frac{10-(-2)}{6-3}=\frac{a-(-2)}{-2-3}$　整理して，$4=\frac{a+2}{-5}$　これを解いて，$a=-22$

重要 (2) $72=2^3\times3^2$より，$\sqrt{72(n-1)}=\sqrt{2\times2^2\times3^2(n-1)}$となるので，これが自然数になるとき，根号の中が平方数となればよいので，考えられる$n-1$の値は，$n-1=2,\ 2\times2^2,\ 2\times3^2,\ 2\times2^2\times3^2$　すなわち，$n=3,\ 9,\ 19,\ 73$となるが，nは1ケタの自然数なので，$n=3,\ 9$

基本 (3) $x^2-35=2x$となるので，$x^2-2x-35=0$　$(x+5)(x-7)=0$　$x=-5,\ 7$

基本 (4) 2つのさいころの目が共に奇数になればよい。2つのさいころをA，Bとすると，目の出方は全部で6×6＝36（通り）ある。この中で，2つとも奇数の目が出る組み合わせは，(A, B)＝(1, 1)，(1, 3)，(1, 5)，(3, 1)，(3, 3)，(3, 5)，(5, 1)，(5, 3)，(5, 5)の9通り。したがって，求める確率は，$\frac{9}{36}=\frac{1}{4}$

やや難 (5) S，M，Lのそれぞれのサイズの容器はすべて相似な円柱であり，その相似比は，S：M：L＝

$0.75:1:1.25=\frac{3}{4}:1:\frac{5}{4}=3:4:5$　したがって，その体積比は，$3^3:4^3:5^3=27:64:125$　これをそれぞれの1箱分に入っているポップコーンの量として考えると，キャンペーン中の100円当たりのポップコーンの量は，Sサイズ(1箱300円)は，$27\times\frac{100}{300}\times\frac{11}{10}=\frac{99}{10}$　Mサイズ$\left(1箱600円\times\left(1-\frac{9}{10}\right)=540円\right)$：$64\times\frac{100}{540}=\frac{320}{27}$　Lサイズ(1箱1100円)は，$125\times\frac{100}{1100}=\frac{125}{11}$となるので，$S:M=\frac{99}{10}:\frac{320}{27}=99\times27:320\times10=2673:3200$より，$S<M$　また，$M:L=\frac{320}{27}:\frac{125}{11}=320\times11:125\times27=64\times11:25\times27=704:675$より，$M>L$　よって，Mが最も量が多いといえる。

3　(関数と図形—$y=ax^2$のグラフと直線，三角形の面積，面積を二等分する直線，周の長さ)

基本　(1)　$\frac{1}{2}x^2=-\frac{1}{2}x+3$を解いていくと，$x^2+x-6=0$　$(x-2)(x+3)=0$　$x=2,\ -3$　よって，$A\left(-3,\ \frac{9}{2}\right)$，$B(2,\ 2)$となる。

基本　(2)　直線ABとy軸との交点をCとすると，C(0, 3)となり，△OABは△OAC＋△OBCから求めることができるので，$\triangle OAB=\triangle OAC+\triangle OBC=\frac{1}{2}\times3\times3+\frac{1}{2}\times3\times2=\frac{9}{2}+3=\frac{15}{2}$

重要　(3)　線分OBの中点をMとすると，M(1, 1)　求める直線の式は，直線AMの式となる。したがって，$A\left(-3,\ \frac{9}{2}\right)$，M(1, 1)より，直線の傾きは，$\frac{yの増加量}{xの増加量}=\left(\frac{9}{2}-1\right)\div(-3-1)=\frac{7}{2}\div(-4)=-\frac{7}{8}$となるので，$y=-\frac{7}{8}x+b$とおける。これに点M(1, 1)を代入すると，$1=-\frac{7}{8}+b$　$b=\frac{15}{8}$となり，直線AMの式は，$y=-\frac{7}{8}x+\frac{15}{8}$

(4)　△APBの周の長さはAB＋AP＋BPとなり，ABの長さは一定であることから，AP＋BPが最小になるときを考えればよい。ここで，右図のように点Bのx軸に関して対称な点をB′とすると，B′の座標は(2, −2)となる。このときx軸は線分BB′の垂直二等分線であるので，BP＝B′Pとなり，AP＋BP＝AP＋B′P　したがって，AP＋B′Pが最小になるときを考えてもよい。これは，2点A，B′を一直線に結んだ線分AB′とx軸の交点をPとしたときに最小になるので，点Pは直線AB′とx軸との交点となるときとなる。ここで，直線AB′は，傾きが(yの増加量)÷(xの増加量)$=\left(\frac{9}{2}-(-2)\right)\div(-3-2)=\frac{13}{2}\div(-5)=-\frac{13}{10}$となるので，その直線の式は$y=-\frac{13}{10}x+c$($c$は定数)とおける。これに点B′(2, −2)を代入すると，$-2=-\frac{13}{10}\times2+c$　$c=\frac{3}{5}$となり，直線AB′の式は$y=-\frac{13}{10}x+\frac{3}{5}$　したがって，直線AB′の式に$y=0$を代入すると，$x=\frac{6}{13}$となり，tの値は$t=\frac{6}{13}$とわかる。

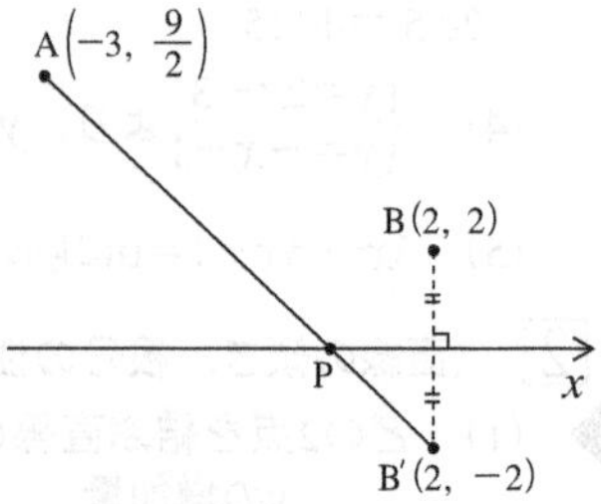

重要 4 (図形—空間図形における三平方の定理，角度，面積，相似な図形と辺の比・面積の比)

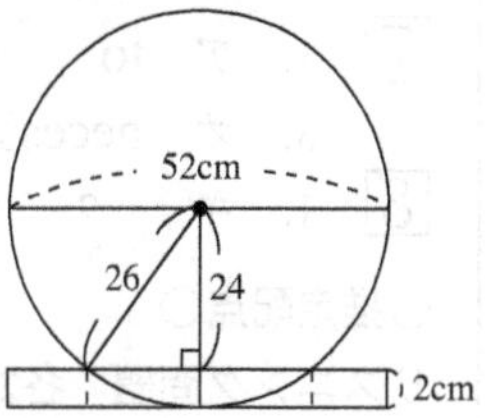

(1) 右図のようにボールの中心から床に垂線を下ろすと，板の厚さ2cmより，斜辺26cm，高さ24cmの直角三角形を考えることができる。したがって，その直角三角形の底辺は，三平方の定理より，(底辺)＝$\sqrt{26^2-24^2}=10$(cm)とわかり，切り抜く円の半径は10cm

(2) ∠ABD＝∠CBD＝a°，∠ACD＝∠ECD＝b°とおくと，△ABCにおける内角と外角の関係より，∠ACE＝∠ABC＋∠CAB すなわち，$2b=2a+48$ $b=a+24$…① また，△BCDにおける内角と外角の関係より，∠DCE＝∠CBD＋∠CDB すなわち，$b=a+x$…② よって，①，②より，$x=24$°

(3) 求める面積は，(おうぎ形CAB)＋(ACを直径とする半円)－(BCを直径とする半円)により求めることができる。(ACを直径とする半円)と(BCを直径とする半円)は，AC＝BC＝6cmより同じ面積となるので，求める面積は(おうぎ形CAB)と等しいことがわかり，$6^2\times\pi\times\frac{60}{360}=6\pi$ (cm^2)

(4) ① △GED∽△GCBより，対応する辺の比は等しいことから，GE：GC＝ED：CB…① また，平行四辺形の対辺は等しいので，BC＝ADであり，AE：ED＝2：3より，①から，EG：GC＝ED：CB＝ED：AD＝3：(3＋2)＝3：5

② EG：GC＝3：5より，△DEG：△DCG＝EG：GC＝3：5とわかる。ここで，△DCG＝5Sとおくと，△DCE＝8S さらに，AF//CDより，△EAF∽△EDCであり，その相似比はEA：ED＝2：3 したがって，面積比は相似比の2乗の比となるので，△EAF：△EDC＝2^2：3^2＝4：9 よって，△AEF：8S＝4：9となり，△AEF＝8S×$\frac{4}{9}=\frac{32}{9}$S ゆえに，△AEF：△DCG＝$\frac{32}{9}$S：5S＝32：45

★ワンポイントアドバイス★

中学数学全般から基礎的な事項を問う問題を中心に構成されているので，まずは教科書や問題集の比基礎～標準レベルの問題を解きこなせるように練習しよう。それができれば，やや応用的な事項に対応するために，入試問題集を用いて入試問題の定型パターンを解いていこう。

＜英語解答＞

リスニング問題 解答省略

筆記問題

1 1. 3番目 キ 6番目 イ 2. ② to ④ for 3. ③ known ⑤ named 4. エ 5. イ 6. イ 7. オ

2 1. ウ 2. ア 3. ウ 4. エ 5. イ

3 1. イ 2. ウ 3. ウ 4. ア

4 1. third 2. hers 3. better 4. saw

5 1. left 2. keep 3. look 4. ask

6 1. ア long イ take 2. ウ doesn't エ she

3. オ mistaken カ for 4. キ second ク tallest

7 1. ア to イ hear[ア on イ hearing] 2. ウ Don't エ take

3. オ necessary カ for 4. キ has ク lived[been]

8 1. キ 2. ア 3. ク 4. イ 5. ウ

○推定配点○

リスニング問題 各2点×5 1・2・4～8 各2点×43(11完答) 3 各1点×4

計100点

＜英語解説＞

リスニング問題 解説省略。

1 **(長文読解問題・紹介文：語句整序，語句補充，語形変化，語句解釈，不定詞，内容吟味)**

(全訳) 大谷翔平という名前を聞いたことがありますか。彼は今メジャーリーグでプレイしている日本人の野球選手です。①彼はいいバッターであるだけではなくいいピッチャーでもあります。だから，彼は「二刀流プレーヤー」として有名です。バッターとピッチャーとして両方で活躍することはとても難しいことです。多くの野球ファンが彼のプレイを見ることを楽しみにしており，彼が大きなホームランを打ったりいいピッチングをしたりすると興奮します。

ところで，かつて野球の本場アメリカにもう一人の素晴らしい野球選手がいました。彼はとても素晴らしかったので「野球の神様」として③知られていました。彼もまた大谷のように「二刀流プレーヤー」でした。彼が誰かわかりますか？ 彼の名前はベーブ・ルースです。彼はたくさんの興奮するような記録を達成しました。例えば，1920年，アメリカの野球史上で初めて1シーズンで50本以上のホームランを打ちました。彼は，彼の現役人生で714本のホームランを打ち，そして野球殿堂入りしました。実際彼にまつわるたくさんの印象的な話があります。その最も有名な話の1つが「ベーブ・ルースと病気の少年」の話です。

その男の子はジョニー・シルベスター⑤という名前の11歳の少年でした。1926年のワールドシリーズが始まる1日前に，ある男性がベーブ・ルースのもとを訪れました。その男性は彼の息子がけがをしてとても具合が悪くて寝ており，そして彼は自分が生きる⑥意志を失っていると言いました。彼はベーブにこのかわいそうな少年に手紙を送ってほしいと頼みました。

次の朝，ベーブ・ルースがジョニー⑦に会いに病院に来たのです！ ジョニーはとても興奮しました。彼はとても幸せに思いました。ベーブが少年に野球のグローブとボールをあげたとき，ジョニーは「僕のためにホームランを打ってくれませんか」と言いました。ベーブは「ああ，もちろんだよ。⑧打つよ」と答えました。

その夜ヤンキースタジアムでベーブはジョニーのためにホームランを打ちました。10月6日水曜日の第4試合でベーブが3本ホームランを打った数日後，新聞がジョニーの状態が奇跡的に改善したことを伝えました。その年ヤンキースはワールドシリーズで負けてしまいましたが，彼はジョニーのために4本のホームランを打ちました。

基本 1. He is not only a good batter but also (a good pitcher.) not only ～ but also … で「～だけでなく…も」の意味。

2. ② look forward to ～「～を楽しみに待つ」 ④ for the first time「初めて」

3. ③ be known as ～「～として知られている」 know「～を知っている」の変化は know/knew/known。〈be動詞＋動詞の過去分詞形〉は「～される，られる」という受け身の表現。前置詞 as には「～として」の意味がある。 ⑤ name は名詞の「名前」だけでなく動詞の「～

に(…と)名前をつける」の意味もある。動詞の過去分詞形には受け身の意味があり，名詞の前後について「～された(名詞)」という意味を名詞に加える表現ができる。ここでは boy named Jonny で「ジョニーと名づけられた少年」という意味になる。

4. will には未来を表す助動詞だけでなく，名詞の「意志」の意味もある。

5. 〈to ＋動詞の原形〉には主に①名詞的用法で動詞の目的語や主語になる「～すること」，②副詞的用法で動作の目的を表す「～するために」と感情の理由を表し形容詞を修飾する「～して」，③形容詞的用法で前の名詞や代名詞を修飾する「～すべき，～するための」の意味がある。本文は動作の目的を表す「～するために」の意味なので，イ「父へのプレゼントを買うために姉と私はデパートへ行った」がふさわしい。アは「～して」，エは「～すべき」の意味。ウは〈It ～ for ＋人＋ to ＋動詞の原形…〉で「(人)にとって…することは～だ」の意味。

6. will は未来の意志や約束を表す。直前のジョニーのお願いに対して「そうする」と約束している。 will の後ろは hit a home run が省略されている。

やや難 7. ア「ベーブ・ルースは1926年のワールドシリーズが始まる1日前にジョニーの病院を訪れた」(×) 第3段落第2文参照。 イ「ベーブ・ルースは『二刀流プレーヤー』だったので野球殿堂入りをした」(×) 第2段落第6～8文目参照。 ウ「ジョニーの父親はベーブ・ルースに手紙を送り，ジョニーに会いに来てくれるように頼んだ」(×) 第3段落第3，4文参照。 エ「ベーブがジョニーに野球のグローブとボールをあげたので，彼はベーブ・ルースのことを誇りに思っていた」(×) 第4段落参照。 オ「ジョニーはベーブ・ルースが彼のためにホームランを打ったので元気になった」(○) 最終段落参照。

2 **(長文読解問題・紹介文：語句選択，指示語，内容吟味)**

(全訳) 私たちは約500年の間お茶を楽しんでおり，人々は最初からそれが美味しくてリラックスする飲み物だと知っていました。

お茶はもともと中国の南部からチベットの山岳地帯で見つかりました。そこに自然に生えていました。その地域に住んでいる人たちは水で①ゆでてこのお茶の葉から薬を作りました。現在私たちが知っているような飲み物ではありませんでした。

飲み物として使われる前，お茶は世界のある地域では食べ物のようなものでした。②ある地域では，例えば，お茶の葉，玉ねぎ，しょうが，そして塩を一緒にお米に入れて朝食で食べていました。③他の場所では，お茶の葉は酢漬けにされてサラダとして食べられていました。

5世紀に，娯楽としてお茶を飲む風習が中国の多くの地域で人気となりました。自分の農場を持っている人は自分の土地の一部をお茶を育てるために使い始めました。彼らの作るほとんどの生産物は売られていましたが，彼らも自分たち自身でお茶を飲むことを楽しんでいました。

お茶の葉は最初トルコ人によって西に運ばれ，そして17世紀初頭に⑤それらはオランダの会社によってヨーロッパにもたらされました。ヨーロッパの人々はお茶がとても好きでした。彼らはお茶にたくさんの砂糖を入れて楽しみました。あなたは驚くかもしれませんが，当時のそのお茶の色は緑で，黒くありませんでした。

1. 空欄直後の them「それら(彼ら)を，に」は複数の物や人を指す代名詞で，ここでは前にある the tea leaves「お茶の葉」を指している。薬を作るのにふさわしいのは，水に入れて boil「～をゆでる」である。

2. この段落ではいくつかある地域のうち2つが例に挙げられている。one と another で「(3つ以上あるうちの)1つは～，また別の1つは…」の意味となる。

3. 文と文をつなぐ働きのある関係代名詞は，必ず直前に先行詞という名詞がある。ここでは先行詞が people で人なので who を使う。

重要 4. they「彼ら(それら)は」は複数の物や人を指す代名詞。直後の〈be動詞＋動詞の過去分詞形〉「～される」の受け身表現がヒント。brought は bring「もたらす，持ってくる」の過去，過去分詞形なので，何がもたらされたのかを考える。

5. ア「15世紀の前にお茶の葉は中国の南部からチベットにもたらされた」(×) 第2段落第1文参照。 イ「人々は後にお茶を飲むことでよりいい気分になることを知った」(○) 第2段落最終文，第4段落第1文参照。ウ「最初にお茶が見つかったとき，人々はお茶があまり好きではなかったので玉ねぎやしょうがを入れて飲んだ」(×) 第3段落第2文参照。 エ「ヨーロッパの人たちはたくさんの砂糖を入れた紅茶が美味しくてお茶がとても好きだった」(×) 最終段落最後の2文参照。

3 (発音問題)

1. 最初の語と同じ発音はイ[s]。他は[z]。
2. 最初の語と同じ発音はウ[k]。ア[ʃ]，イとエは[tʃ]。
3. 最初の語と同じ発音はウ[æ]。ア[e]，イ[aː]，エ[ei]。
4. 最初の語と同じ発音はア[uː]。他は[ʊ]。

基本 4 (語彙問題)

1. Aが数字でBが序数「5番目の」なので，Dは third「3番目の」となる。
2. Aが代名詞の所有格「私の」でBが所有代名詞「私のもの」なので，Dは hers「彼女のもの」となる。
3. Aが形容詞原級でBが比較級なので，Dは比較級 better「よりよい」となる。
4. Aが動詞の原形でBが過去形なので，Dは saw「見た」となる。

5 (語彙問題)

1. 「始発電車に乗るために6時に家を出て，7時半に学校に着いた」 left は leave「去る，出発する」の過去形。「この道を行って本屋を左に曲がる」 left は「左」。turn left[right]で「左[右]に曲がる」
2. 「ブラウン先生はすばらしい先生で私はいつも彼の言葉を心にとめている」 keep ~ in mind は「～を心にとめる」の意味。「私は中国の歴史にとても興味を持っている。私は一生これを勉強し続ける」 keep ~ ing で「～し続ける」。
3. 「彼女は夫が帰ってくるまで小さい子どもたちの世話をするために家にいなくてはならなかった」 look after「～の世話をする」「彼らはあまりお金持ちではないが，この国の人たちはとても幸せそうに見える」 look は「～に見える」の意味がある。
4. 「彼にアドバイスを求めた方がいいと思う」「すみません。質問をしていいですか」 ask「～を聞く，～を求める」

重要 6 (語句補充問題：不定詞，付加疑問文，受け身，比較)

1. How long は「どれくらいの長さ」かを聞く表現。take は「(時間が)かかる」の意味がある。
2. 「～ですよね？」と同意を求める表現の付加疑問文は，前の文が肯定文の場合，後ろは否定にして主語を文末に置く。ここでは She likes が現在形の肯定文なので，doesn't she となる。
3. mistake A for B で「AをBと間違える」の意味。ここでは〈be動詞＋動詞の過去分詞形〉「～される」の受け身の表現なので，過去分詞の mistaken となる。
4. 〈the ＋形容詞・副詞の最上級〉で「最も～な」の最上級を表す表現。 the のあとで「何番目」を表す序数詞を入れることで「何番目に～な」となるので，ここでは second がふさわしい。

やや難 7 (言い換え・書き換え問題：不定詞，現在完了)

1. 「そのニュースを聞いてとても驚いた」〈be surprised to ＋動詞の原形〉「～して驚く」

2. 「このお寺で写真を撮ってはいけない」〈must not ＋動詞の原形〉は「～してないけない」という禁止を表す。〈Don't ＋動詞の原形〉は「～するな，してはいけない」の命令文。
3. 「外国に行くためにパスポートを取得する必要がある」〈need to ＋動詞の原形〉は「～する必要がある」，〈It is necessary for ＋人＋ to ＋動詞の原形〉は「(人)は～する必要がある」の意味。
4. 「彼は2003年に大阪で生まれ，まだ大阪に住んでいる」「彼は2003年に生まれて以来ずっと大阪に住んでいる」〈have ＋動詞の過去分詞形〉は「(今まで)ずっと～している」の意味を表すことができる現在完了形。ここでは主語が三人称単数の He なので has になる。「住む」は live の過去分詞 lived。「いる」という意味でbe動詞の過去分詞 been で表現することもできる。

8 (会話文問題)

(全訳) A：こんにちは。(1)おうかがいしましょうか。

B：はい。花を買いたいんですが。

A：わかりました。(2)どのようなのがいいですか？

B：実は，花を選ぶのは上手くないんです。だからアドバイスをいただきたいです。

A：わかりました。(3)ガールフレンドに渡すものですか？

B：いえ，いとこの1人にあげる誕生日プレゼントです。

A：(4)彼女はおいくつですか？

B：14歳です。

A：その場合なら白いガーベラが一番いいと思います。白いガーベラの意味は希望や前進です。そしてこのフリージアも若い女の子の間で人気ですよ。

B：わかりました。白いガーベラと赤いフリージアをください。

A：(5)何本になさいますか？

B：7本ずつでお願いします。

★ワンポイントアドバイス★

8の適文を入れて会話を完成させる問題は，最後の問題で焦りがちだが時間配分に気をつけ，空欄の質問に続くBの返答がヒントになるので丁寧に読もう。会話でよく使われる表現をよく練習しておくこと。

＜理科解答＞

1 Ⅰ 問1 イ　問2 エ　問3 カ　問4 イ　問5 イ　問6 ウ　問7 ア・キ

Ⅱ 問1 275N　問2 4m　問3 4000J　問4 3000J

2 Ⅰ 問1 ウ　問2 イ　問3 12.5g　問4 7g　問5 $2CuO + C \rightarrow 2Cu + CO_2$

問6 エ　(反応式) $CH_4 + 2O_2 \rightarrow CO_2 + 2H_2O$　Ⅱ 問1 ドルトン

問2 ア Au　イ FeS　ウ $NaHCO_3$　エ H_2SO_4　問3 イ・ウ・カ

3 問1 ① 維管束　② 子房　③ 果実　④ 単子葉　⑤ 合弁花

問2 ア・オ　問3 イ　問4 ウ　問5 オ　問6 ウ・エ・カ　問7 牧野富太郎

4 問1 ① 下降　② ユーラシア　③ シベリア　④ 西高東低　⑤ 空っ風

問2 エ　問3 赤道　問4 行き　(理由) 飛行機が偏西風に乗ったため。

問5 (1) －5℃　(2) 1.4g　(3) イ

○推定配点○
1　Ⅱ　問3，問4　各3点×2　　他　各2点×9(Ⅰ問7完答)
2　Ⅰ　問4，問5　各3点×2　　他　各2点×11(問3完答)　　3　各2点×11(問2，問6各完答)
4　問5(2)，問4の理由　各3点×2　　他　各2点×10　　　計100点

＜理科解説＞

1　(光の性質・滑車―レンズ・滑車)

基本　Ⅰ　問1　光はレンズに入る時と，レンズから出るときに屈折する。

基本　問2　凸レンズによる像は，実像の上下左右が逆になる。

基本　問3　レンズの半分を黒い紙で覆っても，覆っていない部分からの光で像はスクリーンに同じように映るが，光の量が半分になるので明るさが暗くなる。

問4　ろうそくの先端から出た光のうち，レンズの中心を通るものを作図すると，光は直進してスクリーンにあたる。ここにろうそくの像の先端がくる。さらに，ろうそくの先端からの光は光軸に平行に進みレンズで曲げられ，スクリーン上の像の先端に達する。これを結ぶと，この直線と光軸の交点がレンズの焦点になる。これはレンズの中心から4目盛の距離にあり，焦点距離は8cmである。

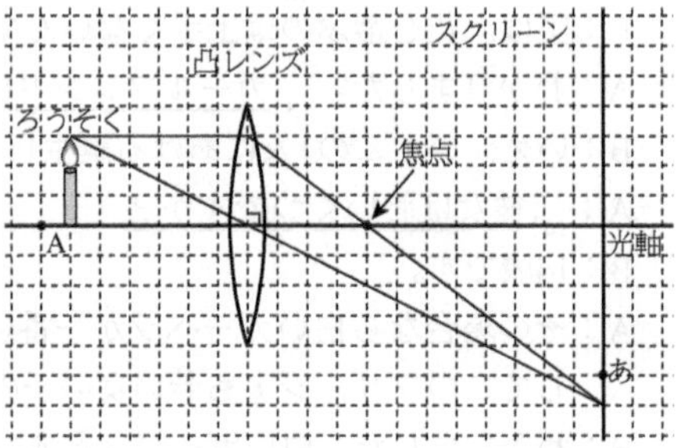

問5　ろうそくを後ろに移動させると，像は小さくなる。

問6　ろうそくの炎の部分からの光が「あ」に集まるので，ここに目を置いてレンズを見るとレンズ全体が赤く見える。

問7　像の先端と各点を結んだ直線がレンズを通らないものは，アとキである。この点はろうそくの先端から発せられた光が通らない。

重要　Ⅱ　問1　滑車と荷物の合計の質量が55kgであり，これにはたらく重力は550Nである。動滑車を使うと，持ち上げるのに必要な力はその半分の275Nになる。

重要　問2　動滑車を使うと持ち上げるのに必要な力の大きさは半分になるが，移動させる距離が2倍になり，行う仕事の大きさは定滑車のときと変わらない。2m荷物を持ち上げるには，4mロープを引き上げる必要がある。

問3　ロープを引き上げるのに100Nの力が必要だったので，両方の動滑車の両側にそれぞれ100Nずつ，合計100×4＝400Nの力がかかる。荷物を10m持ち上げたので，ロープのする仕事は，400×10＝4000Jである。

問4　滑車2個の重力は100Nなので，荷物の重力は300Nである。これが10m上げられるので，300×10＝3000Jの位置エネルギーを得た。

2　(化学変化と質量・原子と分子―酸化銅の還元・分子)

Ⅰ　問1　酸素分子は酸素原子2個でできている。銅原子と酸素原子は1：1で結びつくので，ウが正しい。生じる反応の化学反応式は，$2Cu + O_2 \rightarrow 2CuO$である。

重要　問2　図2より，0.4gの銅から0.5gの酸化銅ができるので，0.5gの酸化銅のうち銅が0.4g，酸素原子が0.1gであり，銅原子1個の質量は酸素原子1個の質量の4倍になる。

問3　x(g)の酸化銅ができるとすると，0.4：0.5＝10.0：x　x＝12.5g

問4　加熱後の酸化銅に含まれる銅の質量は，0.4：0.5＝y：10.0　y＝8.0g　15.0gの銅があったので，

15.0－8.0＝7.0gをこぼしてしまった。

重要 問5　加熱後の黒色の物質は酸化銅で，化学式はCuOである。これと炭素の反応式は，$2CuO+C \rightarrow 2Cu+CO_2$である。

問6　エがメタンの燃焼で酸化反応である。反応式は$CH_4+2O_2 \rightarrow CO_2+2H_2O$　ここで図1と同じ種類の反応とは，酸素との燃焼の酸化反応をさす。

Ⅱ　問1　ドルトンは1803年に，全ての物質は原子からできているとする原子説を発表した。

基本 問2　それぞれの化学式は次のとおり。金：Au　硫化鉄：FeS　炭酸水素ナトリウム：$NaHCO_3$　硫酸：H_2SO_4

問3　非金属元素でできている物質が分子を形成する。金属元素と非金属元素の組み合わせのものはイオンでできている。

3　**（植物の種類とその生活―植物の分類）**

重要 問1　シダ植物は葉，茎，根の区別があり，維管束も持つが，コケ植物はこれらの区別がなく，維管束もない。胚珠が子房に包まれているものが被子植物で，包まれていないものが裸子植物である。子房が果実になるので，裸子植物では果実ができない。種子植物は単子葉類と双子葉類に分類される。双子葉類は，花びらが根元でくっついた合弁花類と，離れている離弁花類に分けられる。

問2　選択肢の中でシダ植物でないものは，ナズナとホウセンカである。

問3　シダ植物は日当たりが悪く，湿気の多い所を好む。

問4　コケ類の仮根の役割は，からだを地面に固定することである。

問5　双子葉類は，子葉が2枚で，葉脈は網状脈，根は主根と側根からなる。

問6　離弁花は，アブラナ，サクラ，カラスノエンドウである。

問7　牧野富太郎は，多種の植物の新種を発見し命名を行った。日本の植物学の父と呼ばれる。

4　**（天気の変化―フェーン現象）**

基本 問1　高気圧の中心では下降気流が生じ，雲がないので高気圧に覆われると天気は良い。日本の冬の特徴は，ユーラシア大陸上でシベリア高気圧が発達し，西高東低の気圧配置になる点である。等圧線が縦に並び，日本海側では雪が降り，大平洋側では乾燥した晴天が続く。関東の冬の北西の季節風を空っ風という。

問2　上空1000kmあたりまで大気は存在するが，500km以上を外気圏と呼び，大気圏の厚さはおよそ500kmである。

基本 問3　赤道付近では太陽から受ける熱量が多く，海水温が高くなり海水が活発に蒸発し上昇気流が生じる。

問4　北半球の中緯度の地域では，偏西風という西から東への風が吹く。日本からアメリカに向かうときは風の向きと同じ方向に飛行機が飛ぶので速度が速くなるが，逆向きでは風に向かって飛ぶので速度が遅くなる。

重要 問5　(1)　ふもとの気温が10℃で，1000mまでは乾燥状態で気温が100m毎に1℃低下するため，標高1000mの気温は0℃になる。その後，雪が降りだし湿潤状態で100m毎に0.5℃気温が下がるので，山頂での気温は－5℃になる。

(2)　標高1000mで飽和状態になった。このとき気温は0℃であり，$1m^3$中に4.8gの水蒸気を含む。山頂では－5℃で飽和水蒸気量が$1m^3$あたり3.4gなので，この間に$1m^3$あたり4.8－3.4＝1.4gの雪を降らせた。

(3)　山頂からふもとまでの間に，乾燥状態で2000m下るので20℃温度が上昇する。ふもとの気温は15℃になる。このとき$1m^3$あたり3.4gの水蒸気が含まれ，15℃での飽和水蒸気量が12.8gなので，湿度は(3.4÷12.8)×100＝26.56≒26%　一番近い値はイである。

★ワンポイントアドバイス★

大半が標準レベルの問題なので，しっかりと解くようにしよう。計算問題にはやや難しいものもある。演習を重ねて解き方をマスターしてほしい。

＜社会解答＞

1　問1　イ　問2　X　ピレネー(山脈)　Y　アルプス(山脈)　問3　ア　問4　ウ
問5　7月24日13時[午後1時]　問6　エ

2　問1　X　琵琶湖　Y　紀伊(山地)　問2　C　ウ　G　オ　問3　ウ　問4　c
問5　(Ⅰ)　扇状地　(Ⅱ)　ア

3　問1　1　ウ　2　ア　3　イ　4　エ　問2　イタリア　問3　ワイマール憲法
問4　イ　問5　エ　問6　イ

4　問1　1　律令　2　唐　3　北条泰時　4　分国[家]　5　大日本帝国憲法[明治憲法]
問2　イ　問3　イ　問4　武家諸法度　問5　ウ　問6　エ　問7　イ

5　問1　イ　問2　普通選挙　問3　イ　問4　ねじれ　問5　衆議院の優越
問6　ウ　問7　ア　問8　(Ⅰ)　6年　(Ⅱ)　30(歳)　問9　A党：2人，B党：1人，C党：1人，D党：0人

6　問1　ベンチャー　問2　配当[配当金]　問3　非正規[非正規雇用]（労働者）
問4　労働基準法，労働関係調整法

○配点○

1　各2点×7　2　各2点×8　3　各2点×9　4　各2点×11
5　各2点×10(問9完答)　6　各2点×5　計100点

＜社会解説＞

1　(地理―世界地理に関する様々な問題)

やや難　問1　EUは，加盟国間の関税を撤廃して域内単一市場を目指してきたことから判断する。デンマーク・スウェーデンなど8か国は，EU加盟国でありながらユーロを導入していないことから，アは誤りである。所得水準の高いドイツと所得水準の低い東ヨーロッパ諸国との格差は解決していないことから，ウは誤りである。ヨーロッパ最大の工業国はドイツであることから，エは誤りである。

問2　X　ユーラシア大陸西端部に位置するイベリア半島の付け根近くをほぼ東西方向に走る山脈で，最高峰はアネト山である。　Y　ヨーロッパ中央部を東西に横切る山脈で，オーストリア・スロベニア・イタリア・ドイツ・リヒテンシュタイン・スイス・フランスにまたがる山脈で，最高峰はモンブランである。

基本　問3　フィヨルドと呼ばれる氷河の浸食作用によって形成された複雑な地形・入り江のことである。イはリアス海岸，ウは三角州である。

問4　実が食用油の原料や食用になるモクセイ科の常緑高木である。生産量1位の国はそれぞれ，ぶどう・小麦は中国，カカオはコートジボワールである。

重要 問5　日本標準時子午線は東経135度。日本とギリシャの経度の差は，ギリシャが東経30度であることから，135－30＝105(度)となる。また，地球は24時間で自転を一回していることから，360÷24＝15(度)となり，1時間は経度15度と表されることがわかる。したがって2地点間の時差は105÷15＝7(時間)となる。日本の方が日付変更線に近いこと，サマータイムを考慮しないでよいことから，7時間日本が進んでいることになるので，ギリシャは7月24日20時－7時間＝7月24日13時(午後1時)となる。

問6　温帯にあるパリの夏はそれほど暑くならず，年間降水量もそれほど多くなく，西岸海洋性気候であることから判断する。アは熱帯，イは寒帯，ウは季節の巡り方が北半球と逆であることから，南半球の都市である。

2　(地理―日本の地形・人口・産業・地形図の読み取りなどに関する問題)

基本 問1　X　滋賀県の6分の1を占める，面積が日本で1番広い湖である。　Y　紀伊半島の中央以南に連なる険しい山地で，気候は温暖で降水量も多いことから林業が盛んな地域でもある。最高峰は八経ヶ岳(八剣山)である。

問2　Cは近江国と呼ばれた滋賀県。Gは大輪田泊が現在の神戸港の一部であったことから判断する。アはDの三重県，イはFの奈良県，エはEの京都府，カはHの大阪府の説明である。

問3　人口はそれほど多くなく，工業も盛んではないが，古都と呼ばれ多くの外国人観光客が来る場所であることから判断する。アはGの兵庫県，イはCの滋賀県，エはHの大阪府である。

基本 問4　冬の季節風はユーラシア大陸から吹いてくる北西の季節風である。

重要 問5　(Ⅰ)　水はけがよいことから，以前は桑畑，現在は果樹園に利用されることが多い地形である。　(Ⅱ)　Ⅰの範囲に果樹園を表す  が見られる。地図の西側に扇状地があることから，等高線を読み取ると，②より①の方が高いことがわかる。したがって，川は①から②に向かって流れていることになるので，イは誤りである。Kから見ると，養老駅は南東の方向にあることから，ウは誤りである。Lには水田が広がっていることが読み取れるので，エは誤りである。

3　(歴史―貿易・戦争を切り口にした日本・世界の歴史に関する問題)

重要 問1　(1)　日清戦争は1894年，日露戦争は1904年，第一次世界大戦は1914年，第二次世界大戦は1939年にそれぞれ開戦した。　(2)　日清戦争の頃，日本では紡績業が盛んになったことから判断すれば良い。原料の綿花は，中国・インド・アメリカが主な産地となっている。　(3)　アメリカ合衆国第16代大統領で，1862年の奴隷解放宣言で知られる人物である。選択肢のそれぞれの人物は歴代のアメリカ合衆国大統領である。　(4)　武力を用いず，力に服従しない姿勢を貫いて，インドを独立へと導いた人物である。アはインドの初代首相，イは国家ファシスト党を結成しファシズムを進めたイタリアの政治家，ウは1917年のロシア革命を成功させ，世界初の社会主義国家であるソビエト連邦の成立に関わった中心人物である。

やや難 問2　1882年にドイツ・オーストリア・イタリアの間で成立した秘密軍事同盟である。イギリス・フランス・ロシア三国間で結ばれた三国協商と対立し，第一次世界大戦の中心となっていった。

基本 問3　1919年に国民議会で可決された，社会権の保障に関する規定を含むドイツの憲法である。

問4　消去法を用いて，紡績工場の様子を示すものを選ぶ。アは富岡製糸場，ウは八幡製鉄所の様子である。

問5　日清戦争の講和条約である下関条約の内容から判断する。ポイントは，中国は朝鮮から手を引く，台湾・遼東半島などの新しい領土を得る，賠償金2億テール(日本円で約3億1千万円)を得るというものである。これに対して，不凍港を求めるロシアが，ドイツ・フランスと共に1895年に三国干渉を行い，日本は遼東半島を清に返還することになった。アは第一次世界大戦，イは第二次世界大戦，ウは日露戦争に関する内容である。

問6　綿織物は，グラフ2から幕末には輸出の重要な部分を占めていること，グラフ3から日清戦争時には生産量の伸びが1位であることがわかる。これらを併せて判断すればよい。

4 (歴史―法律を切り口にした日本・世界の歴史に関する問題)

重要 問1　(1)　東アジアに見られる法体系で律令国家の基本となる法典である。律は刑法，令は行政法・民事法などに相当している。　(2)　618年から907年にかけて中国に成立した，長安を都とする王朝である。　(3)　鎌倉幕府第3代の執権で，最初の武家法である御成敗式目をまとめた人物である。　(4)　戦国時代に戦国大名が領国内を治めるために制定したきまりで，今川氏の今川仮名目録に示された「喧嘩両成敗」などの規定が有名である。　(5)　伊藤博文らが中心となって，王の権力を強く認めているプロシアの憲法を手本にしてまとめた憲法である。

問2　Aは6世紀末から7世紀にかけての説明である。アは16世紀，イは7世紀，ウは11世紀，エは18世紀のことである。

問3　X　後鳥羽上皇の乱とあることから，1221年の承久の乱であることがわかる。　Y　1467年とあることから，8代将軍足利義政の跡継ぎ争いと，守護大名の勢力争いがきっかけとなった応仁の乱であることがわかる。

基本 問4　1615年に出された元和の武家諸法度が最初の例である。3代将軍徳川家光が出した寛永の武家諸法度で規定された参勤交代は有名である。

問5　アは1885年，イは1877年，ウは1894年，エは1881年のことである。

問6　第1回衆議院議員総選挙の結果は，政府側の政党の当選者が大成会の79名を中心とした84名，野党系の当選者が自由党の130名，立憲改進党の41名を中心とした171名，無所属が45名の合計300名であり野党系の当選者が多いことから，エは誤りである。

やや難 問7　1925年に制定された治安維持法は，社会主義運動を取り締まる内容である。したがって，Ⅰは正しいことがわかるが，Ⅱは1938年に制定された国家総動員法の内容であることから，誤りである。これらを併せて判断すればよい。

5 (公民―三権分立・政治のしくみなどに関する問題)

基本 問1　(1)　日本国憲法第41条の内容である。　(2)　日本国憲法第65条の内容である。　(3)　日本国憲法第76条の内容である。これらを併せて判断する。

問2　年齢による制限以外の不当な差別のない状態で行われる選挙のことである。第1回衆議院議員総選挙は，性別・年収によって選挙権が制限されるものであった。

問3　日本国憲法第56条の内容である。

やや難 問4　政権与党が参議院で過半数を維持していないので，内閣が十分な説明をすることで野党を納得させる側面もある状態である。

問5　衆議院は参議院に比べて任期が短く任期途中での解散もあることから，国民の意思を反映させやすいことから，参議院に対する優越が認められている。

重要 問6　日本国憲法第96条の内容である。

重要 問7　問6と同じく，日本国憲法第96条の内容である。

問8　(Ⅰ)　公職選挙法第10条の内容である。　(Ⅱ)　日本国憲法第46条の内容である。

問9　ドント式とは，各政党の得票を整数で割った商を比較して，その値が大きい順に当選者を割りふる方法である。A党の3000票の商は，3000，1500，1000，750…となる。B党の1500票の商は，1500，750，500，375…となる。C党の1200票の商は，1200，600，400，300…となる。D党の800票の商は，800，400，266.6，200…となる。これを比較すると，商の大きい順にA党3000，A党1500，B党1500，C党1200となる。したがって当選者の人数は，A党2名，B党1名，C党1名となることがわかる。

6 （公民―経済の仕組みなどに関する問題）

問1 独自の技術・製品で急成長していく，創業からあまり時間が経過していない企業に対して用いる呼び方である。

やや難 問2 会社が事業が収益を得たとき，その利益の一部をお金で株主に還元することである。

基本 問3 自分の都合で時間・期間を調整できるメリットがある一方，景気悪化・収益悪化に伴う人員削減の際に調整弁として利用されることが多いデメリットを持つ雇用形態である。

重要 問4 1946年に制定された労働関係調整法と，1947年に制定された労働基準法のことである。

★ワンポイントアドバイス★

各分野の基本知識を習得し，それを単独の知識ではなく各種資料と結び付けて活用できるようにすることが重要である。

＜国語解答＞

1 問1 a 基盤 b 神器 c 機嫌 d にゅうわ 問2 A エ B ウ C イ 問3 イ 問4 ア 問5 エ 問6 ウ 問7 (例) 速くできる，手が抜ける，思い通りにできることを評価する(27字) 問8 4

2 問1 a 容易 b 密生 c おお d 肥大 問2 ウ 問3 ② 晩げなのおかずは何にすべ(12字) ③ おらどはいったい何者だべ(12字) 問4 イ・エ 問5 イ 問6 エ 問7 ア

3 問1 a やわら b こう 問2 ① イ ② ウ ③ ア 問3 など，～ぞ候ふ 問4 エ 問5 イ 問6 エ

○推定配点○

1 問7 4点 他 3点×12 2 各3点×11(問4完答) 3 各3点×9 計100点

＜国語解説＞

1 （論説文：内容吟味，文脈把握，接続詞，脱語補充，漢字，慣用句）

問1 a 「基盤」とは，一番基礎になっている事柄のこと。 b 「三種の神器」とは，皇位のしるしとして天皇家に伝えられている三つの宝物のことで，転じて，あるものごとにおいて三種類の代表的な必需品を意味する。 c 「機嫌」。「ゲン」の部分が否定的な意味合いを持つ「嫌」であることに注意。 d 「柔」は他の音読みは，「ジュウ」で「柔軟」など熟語があり，訓読みは「やわ(らかい)」。

やや難 問2 A 空欄Aの前で人間としての基盤が述べられており，空欄の後では現代社会はその基盤の上にできていないと逆説の内容であることに注目。 B 空欄Bの前の「経済成長」を空欄の後で「お金の豊かさ」と言い換えていることに注目。 C 時間を飛ばすことは，「無意味」どころか「生きることの否定」とさらに大げさにいっていることに注目。最後の「なるからです」に注目すると「なぜなら」を選びたくなるが，これはこの一文の前にある，「……生きものには合いません」という文に対して理由を述べている。

問3 傍線部①の「その日常」とは現代社会の日常である。その日常とは，【2】段落に「めざまし時計で起こされ……現代人の日常です」とあり，イが合致する。

問4　傍線部②は三種の神器のひとつである洗濯機について述べた部分。同じく三種の神器である冷蔵庫が適切。ウのエア・コンディショナーは，その後出てくる新三種の神器のひとつである空調機のことであるが，最も適切なものをひとつ選ぶとすれば，同じ神器の中から選ぶのが適切。

やや難　問5　【3】段落の最後に「ここまできた近代文明を一気に変換するのは難しい」とあり，現在社会を「近代文明」の社会と捉えていることに注目する。

問6　ア「鼻にかける」とは，得意げになっているさま。イ「鎌をかける」とは，知りたいことを相手に自然にしゃべらせるようにそれとなく言いかけて誘導すること。ウ「手塩にかける」とは，自分で直接気を配って世話をすること。エ「拍車をかける」とは，力を加えて物事の進行をいっそう早めること。空欄Ⅱのあとに「よく見つめ相手の思いを汲みとり，求めていると思うことをやってあげられる時にこそ喜びを感じます」とあり，ウが適切。

問7　傍線部③を含む文では，「肥料や水」を否定し，トマトの機嫌をうかがうことを大事にしている。トマトの機嫌をうかがうとは相手の思いを汲み取ること。肥料や水は近代化した文明社会がもたらしたものと考え，【7】段落の最初，「速くできる，手が抜ける，思い通りにできる」ことがよりよいという価値観を象徴していると考え，まとめる。25字程度との指定だが，解答用紙には27字までしかないため，23字から27字でまとめる。記述問題であるが，この種の問題は抜き出し問題と同様に考えて，解答例のように本文の表現を利用しながら解答してよい。

問8　「便利さ」から「ぜいたく」へ移行しているという内容が述べられている部分を探す。【4】段落の最初の三種の神器はとにかく便利なものであったが，その後の三種の神器は，テレビはモノクロからカラーへ，食品を冷やすもの(冷蔵庫)から部屋全体を涼しくするもの(空調機)へ，より便利なものに進化したぜいたく品と考えることができる。

2　**(小説：情景・心情，内容吟味，文脈把握，漢字，慣用句)**

問1　a「容易」とはたやすくできること。　b「密生」とはすき間なく生えること。　c「覆」の他の訓読みに，「くつがえ(す・る)」がある。　d「肥大」とは太って大きくなること。生物学では細胞や臓器などの体積が大きくなること。

やや難　問2　傍線部①「標準語で通してきたつもりだ」の部分が，「標準語」＝「東京の人の言葉」と考えれば，「東京の人として生きてきたつもりだ」と言い換えられる。また，大問の設問文には「家出同然で上京」とあり，これは「故郷を捨てて上京」とも言い換えられる。ウが適切。

問3　傍線部②・③の直前，「晩げなのおかずは何にすべから，おらどはいったい何者だべ，まで……」に着目する。「○○から△△まで卑近も抽象も」ということであり，○○が卑近(日常的で手近なこと)の例で，△△が抽象の例である。文字数を数えると12字であるが，10字ちょうどでなく「10字程度」とあることに注意。

問4　傍線部④「心の内側で誰かがおらに話しかけてくる」「東北弁で」とある。東京の人として生きてきた自分に対し東北弁で話しかけてくる心の声を，「誰か」と表現している。イは両親，エは夫なので，自分の心の声ではない。

問5　傍線部⑤「おらの心がおらに乗っ取られでも」とあり，両方自分であることは意識している。アは「夫」，エは「子供たち」なので不適切。傍線部⑤の前に，主人公の心のうちは無数の柔毛突起で覆われていてなにか言うときに肥大してものを言うようだとあり，イの「自分の奥底にある気持ち」が「表に出る」と合致する。

問6　「あさっての方を見る(向く)」で，見当違いの方を見る(向く)ことをいう。

問7　空欄Bの直前「二三歩歩けば方向転換する」動物は，選択肢の中ではにわとりが最も適切。

3　**(古文：内容吟味，文脈把握，仮名遣い，口語訳，文学史)**

〈口語訳〉　これも今では昔の事になりますが，田舎から来たお寺の見習い少年が，比叡山へ登って修行をしておりましたが，桜の花が見事に咲いていたところに，風がはげしく吹きつけるのを見て，この少年のさめざめと泣いているのを見た一人の僧が静かに近づいて，「なぜそのように泣かれるか。この花が散るのを残念にお思いになるのか。桜ははかないものでこのようにすぐに散ってしまうのです。だが，それだけのことです。」と慰めると，「桜が散ってしまうのは無理にどうこうしようとしてもどうにもならないので，仕方がないことです。私の父が作りました麦の花がこの風で散って実らないのではないかと思うと，悲しいのです」と言って，しゃくりあげて，おいおいと泣いたので，それはがっかりする話だなと困惑したものでした。

問1　a　語頭と助詞以外の「は・ひ・ふ・へ・ほ」は，現代仮名遣いでは「わ・い・う・え・お」になるので，「は」を「わ」にする。　b　子音「au」の部分は子音「ou」に置き換えるので，「kau」は「kou」となる。

問2　①　傍線部①の動作が出てくる前までは，田舎の児しか登場していないことに注目。　②　傍線部②の直後に「僧の」とあり，傍線部②とその後の「やはら寄りて」の動作主であることがわかる。　③　傍線部③の文頭に「桜は」とあり，傍線部③の主語が桜であることがわかる。「うつろふ」とは散るという意味。

問3　僧が語った言葉であるので，傍線部②の「僧の」以降が候補となる。言い始めは，「やはら寄りて」の「て」がポイント。接続助詞「て」にはある動作から，次の動作に移ることを表す用法があり，動作の切れ目となる。言葉の最後は，「……となぐさめければ」の「と」がポイント。格助詞の「と」は，言ったり聞いたりしたことを引用するときに使う。「など」はここでは「なぜ」という意味の副詞。

問4　「あながちに」とは「無理に」，「いかがせん」とは「どのようにできようか」，「苦しからず」は「差し障りはない」という意味。エが適切。

問5　桜が散るのを見てかわいそうだと少年が泣いているのだと思っていたが，実は父の収入を心配して泣いているという現実的な答えが返ってきて，困ったものだと感想を述べている。「うたてし」は「がっかりする」という意味もあり，そのように解釈してもわかりやすい。イが適切。

問6　ア『おくのほそ道』は，江戸時代。　イ『万葉集』は，奈良時代。　ウ『古今和歌集』は，平安時代。　エ『新古今和歌集』が，鎌倉時代。

★ワンポイントアドバイス★

記述問題の字数制限は，指定された字数程度で答えるものであるため，指定された字数にこだわらず，解答欄を見て何文字まで書いていいか確認してから問題を解くとよい。

MEMO

大切なことはメモしておこうネ！

解答用紙集

○月×日　△曜日　天気（合格日和）

◆ご利用のみなさまへ
＊解答用紙の公表を行っていない学校につきましては、弊社の責任において、解答用紙を制作いたしました。
＊編集上の理由により一部縮小掲載した解答用紙がございます。
＊編集上の理由により一部実物と異なる形式の解答用紙がございます。

人間の最も偉大な力とは、その一番の弱点を克服したところから生まれてくるものである。 ――カール・ヒルティ――

東京学参株式会社

※解答欄は実物大になります。

1

(1)	(2)
(3)	(4)
	$x =$　　, $y =$
(5)	
① $a =$	② $x =$

2

(1)	(2)	(3)
$a =$	と	mL

(4)	(5)
時速　　km	℃

3

ア	イ	ウ
エ	オ	カ
キ	ク	ケ
コ		

4

(1)	(2)
	g
(3)	(4)
BD=	△ABE：△GEF ：

東邦高等学校　2024年度　◇英語◇

※ 116%に拡大していただくと，解答欄は実物大になります。

リスニング問題

第1問	1		2		第2問	1		2		3	

筆記問題

1

1	①		②		⑥		2	③		⑦		⑨	
3	④		4	⑤		5		6	3番目		5番目	7	

2

1	①		④		⑤		⑥		⑦				
2	②		3	3番目		5番目		4	あ		い		う

3

1		2		3		4	

4

1		2		3		4	

5

1	ア	イ		2	ウ	エ	
3	オ	カ		4	キ	ク	

6

1	ア	イ		2	ウ	エ	
3	オ	カ		4	キ	ク	

7

1		2		3		4		5		6		A	

8

(例) いずれかを○で囲め　I like (　hot weather　/　cold weather　) better.

I have two reasons.

First,

Second,

東邦高等学校　2024年度　◇理科◇

※ 116%に拡大していただくと，解答欄は実物大になります。

1

問1		問2		問3	

問4		問5		問6		問7	

問8	cm²	問9	

2

問1	①		②		③		問2		問3		

問4	①	秒間	②	cm/s	③	cm/s

問5		問6	①		②		③	

3

問1	km/s	問2		問3		問4	

問5		問6		問7		問8	

4

問1	①		②		③	
	④		⑤		⑥	

問2		問3		問4	炭水化物	記号		名称	

問4	脂肪	記号		名称		タンパク質	記号		名称	

東邦高等学校　2024年度　◇社会◇

※ 127%に拡大していただくと，解答欄は実物大になります。

1

問1	県	問2	山脈	問3	石川県	富山県
問4	記号	X 7字	Y 4字	問5		

2

問1	(i)	(ii) エネルギー	問2	農業	
問3	(i)	(ii)	問4		問5

3

問1		問2		問3		問4	
問5	人物A	人物B	問6	⇒　⇒　⇒			
問7		問8	(i) 県	(ii)			

4

問1		問2		問3	
問4		問5		問6	
問7	⇒　⇒　⇒				
問8	1	2	問9		

5

問1	1	2	問2	(i)	(ii) 月 日	
問3	(i)	(ii)	問4		問5	
問6						

6

問1	1	問2		問3	
問4		問5	金融	問6	

◇国語◇

東邦高等学校　2024年度

※127%に拡大していただくと、解答欄は実物大になります。

1

問1 a　　め（褒め）　b　（イチマツ）　c　　る（コウムる）　d　（フンガイ）

問2 A　B　C　問3　問4

問5　問6　問7 Ⅱ　Ⅲ　Ⅳ　Ⅴ

問8 日本人は　　　　　　から。

2

問1 a　（ビンカン）　b　　んで（ヒソんで）　c　（障子）

問2

問3

問4　問5　問6　問7　問8

問9

3

問1 a　b　問2

問3 ①　③　問4　問5

問6　問7

東邦高等学校　2023年度　　◇数学◇

※解答欄は実物大になります。

1

(1)	(2)	(3)

(4)	(5)
$x =$ 　　　　, $y =$	$x =$

2

(1)	(2)
$a =$ 　　　　, $b =$	$x =$

(3)	(4)	(5)
km		$x =$

3

(1)		(2)	(3)
あ	い	う	え △APQ：△BPO ：

(3)		(4)	
お △APQ：△BPO ：	か V_1：V_2 ：	き	く

(5)			
け	こ	さ	し

4

(1)	(2)
$x =$ 　　　　, $y =$	度

(3)		
① BD：DC ：	EF：FC ：	② △ACF：△ABC ：

(4)		
① EF：PD ：	② 倍	③ EQ：QG ：

東邦高等学校　2023年度　◇英語◇

※解答欄は実物大になります。

リスニング問題

第１問	1		2		第２問	1		2		3	

筆記問題

1

1	①		⑤		2	②		
3	③	２番目	５番目	4	④		5	⑥
6	⑦			7				

2

1		2		3		4	
5		6					

3

1		2		3		4	

4

1		2		3		4	

5

1	ア	イ	2	ウ	エ
3	オ	カ	4	キ	ク

6

1	ア	イ	2	ウ	エ
3	オ	カ	4	キ	ク

7

1		2		3		4		5	

8

いずれかを○で囲め　I like studying (　in the library　/　at home　) better.

I have two reasons.

First,

Second,

東邦高等学校　2023年度

◇理科◇

※ 102％に拡大していただくと，解答欄は実物大になります。

1

Ⅰ	問1		問2		問3					
	問4	cm^3	問5							
Ⅱ	問1	ア		イ		ウ		エ		オ
	問2		問3	法						

2

Ⅰ	問1		問2		問3		問4	①		②		③	
	問5	①		②		③							
Ⅱ	問1		問2	①		②		③		問3			

3

問1	a		b		c	
	d		e		f	
問2		問3		問4		
問5	①		②		③	

4

問1		問2		問3	①		②			
問4	①		②		③		④		⑤	
問5		問6	L							

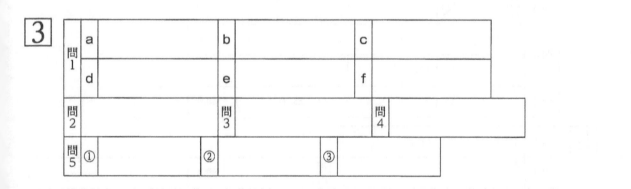

東邦高等学校　2023年度　◇社会◇

※ 102%に拡大していただくと，解答欄は実物大になります。

1

問1		問2	海岸	問3		問4	
問5		問6		問7		問8	

2

問1	川	問2	島						
問3		問4		問5		問6		問7	

3

問1		問2		問3		問4	
問5	(　　)⇒(　　)⇒(　　)⇒(　　)						
問6	作品(　　)　年代順(　　)⇒(　　)⇒(　　)⇒(　　)						
問7		問8		問9		問10	

4

問1									
問2	A	記号		人物名		B	記号		人物名
	C	記号		人物名					
問3	記号		人物名						
問4	(i)	(　　)⇒(　　)⇒(　　)⇒(　　)							
	(ii)		(iii)						
問5	(　　)⇒(　　)⇒(　　)⇒(　　)	問6							

5

問1	(A)　　(B)				
問2	憲法名		西暦	年	問3
問4	(i)		(ii)		
	(iii)		(iv)		
問5	(　　)⇒(　　)⇒(　　)⇒(　　)	問6			
問7					

6

問1		問2		問3		問4	
問5	(Y)	(Z)					

◇国語◇

東邦高等学校　２０２３年度

※１０２%に拡大していただくと，解答欄は実物大になります。

1

問1

a	b	c	d
包括力	キオって	インショウ	タンテキ
	って		

問2

問3

問4

問5

問6

問7　点。

問8　(1)　(2)

2

問1

a	b	c	d
ケイダイ	コシ	シンドウ	ジマン

問2

問3

問4

問5

問6

問7

問8

3

問1　(1)　(2)

問2

問3

問4

問5

問6

東邦高等学校　2022年度　◇数学◇

※解答欄は実物大になります。

1

(1)	(2)	(3)

(4)	(5)
$x=$ 　　$y=$	$a=$ 　　$x=$

2

(1)	(2)	(3)
$y=$	と　と	

(4)		(5)
子ども　人	シュークリーム　個	

3

(1)	(2)	(3)
$y=$	$y=$	

(4)	(5)

4

(1)	(2)
$x=$ 　　$y=$	cm^2

(3)	
① AG : GC = 　:	② cm

(4)		
①	②	③

東邦高等学校　2022年度　◇英語◇

※ 103％に拡大していただくと，解答欄は実物大になります。

リスニング問題

第１問	1		2		第２問	1		2		3	

筆記問題

1

1	①			2	②
2	⑤		⑥		3
4	２番目	５番目	5		6

2

1		2		3		4		5	
6									

3

1		2		3		4	

4

1		2		3		4	

5

1	ア	イ	2	ウ	エ
3	オ	カ	4	キ	ク

6

1	ア	イ	2	ウ	エ
3	オ	カ	4	キ	ク

7

1		2		3		4		5	

8

いずれかを○で囲め　I like (　playing sports　/　watching sports　) better.

I have two reasons.

First,

Second,

東邦高等学校　2022年度　◇理科◇

※ 102%に拡大していただくと，解答欄は実物大になります。

1

問1		問2		問3	①		②		問4	m
問5	km/h	問6	①		②			
問6	③		④		⑤		⑥	

2

I	問1	①		②		③		
I	問1	④		⑤		問2		問3
II	問1	①		②				
II	問2	ア	月	イ	月	ウ	月	問3

3

問1	①	②		③		④	
問2		問3		問4		問5	
問6		問7	(i)		(ii)		

4

問1		問2	a	%	b	g/cm^3			
問3	A		B		C		D		問4
問5		問6		問7					

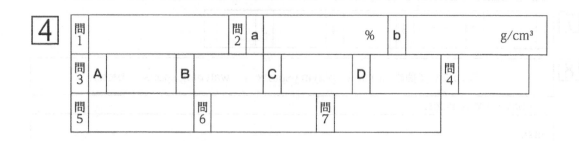

東邦高等学校　2022年度　　◇社会◇

※ 105％に拡大していただくと，解答欄は実物大になります。

1

問1		問2	時間	問3		
問4	（ⅰ）		（ⅱ）		問5	
問6	エネルギー	問7				
問8	【線ＡＢの実際の距離】　ｋｍ	【記号】				

2

問1		問2		問3	
問4	農業				
問5		問6			

3

問1	【遺跡名】	【記号】	問2				
問3		問4	【金印の文字】	【島名】			
問5		問6		問7		問8	
問9	の戦い	問10					

4

問1		問2			
問3	【西暦】　年	【選択肢１】	【選択肢２】		
問4		問5		問6	
問7		問8			
問9		問10			

5

問1	（　）→（　）→（　）→（　）→（　）	問2						
問3	（ⅰ）		（ⅱ）		問4		問5	
問6	地方交付税		国庫支出金		問7	Y		Z

6

問1	X		Y		
問2	1		2		問3

◇国語◇

東邦高等学校　2022年度

※103%に拡大していただくと、解答欄は実物大になります。

1

問1

a	b	c	d	e	f
不粋	ソヤ	ザットウ	畏れ	介在	コらし
			れ		らし

問2　A　B　C

問3

問4

問5

問6

問7

問8

問9

問10

問11

2

問1

a	b	c
ザンゾウ	ホショウ	ソウゾウ

問2

問3

問4

問5

問6

問7

3

問1

問2

問3　(1)　(2)

問4

問5

問6

東邦高等学校　2021年度　　◇数学◇

※解答欄は実物大になります。

1

(1)	(2)	(3)

(4)	(5)
$x=$ 　　$y=$	$x=$

2

(1)	(2)	(3)
	分	個

(4)	(5)
$x=$	

3

(1)	(2)	(3)

(4)	(5)
	$x=$

4

(1)	(2)
倍	cm^2

(3)		(4)	
体積 cm^3	表面積 cm^2	①	②

東邦高等学校　2021年度　◇英語◇

※ 111%に拡大していただくと，解答欄は実物大になります。

リスニング問題

第1問	1		2		第2問	1		2		3	

筆記問題

1

1	①		③		⑥		2	②		⑧	
3	⑦	3番目	6番目	4	④		5	⑤		6	

2

1		2		3		4		5	

3

1		2		3		4	

4

1		2		3		4	

5

1	ア	イ	2	ウ	エ
3	オ	カ	4	キ	ク

6

1	ア	イ	2	ウ	エ
3	オ	カ	4	キ	ク

7

1		2		3		4		5	

8

いずれかを○で囲め　I like (　playing video games　/　playing outside　) better.

I have two reasons.

First, .

Second, .

東邦高等学校　2021年度　◇理科◇

※ 108％に拡大していただくと，解答欄は実物大になります。

1

問1		問2		問3	物質		器官		
問4		問5		問6	試験管	色	色		
問7		問8		問9	(1)	①		②	
問9	(2)	①		②					

2

I	問1		問2		問3		問4	①	向き		大きさ
I	問4	②	向き		大きさ	③	向き		大きさ	問5		問6	
II	問1	R1	Ω	R2	Ω	問2	W				
II	問3	Ra	Ω	Rb	Ω	問4	A	問5	V		

3

I	問1	①		②		③		④	
I	問2		問3		問4	気団			
II	問1	風力	問2		問3	8月	12月		
II	問4		問5						

4

問1		問2	A		B		C
問3	と	問4		問5	と		
問6	a		b		問7	→ → →	

東邦高等学校　2021年度　◇社会◇

※ 108%に拡大していただくと，解答欄は実物大になります。

1

問1		問2	(　　)	問3		問4		問5	
問6				問7					

2

問1		問2		問3	
問4		問5		問6	
問7		問8			

3

問1	①		②		③		④		問2		問3	
問4		問5										

4

1		2		3	
4		5		6	

5

問1	A		B	
	C		D	
問2	①		②	

6

問1	1		2		3		
	4		5				
問2		問3		問4		問5	

7

問1	【出身国】			【主著】			【人物名】		
問2	(ⅰ)	A		B		C		D	
	(ⅱ)	古い (　　) → (　　) → (　　) → (　　) 新しい							

◇国語◇

東邦高等学校　２０２１年度

※１０６％に拡大していただくと、解答欄は実物大になります。

1

問1　a ニギって　b タイクツ　c タイガイ　d 疑似

問2　I　II

問3

問4

問5

問6

問7

2

問1　a ハいて　b ケンマク　c ムジャキ　d カナえ

問2

問3

問4

問5

問6

問7

3

問1

問2

問3

問4

問5

東邦高等学校　2020年度

◇数学◇

※解答欄は実物大になります。

1

(1)	(2)	(3)

(4)	(5)
(,)	x =

2

(1)	(2)	(3)
a =		x =

(4)	(5)

3

(1)		(2)
A(,)	B(,)	

(3)	(4)
	t =

4

(1)	(2)
cm	x = °

(3)	(4)	
cm^2	① EG : GC = :	② :

東邦高等学校　2020年度　◇英語◇

※109％に拡大していただくと，解答欄は実物大になります。

リスニング問題

第１問	1		2		第２問	1		2		3	

筆記問題

1

1	３番目	６番目	2	②		④
3	③		⑤			
4		5		6		7

2

1		2		3		4		5	

3

1		2		3		4	

4

1		2		3	
4					

5

1		2		3	
4					

6

1	ア	イ	2	ウ	エ
3	オ	カ	4	キ	ク

7

1	ア	イ	2	ウ	エ
3	オ	カ	4	キ	ク

8

1		2		3		4		5	

東邦高等学校　2020年度　◇理科◇

※107％に拡大していただくと，解答欄は実物大になります。

1

I	問1		問2		問3		問4	
	問5		問6		問7			
II	問1	N	問2	m				
	問3	J	問4	J				

2

I	問1		問2		問3	g	問4	g
	問5							
	問6		反応式					
II	問1		問2	ア		イ		
	問2	ウ		エ		問3		

3

問1	①		②		③		
問1	④		⑤		問2		
問3		問4		問5		問6	
問7							

4

問1	①		②		③			
問1	④		⑤		問2		問3	
問4	行き ・ 帰り	理由						
問5	(1)	℃	(2)	g	(3)			

東邦高等学校　2020年度　◇社会◇

※108％に拡大していただくと，解答欄は実物大になります。

1

問1		問2	X	山脈	Y	山脈	
問3		問4		問5	月　日　時	問6	

2

問1	X		Y	山地			
問2	C		G		問3		問4
問5	(Ⅰ)		(Ⅱ)				

3

問1	1		2		3		4		問2		
問3		問4		問5		問6					

4

問1	1		2		3	
	4		5			
問2		問3		問4		
問5		問6		問7		

5

問1		問2		問3					
問4		問5							
問6		問7		問8	(Ⅰ)	年	(Ⅱ)	歳	
問9	A党：　人、B党：　人、C党：　人、D党：　人								

6

問1		問2	
問3	労働者		
問4			

◇国語◇

東邦高等学校　２０２０年度

※１１６％に拡大していただくと、解答欄は実物大になります。

1

問1　a キバン　b ジンギ　c キゲン　d 柔和

問2　A　B　C

問3

問4

問5

問6

問7　という価値観。

問8

2

問1　a ヨウイ　b ミッセイ　c 覆われ　d ヒダイ

問2

問3　②　③

問4

問5

問6

問7

3

問1　a　b

問2　①　②　③

問3　最初　〜　最後

問4

問5

問6

〈ダウンロードコンテンツについて〉

本問題集のダウンロードコンテンツ、弊社ホームページで配信しております。現在ご利用いただけるのは「2025年度受験用」に対応したもので、**2025年3月末日**までダウンロード可能です。弊社ホームページにアクセスの上、ご利用ください。

※配信期間が終了いたしますと、ご利用いただけませんのでご了承ください。

高校別入試過去問題シリーズ

東邦高等学校　2025年度

ISBN978-4-8141-3045-0

[発行所] 東京学参株式会社

〒153-0043　東京都目黒区東山2-6-4

書籍の内容についてのお問い合わせは右のQRコードから　⇒

※書籍の内容についてのお電話でのお問い合わせ、本書の内容を超えたご質問には対応できませんのでご了承ください。

2024年7月4日　初版